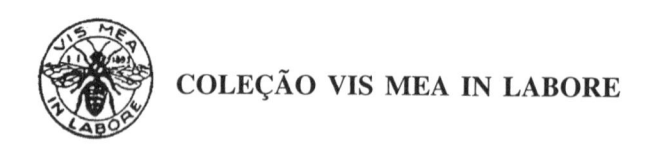 **COLEÇÃO VIS MEA IN LABORE**

MANUAL DE
AMADOR DE CÃES

COLEÇÃO VIS MEA IN LABORE

VOL. 1

Desenhos
Miriam Colonna
Plinio Alves
Ruth Doris Secchin
e
Eraldo Faria

Capa
Branca de Castro

EDITORA ITATIAIA
BELO HORIZONTE
Rua São Geraldo, 53 — Floresta — Cep. 30150-070
Tel.: 3212-4600 — Fax: 3224-5151
e-mail: vilaricaeditora@uol.com.br
www.villarica.com.br

EURICO SANTOS

MANUAL DO AMADOR DE CÃES

Origem, domesticação, classificação das raças, reprodução,
criação, alimentação, habitação, higiene, adestramento,
moléstias e seu tratamento, etc.

8ª Edição

EDITORA ITATIAIA
Belo Horizonte

2004

Direitos de Propriedade Literária adquiridos pela
EDITORA ITATIAIA
Belo Horizonte

Impresso no Brasil
Printed in Brazil

SUMÁRIO

PRIMEIRA PARTE

Capítulo I
Os Canídeos – Cães Domésticos da América –
Origem do Cão – Domesticação

I. Os Canídeos – É entre os mamíferos placentários, da ordem dos carnívoros, que se encontra a família dos canídeos, na qual está a espécie *Canis familiaris,* o nosso cão doméstico, representada por mais de 180 raças.

Cabrera escreve: "Os canídeos constituem uma família muito antiga, representando, ao que parece, o tipo mais primitivo de todos os carnívoros.

Quando se estudam os restos fósseis dos primeiros carnívoros, que viveram faz quarenta ou cinqüenta milhões de anos, verifica-se que já se apresentavam muitos dos caracteres anatômicos próprios desta família. Atualmente existem canídeos em todas as partes, sendo esse um dos grupos de mamíferos mais cosmopolitas, sem levar em conta o cão doméstico que o homem tem disseminado por toda parte.

A família encerra muitos gêneros cujas espécies em geral são conhecidas sob quatro denominações: chacais, lobos, raposas e cães propriamente ditos.[1]

Essas espécies bem distintas, em todas as partes do mundo apresentam diferenças não só morfológicas, como etológicas.

Há um grupo, constituído por chacais, cães e lobos, que são sociais e em geral caçam de parceria, em conjunto, perseguindo, em matilhas, as vítimas, que cansadas acabam por se render.

Fig. 1 – *Lobo da Índia (Canis pallipes)*

As raposas, ao contrário, vivem solitárias, e caçam de surpresa, sempre individualmente.

Os canídeos indígenas da América do Sul pertencem a esse último grupo e são, portanto, mais raposas que cães-do-mato como em geral são denominados.

A propósito desses canídeos, encontrará o leitor interessado amplo capítulo numa obra já publicada.[2]

---

1. A língua egípcia antiga, informa Childe, apresenta palavras diversas para designar o cão, o lobo e o chacal.

2. *Entre o Gambá* e o *Macaco,* Eurico Santos, Zoologia Brasílica, volume nº. 6 – Itatiaia, Belo Horizonte.

II. Cães Domésticos Americanos – Sempre que se estudam os fatos relativos ao cão doméstico, depara-se-nos um problema curioso que é o da existência do cão doméstico da América em época pré-colombiana.

Os viajantes que primeiro aportaram à América contaram em suas relações de viagens que aqui viviam, em domesticidade, várias raças de cães.

Por outro lado, numerosos foram os achados de cães nos túmulos da gente americana que aqui viveu em épocas remotíssimas.

Ainda, como comprovação da domesticidade deste velho amigo da espécie humana, temos o fato de existir a palavra cão em centenas de idiomas nativos como recentemente deu prova final e concludente, o estudo magistral de A. Childe.[3]

Para mais dobradas dificuldades os zoólogos hodiernos nos informam que o gênero *Canis,* tipo de toda a família, e que encerra cães e lobos da Europa e da América do Norte, não ocorre na América do Sul e as formas autóctones americanas não ultrapassam a República do Salvador.

Em seu magnífico estudo "Mamíferos Sul-Americanos", A. Cabrera e J. Yepes, escreveram: "Afortunadamente, os modernos descobrimentos pré-históricos na Europa contribuíram para facilitar a solução da parte básica do problema.

Hoje têm-se provas seguras de que no antigo mundo a domesticação do cão data de uma antiguidade antes não suspeitada. O homem da Idade da Pedra da Europa meridional já possuía cães domésticos e os utilizava na caça; os homens dos começos da Idade dos metais já haviam conseguido formar diversas raças caninas, algumas das quais quase idênticas às que ainda hoje existem.

Seja qual for o lugar de origem dos primitivos habitantes da América, vieram eles pelo antigo e desaparecido Istmo de Behring ou ainda, como querem alguns estudiosos dessas coisas, através do Pacífico. É perfeitamente admissível que o cão da Eurásia chegasse com as primeiras correntes povoadoras. Só assim se explica a identidade específica entre cães domésticos dos povos do norte e sul-americanos, identidade que só pode pôr em dúvida quem não se tenha dado ao trabalho de fazer um estudo comparativo".

III. Origem do Cão – Para a ingênua mentalidade do homem primitivo, uma explicação mais ou menos miraculosa da origem das coisas bastava para aquietar-lhe os pruridos da curiosidade.

Por muito tempo o Adão, fabricado de barro por um oleiro genial e inconcebível, logrou crédito, embora que, a revezes, ligeiro raio de reflexão fizesse esboçar um sorriso em que já se vislumbrava a dúvida.

Desta dúvida, deste desejo de perquirir, nasceu a filosofia, que começou a varejar os quatro cantos do mundo, na busca do porquê das coisas.

---

3. *Étude Philologique Sur le Nom du Chien de l'Antiquité Jusqu'a nos Jours,* "Arquivos do Museu Nacional", vol. XXXIX, Rio, 1940.

O homem, desejoso de conhecer a oficina do oleiro demiurgo, iniciou a escalada dos céus, na frustra tentativa da Torre de Babel.

Desanimado da entrepresa e já descrente de que, por tão incerto caminho, chegasse a levantar o véu de mistério que oculta a origem das coisas e dos seres, concluiu que eles cá de baixo haviam surgido e que céus e deuses eram obra puramente humana.

Volveram-se então os homens para o seio da terra, e nestes arcanos toparam a cada passo com a história integral do Globo Terrestre, escrita em caracteres claramente legíveis aos iniciados da Paleontologia. Foi folheando estes arquivos geológicos que Rutimeyer verificou ter sido o cão o mais antigo animal que o homem domesticou.

Donde nos veio? Criou-o um gênio tutelar da espécie humana, para que os homens mais facilmente suportassem a áspera hostilidade que as épocas priscas ofereciam? Ou é ele o fruto da primeira façanha zootécnica do velho gorila, nosso venerando poliavô? Não resta dúvida que o cão descende de lobos e chacais domesticados pelos povos primevos da terra e já existia nas habitações lacustres da Idade da Pedra. Chegada a esta conclusão irretorquível, deparam-se novos problemas. Segundo alguns naturalistas, o cão tem um antepassado único, atribuindo-se às inúmeras modificações a seleção. Darwin, apesar de ser pai da teoria da evolução, não participa deste modo de ver e admite que certas raças, muito limitadas, contribuíram para a formação do cão doméstico. Outros naturalistas vão ao extremo de julgar que cada raça teve um protótipo selvagem. Longe nos levaria a crítica destas teorias e assim vamos apresentar a concepção do naturalista Magne de La Croix, que é, em nosso entender, a que melhor explica tão intrincada genealogia. Magne é de opinião que todos os cães domésticos derivam-se de três tipos. Deixando de lado canichos e perros fraldiqueiros, descendentes das raças já existentes, por cruzamento ou seleção, animais de tamanho apoucado, de origem relativamente moderna, de que o homem primitivo não se preocupava, por necessitar de auxiliares e não de brinquedos, o autor da teoria apresenta três grandes grupos: "cães ovelheiros" , "cães de caça" e "cães de guarda".

O grupo da raça ovelheira ou cães de pastor, foi um pouco mais recentemente domesticado que os cães dos demais grupos. O homem necessitou primeiro de um auxiliar para caça e guarda de sua casa, antes de precisar de quem lhe vigiasse as malhadas.

As tradições históricas pouco nos ensinam sobre a história desses cães, somente sabemos que todas essas raças, que parecem ter uma origem independente da dos outros

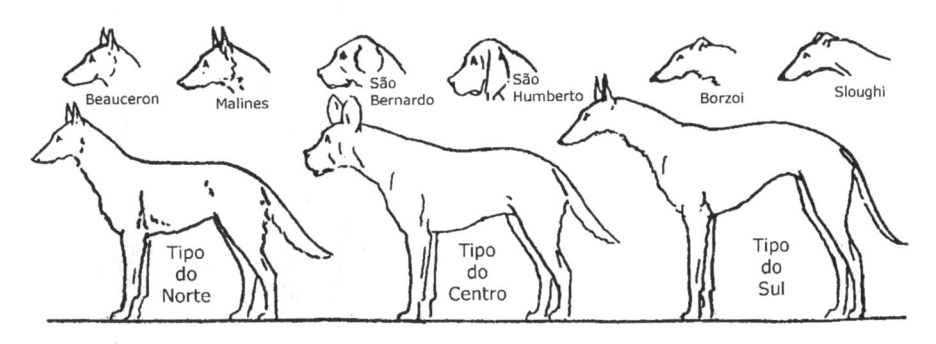

Fig. 2 – Os três principais troncos de onde surgiram as várias raças caninas, segundo M. de la Croix

grupos, pois só apareceu na época do bronze, são originários do norte da Europa. Porém a justaposição das raças que formam este grupo basta para as informar amplamente.

Com efeito, se tomarmos por um lado, os Briards, os Old-Scotches, os Belgas de pêlo duro e os ovelheiros russos, teremos desse modo alguns tipos extremos desta categoria nas quais uma das grandes modificações está constituída pela natureza do pêlo longo e áspero.

Desse tipo passaremos, sem grande transição ao Beauceron de pêlo curto que serve de intermediário entre as raças pré-citadas, os Malines e os ovelheiros alemães.

Pois bem, entre estas últimas e o lobo a diferença não é grande e é lógico admitir que este é seu antepassado.

O cão dos esquimós que não é geralmente classificado entre os cães ovelheiros, sendo principalmente empregado na tração, sem embargo, deve ser próximo parente dessas raças. Não existe maior diferença entre um Malines que a existente entre um lobo da Europa e um lobo esquimó e de ciência certa se sabe que este último é o antepassado do cão esquimó.

De tudo isso resulta que todas estas raças de cães do Norte parecem ter como antepassado o lobo, animal existente ainda.

Passando agora ao grupo dos cães de caça, vemos que está composto, por uma parte, de galgos, e por outra, de cães de rastros e cães ventores europeus.

As várias raças de galgos diferem pouco entre elas, o seu tipo é o mesmo; trata-se de um animal grande, de patas muito longas. Seu tipo é demasiado característico e uniforme para não admitir que todas essas raças descendam de um tipo comum selvagem que apresentava já esses caracteres.

O galgo foi domesticado desde a mais alta antiguidade e é talvez originário do sul da Ásia ou, por outra, em sua maior parte, oriundo do norte da África.

Na África, justamente, encontramos um animal selvagem, o lobo da Abissínia *(C. simensis)* muito parecido com os galgos de pêlo curto, embora menor, ademais, parece que ao mesmo tempo que se domesticava o galgo de pêlo curto, também sofria a mesma operação, um outro de pêlo longo, que em vão se procura na Europa e na Ásia ou África, um animal selvagem semelhante.

Isso não deve significar grande coisa, pois muitas são as espécies extintas e assim, sem desistir das pesquisas, poderíamos pensar no nosso cão guará *(Chrysocyon brachyrus),* que tem muitos pontos de contato com o galgo. (Vide fig. 3).

Sabe-se que a fauna da África e da América do Sul, apresentam formas que se diriam aparentadas e por isso zoólogos e geólogos, concordam que em épocas desconhecidas, esses dois continentes achavam-se ligados por terras que desapareceram.

Fig 3 – Guará (Chrysocyon Brachyrus).

Não seria descabido pensar que existiu na África um animal, muito próximo parente de *Chrysocyon brachyrus* e que foi provavelmente o antepassado dos galgos. Tal espécie, segundo o seu habitáculo na mata ou no campo, mostrava duas variedades ou subespécies: uma de pêlo longo e outra de pêlo curto.

Dessas duas variedades saíram as nossas raças de galgos.

Relativamente às raças de cães de caça, o problema parece mais complicado à primeira vista, porque suas formas variam ao infinito.

Enquanto alguns cães de mostra ou de rastro, como o Braco Dupuy ou o Saintongeois se aproximam do galgo, outros, ao invés, são prognatas e se assemelham mais ao Dogue de Bordéus, como é o caso do Santo Humberto e entre esses dois extremos se encontra toda uma escala de variações.

A história, no entanto, levanta o véu deste mistério, em parte, mostrando-nos que na época das cruzadas, uns galgos foram trazidos à Europa onde fizeram voga.

Os senhores que então empregavam cães de caça de um olfato notável, porém muito morosos, cruzavam-nos com galgos.

Quase todos os cães de caça modernos provieram desta cruza, não obstante, o cão de rastro dessa época sobreviveu puro até nossos dias, graças ao seu fino olfato. Modernamente as polícias inglesas e norte-americanas os adotaram como cão policial.

Esse cão é o Santo Humberto que os anglo-saxões chamam *Blood-hounds,* o qual representa o cão de rastro de nossos avós da época medieval e se apresenta hoje como era antes dos cruzamentos com cães exóticos.

Examinemo-lo um tanto. É um animal grande (65 cts.), de cor negra no lombo e cor de fogo nas costelas e membros.

A cabeça grande é quadrada; prognata deixando ver na cara a pele flácida em rugas. Os olhos fendidos mostram a conjuntiva; os lábios são caídos, orelhas amplas, caídas e insertas baixo, a fronte alta, pescoço longo e com papadas; lombo longo, patas largas e fortes.

Na época da conquista das Gálias pelos romanos, já de longo tempo os gauleses empregavam esses cães na caça e igualmente na guerra. Tal raça comportava então duas variedades, uma de pêlo curto, idêntica ao tipo atual e outra de pêlo duro ou "griffon", esta última variedade tem sido descrita sob o nome de cães segusianos por Arrien no século II de nossa era; está extinta hoje em dia e dela descendem, por meio de cruzas com galgos, todas as raças atuais de "griffons", de rastro.

Pois bem, examinemos outros velhos tipos de cães europeus, por exemplo, debuxos antigos de mastins, que era então o cão vulgar, e também dogues de Bordéus e Mastins viventes, que representam o velho tipo de dogue (porque algumas raças de dogues foram modificadas através de cruzas com o galgo) verificamos em todos esses cães, mais ou menos, a mesma silhueta.

São todos eles volumosos, prognatas e de orelhas grandes. Não tem dúvida que sofreram modificações em minúcias, porém todos são encorpados, mais ou menos fortes, segundo o emprego para o qual o especializou o homem, que também por eleição acentuou ou diminuiu o seu prognatismo. Todas essas diferenças são de pouca importância e é evidente, a um observador advertido, que todos esses animais provêm de uma e mesma cepa.

Não nos permite a história remontar mais ao passado, porém ossadas pré-históricas que têm sido encontradas, podem ajudar-nos a ajuizar se desde a origem de sua domesticidade esses animais apresentavam os mesmos caracteres.

Verifiquemos primeiro com Rutimeyer que ele é o mais antigo animal doméstico conhecido até hoje.

De fato, tem-se encontrado ossos de cães nas cozinhas ante-históricas da Dinamarca e nas habitações lacustres da Idade da Pedra.

Este cão pré-histórico pertence, segundo Rutimeyer, a uma raça só, até em seus menores detalhes, raça essa de tamanho médio, tendendo para o grande, de crânio volumoso, focinho curto.

Tal cão é completamente distinto do lobo.

Mais tarde, na idade dos metais, encontra-se na Dinamarca e na Suíça, ossos de cães maiores, porém sempre da mesma silhueta. Somente em época mais recente é que se encontram restos de cães do tipo lobo. Como o tipo antigo apareceu na Dinamarca e Suíça, não há dúvida que se trata de uma espécie própria da Europa que foi somente utilizada pelo homem e utilizada por ele, em sua origem, para a caça e guarda da habitação, como mais tarde se domesticou o tipo lobo para cuidar das malhadas.

Rutimeyer cita, em apoio de sua opinião, que o cão foi, desde o princípio, um auxiliar do homem.

A circunstância de se encontrarem mui raramente ossos quebrados para extrair a medula (de que era guloso o homem primitivo) prova que o cão só em casos de necessidades excepcionais se destinava à alimentação, deixando-os viver até idade avançada.

Assim, desde a origem de sua domesticação, e anteriormente a do tipo lobo, esses cães de guarda e caça ofereciam já o mesmo tipo que encontramos neles na época medieval e se se modificaram foi apenas em minúcias.

Os descobrimentos de ossadas permitiram-nos verificar que esse tipo primitivo se apresenta com dois tamanhos diferentes.

Teria o homem domesticado, sucessivamente duas espécies vizinhas ou melhor, duas variedades de uma mesma espécie?

A última suposição é a mais provável, porém, em todo caso pouco importa, pois nos achamos em frente de um mesmo tipo.

Como não encontramos atualmente este tipo em estado selvagem devemos opinar que se trata de uma espécie que se extinguiu em época longínqua, como sucede em nossos dias com outras espécies. Entretanto, com todos esses dados não nos é fácil reconstituir o tipo desse animal selvagem, que talvez ostentasse a silhueta do Santo Humberto e a do velho tipo do São Bernardo, raças nas quais, parece, melhor se haver perpetuado. Deveria ser um pouco mais leve que o São Bernardo, que se encorpou pelo emprego como cão de guarda e menos leviano que o Santo Humberto, que se aligeirou na função de rastreador. As orelhas grandes desse cão primitivo deviam ser mantidas, em pé, como as do buldogue francês, as da hiena ou a de *Lycaon picta.*

Se, como opina Rutimeyer, se trata de duas espécies distintas, boas, é possível que a primeira domesticada, a de tamanho médio, na qual o mesmo sábio vê, de preferência, o antepassado dos cães de rastro, haja ostentado desde o princípio a pelagem malhada que ostentam, em estado doméstico, tantos cães e em estado selvagem o *Lycaon picta* já citado e com o qual muito se deveria parecer .

A segunda espécie ou variedade domesticada, a de grande tamanho, deveria mostrar em seu estado selvagem, uma pelagem amarelada, negrucha no fio do lombo, a qual legou a todos os seus descendentes diretos.

É curioso verificar que os três tipos, nos quais parece encontrarem-se os antepassados do cão, oferecem a mesma silhueta que a dos antepassados do cavalo das mesmas regiões. Com efeito, o cão-lobo está localizado de preferência no norte, de onde é originária a raça pré-histórica de cavalos chamados da alta planície e como ele é de perfil retilíneo.

O tipo do cão que chamaremos tipo do centro, é de perfil côncavo, como o cavalo selvagem.

Enfim, o tipo galgo, ou tipo do sul é, como o cavalo das estepes, longilíneo e de perfil convexo.

IV. Domesticação – O cão foi certamente o primeiro animal domesticado pelo homem. Já nos tempos pré-históricos, na época quaternária, são encontrados destroços de várias raças caninas misturados a artefatos da indústria primitiva do homem. Ele era já companheiro fiel do homem neolítico, quando este entrou na Europa, há uns 10.000 anos e talvez até na época mais recuada, escrevem W. M. Reed e J. M. Lucas.[4]

Ed. Hue assim determina a sucessão das espécies caninas nas várias épocas primitivas:

Começo da idade da pedra polida: *Canis familiaris palustris.*

Fim da idade da pedra polida e começo da do bronze: *Canis f. spaletti.*

Idade do bronze: *C. f. matris optimae.*

Idade do ferro: *C. f. intermedius.*

Deixando os vestígios não bem determinados das épocas anteriores, o cão mais antigo e cuja domesticação se acha bem averiguada é o das turfeiras *(C. f. palustris)* descoberto nas estações lacustres da época da pedra polida e que foi determinado por Rutimeyer. Os crânios destes cães não se acham fendidos como o dos demais animais, o que vem provar que eles não eram destinados à alimentação, sabido, como é, que o homem primitivo fendia o crânio de todos os animais de que se alimentava, naturalmente porque a substância alimentar ali contida lhe era agradável ao paladar, como já ficou dito. Este cão, decerto destinado à caça e à guarda, era de pequeno talhe assemelhando-se ao chacal.

---

4. *Les Étapes des Espèces Animales,* Paris, 1938.

O cão da Idade de bronze é *C. f. matris optimae* maior que o precedente, parece descender do *C. pallipes* da Índia, conduzido em estado doméstico por migrações asiáticas.

O *Canis intermedius* aparece enfim na Idade de ferro. É maior que todos os precedentes, podendo considerar-se como derivado do *C. lupus* ou do seu ancestral *C. spelous*. Deste cão da Idade de ferro parece derivar-se o de pastor, como do *C. palustris* e do *C. spaletti* se originaram os cães de menor talhe, segundo opinam alguns zoólogos.

Esses são os dados que os arquivos terrestres nos ministram sobre o cão nas eras pré-históricas, porém não menos revestidos de interesse se nos deparam os fastos caninos registrados pela História.

Apresenta-nos o Egito particularmente documentos de preciosa valia sobre a domesticação da espécie que tratamos desde a mais alta antiguidade.

As necrópoles egípcias, coevas da dinastia de Menes, 3.315 anos antes da era cristã, encerram múmias de cães. Nos monumentos egípcios figura a existência no mínimo de quatro variedades de cães: galgo, dogue, lulu e um cão de orelhas caídas, característico este que demonstra já longa domesticidade.

Fig. 4 – Quando os homens da época neolítica penetraram na Europa, há uns 10.000 anos, já trouxeram o cão doméstico. (Reconstituição de C. R. Knight, do Museu Americano de História Natural).

Para provar ainda a domesticação deste grande amigo da raça humana em épocas históricas recuadas, possuímos variadíssimos documentos nas diversas mitologias, onde este animal aparece ora como um tabu, ora personificando esta ou aquela virtude.

Segundo lendas de épocas imemoriais, certo cão foi um dia levado para o céu e transformado em constelação, chamada o "Grande Cão" próxima a outra conhecida por

"Pequeno Cão". O "Grande Cão" possui a mais brilhante das estrelas, Sirius, ou Estrela-do-Cão. Alguns autores crêem que foram os egípcios que deram a esse astro tal nome porque ele anuncia com fidelidade canina, cada ano, as enchentes do Nilo.

Entre outros velhos documentos cita-se o Zendavesta, preciosa coletânea de narração religiosa dos persas onde são reiteradas as alusões ao cão, assaz estimado pelos filhos de Ormuzd.

Os livros sagrados da Índia também trazem referências ao cão. As obras a que ainda poderíamos aludir para documentar, já são mais recentes que os monumentos atrás referidos e ocioso se torna insistir.

Capítulo II
Classificação das Raças Caninas

A classificação das raças caninas oferece reais embaraços devido a variabilidade do tipo cão, motivada não somente pelos cruzamentos efetuados entre várias raças e conseqüentes mestiçagens, como pela influência mesológica.

Nestas circunstâncias uma classificação fundamentada nos caracteres exteriores torna-se dificílima.

Baron foi o primeiro a introduzir esta noção no agrupamento das raças caninas.

Dechambre[5], pelas próprias instigações de Baron e aproveitando este ponto de vista, organizou uma classificação das mais aceitáveis.

Ela se baseia nos caracteres étnicos gerais tirados da silhueta corporal, das proporções, do peso e do talhe, ajuntando ainda os característicos fornecidos pela natureza dos pêlos.

Cornevin, em 1897, faz ligeiras críticas à classificação indicada por Baron e sistematizada por Dechambre, mostrando que é um tanto imprecisa e arbitrária, visto que não apresenta um índice, como nas classificações cranianas, que nos demonstre quando uma raça deixa de ser conformação medilínea para ser brevilínea, etc.

A classificação assim feita está um tanto ao arbítrio de cada julgador.

Apresenta então Cornevin uma classificação sua, baseada no comprimento do cão e a sua largura tomada nas ancas, a exemplo do que se pratica em craniometria.

Além destes dados fornecidos pelas proporções do cão, vale-se o autor do porte das orelhas, natureza dos pêlos, talhe, etc.

Sábia, sem dúvida, a aludida classificação é um tanto complexa, causando embaraços na sua aplicação prática.

O cinólogo Pierre Meguin procurou simplificar o método de Baron, Dechambre e Cornevin, baseando sua classificação nas quatro fontes originais das raças caninas, criando quatro tipos: o tipo *lobo* (lupóide) , o *braco* (bracóide) , o *molosso* (molossóide) e o *galgo* (graióide) , valendo-se ainda do talhe, particularidades de conformação, disposição das orelhas, natureza e coloração do pêlo.

O naturalista inglês *Hamilton Smith* é também autor duma sistematização fundamentada em caracteres exteriores.

---

5. Dechambre – *Races Canines, classification* et *pointage.* Mem. de la Soc. Zool. de France, 1894. *Le Chien,* Paris, 1921.

Em 1921, *Zwaenepoel* [6] apresentou uma sinopse prática das raças caninas, grupando: I, raças de proporções normais; II, raças de formato alongado; III, raças um tanto largas em relação ao comprimento; IV, raças com a proporção dos cães "bassês" (rasteiros); V, outras raças.

Os primeiros quatro grupos são subdivididos segundo: a) talhe; b) forma; e c) orelhas, olhos, pêlo e cauda.

Este sistema, posto que mais fácil que os demais, baseados em caracteres exteriores, não chegou ainda à perfeição, o que demonstra a invencível dificuldade de tornar simples uma questão por natureza complexa.

Eis na íntegra a classificação de Zwaenepoel:

SINOPSE PRÁTICA DAS RAÇAS CANINAS[7]

I – Raças de proporções normais

A – TALHE GRANDE

1 – *Focinho quadrado,* beiços bem desenvolvidos, extremidades grossas.

Orelhas longas, face mais ou menos rugosa, olhos sanguíneos (mostrando um canto da mucosa da pálpebra inferior); aparência atlética; pêlo curto e duro, cauda regularmente afilada e trazida ao alto.

Cães de Santo Humberto, e seu derivado imediato o *Blood-Hound.*

Cães courants (de corso) de grande talhe: *Foxhound, Otterhound, Staghound, Limiers* franceses, alemães, suíços, etc.

2 – *Focinho simplesmente obtuso,* beiços desenvolvidos.

Orelhas médias caídas; face não rugosa, aparência rústica, pêlo curto e espesso, cauda geralmente encurtada.

CÃES DE TIRO.

B – BOM TALHE

1 – *Focinho quadrado,* beiços medianamente desenvolvidos.

a) Orelhas longas; face normal; aparência distinta:

Cães de rastro (chien d'arrêt)

de pêlo curto: *Bracos e Pointers*

---

6. "Annales de Medicine Veterinaire", Bruxelas, 1921.

7. O asterisco colocado diante do nome da raça indica que as orelhas são algumas vezes encurtadas; dois asteriscos indicam que é costume encurtar as orelhas só na Europa continental. Na Inglaterra não é permitida esta prática.

de pêlo longo: *Épagneuls e Setters*

de pêlo duro: *Griffons*

de pêlo lanoso: *Barbet e Caniche*

Cães de busca (rapporteurs, retriever): *Retriever, Irish, Water-Spaniel, Chesapeake Bay-Dog*

b) Orelhas semi-caídas, face normal:

Cães da Dalmácia*

2 – *Focinho pontudo sem beiços* (lábios perfeitamente coaptados).

a) *Orelhas direitas:*

Cães dos esquimós, da Groelândia, da Sibéria, Kamtchatka etc., de cauda em trompa.

Cães de Pastor Belga de pêlo curto, longo ou duro.

Cães de Pastor Alemão ou da *Alsácia* (cão-lobo).

b) *Orelhas direitas ou um pouco tombadas na ponta:*

Cão Boieiro (bouvier) aspecto mais rústico que o de pastor.

Bouvier de Rouler, de Menin**

Cães de Pastor Francês, de *Beauce** e de *Brie.*

c) Orelhas semi-caídas:

Cão de pastor escocês: *Colley.*

Dobermann Pinscher*

Rottweiller

Airedale-Terrier

d) *Orelhas caídas:*

Cão de Pastor Inglês ou Bobtail

Cão de Pastor Russo.

C – TALHE COMUM

1 – *Focinho quadrado.*

Orelhas caídas; face rugosa; forma atarracada, pêlo curto; miniatura do Foxhound: *Beagle:* pequeno cão de corso.

2 – *Focinho pontudo.*

a) *Orelhas direitas e cauda em forma de trompa* (enroscada sobre a garupa), *miniatura dos cães dos esquimós:*

Chow-chow

Spitz ou pomeranianos

Cão dos Samoiedas.

b) *Orelhas semi-caídas,* miniatura do Airedale-terrier:

Welsh-Terrier

c) *Orelhas caídas:*

Bedlington-Terrier

3 – *Focinho intermediário.*

Orelhas caídas, corpo um pouco comprido:

Harrier, ou cão de corso de lebre.

D – TALHE PEQUENO

1 – *Focinho pontudo.*

a) *Orelhas direitas, cauda encurtada:*

Spitz de Louvain

Schipperke

b) *Orelhas semi-caídas:*

Griffon d'Ecurie**

Black and tan Terrie*

WhiteTerrier*

Fox-Terrier

Irish-Terrier

Kerry-Terrier

Border-Terrier

E – ANÕES

1 – *Cabeça normal com focinho comprido.*

a) *Miniatura de Spitz:*

Zwergspitz

Toy pomeraniano

Seidenspitz

b) *Miniatura de Caniche:*

Cão-leão

c) *Miniatura do lobo:*

Chihuahua

d) *Miniatura de épagneul:*

Cão Maltês

Cão Borboleta (papillon)

e) *Miniatura do terrier:*

Toy-black and tan Terrier

2 – *Cabeça redonda com focinho curto, pêlo de griffon, pêlo curto ou longo:*

*Affenpinscher**

Griffon de Bruxelas**

(Bragançon)

Épagneul Japonês anão

Formas intermediárias:

Bull Terrier, proveniente do *WhiteTerrier* (proporções atarracadas).

*Boston-Terrier**,* mesma origem que o precedente.

Whippet, proveniente do *fox-terrier* (proporções normais) e da *levrette* (proporções esgalgadas).

II – Raças de formato esgalgado

Ventre fino, membros longos e afinados, cabeça afilada.

A – TALHE GRANDE

Focinho pontudo.

a) *Orelhas direitas:*

Galgo das Balears ou *Charnigue*

Lebréu Português ou *Podengo*

Galgos da Grécia

b) *Orelhas semi-caídas:*

Sloughi

Greyhound

Deerhound

Irish Wolfhound

Kangaroohound

American Long-Dog

Barzoi Psowie

B – TALHE PEQUENO

Focinho comprido.

Miniatura do Sloughi:

Levrette da Itália.

Formas intermediárias: *o Wippet* (veja grupo precedente), *o Dogue e Ulm** ou *Dogue Alemão* intermediário entre os galgos de pêlo curto (Greyhound) e os dogues (formas atarracadas).

III – Raças de formato atarracado, de maxilar forte e o trem
dianteiro de construção robusta

A – TALHE GRANDE

1 – *Orelhas caídas, de volume médio, ausência de prognatismo no maxilar inferior.*

a) *De grande talhe, um pouco alto:*

Cão dos Pirineus

b) *De grande talhe, um pouco baixo:*

Cão de S. Bernardo

Leonberg

Durrenbach

c) *De grande talhe, atarracado:*

Dogue do Tibet

d) *De talhe menor, atarracado:*

Cão da Terra Nova

2 – *Orelhas erguidas 1/4 a 1/3. Prognatismo moderado.*

a) *Beiços pouco caídos, rugas moderadas, patas direitas:*

Mastim

b) *Beiços pendentes, rugas muito acusadas, patas direitas:*

Dogue de Bordéus*

B – TALHE MÉDIO

1 – *Orelhas semi-caídas, prognatismo.*

a) *Prognatismo médio, patas direitas:*

Boxer ou Buldogue Alemão**

b) *Prognatismo muito acusado, os braços arcados:*

Buldogue

C – TALHE PEQUENO

1 – *Orelhas de morcego, derivado do buldogue.*

Buldogue Francês

2 – *Orelhas semi-caídas.*

Miniatura do Mastim com a cauda enrolada sobre a garupa:

Carlin, ou Pug Dog ou Mops.

Formas intermediárias: o *Bull-Terrier*, o *Boston*, o *Ulm* (veja-se grupo precedente).

IV – Raças de proporções dos bassês (rasteiros) corpo e patas curtas

A – PESO MÉDIO

1 – *Patas direitas.*

a) *Tipo de cão de corso:*

Bassês de Artois

b) *Tipo de épagneul de mostra:*

Spaniels: *Springer, Clumber, Field, Cocker,* etc.

c) – *Tipo terrier:*

Scotch-Terrier

West Highland Terrier

(Sealyham-Terrier) (Cairn-Terrier)

2 – Patas tortas.

a) *pêlo curto:*

Dachshund ou Teckel

b) pêlo duro:

Dandie-Dinmont Terrier

B – PEQUENO PESO

1 – *Patas direitas ou pouco tortas.*

a) *cabeça redonda de gato, orelhas de épagneul:*

Pequinês e os derivados ingleses: *King Charles, Blenheim,* etc.

b) *cabeça de terrier:*

Yorkshire-Terrier*

V – Outras raças. Cães nus, cães comestíveis, cães para fornecer peles, cães errantes, cães selvagens

Ao nos referirmos, anteriormente, às várias classificações, deixamos de aludir à de Cuvier, baseada em caracteres osteológicos de interesse puramente zoológico.

Entretanto, não deixaremos no esquecimento, uma outra orientação para o grupamento das raças caninas assente nos vários préstimos destes animais.

Observando os serviços que prestavam os cães, já os romanos os dividiam em *Villatici,* cães de casa; *Pastorales,* de pastor e *Venatici,* de caça, e estes se subdividiam em *Pugnaces,* de ataque, *Sagaces* que farejavam a caça, e *Celeres,* os que a perseguiam.

Num tratado sobre as raças de cães, Caius, em 1576, segue com algumas modificações este mesmo sistema.

Os escritores modernos como *Stonehenge, E. Gayot, H. Dalziel, R. Leighton* também têm adotado este sistema de classificação que sem dúvida oferece vantagens práticas.

Uma das melhores classificações neste sentido é de Hugh Dalziel, autor da estimada obra: Os *Cães da Grã-Bretanha.* Ei-la:

Divisão I – Cães de caça

Grupo I – Cães que avistam a caça, perseguem-na e matam-na, sem fazer uso do olfato ou pouco se valendo dele: *Galgos* e outros descendentes deles.

Grupo II – Cães que caçam valendo-se do olfato e matando a caça: cães de *Santo Humberto,* cães lontreiros, cães raposeiros, *Beagles,* etc.

Grupo III – Cães que caçam guiados pelo olfato, mas que aprenderam a domar seus instintos de perseguição parando para advertir o caçador, chamados cães de mostra, ou de rastro: *Setters, Pointers,* etc.

Grupo IV – Outras variedades de cães que servem na caça a tiro para procurar e trazer a caça: todos os *Épagneuls* e *Retrievers.*

Divisão II – Cães de guarda e utilidade

Cães que se destinam ao trabalho, defensores e guardas das propriedades, cães salvadores, policiais.

Grupo I – Cães de que se servem os homens especialmente para ajudar os trabalhos: Cães de pastor, cães boieiros, cães de tiro, etc.

Grupo II – Cães de guarda, cães salvadores, cães de distração, tais como o *Buldogue,* o *Terra-Nova,* o *São Bernardo.*

Grupo III – Destruidores de animais nocivos: os *Terriers.*

Divisão III – Cães de salão e de luxo

Grupo I – Cães em miniatura das raças citadas: *Carlin, Caniche,* etc. e todos os *toy-terriers.*

Reservamos para último lugar a classificação feita pela Sociedade Central de Melhoramento da raça canina em França, porque no presente volume vamos adotar mais ou menos este sistema, fundado nas aptidões dos cães e bastante minucioso nas suas divisões.

Ao descrever cada raça diremos também o lugar que ela ocupa segundo a classificação de Dechambre.

**Classificação das raças caninas adotada pela Sociedade Central
para o melhoramento das Raças Caninas em França (1920)**

PRIMEIRO GRUPO
Cães de guarda e de utilidade

1ª. Divisão – Cães de pastor francês.

Raça de Brie.

Raça de Beauce.

2ª. Divisão – Cães Bouvier de Flandres e de Roulers.

3ª. Divisão – Cães de pastor da Alsácia.

4ª. Divisão – Cães de pastor belga:

de pêlo curto, fulvo encarvoado (Malinois).

de pêlo áspero, cinzento escuro.

de pêlo duro, fulvo.

de pêlo comprido, fulvo.

de pêlo comprido, negro (Groenendaels).

5ª. Divisão – Cães de pastor escocês (Collies).

6ª. Divisão – Outros cães de pastor estrangeiros

Bobtails.

Russos.

7ª. Divisão – Dogues de Bordéus.

de menos de 45 quilos.

de 35 a 45 quilos.

8ª. Divisão – Dogues dinamarqueses.

Mastiffs (Mastins).

Terra-Nova, etc.

9ª. Divisão – São Bernardo e outros cães de montanha

Leonberg

Cão dos Pirineus

Outros cães de montanha

10ª. Divisão – Buldogues

cães dum peso superior a 22 quilos

cadelas dum peso superior a 20 quilos e meio

cães dum peso inferior a 22 quilos

cadelas dum peso inferior a 20 quilos e meio

Toy Bull Dogs dum peso inferior a 15 quilos

cadelas dum peso inferior a 12 quilos e meio

11ª. Divisão – Doberman Pinschers

negro e fogo

outras cores

12ª. Divisão – Pinschers

13ª. Divisão – Cães de tiro

cães de trenó.

SEGUNDO GRUPO

Cães de toca (Terriers) servindo para caça

1ª. Divisão – Fox-terriers

de pêlo curto

de pêlo duro

2a. Divisão – Terrier diversos

Bull-terriers

White English Terriers

Manchester-terriers

Irish-terrier

Sky-terriers

Dandie Dinmont

Scottish-terriers

Aberdeen-terriers

West Highland Terriers

Welsh-terrier

Airedale-terriers

Sealvham-terriers

TERCEIRO GRUPO

Cães de corso (chiens courants) (Pêlo curto e griffons)

1ª. Divisão – Cães de corso franceses de pêlo comprido (griffons courants)

2ª. Divisão – Gascons, Saintongeois

3ª. Divisão – Cães de corso do Alto Poitou

4ª. Divisão – Cães de corso de raça Chambray

5ª. Divisão – Cães de corso franceses de outras raças além das citadas.

QUARTO GRUPO

Cães de corso anglo-franceses

1ª. Divisão – Cães de corso anglo-gascons-saintongeois

2ª. Divisão – Cães de corso anglo-poitevins

3ª. Divisão – Cães de corso anglo-Chambray

4ª. Divisão – Cães de corso de outras raças além das citadas.

QUINTO GRUPO

Cães de corso de raças estrangeiras

1ª. Divisão – Grandes cães corredores ingleses de pêlo curto

2ª. Divisão – Harriers e Beagles

3ª. Divisão – Galgos

        Greyhounds

        Barzois

        Sloghis

        Deerhound

        Wippets

SEXTO GRUPO

Cães de corso de tamanho pequeno

1ª. Divisão – Cães de corso franceses de tamanho pequeno

        cão lebreiro

        cão de Artois

        cão porcelana

        cão de Ariège

cão da Vendéia

Bassês (rasteiros) de pêlo curto, pernas direitas ou um tanto curvas

rasteiros de pêlo comprido, pernas direitas

rasteiros de pêlo curto, pernas tortas ou meio tortas

rasteiros de pêlo comprido, pernas meio tortas

rasteiros de Gasconha.

2ª. Divisão – Tekels

de pêlo curto com peso mínimo de 7 quilos e meio

de pêlo curto com peso inferior a 7 quilos e meio

de pêlo duro

de pêlo comprido.

SÉTIMO GRUPO
Cães de mostra (chien d'arrêt) continentais

1ª. Divisão – Braco Dupuy

Braco de Ariêge

Bracos continentais

2ª. Divisão – Braco Bourbonnais

Braco francês

Field Trialers

3ª. Divisão – Braco de Saint-Germain

4ª. Divisão – Braco de Auvergne

5ª. Divisão – Épagneuls de raças francesas

Épagneuls francês

Épagneuls de Pont-Audemer

Épagneuls picardos

Épagneuls bretões

6ª. Divisão – Griffons de mostra de pêlo lanoso

7ª. Divisão – Griffons de mostra de pêlo duro.

OITAVO GRUPO
Cães de caca a tiro de raças inglesas

1ª. Divisão – Pointers (ventores)

2ª. Divisão – Setters ingleses

3ª. Divisão – Setters preto e fogo

4ª. Divisão – Setters irlandês

5ª. Divisão – Retrievers (cães de busca)

        Flat coated

        Labradores

        Curly coated

6ª. Divisão – Pequenos épagneuls de raças inglesas

        Irish Water Spaniels

        Clumber

        Sussex

        Welsh spaniels

        Feld spaniels

        Springers

7ª. Divisão – Cockers spaniels

        unicolores

        pluricolores

NONO GRUPO

Cães de luxo e distração

1ª. Divisão – Buldogues franceses

        de mais de 11 quilos – cães

        de mais de 10 quilos – cadelas

        de 8 a 11 quilos (orelhas em pé) – cães

        de 7 a 10 quilos (orelhas em pé) – cadelas

        "bringé" ou "cailles" de menos de 8 quilos – cães

        "bringé" ou "cailles" de menos de 7 quilos – cadelas

        "cailles" acima de 11 quilos – cães

        "cailles" acima de 1 0 quilos – cadelas

        "cailles" de 8 a 11 quilos – cães

        "cailles" de 7 a 10 quilos – cadelas

2ª. Divisão – Griffons Bruxelenses

        Griffons belgas

        Brabançons

3ª. Divisão – Carlins

        Galgos

Levret (galgos italianos)

Yorkshire-terriers

King Charles

Prince Charles

Blenheins

Havanês e Maltês

Ruby spaniels

Caniches:

de 0,40m ou mais abaixo de 40 centímetros

Chows-Chows

Lulus de tamanho grande:

de mais de 5 quilos branco

de mais de 5 quilos cinza

de mais de 5 quilos negro

Pequenos lulus pretos

Pomeranianos brancos

Pomeranianos marrons

Pomeranianos outras cores

Papillons orelhas em pé

Papillons orelhas caídas

4ª. Divisão – Pequinês e japoneses

Pequineses pretos de 2 a 4 quilos

Pequineses pretos de 4 a 8 quilos

Pequineses unicolores, mesmos pesos

Pequineses multicores, mesmos pesos

Japoneses

5ª. Divisão – Shipperkes

Shipperkes com o peso menor de 3 quilos

Toy-terriers negro e fogo

Affenpinscher

Zwergpinscher

Volpini

Dalmacianos

Na classificação aludida, organizada por uma sociedade de melhoramento da raça canina, não tinha cabimento a inclusão dos cães selvagens, cães alçados e do cão de rua.

Neste *Manual,* que visa estudo um tanto completo do assunto, vamos incluir estes párias do mundo canino.

Assim, às raças apontadas, na classificação referida, acrescentamos:

A – *Cães selvagens ou meio selvagens;*

B – *Cães alçados ou tornados selvagens;*

C – Cães de rua.

Capítulo III
Descrição das raças caninas
Cães de Pastor, de Guarda e Outras Utilidades

Cães de pastor e de defesa

O cão de pastor ou cão de gado, cão ovelheiro, é um velho serviçal do homem. Rodeado de animais ferozes, o homem primitivo somente pode tornar-se apascentador de gado graças à dedicação deste seu valente aliado.

De fato, o cão de pastor era um rude soldado destinado a medir-se com os mais atrevidos carnívoros das florestas. O lobo maiormente cobrava um dízimo sangrento dos rebanhos. Com este feroz adversário batia-se o cão em renhidas pelejas. Para tal vida se impunha caráter enérgico, constituição rústica, acuidade de sentidos sempre afinada, bravura sem limites. E tais são os caracteres destes utilíssimos animais.

Hoje, que quase já os lobos não fazem vida à custa dos rebanhos, o cão de gado é um zagal de quatro patas, vigiando o armento, acossando as ovelhas rebeldes, juntando-as, tangendo-as.

Aproveitando-se da sua inteligência, bravura e submissão, o homem adaptou-o a outros misteres mais civilizados e assim o vemos como cão policial, cão de guerra, de guarda e até de luxo.

Na Europa, quase todos os países possuem diversas raças e variedades de cães de pastor.

Buffon via no cão de pastor o tronco principal das raças caninas, o pai da espécie, e a verdade é que, apesar de há longo tempo estar domesticada, ela se conserva sempre a mesma em toda parte.

Diz Pichot que se encontram quase as mesmas variedades de cães de pastor em todo o globo, havendo entre as variedades da Rússia e da Sibéria flagrante analogia com o cão de Brie de França. Podem ainda estabelecer-se os caracteres das várias raças dizendo que todos têm talhe médio, orelhas direitas e curtas, focinho afilado, pêlos longos, muito principalmente sob a cauda, a qual é sempre mantida horizontal ou um tanto elevada e raramente pendente; pelagem de ordinário preta, ou mais ou menos escura, olfato medíocre, pouca aptidão para a caça e grande rusticidade.

Quanto à inteligência, é ela realmente notável.

Relata Eug. Gayot um fato que bem ilustra a sagacidade intelectiva do cão de gado.

Não perdemos por escutá-lo.

"Acontece às vezes que uma ovelha pejada, já no termo final da gestação, vai para o campo, de envolta com o rebanho, sem que o olhar atento do pastor lhe perceba o estado.

Esforça-se ela por conservar durante todo o dia o precioso fardo, mas sobre a tarde, já a caminho do aprisco, faltam-lhe as forças. Sem poder acompanhar o armento, retarda-se e, sentindo próximo o momento de ser mãe, desvia-se da rota, procurando uma maceca onde mais tranqüilamente possa parir.

O pastor, à frente do rebanho, nada vê, mas ao atilado olhar do cão o fato não passa despercebido. Compreende logo que o desgarro da ovelha não é mero capricho, mas fato inelutável, e em lugar de atormentá-la com latidos e dentadas, deixa-a calmamente. Entrado o rebanho no aprisco, o inteligente animal volta ao campo para junto da parturiente, e aí fica de guarda, até a manhã seguinte, quando chega o pastor atraído pelos seus ladridos".

Damos a seguir a descrição das principais raças e variedades.

RAÇAS FRANCESAS

Cão pastor da Alsácia: *Apreciação geral*: O cão pastor da Alsácia é mais conhecido, entre nós, sob a denominação de *policial alemão* (fig. 5).

Fig. 5 – Cão da Alsácia, visto de perfil e de frente

Muitos autores designam-no com o nome de cão-lobo da Alsácia, The Alsatian Wolfdog, cão-lobo dos Voges, Deutsche Schaferhound.

É um animal elegante, vivo, inteligente, guardador de rebanhos por hereditariedade inelutável, policial por adaptação de sua inteligência, cão de luxo pela beleza de seu porte. Os tipos de cor escura parecem mais bem dotados de inteligência. Alguns indivíduos são excessivamente impressionáveis, defeito que se supõe correr por conta do sangue de lobo que lhe gira nas veias. "O tipo atual desta raça, diz Barais[8], de criação heterogênea e relati-

8. "Vie à la Campagne", 15 de junho de 1922.

vamente recente, não está absolutamente fixado, sendo preciso decidirmo-nos por um tipo, consagrarmo-nos a ele e selecionarmo-lo para obter a homogeneidade desejável".

Origem: Sobre a origem desta raça correm versões.

Megnin diz que monges escoceses fundaram no correr do século X uma abadia no vale de Munster, trouxeram para ali uma raça de cães de gado e que estes, cruzados com os lobos dos Voges, deram origem a de que tratamos.

Para outros eram estes lobos nada mais que cães de gado daquela região.

Destes cruzamentos originaram-se os cães que durante séculos existem no vale do Reno e na Floresta Negra e que, selecionados e melhorados pelos alemães, são os produtos que hoje vemos.

Na Alemanha existem animais muito perfeitos, constituindo famílias notáveis desta raça lá denominada *Deutsche Schaferhound* (cães de pastor alemão).

Antes da guerra não saía da Alemanha nenhum tipo superior desta raça; ultimamente, porém, têm sido vendidos para França, Inglaterra e América do Norte animais superiores, por alto preço.

Considerada hoje raça francesa, não é possível deixar de reconhecer que se trata de produto da zootecnia alemã.

Para constituição da raça valeram-se os alemães de cruzamentos com cães dos esquimós, com o Spitz e até com lobos.

Diz o Dr. Beaumais: "é inútil querer dissimular que o cão de pastor da Alsácia possui sangue de lobo"[9].

Caracteres essenciais: Raça convexilínea – Aspecto agradável, linhas harmoniosas, corpo alongado e musculoso: estrutura forte sem desproporções o andar é flexível e desembaraçado, a marcha é fácil, mantendo-se os membros no eixo do corpo.Os tipos encorpados, pesados, tornam-se impróprios aos fins a que se destinam e perdem um tanto a elegância.

Talhe: macho: 63 a 68 cm., medidos à cernelha justo com o pêlo, sendo preferíveis os tipos que medem 65 a 66. O extremo limite é 70 centímetros. Fêmea: 59 a 63 cm.;extremo limite 65. *Peso*: macho: 30 a 34 quilos; fêmea: 26 a 28 quilos.

Cabeça: Proporcionada ao tamanho do corpo: seca de aspecto no conjunto; duma largura suficiente entre as orelhas, sem ser grosseira. *Crânio*: ligeiramente bombeado, sem traço central ou este fracamente acusado, aparelhando-se por uma depressão pouco acentuada e em declive suave com o focinho pontudo e seco. *Bochechas*: estendem-se de cada lado, ligeiramente arredondadas. mas sem saliência para a frente. *Nariz*: direito e paralelo à linha do prolongamento da fronte, sem ser arrebitado. *Lábios*: secos e bem firmes. *Dentes*: fortes e sãos, adaptando-se perfeitamente sem passar; o maxilar superior não deve jamais avançar sobre o inferior nem vice versa. *Olhos*: de tamanho médio, em forma de amêndoa, um pouco oblíquos, e não salientes, de cor tão carregada quanto possível, de expressão vi-

---

9. "Vie à la Campagne", 15 de junho de 1922.

vaz e inteligente, porém desconfiado diante de estranhos. *Orelhas*: de grandeza proporcionada à cabeça, de base larga, trazidas direitas e dirigidas para a frente, terminando em ponta fina. *Pescoço*: forte, de músculos bem acusados, de largura mediana, sem barbela, mantido alto no momento de excitação e direito nas demais ocasiões. *Corpo*: longo sem exageração, seu comprimento se mede da ponta do esterno à ponta da nádega, devendo passar cerca de um décimo à altura do cão tomada da espádua. *Cernelha*: dominando atrás. *Peito*: profundo[10], mas não largo. *Costelas*: chatas. *Ventre*: medianamente pronunciado. *Dorso*: direito e fortemente desenvolvido. *Lombo*: largo e forte. *Garupa*: ligeiramente inclinada. *Cauda*: de pêlos tufados, mais longos que o do corpo, chegando a articulação do calcanhar e formando na extremidade uma ligeira curva. Em repouso a cauda pende uma curva, ligeiramente acentuada; em movimento e na excitação ela mantém-se mais fortemente curvada e elevada, não passando no entanto à posição vertical nem se enrolando acima do dorso.

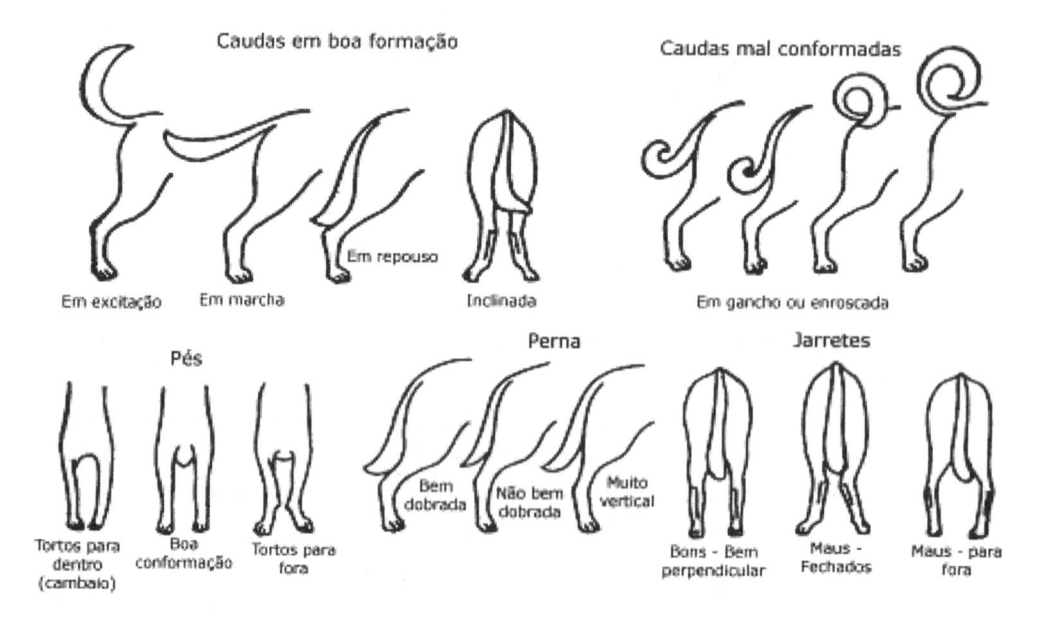

Fig. 6 – *Conformação da cauda, pés e jarretes, do cão da Alsácia*

Espáduas: oblíquas, chatas e bem musculosas; com o antebraço direito, visto por todos os lados. *Coxas*: largas, com músculos vigorosos; fêmur bem longo e visto de lado aparelhando-se obliquamente com a perna. *Jarrete*: forte, curto, colocado baixo. *Tarso*: não muito baixo. *Pé*: redondo, curto, bem fechado, arqueado, nem aberto nem para fora. Solas duras. *Unhas*: curtas e fortes de cor escura. *Pêlo*: liso em cobertura, tão cerrado quanto possível. Cada pêlo se apresenta direito, duro e bem implantado, nas partes baixas do cor-

---

10. Ao descrevermos várias raças de cães, vamos sempre aludir à *profundidade, altura, comprimento*. A altura mede-se verticalmente da cernelha ao pé; a profundidade mede-se horizontalmente da ponta da espádua à última falsa costela, e o comprimento mede-se da ponta do esterno à ponta da nádega. Vide para maiores esclarecimentos a parte em que tratamos do exterior do cão.

po e posterior das pernas (até o calcanhar do membro anterior e o jarrete do posterior) pêlo longo, formando nas coxas uma calça moderada; sobre a cabeça (nela compreendida as orelhas) parte dianteira das patas e pés, pêlo curto; em torno do pescoço pêlo mais longo e mais tufado; o pêlo do dorso tem 4 a 6 cm. de comprimento. *Subpêlo*: duro e cerrado; sempre fracamente colorido, salvo nos cães pretos.

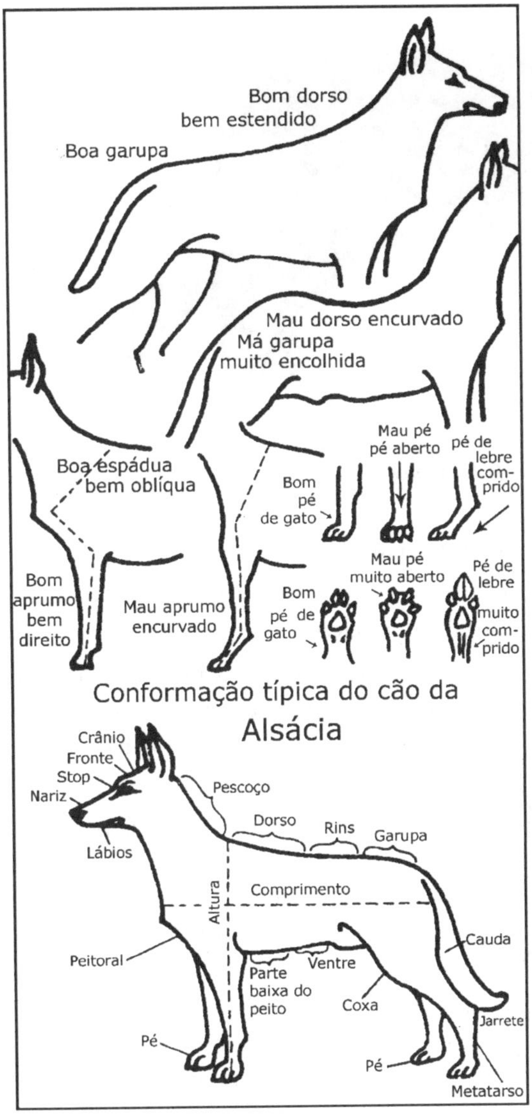

Fig. 7 – Conformação típica do cão da Alsácia e seus defeitos

Cor: negra, pardo-ferro, pardo cinza, fulvo, castanho-escuro; marrom, seja duma só tinta, seja com marcas regulares; castanho-enferrujado, ou cinza-claro "nuagé" (negro sobre fundo cinza-castanho, ou fulvo) com ou sem manchas escuras ou claras, cinza-lobo; araçá (*bringée*) raias escuras atravessando um fundo claro.

Entre os cães de cor lobo, cor escura impressa mais fortemente sobre o dorso e diante do peito, se esclarecem pouco a pouco de dois lados do corpo e nas coxas até "a cor da marca", mais clara nas partes de baixo do animal e nas marcas raia escura no meio duma de pêlos mais claros, nitidamente indicado se estendem de dois lados do bordo inferior das orelhas à garganta, e da cernelha às espáduas; marcas claras dispostas da mesma maneira nos cães negro e fogo; cauda com a parte superior enegrecida ou da cor do dorso, na ponta completamente negra, como de resto entre os lobos, e trazendo na parte alta, pouco mais ou menos à altura das partes genitais, quando a cauda é pendente, um triângulo negro com a sua ponta para a extremidade da cauda, desaparecendo geralmente na cor escura da parte superior da cauda nos cães adultos, porém bem visíveis nos cães novos.

As cores lobo e "nuagé" (negro sobre fundo cinza, castanho ou fulvo) são ainda caracterizadas pelo fato de não serem os pêlos da cobertura duma só e única cor, estes são o mais das vezes, inteiramente claros na base, vacilando entre o tom cinza, fulvo ou castanho, mais escuro no meio, tornando-se negro inteiramente na ponta. Designa-se também essa nuança com o nome *louvet* (lobuno).

Fig. 8 – *Cão da Alsácia*

As marcas brancas no peito e nos pés são toleradas.

Variedades: Ao lado dos animais de pêlo liso vêem-se alguns portadores de pêlo áspero e mais curto, o que não representa o ideal da perfeição.

Boa posição das orelhas

Má posição das orelhas

Fig.9 – *Conformação das orelhas dos cães da Alsácia*

As partes onde os tipos de pêlo liso o têm curto (cabeça e patas) os animais de pêlo áspero e mais curto, o que não representa o ideal da perfeição.

As partes onde os tipos de pêlo liso o têm curto (cabeça e patas) os animais de pêlo áspero apresentam-se cobertas de pêlos mais curtos e ainda mais ásperos, porém desenhando acima dos olhos e nos lábios uma barba e sobrancelha mais ou menos pronunciadas. A cauda não tem franja. Às vezes nas ninhadas destes tipos surgem animais de pêlo liso.

Acontece também aparecerem indivíduos com pêlos ligeiramente ondulados no dorso o que se supõe ser uma tara atávica do sangue do Spitz ou do Collie.

Defeitos: São defeitos: aspecto pesado, dorso curto, pernas altas, crânio grosseiro, talhe muito fraco, focinho obtuso e curto, orelhas pendentes, cortadas ou tidas constantemente para trás, cauda enroscada em anel, ou geralmente mal conduzida ou cortada, antebraço não desenhando bem o cotovelo, pé espalmado e de pêlos longos, pêlo muito ralo ou muito curto, ausência do subpêlo.

O cão de Brie: *Apreciação geral*: É um animal inteligentíssimo, dotado de especial aptidão para guardar rebanhos, mister em que se revela inigualável (figo 10).

Rústico, insensível às intempéries, fiel, ótimo nadador, possuidor de excelente olfato, de inteligência viva e ânimo disposto, o cão de Brie adapta-se a todos os misteres, podendo-se dele fazer um cão de guerra, de salvamento, de polícia ou de luxo.

O seu pêlo, um tanto rústico, o que era o desgosto dos amadores, tem-se modificado pela seleção e hoje o pêlo dito de "cabra" já não apresenta inconvenientes tão acentuados.

Origem: Este cão, também chamado Briard, é uma velha raça francesa.

O tipo atual, maior que o antigo, é o produto de cruzamentos da velha raça com o Barbet, segundo a opinião mais aceita. A seleção deu ao Brie maior tamanho e melhor pêlo.

F. 10 – *Cão de Brie*

Caracteres essenciais: Raça retilínea. *Aspecto geral*: bom talhe, rústico e sólido – Talhe 55 a 65 cm., à espádua. *Cabeça:* forte, bem longa, fronte chata, depressão frontal bem marcada, guarnecida de pêlos, formando barba, bigodes e sobrancelhas, deixando os olhos descobertos ou os velando ligeiramente.

Nariz: sempre negro. *Dentes:* fortes, brancos, adaptando-se perfeitamente. *Orelhas:* chatas, não caídas, deixadas naturalmente e trazidas em pé quando cortadas. *Olhos:* pardos, muito inteligentes. *Pescoço:* forte e musculoso. *Corpo: Peito:* profundo e bem caído. *Dorso:* direito. *Garupa:* pouco inclinada. *Cauda:* inteira, formando gancho na ponta, mas trazida baixa de preferência. *Pernas:* bem musculosas, boa ossatura, aprumos regulares, patas posteriores com *ergot* duplo. *Pés:* fortes, bem fechados, unhas negras, sola dura.

Pelagem: Pêlo: longo em todo o corpo, sobretudo na cabeça e extremidades, ondulado, não frisado (algumas vezes liso, gênero pêlo de cabra).

Cor: negro-ardósia (branco com alguns pêlos brancos) cinza-escuro, cinza-ferro, cinza-claro, fulvo-encarvoado, fulvo e pardo, não possuindo nunca manchas brancas. Às vezes aparecem tipos com cruz branca no peito que o *standard* não permite, mas na prática são excelentes animais.

Fig. 11 – *Briard*

Peso: varia muito, média 32 quilos.

Defeitos: Os defeitos graves são: cabeça com pêlos curtos, ausência do duplo *ergot*, cauda cortada, nariz claro, olho gázeo, pêlo muito frisado.

O cão de Beauce: *Apreciação geral e origem:* É o cão de gado mais comum na França. São animais robustos, vigorosos, inteligentes, corajosos e obedientes, mas muitas vezes brutais. Prestam-se bem para cães de defesa e de polícia.

Existem dois tipos: o velho Beauceron e o moderno, que data de 1896. O tipo primitivo, menor que o atual e mais forte, não tendo merecido nenhuma seleção, não apresentava aspecto homogêneo; o pêlo era áspero, meio comprido, feltroso, cauda cortada; muitos indivíduos nasciam anuros, diz certo autor.

A pelagem apresentava as mais diversas cores: o de manto negro e extremidades fulvas era o mais trivial. O velho tipo possuía qualidades que não se encontram na raça hodierna, motivo pelo qual muitos preferem os bastardos da velha raça aos tipos modernos.

O tipo hodierno originou-se do antigo através de vários cruzamentos.

Caracteres essenciais: Raça convexilínea. *Aspecto geral:* Cão de talhe forte, sólido, bem construído e musculoso. *Talhe:* macho 60 a 70 cm. à espádua; fêmea 60 a 65 cm. Para o trabalho são preferidos os cães de talhe médio aos grandes que não raro são moles e linfáticos. *Cabeça e pescoço:* *Cabeça:* longa, fronte chata, depressão frontal não muito acentuada. *Focinho:* bem alongado.

Nariz: sempre negro com a depressão frontal não muito marcada. *Maxilares:* fortes e possantes. *Olhos:* médios, nem muito redondos, nem muito salientes, vivos e inteligentes, de cor marrom escuro, algumas vezes azulados, no Beauceron dinamarquês; olhar franco. *Orelhas:* curtas; não tombadas, quando deixadas naturais, mas direitas e perto da cabeça quando cortadas; revestidas dum subpêlo cinza, fulvo ou negro. *Pescoço:* bem saliente, forte e musculoso, ligeiramente arqueado. *Corpo: Espáduas:* oblíquas. *Peito:* profundo e largo, bem caído. *Dorso:* direito, garupa pouco inclinada. *Ventre:* normalmente desenvolvido, nem como do galgo, nem caído. *Rins:* curtos e bem musculosos. *Ancas:* pouco salientes e muito largas sobretudo nas fêmeas. *Cauda:* inteira, ligeiramente franjada, formando gancho na extremidade e trazida baixa de preferência. *Pernas e pés: Patas:* bem musculosas, ossatura forte, aprumos regulares. *Pés:* fortes, fechados, não muito longos, unhas negras, bem arqueadas, sola dura.

Fig. 12 – *Cão de Beauce*

Membros anteriores: Cotovelos direitos, nem para fora nem para dentro; metacarpo curto. *Membros posteriores: Jarretes:* largos, secos, nem para fora nem para dentro, canelas curtas e de bom aprumo.

Pelagem: Pele: duma textura muito fina, mas cerrada. Pêlo rente na cabeça, curto, grosso e duro, do comprimento de 2 a 3 cm., mais ou menos, liso sobre o corpo, brilhante, os das nádegas e da cauda muito ligeiramente franjados.

Cores: negro; negro e fogo, com patas fulvas ou fogo, esta variedade é a mais comum e estimada; fulvo, fulvo encarvoado, cinza, cinza com manchas negras e patas fulvas ou fogo. *Pesos:* cão adulto: 28 a 35 quilos; cadela: 22 a 28 quilos.

Defeitos: São defeitos graves: pêlo longo na face, ausência do duplo *ergot,* cauda cortada, nariz claro, olho azul (salvo para os chamados dinamarqueses), pêlo arrepiado, curto, talhe fraco ou pouco alto, cotovelo afastado (defeito freqüente), pé, dito "de gato".

Bouvier de Flandres: *Apreciação geral e origem:* Como o Bouvier se encontra na Flandres, de cada lado da fronteira franco-belga, há divergências quanto à sua nacionalidade, mas parece provado ser raça francesa, tal a identidade com o Bouvier do centro de França. É animal vigoroso, extremamente inteligente, rústico, de faro notável, excelente cão de guarda, de defesa, de trabalho e de gado, especialmente de bois, daí a sua designação de *bouvier,* boieiro.

Na Flandres é empregado como cão de tiro e para mover rodas das batedeiras de manteiga.

Caracteres essenciais: Raça convexilínea. *Aspecto geral:* Cão de pêlo duro, ar imponente, rústico e cujo olhar de fogo revela energia, atividade e audácia; corpo curto e reforçado, musculoso, servido por membros direitos e fortes, cauda curta, natural ou cortada, orelhas cortadas. *Talhe:* cão 57 a 62 cm.; cadela 55 a 60 cm. *Cabeça e pescoço: Cabeça:* de comprimento médio, forte e maciça. *Crânio:* bastante desenvolvido e chato. *Depressão frontal:* pouco acentuada. *Bochechas:* chatas, o contorno das bochechas descem das orelhas ao longo do bordo posterior ou inferior do masseter; é guarnecida de pêlos longos, formando uma espécie de colar em redor da cabeça o que lhe empresta ar selvagem e rebarbativo. *Maxilares:* profundos, poderosos e de igual comprimento. *Dentes:* brancos e fortes. *Focinho:* não muito longo, bastante largo. *Lábios:* serrados, bigode e barba bem visíveis que dão ao cão um ar característico. *Orelhas:* encurtadas, trazidas direitas, não muito grandes, triangulares, móveis e cobertas de pêlos curtos. *Nariz:* bem largo e negro. *Olhos:* de tamanho médio, não proeminentes, de cor escura ou parda, guarnecidos de sobrancelhas bem aparentes. *Pescoço:* bastante curto e espesso, alargando-se gradualmente para as espáduas.

Corpo: Espáduas: longas, oblíquas, dirigindo-se para a cernelha. *Peito:* largo, profundo não muito descido. *Costela:* bem bombeada. *Corpo e Dorso:* curto, forte e direito com ossatura sólida. *Rim:* bem forte e curto. *Garupa:* não se encurvando bruscamente. *Cauda:* curta, ora reduzida a um simples coto, plantada muito alta e muito móvel. *Patas dianteiras:* direitas, com ossatura acusada. *Patas traseiras:* mesma ossatura. *Jarretes:* bem colocados, não muito altos. *Pés:* curtos e fechados.

Pelagem: Pêlo: rústico, seco, sobre o corpo todo a ponto de parecer mal cuidado. *Subpêlo:* fino e cerrado. *Cor:* de tintas diversas, porém a cor primitiva, o fulvo, em todas as suas nuanças domina, indo do fulvo claro e pálido, lembrando o alazão, ao fulvo escuro encarvoado. Encontram-se também tipos pardos, pardo acinzentado, pardo ardósia, e mesmo araçá (bringée). *Peso:* 28 a 32 quilos.

Variedades: Não se deve confundir o *Bouvier de Flandres* com o *Bouvier de Roulers,* que é um cão belga, de talhe maior e pelagem uniforme escura ou negra, que os criadores belgas obtiveram por meio de cruzamentos, especialmente com o Mastim negro. Os belgas também denominaram essa raça com o nome de Bouvier Belga de Flandres.

Esta raça belga não tem fixidez, sendo este o principal defeito. Há ainda o Bouvier de Ardennes, raça menor que a de Flandres e também sem fixidez.

Defeitos: Os principais defeitos são: olhos claros, amarelos, sobrancelhas caídas sobre os olhos, jarretes direitos, peito muito descido, cotovelos para fora, pés voltados para fora, dedos abertos. Animais muito grandes e muito pesados.

Outras raças francesas: A França ainda possui muitas outras raças de cães de gado. Entre outras, que não mencionaremos pelo seu interesse quase regional, citaremos:

O *cão do pastor Picard,* inteligente, rústico, muito dócil e excelente auxiliar do pastor. É de talhe médio com o aspecto griffon porém elegante e vivo. Seu talhe é de 60 a 65 cm., para os machos e 55 a 60 cm. para as fêmeas. Peso 30 a 35 quilos. Pêlo duro, meio longo e não frisado, de cor cinza, cinza-azul, fulvo claro ou escuro e sempre tricolor.

O *cão de pastor dos Pirineus,* também chamado Labrit, é um animal de talhe médio 45 a 55 cm., ar vivo, inteligente; a cor varia do fulvo-escuro ao cinza e algumas vezes negro, pêlo longo ou meio longo, lembrando o da cabra. Peso de 10 a 12 quilos.

O *bouvier* dos Pirineus, zootecnicamente julgado, não passa duma variedade do anterior. Na região dos Pirineus são utilizados três raças para guarda e condução dos rebanhos, esta, anteriormente apontada e o cão de montanha dos Pirineus, este último quase desaparecido. O bouvier dos Pirineus é um tanto maior que o Labrit: 50 a 60 cm.. Pêlo abundante sobre todo o corpo, longo de tipo pêlo de cabra, na cabeça e orelhas pêlo curto, e pouco abundante nos membros, salvo nos bordos posteriores onde forma franja.

A cor é fulva, com pêlos cinza e às vezes, sem ele; cinza-escuro, cinza-prateado, manchado de negro, com ou sem manchas de fogo nos olhos, no focinho e nos membros (pelagem esta que denominam "danoisée"). Os cães com estas pelagens têm um olho ou os dois gázeos.

Cão de Ardennes é em tudo semelhante ao Picard, certo seu próximo parente. Além de pastor de porcos é um auxiliar valioso na caça dos javalis.

Cão de Languedoc é de todas as raças francesas de gado a de maior talhe. Tem a aparência dum mastim com pêlo griffon.

Seu pêlo é curto, áspero e cerrado, de cor fulva mais ou menos escura com manchas na cabeça e na fronte e muitas vezes branco em baixo. Geralmente sem cauda.

Raças belgas: Graças aos esforços seletivos e ao bom material de que dispunham, puderam os belgas conseguir o seu excelente cão de gado com algumas variedades muito estimadas.

Os caracteres gerais da raça belga são estes, para todas as suas variedades:

Apreciação geral: Raça convexilínea. Animal inteligente, rústico, habituado à vida ao ar livre, maravilhosamente adaptado a resistir às vicissitudes atmosféricas do clima belga. À sua aptidão ingênita de guardião de rebanhos ele reúne a de cão de guarda e de defensor do seu dono.

Mostram-se estes animais infatigáveis, sempre em movimento, atentos e vigilantes.

Apresentam a tendência de se locomoverem em círculo de preferência à linha reta.

Caracteres essenciais: Crânio: não muito largo e antes de fronte chata que arredondada. *Depressão frontal:* moderada. *Cabeça: Focinho:* pontudo. *Nariz:* de ponta negra. *Olhos:* pardos de preferência escuros; olhar interrogativo denotando inteligência. *Orelhas:* de forma triangular, tesas, direitas, bem implantadas, semi-longas. *Pescoço:* cilíndrico, pouco alongado. *Linha do dorso* (dorso, rins e garupa): horizontal, larga e forte, de comprimento médio. *Cauda:* forte na base, de comprimento médio, apresentando particularidades conforme a variedade; em repouso, o animal a traz baixa, com a ponta recurvada para cima, ao nível do jarrete; em ação, ele a levanta em curva acentuada para ponta mas sem formar gancho. *Peitoral:* antes estreito que largo. *Peito:* pouco largo mas em compensação profundo e caído como em geral nos animais de andares rápidos. *Ventre:* dum desenvolvimento moderado. *Espádua:* longa e oblíqua, formando um ângulo agudo com o braço. *Braço:* exatamente dirigido no sentido do comprimento do corpo. *Antebraço:* longo. *Nádegas e coxas:* bem musculosas. *Perna:* longa. *Jarrete:* bem soldado. *Pé:* redondo, em patas de gato. *Aprumos:* regulares. *Talhe:* na média 55 cm.. *Pêlo:* sempre abundante, cerrado, apresentando particularidades de conformidade com a variedade, servindo como critério na distinção delas.

Defeitos: Orelhas sem formar ponta. Cauda em coto. Os animais anuros de nascença ou por ablação não são aceitos nas exposições belgas[11].

Vejamos agora pormenorizadamente as variedades.

Cão de Groenendael: *Origem:* É originário de Bruxelas (fig. 13).

Caracteres essenciais[12]*: Pêlo:* longo e liso sobre a totalidade da superfície do corpo, exceto sobre a cabeça, face externa da orelha e as partes baixas dos membros. Raça de conformação convexilínea.

Fig. 13 – *Groenendael, cão de pastor belga*

A abertura do conduto auditivo é protegida por pêlos tufados. *Pescoço:* guarnecido de pêlos longos e abundantes, formando coleira. *Antebraço:* guarnecido no seu bordo posterior de uma franja de longos pêlos. *Nádegas:* ornada de pêlos longos e abundantes formando calças (culote). *Cauda:* disposta em penacho.

Cão de Tervueren: "Os cães de pastor de pêlo longo e negro chamados de Groenendael e os de pêlo longo, vermelho-acaju, dito de Tervueren, diz J. Couplet, têm todos a mesma origem e são exatamente do mesmo tipo. Somente a cor do pêlo os diferencia. A melhor prova de seu velho parentesco está no fato de aparecerem nas barrigadas dos Groenendael indivíduos de cor acaju".

Como se vê, trata-se de uma simples variedade que o pêlo caracteriza.

11. Joseph Couplet, *Le Chien de Garde de Defense* et *la Police*.

12. Aqui damos somente os característicos da variedade, pois acima já consignamos os da raça em geral.

Cão de Malines: O cão de Malines é de pêlo curto, de cor fulva-encarvoada, de máscara negra (cap de more) tanto quanto possível.

Os demais característicos residem no pêlo curto sobre a superfície do corpo, notadamente sobre a cabeça e nas partes baixas dos membros; pêlo semi-curto e mais cerrado em torno do pescoço e na cauda. O bordo posterior da cauda é franjado de pêlos longos. A cauda é espigada.

Defeitos: Pêlo meio curto. Pêlos duros disseminados entre o pêlo curto.

Cães belgas de pêlo duro: Primitivamente só era apontada uma raça de pêlo duro, no que lhe consistia o principal característico e que comportava todas as cores. Hoje pretendem considerar como distinta uma variedade dita de Laeken, de pêlo duro, seco, arrepiado e de cor amarelo-ouro.

O pêlo destas duas variedades é sempre do mesmo comprimento em todas as partes do corpo, não devendo ser maior nem no focinho, nem em torno dos olhos afim de não emprestar a estas variedades o aspecto do cão de Brie, francês.

A cauda não deve formar penacho.

Defeitos: Pêlo muito longo, sedoso ou frisado. Molhos de pêlos finos entremeados nas mechas de pêlo duro.

Fig. 14 – *Belgian Tervueren*

Cão belga rajado: Há ainda a notar um cão de pêlo longo, de conformação igual ao Groenendael, que dele apenas se diferencia pela pelagem constituída de listras negras dispostas regularmente sobre um fundo cinza-pardo. Esta raça goza hodiernamente grande estima na Bélgica, porque representa melhor o tipo do cão de pastor belga antigo, que o criador procurava a fim de infundir sangue puro nas raças enfraquecidas por uma consangüinidade cada vez mais apurada.

Raças alemãs: Os alemães, segundo o testemunho de Cornevin, possuem várias raças de cães de gado, pois a criação do carneiro na Alemanha mereceu sempre muita atenção. Infelizmente a literatura latina sobre o assunto é escassa. Na própria Inglaterra o livro mais minucioso sobre cinologia *The Complete Book of the Dog,* de Robert Leigton (Londres, 1922) só descreve o Dobermann Pinscher e o *Lobo da Alsácia,* hoje arrolado entre as raças francesas, e alude ao *Boxer, Saufanger* e *Teckels.*

Já alhures vimos referência ao cão boieiro alemão Bothweiler, que é o nome duma localidade próxima ao Wurtemberg.

O cão de pastor Dobermann: *Apreciação geral:* O Dobermann é um animal inteligente, fiel, vigilante, muito amigo do seu dono, defensor dele, bravo e duma valentia ilimitada.

Excelente cão de guarda e de polícia, é incansável destruidor de animais nocivos. Como cão de defesa é talvez o melhor que se conhece. É raça muito espalhada na Alemanha.

Fig. 15 – *Dobermann Pinscher*

Origem: Os cinólogos franceses consideram o Dobermann como descendente do Beauceron. Uma das razões apresentadas baseia-se na antiga denominação alemã desta raça: Baruch, que se supõe corrupção de *Bas-Rouge,* designação primitiva do Beauceron. Por seu lado a constituição daquela raça lembra verdadeiramente o Beauceron diferencia-do apenas pela cauda cortada mais curta, e orelhas ainda mais.

Caracteres essenciais: Raça convexilínea. *Aspecto geral:* corpo solidamente construído, musculoso, sem ser pesado e embora não se assemelhe a um galgo, dá-nos idéia de ligeireza unida à força e resistência. *Talhe:* 60 a 65 cm. macho; 55 a 60 fêmea. *Cabeça e pescoço:*

Cabeça: 25 a 26 cm de comprimento; 40 de circunferência para um cão de 58 cm de alto. *Fronte:* chata ou ligeiramente bombeada. *Crânio:* largo para trás, afinando-se num focinho longo, mas moderadamente pontudo. *Orelhas:* bem cortadas, nem curtas nem muito pontudas. *Olhos:* pardo-escuro, de preferência médios, de expressão viva, benevolente, mas perfeitamente enérgica. *Arcadas das sobrancelhas:* pouco desenvolvidas. *Maxilares:* desenvolvidos e fortes, bem fechado. *Bochechas:* lisas, bem adaptadas e não pendentes. *Nariz:* de cor escura. *Pescoço:* poderoso, direito, médio, graciosamente curvo na nuca.

Fig. 16 – *Dobermann Pinscher*

Corpo: do comprimento igual à altura da cernelha. *Dorso:* direito, e não muito longo, bem proporcionado ao conjunto do corpo. *Flancos:* possantes e bem desenvolvidos. *Cauda:* curta de nascença, de preferência, se não cortada não passando de 10 cm. *Pernas e pés: Pernas:* soldadas quanto possível em ângulo direito com a omoplata, nem voltada para dentro nem para fora, de bom aprumo e direita até a articulação da pata. *Coxas:* fortemente musculosas. *Jarretes:* bem fechados e arqueados. *Unhas:* fortes e fendidas.

Pelagem: Pêlo duro, curto bem deitado, brilhante, o subpêlo somente tolerado no pescoço, nem coleira nem "cullotte". *Cor:* negro profundo e brilhante, marrom ou cinza-azulado-escuro, com marcas de fogo bem delimitadas, nítidas e puras de matiz acaju.

Peso: 20 a 21 quilos sem passar de 25 quilos.

Variedades: O Dobermann Pinscher, formado na Alemanha, apresenta os mesmos característicos, porém o seu talhe é menor: 55 a 62 cm para o cão, 48 a 55 para a cadela. O peso é de 20 quilos e o encurtamento máximo da cauda é de 15 cm.

Defeitos: Os pêlos brancos que costumam aparecer no peito são tolerados, mas procuram, pela seleção, fazê-los desaparecer.

O Schnauzer: O Schnauzer gigante, assim chamado em referência ao tipo miniatura é uma raça criada na Alemanha há mais de 600 anos. É também conhecida pelo nome de Pinscher-Schnauzer. Ele teve sua origem no Vurtenbergue e na Baviera, regiões agrícolas por excelência e não era muito difundido nem conhecido no resto da Alemanha, isto até a Primeira Grande Guerra.

São animais bravios, ativos, úteis, rudes, de pelagem áspera, sobrancelhas eriçadas, bigodes (schnauzer significa bigodudo) e suíças. A cor mais comum é sal e pimenta, mas ocorre também a preta uniforme, ou preta com manchas pastilhas.

Fig. 17 – *Standard Schnauzer*

A altura "standard" regula de 21 e meia a 25 e meia polegadas na cernelha. Há tipo médio com 17 a 19 polegadas.

Cão de gado, de pele grossa e pêlo duro, seu lugar é no campo, como o amigo do pastor e do boiadeiro.

Nos Estados Unidos, o Schnauzer é mantido, principalmente, como cão de guarda nas casas rurais e como companheiro. Grande destruidor de ratos. O Schnauzer é mais um desses cães que sofrem o suplício de uma desnecessária crueldade: o desponte das orelhas e amputação da cauda, a pretexto de se lhe melhorar a aparência. Mas, as orelhas e a cauda dão o índice de sua ascendência genealógica. "Aguce-lhe as orelhas, corte-lhes o rabo e o chame de terrier", diz velho adágio inglês que se pode aplicar ao caso.

Vigoroso, ativo, inteligente foi amestrado com facilidade e utilizado como policial.

Não há muitos cães desta raça fora da Alemanha, existindo já alguns nos Estados Unidos onde se tem apreciado a raça como rude, inteligente e destacadamente útil, especialmente como vigia. Na França atualmente existem muitos criadores e até o "Schnauzer Club d'Alsace".

O Schnauzer (miniatura) tem sido reconhecido como raça definida, há cerca de cinqüenta anos. O tipo é semelhante ao Schnauzer Standard, com o limite do porte de quatorze polegadas. O porte de 12 a 13 polegadas é o preferido. As cores são a de sal e pimenta, a preta uniforme, ou preta e creme. A raça foi produzida com o auxílio de um cruzamento de Affenpinscher por seleção, a partir do Schnauzer Standard.

Tem sido criada desde 1925 nos Estados Unidos. Vide "Cães de luxo", Pincher, miniatura.

RAÇAS INGLESAS

O cão Collie: *Apreciação geral:* O Collie é um animal inteligentíssimo, devotado, rústico, excelente cão de pastor, de guarda, de polícia e de guerra.

Na Escócia, seu país natal, é ele guardião de rebanhos insubstituível, exercendo a sua tarefa no meio das montanhas, rochedos e precipícios com coragem sem jaça.

Fig. 18 – *Collie*

Transportado para o sul da África, tornou-se guarda ideal dos rebanhos de avestruzes. A sua utilização como cão de guerra e policial deu resultados notáveis na Alemanha, Rússia e A. do Norte.

Origem: A origem do Collie é antiqüíssima, segundo a opinião de Buffon. Entre os demais cães, é o que mais se aproxima do tipo primitivo, notando um ar de família, entre esta raça e o lebreiro indiano.

O tipo primitivo, tal como apareceu na Exposição de Birminghan de 1860, era de pêlo curto ou semi-curto e de cores variadas: negro e branco, negro, branco e fogo. A cor azul-marmórea ("blue-marbled"), tão típica, é uma relíquia dos velhos Collies de outrora.

Em relação à origem da palavra *collie, colley, coll, coaly,* etc., não se tem chegado a um acordo filológico. Segundo uns a palavra vem de *coll,* carvão, e de uma raça de carneiros de Highland, de cabeça preta, denominados *colley.*

Dalzier diz que *collie* significa *colar.*

Caracteres essenciais: Raça longilínea. *Aspecto geral:* O Collie dá-nos a um tempo a impressão de beleza, elegância e força. *Talhe:* 55 a 60 cm.

Cabeça e pescoço: Cabeça: em seu conjunto ela se afina gradualmente do alto para a extremidade, sendo muito proporcionada ao tamanho do cão. *Crânio:* suficientemente largo de forma que não lembra o do galgo. *Fronte:* chata, sem ser proeminente nem em "dorso de asno", como nos carneiros; o prolongamento com o nariz se faz ao nível dos olhos por uma ligeira depressão frontal *(stop,* dizem os ingleses) quase imperceptível. *Focinho:* redondo, afilado, terminando em ponta. *Nariz:* negro sempre. *Orelhas:* colocadas ao alto e não de lado, pequenas, moderadamente largas na base, e trazidas em forma de tulipa, a extremidade da ponta cai muito ligeiramente para frente quando a atenção do cão é despertada; em repouso deitadas para trás sobre os lados da cabeça. Não devem ser pontudas *(prikled)* como a dos lobos. *Olhos:* de boa proporção, colocados obliquamente, de preferência, pardo escuro e não amarelo, denotando inteligência, com um olhar cheio de vivacidade, ou azul sarapintado, ou gázeo *(vairon)* nos animais de pêlo azulado. *Bochechas:* delgadas e bem talhadas. *Lábios:* estreitos e finos, o superior não cai flácido sobre o inferior nem lhe desmascara os dentes. *Dentes:* dum comprimento regular, são iguais, os dois maxilares devem sempre estar no mesmo plano, o que por vezes não acontece em alguns indivíduos de pêlo azulado que se apresentam "overshot" ou "undershot"[13]. *Pescoço:* musculoso, forte de bom comprimento e ligeiramente arqueado. *Corpo:* um tanto longo. *Costas:* bem tombadas. *Peito:* profundo, suficientemente largo. *Rins:* não salientes, um pouco arqueados e fortes. *Cauda:* de bom comprimento, trazida baixo em repouso, com a extremidade ligeiramente recurva, trazida horizontalmente quando o animal se mostra alegre ou está em ação. *Pernas e pés: Pernas:* anteriores, direitas, musculosas, bem no prolongamento da espádua, o que contribui em larga medida para dar bons aprumos anteriores. *Coxas:* musculosas, jarrete bem descido, forte. *Pata:* bem desenhada e nervosa sob o jarrete. *Pé:* de forma oval, a planta de bom aprumo, artelhos arqueados e juntos, os pés de trás menos arqueados que os anteriores.

---

13. Os cinólogos ingleses denominam *overshot* o maxilar superior, quando este passa o inferior, não se adaptando bem os dentes dum com o outro maxilar, e dizem *undershot,* quando é o maxilar inferior o mais longo que o superior. Para o último caso temos nós a designação nhato.

Fig. 19 – *Collie*

Pelagem: pêlo longo, abundante, áspero ao toque, semelhante ao pêlo de cabra, com subpêlo espesso, grosso e cerrado, muito fornido sobre o corpo e na cauda, suave e curto na face, nas extremidades das orelhas, longo e sedoso na base das orelhas abundante nas pernas anteriores, formando calça, "culote", nos membros superiores e menos abundantes abaixo do jarrete. O pêlo é muito abundante em torno do pescoço e sobre o peito, sendo branco no peitoral. É o que os ingleses chamam *frill*, que poderíamos traduzir por palatina, e o que constitui um dos caracteres típicos da raça. *Cores:* diversas, branca com cabeça fulva, marta ou preta, tricolor: negro, branca e "sable" com todos os tons intermediários, azul-pálido, carregado ou prateado chamada na Inglaterra *marbled* (marmóreo); algumas vezes arlequim, escama de tartaruga, em razão das numerosas ou bizarras combinações de cores que algumas vezes se pode encontrar. *Peso:* cão, 20 a 30 quilos; cadela, 18 a 25 quilos.

Tabela de pontos: Cabeça e expressão, 20. Orelhas, 15. Pescoço e espádua, 10. Cauda, 5. Dorso, 10. Rins, 10. Membros, 10. Pêlo, 15. Talhe, 5. Total dos pontos, 100.

Variedades: Existem variedades de Collies entre as quais o *Bearded Collie* (Collie barbado) e uma variedade de pêlo curto. Ainda se notam nas diversas variedades indivíduos sem cauda, quer de pêlo longo, quer curto.

O "Northern and Midland Sheep Dog Club" não reconhece estas variedades acaudatas.

Defeitos: Crânio bombeado, osso do occipital muito desenvolvido, orelhas grandes caídas. Grandes olhos claros, patas muito peludas, cauda curta.

O English bob-tailed sheepdog: *Apreciação geral:* O *cão* Bob-tailed, que quer dizer literalmente curta cauda, passa por ser um excelente cão de gado, na Inglaterra. Assemelha-se muito ao cão de Brie, exceto na ausência da cauda. É no entanto de talhe um tanto maior que aquele e mais atarracado, superando-lhe também em peso.

Sua altura, tomada à cernelha, é de 55 a 60 cm. Seu peso varia de 25 a 30 quilos.

A ausência da cauda não é rigorosamente hereditária e assim sempre surgem indivíduos caudatos que sofrem, logo em pequenos, a ablação daquele apêndice. É incerta a origem desta raça.

Para a descrição da raça pode-se consultar o que ficou dito sobre o cão de Brie. O pêlo do Bob-tailed, de cor cinza-azulada, cinza-ardósia, cinza com muitos pêlos brancos, é um tanto mais grosseiro que o de Briard.

Seus defeitos são: pêlo macio, anelado, de cor negra e fogo ou rajado.

A Inglaterra ainda conta um pequeno cão de pastor da Ilha Shetland: o Shetland Sheepdog, que é preto ou escuro com peitoral branco, e ponta dos pés e parte do focinho também desta cor. É um animal de talhe médio, pêlo longo, cauda muito peluda, inteligente e de muita vivacidade.

Outras raças de cães de pastor: *Cães de gado italianos* – Na Itália existem duas ótimas raças de cão de gado *(cane pecoraro)* um bastante parecido com o cão de Brie, na alta Itália e outro, o cão de Abruzzos, que é um lindo animal todo branco e de grande porte.

Cães de gado russos – Há certamente vários tipos de cães de gado na Rússia, mas um dos mais notáveis é o Owtcher que é um gigante de 65 a 70 cm, com o peso de mais de 50 quilos.

É o cão de pastor e defesa nas estepes, onde se bate valorosamente com os lobos.

Seu pêlo é longo, arrepiado, de cor ruiva. Aspecto selvagem e forte musculatura.

Cão de gado da Hungria – O Jahsz, cão de pastor húngaro, é semelhante em aspecto, tamanho e valentia, ao cão russo. Dois cães bastam para guardar um rebanho de 1.000 cabeças.

Cão holandês – O cão holandês é algo parecido com o belga. É de cor vermelho-pardo, negro, acinzentado em seus vários matizes.

Tem 55 cm de alto e pesa mais ou menos 22 quilos.

Este animal tem figurado em várias exposições belgas.

Cães de guarda propriamente ditos, cães de tiro e outras utilidades: Para guarda e defesa podem ser utilizadas as raças que acabamos de descrever sob o título de cães de pastor, mas o tipo clássico de defensor da propriedade cabe aos dogues e buldogues, ao Terra-Nova, ao São Bernardo e ao Leonberg.

Entretanto, não resta dúvida que as raças de cães de gado, quando utilizadas como guardas, sobrexcedem os tipos especializados neste mister, visto serem dotadas de melhor inteligência, exercendo sua missão mais a contento.

Os dogues de Bordeaux, o inglês *(mastim),* o dinamarquês, quando soltos à noite numa propriedade, tornam-se duma ferocidade incrível, desconhecendo o próprio dono e só atendendo a quem habitualmente com ele lida.

Entre os cães de guarda poderíamos ainda incluir o Lulu, o Schipperke e outros que, embora não se imponham pela bravura e força, prestam nesta função serviços de monta, alarmando os que dormem e pondo em fuga os violadores da propriedade com o encarniçamento de seus incessantes ladridos.

O dogue do Tibete: O dogue do Tibete parece ser o tronco principal dos cães ditos de montanha. É originário dos planaltos centrais da Ásia. Verdadeiro gigante da espécie canina mede de 85 cm a 1,10, atingindo o peso de 100 ks.

Possui pêlo longo, sedoso, especialmente atrás das coxas e na cauda. A cor da pelagem é fulva ou preta em cima com as partes inferiores fulvas avermelhadas ou amarelas. Na Ásia tem por missão a guarda de mulheres, crianças e gado. Supõe-se que eram desta raça os históricos cães oferecidos a Alexandre por um rei asiático afim de combater leões e elefantes, e de outra raça não eram os molossos que tão célebres ficaram nos espetáculos dos

F. 20 – *Tibetan Spaniel*

circos da Roma decadente. A sua aclimatação foi tentada na Europa sem resultado, resistindo mal ao calor, apresentando além disso um caráter selvagem e quase feroz.

Cornevin distingue a sub-raça Pelsbound, que se encontra nas províncias setentrionais da Europa, especialmente na Rússia e na Escandinávia.

Na Rússia chamam-lhe *cães de urso,* na Suécia *Pelshound* ou ainda *Elkound* (cão de veado), pois ele caça o urso, o alce, e persegue a lontra e o lince.

O Cão de São Bernardo: *Apreciação geral:* Majestoso, imponente, carinhoso, o cão de São Bernardo honra grandemente a espécie canina, tendo o seu nome ilustrado nos anais da benemerência como um salvador de vidas humanas, ameaçadas pelos frios alpinos e pelas aludes despenhadas (fig. 21).

Em redor desta raça paira um halo de lendas e recontos. O cão São Bernardo é nas regiões alpinas da Suíça uma espécie de assistência pública para as vítimas do frio e das avalanchas de gelo. Só, ou acompanhado pelos monges do Convento de São Bernardo, nas noites de intensa invernia, ele percorre os caminhos em busca dos viandantes transidos de frio ou soterrados no gelo, prestando-lhes socorros imediatos ou buscando quem melhor os possa socorrer.

Fig. 21 – *Cão de São Bernardo*

Há certamente algo de exagero em certas histórias dos São Bernardo, mas, ainda assim, os seus serviços no mister de salvadores são vultosos e bem demonstram a inteligência destes belos exemplares da raça canina. É um ótimo guarda, caricioso e extremamente dedicado ao seu dono.

Origem: A origem da raça é antiquíssima. Os cães ditos do Monte de São Bernardo, remontam a época da fundação do hospital criado em 692 por Bernardo de Menthon, que o confiou aos religiosos augustinhos. Estes, que se dedicavam sobretudo à salvação dos viajantes alpinos surpreendidos pelas tempestades de gelo ou extraviados na montanha, fizeram-se auxiliar nesta piedosa missão por enormes cães de pêlo amarelo-ocre mais ou menos escuro, dotados de grande inteligência.

Em 1820 uma epizootia canina devastou o canil do hospital, não escapando senão um cão. Para reconstituírem a raça, os religiosos lançaram mão de cadelas de Leonberg e também se diz que das fêmeas dos cães dos Pirineus e as do grande dinamarquês.

A raça hoje está espalhada um pouco em toda parte, mas na Suíça é corrente a opinião de que o cão de São Bernardo, fora do seu meio natural, degenera.

Caracteres essenciais: Raça concavilínea. *Aspecto geral:* alto, porte elevado e vigoroso, cabeça forte, face musculosa· e inteligente. *Talhe:* mínimo do macho: 70 cm, da fêmea 65 cm. *Cabeça e pescoço: Cabeça;* larga, osso occipital desenvolvido, arcada superciliar saliente. *Pele:* da fronte mais ou menos enrugada. *Orelhas:* presas bem alto, pavilhão bastante desenvolvido na base. *Olhos:* colocados bem a frente, de tamanho médio, pardos, de olhar expressivo. *Nariz:* de narinas largas, abertas e negras. *Bochechas:* não muito desenvolvidas. *Véu palatino:* negro. *Pescoço:* ligado alto, bastante curto.

Corpo: Espáduas: largas, oblíquas, musculosas. *Cernelha:* bem desenvolvida. *Peito:* largo, bem profundo. *Dorso:* largo, horizontal. *Trem posterior;* bem desenvolvido. *Ventre;* pouco realçado. *Cauda;* longa, bem ligada, pendente, durante a marcha um pouco levantada sem formar todavia gancho. *Pernas e pés: Antebraço:* muito forte, bem musculoso. *Patas dianteiras:* direitas e fortes. *Coxas:* musculosas, fortes. *Patas traseiras:* arqueadas nos jarretes, armadas de *ergots* simples ou duplos. *Pés:* largos, medianamente fechados. *Unhas:* fortes, bem curvas.

Pelagem: Pêlo: de comprimento médio; liso ou ligeiramente ondulado. *Cor:* branca e vermelha, amarela fulva ou cinza parda com manchas brancas, amarelo-laranja com manchas brancas, o chanfro, o colar e a ponta da cauda brancos, a vestimenta jamais deve ser duma cor só. Os tipos malhados de vermelho são os preferidos. O peso varia com o tamanho.

Fig. 22 – *São Bernardo*

Variedade: Existe uma variedade de pêlo curto, só diferente da acima descrita por este motivo.

Defeitos: Pêlo duma só cor, frisado ou em mechas longas, orelhas fracamente ligadas, cauda em saca-rolha, *ergots* colocados alto.

O cão dos Pirineus: *Apreciação geral:* O cão dos Pirineus é forte, inteligente e devotado, um verdadeiro cérbero na guarda do que lhe é confiado, mas meigo para o seu dono.

Musculoso e de forte talhe, possui o andar pesado do urso, porém não lhe falta elegância e distinção.

Origem: Supõe-se com evidente razão que o cão dos Pirineus tenha como fonte originária o Dogue do Tibete, cujos descendentes, na época da migração, se espalharam pela Arábia, Síria e Europa. Os animais fixados nos Pirineus aí se adaptaram sofrendo as transformações devidas às condições do novo meio.

Aí foram utilizados como cães de pastor e de guarda durante muito tempo. Trazidos para a França pelo Delfim em 1675, começaram então a se tornar conhecidos e estimados como cães de guarda.

Caracteres essenciais: Raça concavilínea. *Aspecto geral:* Animal de porte grande, fortemente construído, de membros bem musculosos, de pelagem branca, com algumas manchas laranja, cinza, ocre, ou lobuna da cabeça às orelhas, cauda tufada. *Talhe:* 65 a 75 cm.

Cabeça e pescoço: Cabeça: bastante forte, alongada, um pouco estreita. *crânio:* ligeiramente bombeado. *Orelhas:* de tamanho médio, antes pequenas e triangulares, colocadas ao alto. *Olhos:* bastante grandes, de cor pardo-escura, colocados um tanto obliquamente, de expressão doce, inteligente e contemplativa. *Pálpebras:* bordadas de negro e bem fechadas. *Nariz:* grosso, de ventas arredondadas, a depressão frontal pouco pronunciada, menos acentuada que no São Bernardo. *Focinho:* proporcionado ao crânio, afinando-se um pouco, a ponta do nariz sempre negra. *Maxilar:* forte mas não desenvolvido em proporção da cabeça. *Dentes:* fortes, adaptando-se bem. *Pescoço:* direito, forte, de aspecto relativamente curto devido à abundância de pêlos.

Fig. 23 – *Pyrénéan Mountain Dog*

Corpo: robusto, bem construído. *Cernelha:* bem musculosa. *Espáduas:* oblíquas e fortes. *Papada:* pouco desenvolvida. *Peito:* bastante profundo e bem arredondado, não muito caído. *Dorso:* ligeiramente curvo, largo e forte. *Ventre:* pouco notado. *Rins:* musculosos. *Cauda:* longa, muito tufada, formando penacho, trazida baixa em repouso, e em trompa quando em ação ou ataque.

Pernas e pés: Patas dianteiras fortes e direitas, guarnecidas de pêlos bem franjados; patas traseiras ligeiramente arqueadas nos jarretes. *Ergots:* duplos atrás e algumas vezes adiante. *Pés:* redondos e largos. *Unhas:* fortes. *Solas:* bem duras.

Pelagem: Pêlo: muito longo, delicado, jamais frisado, um pouco mais curto sobre as patas e mais curto na face, longo, serrado e bem deitado sobre o resto do corpo, mais longo na cauda, em torno do pescoço e sobretudo na calça (culotte). *Cor:* sempre branca, mas muitas vezes com algumas manchas amarela, cinza, ocre, ou lobuno na cabeça, orelhas e na base da cauda, em sela ou sobre os flancos. *Peso:* 45 a 60 ks, para os machos e 40 a 50 para as fêmeas.

Defeitos: Animais muito pesados, semelhantes ao São Bernardo, o Leonberg e o Terra-Nova; cabeça muito maciça, ou redonda; olhos claros pequenos e redondos; orelhas mal implantadas, longas, nariz rosa ou manchado; pescoço longo, corpo mal proporcionado; peito estreito; dorso enselado; ventre como do galgo; cauda pouco cheia e trazida baixa em ação; pernas fracas, falta de *ergots* duplos; jarretes de boi; pêlo curto, aberto em anéis, manchas ruças ou pretas; talhe inferior a 60 cm; peso inferior a 40 ks.

O cão da Terra Nova: *Apreciação geral:* O Terra-Nova tem bastantes caracteres comuns aos cães de montanha do qual muitos supõem que seja descendente. É um animal forte, corajoso, nadador emérito, utilizado como guarda, mas tendo especial aptidão para salvação de náufragos. Nos países setentrionais é muito empregado como cão de tiro, demonstrando grande força e agilidade (fig.24).

Fig. 24 – *Cão da Terra-Nova*

Origem: É nebulosa como todas as origens. A Ilha de Terra Nova não possuía nem homens nem cães indígenas, quando os noruegueses a descobriram no século XVI. Supõe-se, pois, que os descobridores para aí levaram o cão de urso da Escandinávia. Outros o crêem descendente do cão do Labrador.

Caracteres essenciais: Raça concavilínea. *Talhe:* médio, cão 67 cm, cadela 62 cm. *Cabeça:* larga, maciça. *Crânio:* muito chato com o occipital bem desenvolvido, depressão frontal acentuada. *Focinho:* curto, largo e quadrado na extremidade. *Orelhas:* muito pequenas, implantadas alto e bem para trás, a começo levantadas e depois caídas. *Olhos:* pequenos, um pouco afundados nas órbitas. *Corpo:* musculoso. *Dorso:* largo. *Cauda:* trazida direita, um pouco recurvada na extremidade. *Membros:* fortes, muito musculosos e bem direitos. *Pés:* largos. *Dedos:* ligados por uma membrana até ao menos a segunda falange. *Pêlo:* curto e fino na cabeça e longo nas orelhas, um pouco ondulado, quase liso, doce, untuoso, antes grosso que fino sobre o pescoço, o tronco e a parte posterior dos membros, estes guarnecidos de franjas até a base. *Cor:* negra e brilhante e muitas vezes com uma pequena mancha branca ou negra e branca (Landseer), tolerada, no peitoral.

Peso: tão elevado quanto possível.

Variedades: Pode distinguir-se por motivo da diferença do pêlo, duas variedades: o Terra-Nova negro, de pêlo negro brilhante no qual se tolera uma pequena mancha branca no peitoral e o Terra-Nova negro e branco ou de Landseer cuja pelagem é malhada de negro.

Defeitos: O principal defeito é constituído pela cauda enrolada sobre o dorso.

O cão de Leonberg: *Apreciação geral:* Animal soberbo, de alto talhe, linhas harmoniosas, meigo e amorável companheiro para crianças.

Origem: Este cão tira seu nome da cidade de Wurtemberg, ao noroeste de Stuttegard e se supõe existir desde os mais afastados tempos nos Alpes réticos, dóricos e na Suábia. Alguns cinólogos o julgam originário do cruzamento do São Bernardo de pêlo longo com o Terra-Nova.

Caracteres essenciais: Raça concavilínea. São imponentes, por seu talhe, sua linda pelagem e belas proporções do seu corpo. *Talhe:* 80 cm no mínimo. *Cabeça:* forte, muito estreita, ligeiramente bombeada na parte superior. *Lábios:* um pouco pendentes com exageração nas comissuras. *Pêlo:* muito longo e de todas as cores: amarelo, cinza, malhado e mesmo negro. O fundo da pelagem vai geralmente do amarelo-claro ao vermelho com matizes claros ou negros. O *colar* é claro como o dorso, enquanto as coxas, a parte de cima da cauda, as espáduas, são mais escuras, as orelhas e o bordo dos lábios, negros. Duas cores são as fundamentais: a prateada e a dourada e as cores uniformes, com a máscara negra, são as mais apreciadas. Uma mancha branca, por menor que seja, é um defeito.

O cão do labrador: O cão do labrador é um animal de peso médio, porém poderoso e ativo, de pêlo áspero, aspecto selvagem, sendo utilizado como animal para tração de trenós, caça de renas, ursos e focas.

A cabeça é larga e redonda sem 'occiput proeminente, chanfro do nariz pouco pronunciado, nariz largo, orelhas pequenas e implantadas um tanto atrás, não terminando em ponta. As formas corporais são arredondadas, o peito é cilíndrico, o rim largo e forte, a garupa possante. A cauda deve ser direita, bem implantada e curta.

Fig. 25 – *Labrador Retriever*

O pêlo é curto, duro, mas suave ao tato, muito cerrado, sem frisados nem ondulações, de cor preta e sem nenhum pêlo branco.

O cão Dinamarquês: *Apreciação geral:* É entre os cães o que maior número de nomes tem recebido. Cão de Ulm (dog de Ulm, ou Ooulmmer dog), grão-dinamarquês (great dane), mastim alemão ou dog alemão (deutschedog), cão Wurtemburguês, cão de javali (Wildboarhound), cão da Dalmácia.

É um cão de grande talhe, forte, bom guarda, excelente companheiro, contanto que o tratem com doçura. Dócil e muito amigo do seu dono, mostra-se sempre reservado e desconfiado com os estranhos. Sua inteligência é medíocre e seu caráter agressivo para os outros cães. Pelo aspecto majestoso pode ser considerado como animal de distinção ou luxo (fig. 26).

Origem: Cornevin supõe-no descendente do alão, antigo cão de caça de javali, introduzido no século IV no país de Aunis (Charente inferior), por ocasião da invasão dos alanos no Império Romano. Assim as diversas denominações que tem recebido nada dizem sobre a sua origem.

Os burgraves alemães foram os grandes melhoradores de cão alano. Duas correntes desenharam-se nesta tarefa, uma que tendia exagerar o tipo, tornando-o dogue, outra que procurava infundir-lhe ligeireza e maior talhe.

Para isto serviram-se do galgo e talvez do Pointer e, possivelmente, do cão do Oriente.

Hodiernamente a raça acha-se espalhada pelo mundo, especialmente no sul da Alemanha, Europa central, França, Inglaterra e Estados Unidos.

De caçador, o alão tornou-se cão de guarda, de companhia e de luxo.

Fig. 26 – *Cão dinamarquês*

Caracteres essenciais: Raça concavilínea. *Aspecto geral:* cão de talhe longo, bem musculoso porém não desprovido de elegância; talhe 75 a 90 cm para o macho e 65 a 80 para a fêmea.

Cabeça e pescoço: Cabeça: longa, forte, bem achatada dos dois lados. *Crânio:* chato, com uma elevação pronunciada em cima dos olhos, substituindo a depressão frontal, que é pouco acentuada. *Orelhas:* pequenas, trazidas ligeiramente direitas com a ponta tombada para a frente. *Olhos:* de tamanho médio, redondos com um olhar perscrutador; pardos, cor de avelã, e gázeos (vairon) em alguns tipos. *Focinho:* alongado muito desenvolvido. *Lábios:* pouco pendentes para os lados. *Pescoço:* longo, forte, ligeiramente arqueado, sem papada, mantido alto.

Corpo e cauda: Corpo: espesso. *Dorso:* forte, de tamanho médio. *Espáduas:* longas e oblíquas. *Peito:* bem descido mas não muito largo. *Rins:* ligeiramente arqueados, bem desenvolvidos. *Costelas:* bem arredondadas. *Ventre:* bem retraído porém não como o do galgo. *Cernelha:* curta, pouco caída. *Cauda:* de tamanho médio, conservada baixa quando em repouso; em ação ela é trazida horizontalmente em prolongamento da linha dorso-lombar, salvo o terço posterior um pouco recurvo sem formar trompa.

Pernas e pés: Membros: direitos e bem musculosos. *Cotovelos:* baixos. *Coxas:* longas. *Jarretes:* baixos e sólidos. *Pés:* arredondados. *Dedos:* bem arqueados e fechados. *Unhas:* fortes e recurvas; ausência de *ergot.*

Pelagem: Pêlo curto, cerrado, liso. A cor da pelagem apresenta variações tais que P. Dechambre coloca-a em três classes:

a) Cães de pelagem "bringée" (araçá) também dito tigrado: cor amarelo-avermelhado escuro, rajado de negro, sem manchas brancas.

b) Cães de pelagem unicolor: fulvo, cinza-azulado, cinza-ardósia em todos os matizes claros ou escuros, com nariz e mucosas negras, e nunca olhos garços.

c) Cães de pelagem salpicada ou arlequim: fundo branco com manchas negras ou cinzentas irregulares, distribuídas sobre o corpo tão uniformemente quanto possível; olhos garços e nariz claro são admissíveis.

É hábito cortar as orelhas desta raça de cães, dando ao que resta dela a forma dum cartucho aberto para frente e pontudo no alto.

Variedades: Cornevin divide em quatro sub-raças ou variedades.

A de *Ulm:* de pelagem rajada, isabel e negro com rajas amarelas e cor de rato. A cabeça é preta ou enfumaçada. Por ter sido criado na corte de Wurtemberg, onde servia para a caça do javali, também é conhecido por cão de Wurtemberg e dogue alemão. Sua altura vai a 90 cm e seu peso a 50 quilos.

A *azulada:* Menos maciça que a do Ulm é mais elegante que ela. Deve a sua formação ao Ulm e ao galgo escocês. Sua pelagem é exclusivamente azul ou ardósia, variando no entanto a tonalidade. O talhe oscila entre 75 a 80 cm. Uma mancha branca no peitoral e sobre os dedos posteriores desqualifica o animal. A reprodução consangüínea muito repetida ocasiona o aparecimento deste defeito.

A *tigrada ou arlequim:* É a *Tigger dogge* dos alemães e a *arlequim great dane* dos ingleses (fig. 27).

Fig. 27 – *Pequeno dinamarquês, chamado arlequim*

A pelagem destes animais é de fundo branco salpicado de manchas negras irregulares na distribuição e no tamanho. A denominação de arlequim retrata bem a pelagem deste cão a qual parece feita de pequenos retalhos como a do picaresco Arlecchino do teatro italiano.

Esta variedade é muito estimada pela insólita distribuição das cores no pêlo, dando-lhe ainda singular realce os olhos garços que este animal possui.

É no entanto uma coloração artificial, produto de processos especiais de reprodução baseado na escolha de indivíduos de determinada cor.

Assim sendo, aparecem quase sempre nas barrigadas indivíduos de uma só cor ou apenas raiados. Para manutenção dos característicos, estes animais devem ser eliminados ou nunca empregados na reprodução.

Cornevin supõe que estes cães percam os seus característicos tão singulares de pêlo nos países quentes e ensolarados à maneira das plantas pintalgadas (panachées) que morrem ou se clorofilizam.

O talhe destes cães é um pouco menor que o do dinamarquês azulado e não passa de 78 centímetros para o macho.

A *dálmata ou pequeno dinamarquês:* É ainda chamado dinamarquês mosqueado da Dalmácia. Supõe-se como mais razoável que seja o mesmo arlequim importado da Alemanha para a Dalmácia e aí modificado por ação do meio. Meguin supõe-no um produto do cruzamento do Terrier branco pêlo curto com o Pointer preto.

É entre todas as variedades a menor (seu talhe não passa de 62 cm) e a mais esbelta.

Sendo bom corredor e dotado de excelente faro, é empregado na caça.

As orelhas são pequenas, mosqueadas, e quando são pretas não gozam de tanta estima. Olho redondo, brilhante, pardo e algumas vezes garços, os bordos das pálpebras são pretos nas variedades mosqueadas de preto, e pardas nas mosqueadas de pardo, porém nunca róseos.

A pelagem é de fundo branco-mate semeado de manchas negras pequenas mais regulares e uniformes que na variedade arlequim. Algumas vezes estas manchas são pardas, constituindo tipos menos estimados que os portadores de manchas pretas.

Por exceção encontram-se num só indivíduo manchas pardas e pretas, o que é considerado defeito.

Quando nascem são os dálmatas todo brancos e somente no décimo dia, quando se abrem os olhos, e se impressionam pela luz, é que as manchas negras aparecem.

Durante o crescimento, se os animais são vigorosos, as manchas se alargam em cada muda, eis por que não convém que os cães novos tenham manchas muito aproximadas uma das outras, do contrário elas se fusionam mais tarde, e o indivíduo não será mais mosqueado e sim malhado.

Nas variedades dos dálmatas mosqueados de pardo, vêem-se freqüentemente manchas cor de fogo nas patas e, excepcionalmente, em cima dos olhos.

Quer sejam as manchas negras ou pardas, quanto mais uniformes na dimensão e na distribuição, mais estimados são os indivíduos.

Fig. 28 – *Cão da Dalmácia ou pequeno dinamarquês arlequim*

É indispensável que o pêlo seja curto para melhor realçar as manchas.

Os amadores exigem que o nariz seja negro nos indivíduos mosqueados com essa cor, e róseo ou pardo, quando estas manchas são pardas.

A cauda não é recurvada para o alto e sim trazida como a dos Pointers com os quais têm muita analogia.

O dogue de Cuba: Os espanhóis empenhados na conquista da América, para aqui trouxeram cães destinados a dar combate e a perseguir os indígenas.

Houve um cão, o Leôncio de Bovadilla, que se tornou célebre, recebendo o soldo como qualquer praça de "pret". Mais tarde foram ainda os cães utilizados a caçar os escravos fugidos, *cimarrones* como então lhes chamavam.

Estes animais eram adestrados para tal fim e trabalhavam em parelhas ou trios. Um ou dois ladravam na frente e a certa distância do fugitivo e, um terceiro, aproveitando um descuido, se lançava às orelhas do negro, que não oferecia a menor resistência, porque lhe custaria a vida.

Estes cães pertenciam sem dúvida aos chamados mastins, mas alguns foram cruzados com os cães de caça Santo Humberto, tornando-se famosos no mister que lhe destinavam. O cão de Santo Humberto também foi utilizado na América como caçador de escravos.

Em Cuba estes cães chegaram a constituir uma raça, tal a sua perfeita adaptação ao meio. Alguns autores o denominavam dogue de Cuba.

Honore Laine, num interessante artigo[14], descreve a raça e lamenta a sua extinção em Cuba.

---

14. "Extinción Completa de Una Renomada Raza de Perros Cubanos". *en*, Agricultura y Zootecnia", julho de 1924, Cuba.

Fig. 29 – *Bull Mastiff*

O Mastim inglês[15]: *Apreciação geral:* O *mastiff* britânico é um atleta canino dotado de grande força e robustez. Tem o aspecto dum hércules tranqüilo e confiante nos seus músculos (fig. 31).

Fig. 30 – *Mastiff*

15. A denominação mastim representava ao tempo de Buffon uma raça de cães semelhante ao dinamarquês do qual era o ancestral, como pensava aquele naturalista. Hodiernamente, a designação mastim não determina raça, indica o cão de talhe elevado, bem musculoso, com aptidão para guarda e tiro. É, portanto, uma denominação comum aos cães de porte como os dogues e outros cães sem raça definida. Todavia conserva-se o nome de mastiff ou mastim, em vernáculo, ao cão acima descrito.

Vigia de irrepreensível bravura, antes pode ser acusado por excesso de zelo que por indulgência.

Origem: Descende do cão da Molóssia (Grécia) introduzido pelos romanos na Inglaterra. Roberto Leigton remonta mais longe esta origem, supondo ser a introdução da raça na Inglaterra devida aos aventureiros fenícios em suas viagens.

Caracteres essenciais: Raça concavilínea. *Talhe:* 70 cm mais ou menos. *Cabeça:* maciça, curta e chata, cujo comprimento está para a largura como 2 para 3. *Crânio:* largo. *Fronte:* chata e sulcada de rugas. *Orelhas:* pequenas, finas, colocadas muito alto e caídas para o lado. *Sobrancelhas:* ligeiramente arqueadas de cada lado duma depressão mediana da fronte que se prolonga até os olhos. *Focinho:* curto, formando um ângulo direito com a linha superior do crânio e do comprimento igual ao terço do comprimento total da cabeça. *Nariz:* largo, narinas abertas. *Boca:* bem fechada. *Maxilares:* fortes, o inferior passando muitas vezes, um pouco, o maxilar superior (undershot). *Pescoço:* forte. *Corpo:* maciço, forçudo e musculoso. *Peito e dorso:* largos. *Cauda:* larga na origem, afilando-se para a extremidade, formando uma curva ao cair e atingindo apenas a altura do dorso. *Membros:* direitos. *Pés:* longos e arredondados. *Pêlo:* curto, espesso, sem ser muito fino, especialmente sobre as espáduas, o pescoço e o dorso. *Cor:* fulvo-clara, fulvo-dourada, fulvo-prata, ou fulva carregada sempre com a máscara negra encarvoada. *Altura:* mais ou menos 70 cm. *Peso:* 55 a 60 ks.

O dogue de Bordéus: *Apreciação geral:* Este animal, também chamado dogue francês, reúne em si todas as qualidades necessárias a um cão de guarda e defesa: intrepidez, força, valentia e, digamos, ferocidade. Dispondo duma musculatura hercúlea e dum maxilar formidável, é inimigo terrível quando enfurecido. Não receia enfrentar qualquer inimigo, atacando os próprios touros e desdenhando da morte. Na Espanha era uso açular os cães contra os touros para enfurecê-los.

Fig.31 – *Mastim inglês*

Não raro, nas praças de touros, para variar o espetáculo infame, havia números em que somente estes cães toureavam. Soltavam uma matilha de cães contra um touro e apesar de serem muitos sacrificados pelo formidável adversário, acabavam matando-o. Na Espanha costumam chamar a este cão, desarrazoadamente, dogue espanhol.

O dogue de Bordéus não é tão dócil como o descrevem e muito raramente obedece ao dono, de quem é, no entanto, amigo dedicado.

Convicto de sua força, nem sempre dela abusa, mas quando açulado é difícil detê-lo, sendo este um dos maiores defeitos.

É sempre um inimigo rancoroso dos demais cães. Pela sua força é aproveitável para cão de tiro.

Origem: Julgam alguns autores ser uma raça velhíssima, conhecida por dogue da Aquitânia, mas certamente a sua origem é igual a dos demais dogues descendente direto dos cães trazidos à Europa pelo alanos. Alguns supõem-no descendente do *mastiff* inglês, porém Pierre Megnin demonstrou a inanidade desta hipótese.

Caracteres essenciais: Raça concavilínea. *Aspecto geral:* Conjunto harmonioso, grande talhe, musculoso, um tanto baixo, cabeça característica, focinho quadrado, curto, com máscara ou sem ela, aspecto terrível de atleta atarracado, imponente e altivo. *Talhe:* 60 a 70 cm, as cadelas um pouco menores. O talhe preferível é de 63 a 66 cm.

Cabeça e pescoço: Cabeça: volumosa, dum perímetro, tomado atrás dos olhos, sensivelmente igual à altura da cernelha, duma expressão e caráter particulares, larga, curta, mais chata que a do Mastiff, linha mediana cavada. *Crânio e face:* rugosos, cavidade frontal profunda. *Olhos:* bem espaçados, grandes, pardos, não salientes, mucosas algumas vezes injetadas, arcadas superciliares acentuadas. *Bochechas:* proeminentes e bem desenvolvidas, distinguidas por uma tumescência óssea fornida de músculos. *Orelhas:* médias, caídas, a base um pouco retraída; de cor um pouco mais escura que o resto do pêlo, mas sem contraste muito notável. *Focinho:* espesso, bastante curto, porém sem excesso, ligeiramente côncavo, rugas sobremodo desenhadas, quadrado, chanfro do nariz brusco, formando um ângulo de 90°. *Nariz:* largo, sombrio, menos escuro nos indivíduos de máscara vermelha, vertical ou ligeiramente para trás da tumescência maxilar quando a cabeça está colocada horizontalmente. *Maxilares:* muito possantes, largos, quadrados, maxilar inferior saliente no mínimo um centímetro. *Dentes:* extremamente fortes, os caninos inferiores deixando passar os incisivos superiores. *Caninos:* fortes e ligeiramente curvos. *Pescoço:* muito forte, enorme, curto e musculoso.

Corpo: Cernelha: ressaída, dominando a linha dorsal bem direita até o nascimento da garupa. *Dorso:* largo, musculoso. *Rins:* curtos. *Garupa:* regularmente oblíqua. *Espáduas:* redondas, salientes. *Peito:* possante, profundo, descendo mais baixo que o cotovelo. *Costelas:* sólidas e arredondadas. *Cauda:* de tamanho médio, de pêlo curto, fortemente implantada, sensivelmente mais fina na extremidade, não passando do jarrete e trazida como a do Pointer. *Pernas e pés: Membros anteriores:* grossos, musculosos, aprumos regulares, algumas vezes inclinados ligeiramente do alto para baixo e de fora para dentro, nos cães de largo peito. *Pés:* fortes. *Dedos:* cerrados. *Unhas:* separadas regularmente. *Membros posteriores:* alongados. *Coxas:* descidas, bem musculosas. *Jarretes:* curtos, nervosos e angulosos.

Fig. 32 – *Dogue de Bordéus*

Pelagem: Pêlo: fino e curto, de cor ordinariamente fulva, desde o matiz isabel até o acaju passando pelo fulvo-branco, dourado, etc.. A pelagem unicolor escura, de tons quentes, é a mais estimada.

Peso: cães, 40 a 55 ks.; cadelas, 35 a 50 ks.

Defeitos: Esbelteza, falta de musculatura, pêlos longos e ondulados, cabeça longa, pequena, seca, de forma trapezoidal; focinho em ponta, esborrachado: cartilagem quebrada; nariz estreito e pontudo; falta ou excesso de prognatismo, olhos garços, pequenos ou salientes; bochechas muito chatas, desprovidas de músculos; orelhas muito grandes, de cor contrastando muito com a do resto do pêlo; pescoço muito longo, cernelha não saliente, dorso enselado, espáduas caídas, chatas, peito exíguo, ventre caído, rotundidade abdominal acusada, cauda ausente, muito longa, trazida de lado ou sobre o dorso, em espiral, muito fornida, membros raquíticos, maus aprumos, deformação, exageração ou desvio das curvas, jarretes fechados ou demasiado abertos, patas de lebre, dedos em leque, presença de *ergots*.

O Boxer alemão: Os boxers alemães, que constituem raça muito popular na Alemanha, embora seus antecedentes fossem animais de muita bravura, mostram-se hoje grandemente civilizados e são realmente dedicados amigos de seus donos. São ativos, fortes e musculosos, podendo ser considerados como excelentes cães de guarda.

Como são rústicos e de pêlo curto, poucos cuidados exigem.

Aparência geral: O boxer é um cão de tamanho médio, de pêlo curto, e de compleição rechonchuda. É vivaz, ativo e musculoso, altivo e nobre no porte. É utilizado como

67

protetor de propriedade e como companheiro e é excelente saltador. A característica que distingue o boxer é sua cabeça, a qual deve apresentar-se bem proporcionada, e acima de tudo, não deve ser demasiado leve. Uma grande importância é ligada ao conveniente formato do focinho e sua proporção para com o crânio.

Fig. 33 – *Boxer*

No julgamento do boxer, a aparência geral deve ser levada em consideração, para determinar-se as convenientes proporções do corpo que, combinadas com uma cor de aspecto agradável, é o desejado.

Defeitos: Roliço, com aparência de "bull-dog", ossos leves, falta de proporção, condição fraca, falta de nobreza.

Cabeça: o focinho e o crânio devem estar em adequada proporção entre si. A cabeça deve ser bem talhada e não apresentar dobras nem beiçadas profundas, pois estas são freqüentemente acompanhadas de carnosidades por baixo da garganta. Como é natural, as pregas ocorrem no alto da cabeça, quando as orelhas estão eretas. São também sempre indicadas, correndo do crânio até a parte anterior da cara, em ambos os lados. A máscara escura limita-se estritamente, ao focinho e deve contrastar, nitidamente, com a cor da cabeça, de maneira que a cara não apareça sombria. O focinho deve ser bem desenvolvido e não ser nem pontudo, tampouco demasiado estreito ou demasiado curto. As mandíbulas não são niveladas na frente, porém a inferior salienta-se além da superior e faz uma ligeira curva para cima e por isto fica retraída. A mandíbula superior deve assentar larga contra o crânio, diminuindo ligeiramente apenas, para a frente, ambas as mandíbulas sendo muito largas na frente. Os dentes caninos devem, tanto quando possível, estar afastados entre si, estando os incisivos em uma fila e os do meio sem salientar-se, os dentes da mandíbula superior são ligeiramente curvados para a frente. Na inferior, encontram-se em linha reta. O beiço superi-

68

or é grosso e na frente preenche o espaço formado pela saliência da mandíbula inferior e é sustentado pelos dentes caninos do mesmo. Os dentes da mandíbula inferior não devem ficar visíveis, quando a boca estiver fechada. Vista de lado, a linha dianteira do focinho não forma uma linha absolutamente reta, porém primeiramente corre verticalmente, descendo à superfície anterior do nariz, depois torna-se uma curva que vai obliquamente em direção à frente, segue o arredondado da mandíbula inferior, correndo em direção às costas em uma linha quase paralela do cavalete do nariz. Portanto, o beiço superior apenas corta a frente da mandíbula ligeiramente, porém, para os lados, cobre a mandíbula inferior por completo e permanece próximo a ela, não formando beiçadas muito pendentes. O crânio tem ligeiramente a forma de cúpula, não sendo parecido com uma bola, e também não sendo demasiado chato nem demasiado largo. Existe um intervalo, marcado com clareza. O cavalete, "stop", do nariz não deve ser parecido com o do "bull-dog", enterrado na testa e também não deve ser muito saído. É ligeiramente côncavo; isto é, a ponta do nariz, é mais alta do que a raiz. Existe, entre os olhos, uma espécie de recorte, descendo do crânio, desde o occiput até ao intervalo que se dirige à parte anterior da cara.

As bochechas são fortemente desenvolvidas porém não devem ser salientes como "calombos", surgindo da cabeça, porém devem dirigir-se ao focinho com uma ligeira curva. As orelhas estão bem em cima (o padrão alemão exige que sejam talhadas de ponto, com a concha não demasiado larga e serem eretas). Os olhos são escuros e não demasiado grandes nem demasiado pequenos nem são profundos. Demonstram inteligência e energia, porém não devem ter aparência de sombrios, franzidos ameaçadoramente, nem arregalados. As pálpebras devem ter margens escuras, o nariz deve ser largo e preto, ligeiramente arrebitado, com as narinas largas.

A proporção conveniente do crânio para o focinho, em algarismos, é como segue: – da ponta do nariz até o canto interior dos olhos deve ser um terço do comprimento total da cabeça, desde a ponta do nariz até ao occiput. A distância do globo ocular até o ponto mais afastado na curva do beiço deve ser a mesma que do globo ocular até a base da orelha. A profundeza da raiz do nariz deve ser maior do que o comprimento do focinho. A largura do focinho deve ser dois terços a largura do crânio no osso maxilar.

Defeitos: Falta de nobreza e expressão, cara sombria, dentes maus ou mal colocados, cabeça de pincher ou de "bull-dog", orelhas derramando líquido, mal dispostas.

Pescoço: Deve ser redondo, de bom comprimento, forte e musculoso, e deve estar bem assentado em uma curva com as costas. *Defeitos:* Pescoço de touro, pele solta, por baixo da garganta.

Estrutura: O animal é quadrado, isto é, a mesma distância do osso do peito até as nádegas, assim como partindo do chão até o alto das costas. Pernas direitas, com bom osso. (Um pouco mais de corpo é concedido às cadelas).

Peito e quartos dianteiros: Visto de frente, a largura medida nos cotovelos é dois terços do comprimento da perna, desde o cotovelo ao chão. A largura do peito não deve exceder muito a largura da cabeça. Peito profundo, chegando aos cotovelos. A profundeza do peito é metade da altura do cão medido até a cernelha. Costelas bem curvas, não em forma de barril, chegando até atrás. O lombo curto e ligeiramente formando dobra.

Os ombros longos e em declive e não cobertos de maneira demasiadamente forte, de músculos. Longas as partes superiores dos braços e quase em nível quanto possível, em ângulos retos com as omoplatas. As pernas dianteiras direitas e com bom osso. Os cotovelos nem salientes nem reentrantes. Curtas e quase verticais as partes, na perna dianteira, desde a junta do joelho até o pé. Pés de gato pequenos e solas duras.

Defeitos: Frente demasiado larga e baixa, ombros frouxos, peito caindo entre os ombros, pés de lebre, lombo cavado, barriga caída, pernas e dedos curvos.

Costas: A cernelha deve ser bem acentuada, o conjunto das costas, curto, direito, largo e fortemente musculoso.

Defeitos: Costas convexas, elevando-se suavemente na parte posterior da cernelha, indo até ao lombo e diminuindo nos quartos traseiros; dorso côncavo, pescoço de ganso, comprido, estreito, lombo liso, fraca ligação com as nádegas.

Quartos traseiros: Firmemente musculosos, coxas largas e curvadas, com músculos fortemente desenvolvidos. As ancas ligeiramente curvadas, largas, com a cauda colocada um tanto alto e aparada, em inclinação para a frente. O pélvis (parte superior da bacia) deve estar em um ângulo de uns 35°.

Compridas as coxas nas partes superiores e inferiores, junto dos joelhos, próximos com tanto ângulo quanto possível. O ângulo da junta inferior da perna esquerda com cerca de 140°. Vistas posteriormente, as pernas traseiras são direitas, chegando a ficar mais próximas, em direção ao fundo. A junta inferior da perna esquerda, bem talhada e forte, não volumosa, e os dedos traseiros geralmente um pouco mais compridos do que os da frente.

Defeitos: A parte traseira estreita caindo ou demasiado curvada. Cauda caída, mais alta na parte traseira do que na frente, direita, dura, os quartos traseiros de pouquíssimo ângulo, coxas leves, juntas mais baixas da perna traseira, semelhantes as da vaca, pernas arqueadas, andadura incerta, pés de lebre, quartos traseiros afastados na parte inferior ou demasiadamente para trás.

Tamanho: 21 1/4" a 23 3/4" nos ombros (22 1/4 a 23 polegadas é o mais desejável); cadelas 19 1/2 a 23 polegadas.

Pêlo: Curto, liso e reluzente. *Cor:* As cores originais são o marrom-amarelado e malhado (com cores variadas); diferentes matizes de marrom-amarelado desde a cor de corça escura vermelha, até o marrom-amarelado-claro, sendo, mais desejadas as cores que ficam intermediárias. A máscara é necessária para cães de cores sólidas. Sua cor varia de um matiz escuro ao preto mais profundo, porém deve limitar-se rigorosamente ao focinho, de maneira que a expressão não se torne sombria e pouco amiga.

A variedade malhada tem no fundo de marrom-amarelado as variações de listras escuras ou pretas correndo na direção das costelas e devem ser bem definidas, finas e não devem ser demasiado escuras. Marcas ligeiramente brancas são permissíveis, porém não devem ser muito numerosas. Além destas variedades, existem boxers pretos e brancos com ou sem marcas. Entretanto, são preferidos o marrom-amarelado e a variedade de malhas de cores diversas.

O caráter do boxer é de importância extrema. Seu amor e sua fidelidade para com o dono e a casa, seu espírito de vigilância e sua coragem sem receio como defensor são característicos. É desconfiado para com estranhos, e vivaz e amigo quando brinca, porém feroz, quando provocado. É notável por sua inteligência, facilidade de ser tratado e limpeza, que o tornam um agradável cão de família e um companheiro cheio de espírito. É tranqüilo sem artifício ou vilania.

Defeitos: Viciosidade, vilania, falta de segurança, quanto à confiança depositada, falta de entusiasmo, covardia.

(Esta descrição e padrão de pontos é uma gentileza do Consórcio Alemão de Assuntos Caninos).

O Mastim de tiro: É velha na Bélgica a usança do aproveitamento do cão como animal de tiro levíssimo.

Por esta razão ali se encontram vários tipos de cães de tiro que os cinólogos belgas procuram cada vez mais melhorar por uma seleção cuidadosa.

Entre estes cães existe um mastim de avantajado porte, grandes músculos, um verdadeiro colosso, de cor fulvo-encarvoada: um outro idêntico ao primeiro, porém de cor negra ou branca e negra, e ainda um outro menos encorpado, mais rápido, no qual claramente se nota a infusão de sangue do cão de pastor belga.

Graças aos esforços de cinólogos notáveis, entre eles Reul e T. Serclaes, a Bélgica conta hoje com uma verdadeira raça de cães de tiro de que justamente se orgulha.

Outros cães de tiro: Nas regiões boreais é que vamos encontrar os cães mais aptos e mais utilizados para tração.

O cão dos esquimós pode servir de protótipo deste grupo. São animais fortes, musculosos, de amplo peito. O pêlo é liso e sedoso; focinho muito pontudo, cabeça alongada, orelhas direitas, posto que longas, cauda como a da raposa, tufada, enroscada sobre os rins.

Esta raça habita o norte do globo terrestre, especialmente nas margens da baía de Baffin, na América.

Apresentando uma fisionomia idêntica, encontram-se outras raças de cães, todos boreais e utilizados como animais de tiro. Citam-se como mais conhecidos o cão da Sibéria, do Kamtschatka da Lapônia e da Groelândia, os quais são para estas regiões uma verdadeira providência. Alguns, como o cão dos esquimós, além de puxarem trenós, são utilizados na caça da rena e do urso ou outros raros animais da zona ártica.

Os Buldogues: O Buldogue é obra dos criadores ingleses, segundo a versão mais aceita. Da Inglaterra foi introduzido na Espanha ao tempo de Felipe II, para ali ser utilizado nas diversões tauromáquicas tão do agrado desse povo.

Ninguém ao certo sabe como esta raça surgiu das mãos industriosas dos ingleses, aproveitando-se estes duma deformação de acaso ou se artificialmente a provaram.

Sabe-se que tal deformação se apresenta em outras espécies animais, como bovinos, sendo de notar que no Chile é muito comum encontrarem-se bovinos a que chamam "ñatos", nhatos, com essa anormalidade.

Parece, no entanto, que os ingleses tiveram em mira a criação dum tipo de cão capaz de agarrar o inimigo sem jamais deixá-lo.

Assim era preciso recuar os incisivos e avançar os caninos pelo esborrachamento do nariz, cruzar estes últimos dentes pela encurvação da mandíbula, abrir largamente a goela pelo encurtamento dos maxilares e alargamento para trás.

Era este o cão necessário quer para a pega de bois, quer para os bárbaros espetáculos da luta de cães, cuja voga foi grande na Inglaterra e posteriormente na França.

Felizmente a época destas brutezas passou e o *Bull-dog,* como o denominam os ingleses, é hoje simplesmente um cão de guarda. Duas são as hipóteses sobre o nome *bull-dog,* que significa touro-cão. Uns dizem que tal designação provém do aspecto maciço e forte do cão e outros que ela promana do fato de serem estes cães empregados na luta contra os touros, parecendo-nos mais natural esta última.

Como cão de guarda, o buldogue é realmente respeitável pela sua bravura e coragem sem limites.

Seu principal defeito está, entretanto, no temperamento de que é dotado, desconhecendo por vezes o próprio dono, facilmente se enfurecendo, não suportando correções e atacando com encarniçamento, sem obedecer a gritos nem pancadas.

Relatam crônicas dos espectadores das horrendas touradas, que os cães Buldogues, quando se agarravam à orelha dum boi, não a deixavam mais, embora muitas vezes, já estripados, os intestinos lhe saíssem pelo abdome.

Devido à sua bravura e coragem seria sem dúvida o melhor cão de guarda, se os seus instintos desenvolvidos pela maldade humana não o fizessem o animal irascível e intolerante que é.

Os ingleses, que muito estimam esta raça, dela se têm valido em inúmeros cruzamentos. Há uns cinqüenta anos e tanto, lembraram-se os criadores da Inglaterra de obter variedades anãs de Buldogues o que brilhantemente conseguiram. Aos primeiros produtos deram-lhe, como de praxe, a denominação de Toy-Bull-Dog.

Há algumas variedades de Buldogues cuja distinção quase única está no tamanho. Consulte-se, na página competente, a classificação das raças adotadas pela Soc. Cent. para Melhoramento das raças Caninas em França.

Estas miniaturas não são mais que cães de luxo e como tais muito estimados na Inglaterra e Alemanha e um tanto na França.

Estudaremos as raças de per si. Quatro são, portanto as raças ou melhor sub-raças existentes: o buldogue inglês, o espanhol, o francês e a anã ou Toy-Bull-Dog.

Os seus característicos são quase os mesmos, diferindo apenas no talhe.

Buldogue francês: *Apreciação geral:* O Buldogue francês é antes que tudo um cão de luxo muito do agrado dos parisienses. Alegre, amável, vivo e fiel é um magnífico camarada e uma elegante companhia (fig. 34).

Origem: Os ingleses julgam-no descendente do seu Buldogue, mas alguns autores franceses filiam-no ao dogue espanhol de Burgos.

Fig. 34 – Buldogue frances.

Caracteres essenciais: Raça côncava e brevilínea. *Aparência geral:* O Buldogue francês deve ser vivo, inteligente, bem musculoso, um tanto atarracado, bons membros, de talhe médio, de pêlo curto e liso. *Proporções e simetria:* As diferentes partes devem ser igualmente distribuídas de forma que nenhuma predomine de tal maneira que torne o animal disforme ou mal proporcionado.

Dimorfismo sexual: Geralmente as fêmeas não apresentam, com a mesma regularidade, os característicos dos machos.

Cabeça e pescoço: A cabeça deve ser forte, quadrada, larga, o crânio quase chato entre as orelhas; a fronte bombeada, as orelhas devem ser trazidas em pé, são do formato das do morcego (Bat Ears, chamam os ingleses), largas na base, de forma alongada, a ponta arredondada e colocada alto na cabeça, elas devem estar verticais e paralelas; o crânio deve ser bastante largo, impedindo assim que elas se achem muito juntas, o orifício do pavilhão deve apresentar-se sempre de frente. A pele da orelha deve ser fina e doce ao toque. A orelha em concha (Rose Ears) é inadmissível, pois é o característico do buldogue miniatura ou Toy-Bull-Dog. Em caso algum as orelhas devem ser cortadas, esta mutilação desqualifica o animal: os *olhos* devem ser de matiz escuro, de preferência grandes e nem muito profundos nem muito salientes; quando os cães olham para frente não se deve perceber o branco dos olhos, eles devem ser situados baixo, um pouco afastados do nariz e sobretudo à boa distância das orelhas.

Os olhos claros constituem defeito e os matizes diferentes desqualificam; o *nariz* deve ser extremamente curto, com narinas largas, bem abertas e de cor negra. A linha entre as narinas deve ser bem notada, o nariz duplo não é admissível; o *focinho* bem arrebitado e os músculos das bochechas bem desenvolvidos. A depressão frontal ou *stop* deve ser bem acentuada de maneira a formar um vazio entre os olhos e subindo até seu nível; o *maxilar* inferior, forte, profundo, quadrado e passando o superior *(undershot);* os lábios devem ser espessos, o inferior deve tocar o superior em meio de maneira a ocultar completamente os dentes, que não devem ser visíveis em caso algum; a *língua* deve igualmente estar oculta e os lábios superiores devem envolver os inferiores sem todavia descer abaixo da linha do maxilar. O *focinho,* o *nariz* e os *lábios* devem ser negros, o *pescoço* forte e bem arqueado, a pele da garganta flácida, mas sem papada.

Fig. 35 – *Buldogue francês*

Corpo e cauda: Corpo curto, bem arredondado e atarracado, largo nas espáduas e diminuindo para os rins, em forma de pêra. *Peito:* largo, cheio e profundo. *Costelas:* bem arredondadas. *Ventre:* acentuado. *Dorso:* tombado ligeiramente atrás das espáduas para se alterar acima dos *roach bach.*

Cauda: curta, jamais cortada. Pode ser direita, quebrada ou torta, porém nunca levantada sobre os rins. Deve ser implantada baixo, espessa na base, afilando-se para a ponta e curta, desprovida de franja, trazida baixo em repouso.

Pernas e pés: Pernas dianteiras: curtas, robustas, atarracadas, direitas, bem musculosas e separadas. *Pernas traseiras:* robustas e musculosas, um pouco mais longas que as dianteiras, de forma que os rins estejam mais altos que as espáduas. *Jarretes:* baixos.

Pelagem: O pêlo deve ser de uma textura moderadamente fina, muito brilhante, liso e junto. As *cores* admitidas são: "bringé", mas de preferência os escuros e todas as cores, salvo as seguintes, que constituem em muitos casos desqualificação: preto total, preto e branco, preto e fogo, chocolate e cinza-rato. Para os cães "caille" quer dizer branco e "bringé" o branco deve dominar. A pele deve ser flácida nas espáduas e na cabeça e nesta forma rugas simétricas. *Peso:* A classe peso ligeiro compreende os animais que pesam menos de 10 quilos; os pesos pesados, os que pesam de 10 a 13 quilos no máximo.

Nas grandes exposições admitem três classes.

Variedades: Não há senão um tipo de buldogue francês, mas em geral distinguem-se nas exposições duas classes, uma para os *bringés* (designa-se com este nome pelagens de rajas negras estreitas e alongadas cortando um fundo pardo, marrom-claro ou fulvo) podem no entanto ter manchas brancas no peito ou pescoço, e os *caille,* fundo branco com manchas, mas nunca preta.

Existem animais inteiramente brancos mas são raros e no entanto é preciso que possuam mucosas negras.

Os mais estimados são os "bringés".

Defeitos: Todas as orelhas que não tiverem a disposição já citada, dita de morcego, qualquer mutilação cor preta exclusiva, branco e preto, preto e fogo, chocolate, cinza-rato.

Olhos de cores diferentes, nariz de qualquer cor que não seja preto, duplo nariz, *ergots,* ou qualquer deformação.

Tabela de pontos: *Aspecto geral:* Estrutura, marcha, ossatura, caráter: 10, cor: 10. *Focinho:* maxilar, dentes, 10; nariz 5. *Cabeça:* crânio e fronte, 10; depressão frontal e rugas, 5; olhos, 5; orelhas, 10. *Corpo:* pescoço, peito, espáduas, 5; dorso, ventre, rins, 5; cauda, 10; pêlo, 5. *Membros:* patas, pés e dedos de diante, 5; pés de detrás, 5. Total, 100.

O Buldogue inglês: A descrição do tipo é a mesma que a do Buldogue francês, exceto o peso, que na raça inglesa é de 23 1/2 quilos para os machos e 21 quilos para as fêmeas. (Fig. 36).

O Buldogue espanhol: Alguns cinólogos crêem ser o Buldogue espanhol o tipo primitivo donde se originam os demais e dão até como origem do buldogue inglês o cruzamento daquele com o Mastiff.

O Buldogue espanhol, perro de presa, é entre os seus congêneres o de maior talhe, 60 a 65 centímetros, o seu peso vai a 52 quilos. Paul Magnin chama-lhe Buldogue de Bordéus.

Quanto aos seus caracteres essenciais, são os mesmos dos do Buldogue inglês.

O doguin: Cornevin informa que existe na Alemanha um cão originado do cruzamento do buldogue inglês com o dinamarquês a que chamam *doguin.*

É do talhe do cão braco, mas com a conformação semelhante ao buldogue e também assim a cor do pêlo. Devido a ser ligeiro é empregado na caça da raposa e do texugo.

Fig. 36 – *Buldogue*

Nota – Deixamos de descrever o Toy-buldogue por ser um cão de luxo e dele trataremos na seção competente.

Fig. 37 – *Dogue espanhol*

Os Terriers: Os terriers são positivamente originários da Inglaterra onde existem numerosas variedades.

Primitivamente, como seu nome indica, eram cães destinados à caça de animais de toca.

Megnin supõe que estes animais descendem do *agasse,* cão pequeno, que os antigos bretões utilizavam na caça dos animais que fazem moradia subterrânea.

Atualmente, posto que ainda se cace a raposa, a lontra, o coelho, etc. com os terriers, estes são antes animais de companhia, distração e luxo que caçadores.

Entretanto, o instinto de caçador vive sempre desperto nestes cães duma vivacidade incomparável, fazendo-os destruidores tenazes de ratos, camundongos e quaisquer outros animais daninhos.

Esta feição obriga-nos a considerá-los também animais úteis. Dividem-se em duas grandes classes: terriers de pêlo curto e terriers de pêlo duro.

Vejamos as principais raças.

O Fox-terrier: *Apreciação geral:* Caçadores e sobretudo rateiros, estes cães são a um tempo úteis e agradáveis companheiros.

Dotados de ótima inteligência, grande vivacidade, possuem um físico elegante e a um tempo delicado e robusto (fig. 38).

Origem: O Fox-terrier parece ser o tronco de todos os terriers e por sua vez descendente do *agasse,* cão da Bretanha, conforme já dissemos. Ele teve sua origem na Inglaterra e destinava-se à caça da raposa (Fox).

O tipo atual é recente e só de 1859 para cá se tem podido seguir a origem do Fox de pêlo curto (*smooth*). Para o de pêlo duro é impossível remontar tão longe. Houve sempre cruzamentos entre as duas variedades. Somente em 1870 estabeleceram-se "pedigrees" e após sucessivas eliminações é que se estabeleceu o *standard*. Pode-se, pois, datar daí a estabilização da raça.

Caracteres essenciais: Raça retilínea. *Aspecto geral:* cão alegre, vivo, ativo e bem construído, nem alto de pernas nem baixo. *Talhe:* o cão não deve ser de talhe exagerado, sobretudo não muito volumoso, a boa medida está entre 34 e 38 cm à cernelha.

Cabeça e pescoço: Cabeça longa. *Crânio:* chato, moderadamente estreito, diminuindo gradualmente de largura até os olhos. *Depressão frontal:* pouco aparente, porém mais pronunciada que a do galgo. *Orelhas:* pequenas, em forma de V. de espessura moderada, caindo para a frente sobre a face. *Olhos:* pequenos, mais redondos possível, de cor carregada, cheios de vida e inteligência. *Bochechas:* não muito cheias. *Nariz:* negro. *Maxilares:* fortes, musculosos. *Dentes:* colocados o mais regularmente possível. *Pescoço:* bem desenhado, musculoso, de tamanho médio, sem aparência de papada, alargando gradualmente para as espáduas.

Corpo: Espáduas: longas, colocadas de esguelha, bem deitadas para trás, nitidamente cortadas na cernelha. *Peito:* profundo e estreito. *Dorso:* curto, direito e forte, sem nenhuma aparência de fraqueza. *Rins:* fortes, ligeiramente arqueados. *Costelas:* de diante moderadamente arqueadas; de trás profundas. *Trem posterior:* forte, musculoso, sem parecer baixar. *Cauda:* implantada alto, trazida direita, cortada a meia altura. *Pernas e pés: Coxas:* longas, fortes. *Patas:* direitas, retilíneas, de ossatura poderosa. *Cotovelos:* caindo, perpendicularmente ao corpo e movendo-se livremente. *Jarretes:* baixos. *Canelas:* curtas e direitas. *Pés:* redondos, compactos, pequenos. *Solas:* duras e coriáceas (diz-se que o terrier deve ter pé de gato). *Dedos:* moderadamente arqueados, nem voltados para dentro nem para fora; durante a marcha as patas são mantidas diretamente para frente.

Fig. 38 – *Fox-terrier*

Pelagem: Pêlo: curto, direito, chato, liso, duro denso e abundante, cobrindo todo o corpo, compreendido ventre e as partes de dentro da coxas. *Cores:* branca dominante, com ou sem manchas, de formato e tamanho diferentes.

A boa disposição das manchas é vantajosa, pois muitas vezes melhora a aparência do animal.

Assim é que determinada marca colocada de través sobre o dorso, melhora a aparência das espáduas e aumenta fortemente o comprimento aparente do pescoço, enquanto que uma mancha no nascimento da cauda parece diminuir o comprimento do dorso e se a cauda é bem disposta melhora ainda a implantação desta.

Para a cabeça estas manchas são importantes pois um indivíduo portador de grandes bochechas, tendo a cabeça negra e um pouco de fogo nos olhos, já lhe dá melhor aparência.

Escala de pontos: Aspecto geral, 15; cabeça, 15; pescoço, 5; espáduas e peito, 10; dorso e rins, 10; trem posterior, 15; cauda, 5; pernas e pés, 15; pelagem, 10; total, 100.

Variedades: O Fox-terrier, de pêlo duro ou pêlo de arame, que a seguir trataremos, assemelha-se em tudo, ao que descrevemos; exceto no pêlo que é duro, áspero, mais longo, o que dá ao animal um ar hirsuto.

Esta questão de pêlo, na variedade de pêlo duro, é capital.

Freqüentemente se ouve dizer que é impossível expor qualquer tipo de pêlo duro sem que ele seja submetido ao "trimming"[16]. Há, entretanto, muitos terriers de pêlo duro que realmente têm um bom pêlo e podem dispensar quase completamente o "trimming".

Fig. 39 – *Smooth-Haired Fox-Terrier*

---

16. Preparo do pêlo para que ele se apresente com o aspecto necessário (Vide Glossário).

Eis por que frisamos a importância do estado do pêlo. Os tipos de pêlo duro, mas lanosos, sedosos ou ainda muito longos, dando ao cão um aspecto arrepiado devem ser rejeitados, entretanto, os de pêlo duro devem apresentar uma diferença sensível com os fox de pêlo curto.

Convém que o pêlo cubra o corpo duma forma cerrada sem que aparentemente dê idéia da massa de pêlo, enquanto pela apalpação se verifique a sua espessura.

Walter Glynn acrescenta que os pêlos se devem entremear para que não pareçam unidos, que a pelagem deve apresentar um aspecto especial, mostrando pêlos esparsos aqui e ali. O próprio pêlo deve ser ondulado e duro à vista e ao tato, sem nenhuma suspeita do pêlo mole e sedoso, nos queixos, focinho e alto da cabeça.

Tolera-se o pêlo mole no ventre e entre as patas, porém melhor será que ele não se apresente em parte nenhuma.

Defeitos: Os defeitos que o desqualificam são: nariz branco, rosa, ou manchado de uma e outra cor em grande quantidade; orelhas direitas, em tulipa ou em rosa; maxilares proeminentes. São ainda defeitos: orelhas tomando o lado da cabeça como o Foxhound, cauda enrolada ou lançada acima do dorso, manchas, "bringées", ou vermelhas.

Fig. 40 – *Dandie Dinmont Terrier*

O Fox-terrier pêlo de arame: O Fox-terrier de pêlo de arame é primo-irmão do Fox-terrier smooth, que é o mais popular dos foxs.

À exceção da consistência de pêlo, escreve Roberto Leighton no "The Complete Book of the Dog", o Wire-haired Fox-terrier é idêntico ao smooth.

O fox-terrier de pêlo de arame, Wire-haired, como dizem os ingleses, deve possuir um pêlo característico, duro ao tato, lembrando assim o fio de arame. Esta variedade de pêlo representa o característico principal da raça.

Os indivíduos que possuam boa conformação e demais requisitos da raça, porém apresentem o pêlo macio, não devem ser aproveitados para reprodutores.

O pêlo duro, de arame, como se diz, é a maior defesa contra as intempéries, a umidade e o frio, e ainda apresenta a vantagem de sujar-se menos, que o pêlo mole.

A cabeça, seu tamanho e conformação, tem capital importância no julgamento desta raça. A expressão muito característica deste Fox merece especial destaque. Contribui para o conjunto da expressão, muito particularmente os olhos, que devem ser pequenos, escuros e profundos; as orelhas em forma de V, finas na sua constituição, caindo para a frente da cabeça, de maneira que o mais possível se aproxime as suas partes internas. Um bom fox-terrier deve sempre dar, a quem o observa, a impressão de que se mantém na ponta dos pés, quando está parado na atitude, que lhe é peculiar, de muita atenção. Boa ossatura e linhas de mãos impecáveis são necessárias para formar juízo perfeito dum fox de alta distinção. Os defeitos mais graves, entre tantos outros que convém evitar, são: crânio curto ou de grande tamanho, arredondado no frontal, orelhas pesadas, muito carnudas, caídas lateralmente, focinho de aparência fina, ombros pesados, musculosos, nariz branco, mandíbulas que não coincidem (overshot ou undershot), olhos claros. Com referência à cor e manchas, não há grande importância, porém é preferido um animal esteticamente malhado a um de malhas mal distribuídas. A malha de cor amarela não é desejável, mas para um reprodutor isso não tem importância o que se prefere neste particular é a boa distribuição das malhas e a sua conformação. Como constituição o fox-terrier é um animal forte, sadio, cujos cachorrinhos se criam com facilidade.

Fig. 41 – *Fox-terrier pêlo de arame (Wire-haired fox-terrier)*

É difícil e, por vezes, até impossível, fazer prognósticos sobre um fox recém-nascido, porque, geralmente, se operam grandes mudanças: um animal que promete muito, no fim causa-nos uma desilusão, outro que nos parecia insignificante, acaba por nos surpreender agradavelmente.

Entre os 5 e 6 meses, então, sim, é possível fazer um prognóstico exato do que será o animal.

Os fox-terriers, em geral, são excelentes e amabilíssimos companheiros com uma vivacidade, talvez algo excessiva, sempre vigilantes e prontos para entrar em luta, especialmente contra os pequenos animais daninhos, entre os quais, os ratos, de que se faz um destruidor emérito.

Protótipo de perfeição – Cabeça e orelhas: O crânio é chato, moderadamente estreito e diminui gradualmente para os olhos. Não deve o crânio terminar bruscamente, mas sim com uma certa suavidade, formando uma depressão de forma tal que o perfil não se mostre reto.

Mandíbulas: Não devem ser por demais encorpadas. *Orelhas:* Pequenas, em forma de V, de consistência regular, antes finas, caindo sobre a cabeça e não para os lados, como nos sabujos.

Olhos: escuros, vivíssimos, profundos e redondos quanto possível.

Fig. 42 – *Wire-Haired Fox-Terrier*

Dentes: devem-se ajustar perfeitamente, quer dizer que os superiores se cruzem externamente com os exteriores.

Pescoço: bem definidos, sem papada, de tamanho regular, alargando-se gradualmente para o lombo, que por sua vez é largo e oblíquo, alargando-se para a região posterior, finamente arqueado.

Tórax: profundo, entretanto não comprido.

Dorso e rins: curto, reto, forte, sem fraqueza alguma. Na altura dos rins o corpo é potente e ligeiramente arqueado, as costelas anteriores, ligeiramente arredondadas, as posteriores profundas.

Quarto posterior: forte, musculoso, coxas largas e potentes, jarretes baixos; o cão deve ter a armadura de um cavalo de raça.

A cauda é arqueada para cima, forte e o fox a move com animação. *Articulações:* vistas de qualquer ângulo devem ser retas, sempre que se vejam os ossos, que são sempre fortes, retos e curtos. Os pés são redondos, pequenos macios, com região plantar dura, os dedos ligeiramente arqueados e retos.

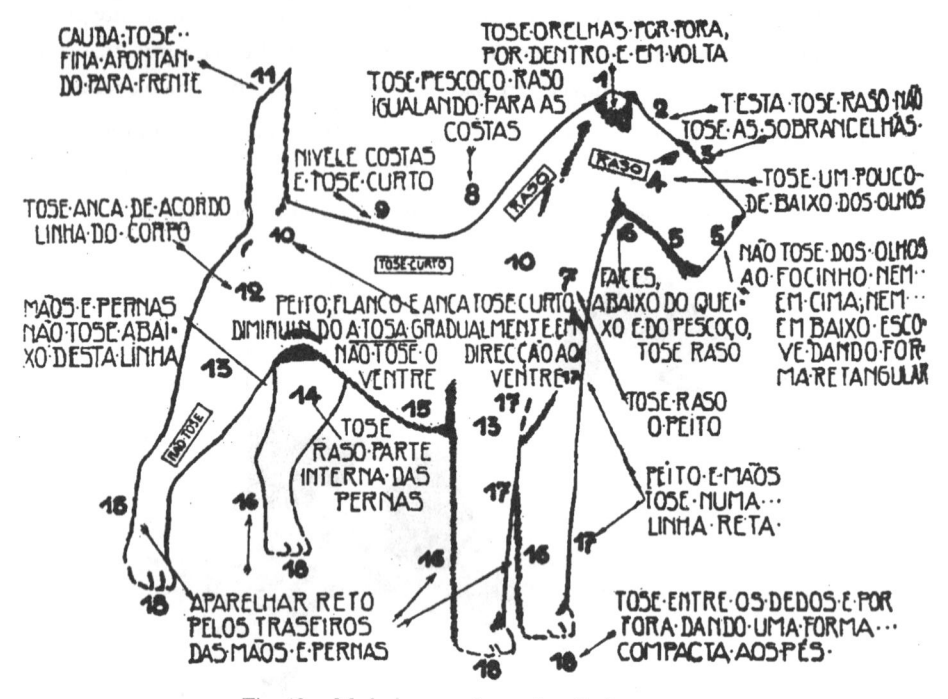

Fig. 43 – *Modo de tosar o fox-terrier pêlo de arame*

Pêlo: de arame, duro, espinhoso, muito rude, de aparência lanosa, sem ondas; apenas uma pequena onda se tolera. Não deve o pêlo ser muito longo, entretanto, deve ser assaz marcada a diferença entre wire-haired e o smooth fox-terrier.

Cor: não tem importância, ainda que o branco seja a cor dominante e não se encontrem manchas estriadas de vermelho e azuladas.

Escala de pontos: Cabeça e orelhas, 15; Pescoço, 5; Dorso e rins, 10; Lombo e tórax, 10; Quarto posterior, 15; Cauda, 5; Pata e pés, 15; Pêlo, 10; Simetria, estatura, temperamento, 15; Total, 100.

O Airedale-terrier: *Apreciação geral:* O Airedale é o maior dos terriers, só rivalizando com ele neste particular o Bull-terrier (fig. 44).

É um animal utilíssimo. Adapta-se a todo o gênero de caça, substituindo qualquer raça de cão.

Caça o coelho como o Beagle, persegue o javali como qualquer cão "de corso", busca o marreco selvagem com a habilidade do cão de busca, enfim é um enciclopédico na arte venatória.

Fig. 44 – *Cabeça de Airedale*

Além destas aptidões cinegéticas, sua inteligência sutil facilita-lhe a aprendizagem para qualquer outro mister exigível da raça canina e assim é um excelente cão de guarda, de defesa, de guerra, etc..

Obediente, meigo para seu dono, é um ótimo companheiro.

Origem: É, como lhe indica o nome, originário do vale do Aire, em Yorkshire, Inglaterra.

Para a formação desta raça, contribuíram grandemente o Otterhound, o Welsh-Harrier e o Bull-Terrier.

Fig. 45 – *Airedale-Terrier*

Caracteres essenciais: Raça retilínea. *Aspecto geral:* Animal de construção reforçada, músculos possantes, corpo curto, dotado de extrema mobilidade e de expressão inteligente e viva. *Talhe:* cerca de 54 cm; alguns cães ultrapassam esta medida.

Cabeça e pescoço: Cabeça longa, crânio chato, não muito largo entre as orelhas, diminuindo ligeiramente para os olhos. *Depressão frontal:* vagamente visível. *Orelhas:* em V, trazidas de lado, pequenas, mas em proporção ao cão. *Olhos:* pequenos e escuros, cheios de expressão. *Nariz:* negro. *Lábios:* cerrados. *Maxilares:* fortes e potentes. *Dentes:* fortes e iguais. *Pescoço:* de comprimento e espessura moderada, alargando-se para as espáduas. *Corpo* e *Dorso:* curtos, fortes, musculosos. *Espádu-*

as: longas, oblíquas, nítidas, caindo bem no dorso. *Omoplatas:* largas. *Peito:* profundo, mas não muito largo. *Costelas:* apresentando muita elasticidade. *Trem posterior:* forte e musculoso, sem inclinação. *Ancas:* bem longas. *Cauda:* trazida alto mas não dobrada sobre o dorso. *Pernas e pés: Pernas:* perfeitamente direitas, de boa ossatura. *Jarrete:* bem baixo. *Pé:* pequeno, redondo. *Sola:* espessa.

Pelagem: Pêlo duro, curto e cerrado, nem longo nem arrepiado, cobrindo bem o animal sobre o corpo e membros. *Cor:* cabeça e orelhas fogo; orelhas mais escuras que a cabeça, pernas fogo; corpo negro ou cinza-ferro-escuro que os ingleses dizem *darligrizzle.* Peso: 18 a 20 quilos.

Fig. 46 – *Welsh-Terrier*

Acima de 27 cm. o Airedale é desclassificado.

Escala de pontos: Cabeça, 5; olhos, 5; nariz, 5; maxilares, 10; dentes, 5; pescoço e espáduas, 10; trem posterior, 20; pernas e pés, 10; pelagem, 16; cor, 10; orelhas, 5; Total, 100.

O Dandie-Dinmont: *Apreciação geral:* É excelente caçador e ótimo destruidor de animais nocivos, e bom vigia. Tem pelos cães estranhos a mais figadal antipatia, vivendo em contínuas lutas.

É um terrier rasteiro *(bassê)* de origem escocesa.

Raça retilínea. Corpo longo, de pernas curtas e direitas. Seu talhe é de 26 a 28 cm. e seu peso oscila de 6 a 10 quilos.

Sua pelagem é misturada de pêlos duros e subpêlo macio, de 5 cm. de comprimento formando topete na cabeça e franja na cauda e nas orelhas.

Ocorrem duas variedades de cores: "poivre", do negro azulado-escuro ao cinza-prateado; são preferíveis os tipos intermediários mais escuros no focinho, cauda, quase negro nas orelhas, e fogo ou fulvo-pálido nos membros, e a cor dita "moutarde", de pardo-avermelhado ao fulvo-pálido, a cabeça branco-creme, o focinho, orelhas, membros e cauda mais escuros que o corpo.

Quase todos os tipos têm cor branca no peito.

O Skye-terrier: *Apreciação geral:* É este terrier o do grupo "bassê" (rasteiro). Além de destruidor de animais nocivos é um animal perfeitamente conformado para a caça de toca, possuindo ótimo olfato. Nadador emérito. Dotado de boas qualidades, muito afetuoso para com o dono, presta-se admiravelmente para cão de guarda e companhia.

É oriundo da ilha de Skye, noroeste da Escócia

Raça retilínea. Tem aspecto atarracado. Mede 21 a 23 centímetros de altura e pesa de 6 a 8 ks. O comprimento do corpo, do crânio a base da cauda, varia de 54 a 60 cm

Devido a curteza dos membros locomotores e ao longo pêlo, seu corpo parece arrastar no chão. A pelagem formada de pêlo abundante e longo (9 a 14 cm), sob pêlo curto, cerrado, doce e lanoso tem as tonalidades azul-claro ou escuro, cinza, fulvo com pêlos negros; a cabeça e os membros um pouco mais escuros que o corpo.

Distinguem-se dois tipos, um de orelhas caídas e outro de orelhas direitas.

Fig.47 – *Skye-Terrier*

O Irish-terrier ou Terrier-irlandês: *Apreciação geral:* Difere do Fox-terrier de pêlo duro somente pela cor. Inteligente, vigoroso, vivo, corajoso, dotado do fino olfato é um ótimo caçador de coelhos e destruidor de ratos e outros animais nocivos. Rezingueiro e brigão, provoca todos os cães que encontra e persegue com encarniçamento os gatos.

A Irlanda é o seu país de origem.

Tudo que dissemos do Fox-terrier pode aplicar-se na descrição desta raça, exceto o pêlo que é duro e de cor fulvo-avermelhada.

O Clube Irlandês do Terrier faz pequenas modificações nos pontos adotados para o "Fox-terrier".

Fig. 48 – *Irish-Terrier*

O Welsh-terrier: *Apreciação geral:* É o terrier inglês do país de Gales. Caçador de raposas e coelhos, presta esta raça notáveis serviços aos agricultores nas regiões infestadas por estes animais.

Sua semelhança com o Fox-terrier, de pêlo duro é flagrante. Formas harmoniosas, corpo vigoroso, membros fortes, entretanto, a cabeça é um tanto menos larga que a do Fox.

Sua altura em média é 37 cm. e seu peso 9 ks. A pelagem, constituída de pêlo duro, denso e abundante, deve ser cinza-azulado sobre as partes superiores e laterais do corpo e marca de fogo no focinho, nas bochechas, sobre os membros, peitoral e subventre.

O Bedlington-terrier: *Apreciação geral:* É de todos os terriers o de pernas mais altas, motivo pelo qual embora seja ótimo caçador não pode executar o trabalho nas tocas. Em New Castle e Blaydon tornou-se o companheiro inseparável dos mineiros. Goza atualmente do favoritismo da moda.

Origem: Bedlington, na Inglaterra, é a sua pátria e lhe deu o nome.

Caracteres essenciais: Raça retilínea, assemelhando-se ao terrier irlandês *(Irish terrier)* com formas mais ligeiras e alongadas. Talhe 38 a 46 cm. Altura, ao garrote 38 a 40 cm. Peso: Macho 10 ks.; fêmea 9 ks. – alguns animais passam um tanto deste peso.

Cabeça e pescoço: Crânio: estreito, porém profundo e arredondado, alto no occipício que é coberto de um topete de pêlos sedosos. *Focinho:* longo, musculoso; o *stop* tão pouco acentuado quanto possível, entre os olhos, de maneira a não formar senão uma linha que passa pela junção do crânio até o occipício. *Lábios:* delgados e cerrados. *Olhos:* devem ser pequenos, profundos e não muito afastados. Os cães azulados devem ter olhos negros; os azuis e negros os têm geralmente negros, mas com uma sombra ambreada; os cor de fígado, areia, etc., os têm pardo claro. *Nariz:* largo e de ângulo vivo. Os azuis e azuis e negro têm o nariz negro; os cor de fígado e de areia têm-no de cor clara. *Dentes:* bem ao nível, formando pinça. *Orelhas:* moderadamente largas bem feitas, caídas chatamente ao longo das bochechas, pouco cobertas de pêlo e terminadas por fina mecha sedosa. Elas devem ter uma forma amendoada.

Fig. 49 – *Bedlington-Terrier*

Pernas: de comprimento moderado, não afastadas, direitas. *Pés:* de bom tamanho, de preferência longos. *Cauda:* espessa na base, indo-se afinando, ligeiramente peluda, em baixo; *comprimento:* 24 cms a 25 cms e em forma de cimitarra. *Pescoço e espáduas:* pescoço longo, largo na base saindo bem das espáduas, que devem ser chatas. *Corpo:* longo e bem proporcionado. *Costelas:* chatas e profundas, não abertas no peito. Dorso ligeiramente arqueado, bem desenvolvido, coxas ligeiras. *Pêlo:* Duro

Fig. 50 – *Sealyham-Terrier*

com subpêlo macio e nada de franjas sobre os flancos. *Cor:* azul-escuro, azul e negro, fígado, fígado e negro-areia, areia e negro.

Fig. 51 – *Sealyham-terrier*

O Sealyham tem por origem Pembrokeshire. Sua altura é de 20 a 30 cm; seu peso 8 a 9 quilos.

Possui um pêlo longo, duro, de cor branca, com manchas amarelas claras; pardas na cabeça.

O Cairn-terrier: Tem aparência duma pequena raposa e é ativo, forte, corajoso. É de origem escocesa. Seu pêlo mede 5 a 6 cm de comprimento. Pesa 5 1/2 a 7 quilos. Sua cor é creme, cinza "bringé" ou um pouco negro com pontos mais carregados sobre as orelhas e o focinho. Apesar de pequeno presta bons serviços.

O Sealyham-terrier: *Apreciação:* Lindo cão, pequeno, vigoroso, caçador rival do Fox, levando sobre este a vantagem do tamanho que lhe permite penetrar nas mais exíguas tocas. Junta-se a estas qualidades um temperamento extremamente sociável e uma fidelidade a toda prova.

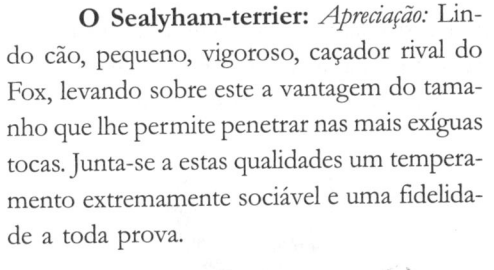

Fig. 52 – *Cairn terrier*

O Bull-terrier: É, bem assim como o Airedale, o maior dos terriers. Originou-se do cruzamento do Fox-terrier com Buldogue inglês pequeno, na proporção de ¾ de sangue terrier para ¼ de buldogue (fig. 54).

É um rateiro insigne, capaz de matar oito a nove ratos num minuto; ótimo animal de guarda e defesa.

Raça retilínea. O *Bull-Terrier Club* inglês dá-lhe a seguinte descrição:

Cabeça comprida, chata, larga entre as orelhas, estreitando-se para a face, depressão frontal ligeira entre os olhos; olhos pequenos, maxilares longos, iguais,

Fig. 53 – *Cairn Terrier*

poderosos: lábios curtos, dentes correspondendo-se perfeitamente; orelhas direitas, aparadas em ponta; forma um tanto atarracada e musculosa, membros fortes, cauda de inserção baixa, jamais trazida sobre os rins e muitas vezes encurtada.

Fig. 54 – *Bull-terrier*

A cor branca pura é a única admitida pelo Bull-Terrier Club, entretanto encontram-se indivíduos de pêlo fulvo *bringé*, com manchas brancas ou sem elas. O peso oscila entre 7 a 23 ks., admitindo-se, portanto, três categorias: 1ª. de 15 ks. para cima; 2ª. de 10 a 15 ks.; 3ª. abaixo de 10 ks.

Fig. 55 – Bull-terrier

Fig. 56 – West Highland White-terrier

O Terrier branco inglês: O West Highland White-Terrier é produto duma mestiçagem complexa para o qual contribuíram o Fox-terrier e o Bull-terrier e o Galgo. Seus principais características são: cabeça comprida, estreita, crânio alongado, face cônica, olhos pequenos, orelhas quase sempre cortadas em ponta e trazidas em pé; se não se cortam as orelhas são meio pendentes como as do Fox-terrier e algumas vezes direitas ou em tulipa, sendo esta última disposição a menos preferida. Peito profundo e alto, dorso curto, rim forte, cauda longa e fina trazida baixa ou em sabre (a postura em trompa é um defeito capital). Membros finos, pêlo curto, fornido e brilhante. Pelagem inteiramente branca.

Talhe: 20 a 30 cm de altura; peso: 5 ½ ks. A 8 ks.

O Terrier escocês: O Scotch-terrier pertence à categoria dos terriers de pernas curtas e corpo comprido. É, pois, um terrier rasteiro com o talhe que oscila de 22 a 26

Fig. 57 – *West White Highland-terrier*

centímetros para um peso de 6 a 8 ks. Possui um pêlo duro e longo de 5 centímetros na média. A pelagem é cinza-ferro, pardo, negro-fulvo ou *bringé,* sem manchas brancas. Este terrier é empregado na caça da raposa.

Fig. 58 – *Scotich-Terrier*

O Terrier alemão: Na Alemanha existe um terrier de pêlo duro, muito popular, Deutsche Rauhhaarige Pincher-Ratler, que é em tudo semelhante ao terrier irlandês.

Fig. 59 – *Scotich-terrier*

O Boston-terrier: Supõem muitos que o Boston-terrier seja originário da América, mas nada de positivo se sabe neste sentido.

É um cão bem comum na França e na Espanha, não sendo nestes países sujeitos à criação racional como o é na Inglaterra e na Alemanha. Neste último país é chamado Boxer-terrier.

É um animal forte, enérgico, inteligente. Seu talhe oscila entre 30 a 40 cm e seu peso varia entre 15 a 25 quilos.

Parece que na sua formação entrou o sangue do Buldogue.

Suas cores apresentam-se muito variadas, sendo mais apreciadas o branco com malhas escuras ou fulvas, o tigrado e o unicolor branco.

O Boston-terrier possui pêlo curto, estrutura compacta, curto de corpo e muito mais grosso no trem dianteiro que no posterior. Sua inteligência é notável, sendo o animal preferido pelos artistas de circo para várias sortes de exercícios ginásticos que ele executa com destreza e bom-humor.

Fig. 60 – *Boston-Terrier*

Fig. 61 – *Boston-terrier*

O Terrier belga: O Schipperke pode ser considerado um terrier, embora alguns autores suponham-no sub-raça do Lulu.

Raça essencialmente belga, sobretudo encontrada em Brabant e na Flandres e um tanto na Holanda. O vocábulo Schipperke significa em flamengo, pequeno batel, e essa designação dada à raça provém de serem esses animais inseparáveis companheiros dos bateleiros holandeses.

O Schipperke possui cabeça pequena, fronte arredondada, focinho semelhante ao do Lulu, orelhas curtas, em pé, triangulares, sua cabeça é algo semelhante à da raposa.

O pescoço é forte, mantido sempre direito, peito profundo e largo, dorso curto e horizontal, rim largo, o tronco um tanto atarracado e os membros finos. Os animais caudatos, isto é, aqueles nos quais não se faz a ablação da cauda, trazem esta enroscada sobre o dorso.

O pêlo, que é negro zaino, dá-lhe a aparência dum Lulu, sendo curto na cabeça e membros, e longo entre os membros anteriores e atrás das coxas.

Há tipos médios com o peso de 3 a 5 ks., grandes com 5 1/2 a 9 ks. e anãos com um peso abaixo de 3 1/2 ks.

Nota – Deixamos de tratar do *Toy-terrier* e do *Yorkshire-terrier* etc., porque são essencialmente cães de luxo e no capítulo a eles dedicado teremos ensejo de descrevê-los.

Capítulo IV
Cães de Caça

Primitivamente, todos os cães, em estado de rusticidade, caçavam. Domesticando a espécie, o homem começou a aproveitar as variedades que maior aptidão demonstravam para a caça, constituindo assim a classe dos cães de caça, em que essa aptidão, cada vez mais, se foi acentuando pelo selecionamento e cruzamento apropriados.

Esta classe de alta capacidade para as caçadas constitui hoje um grupo que podemos denominar *cães de caça,* de que vamos tratar neste capítulo.

Dentro deste vasto grupo todos os animais prestam-se para a caça, qualquer que ela seja, porém necessariamente uns mais que outros se adaptam a tal ou qual gênero de caça.

Constituíram-se assim grupos especializados aos quais ainda mais uma vez a seleção reforçou as qualidades primitivas e o cruzamento deu novas capacidades, determinando verdadeiras raças com aptidões especificadas. Assim vemos os grupos das raças de cães de corso (chien courant) animais de grande fôlego e membros robustos e longos adaptados à corrida e destinados a perseguir a caça, como o galgo e o Santo Humberto; outros de grande faro, destinados a descobrir a caça pelas pegadas, chamados cães de mostra ou de rastro *(chien d'arrêt)* como o Braco; outros desta mesma classe, porém que farejam alto, descobrindo a caça pelas emanações trazidas pelo vento, cães ventores *(pointer),* ainda outros, desta mesma classe, porém mais aptos aprestar outros serviços de caça, como os cães de busca *(retrievers),* etc.

Ora, como estes vários préstimos é mais obra do adestramento que qualidades inatas destas mesmas raças, não se pode fazer uma classificação subordinada a tais especializações, e, assim, a divisão dos cães de caça é feita em dois grupos bem distintos pelos animais que o compõem: *Cães de mostra* e *Cães de corso.*

Cães de mostra de pêlo curto: Os cães de mostra, também chamados cães de rastro ou de espera, perdigueiro, são os famosos **chien d'arrêt** ou **chien couchant** dos franceses e que constituem um grupo de animais com aptidões diversas para quase toda a espécie de caça. Vejamos as principais raças.

RAÇAS FRANCESAS DE CÃES DE MOSTRA

O Braco francês: *Apreciação geral:* No intuito de adaptar o seu velho e excelente cão de mostra às várias condições do solo francês, tiveram os caçadores e criadores daquela nacionalidade o ensejo de transformar a velha raça de Oysels no Braco francês e, sucessivamente, no Braco de Ariege, no Braco de Auvergne, no Braco de Bourbonnais, no Braco de St. Germain, e no Braco Dupuy.

O grande Braco francês é um animal vigoroso, e com capacidade de realizar um trabalho prolongado efetuado sempre com calma.

É um dos cães mais úteis ao caçador, trabalhando na mata, no campo ou no brejo, com inteligência, sagacidade e moderação. Rasteja a caça em grande trote e raramente em galope, mostrando-se infatigável, suportando o calor ou o frio mais intensos.

Presta-se para toda caça, rastejando na Europa as perdizes, a codorniz, o francolim, a narceja, o faisão, a galinhola, a lebre e o coelho.

É um cão saudável e de grande rusticidade.

Rasteja com grande faro a caça, mas se esta não deixou suficiente rastro, ele está apto, para uma "demi-pistage" quer dizer, sabe recolher as emanações não já do solo, como os demais cães de rastro, mas nas imediações dele. Seu adestramento é fácil, tornando-se rapidamente um "retriever".

Dotado de notável inteligência, adquire logo a prática da caçada, executando-a com sagacidade e prudência, em breve estando senhor das astúcias e defesas empregadas pela caça e sabendo contraminá-las com finura e iniciativa admiráveis. Nenhum cão mais que o Braco se mostra capaz de se adaptar aos terrenos em que caça e aos animais mais diferentes.

Origem: Parece ter sido a Espanha a pátria dos cães de mostra. Os italianos no entanto julgam que o Braco francês é raça sua, que se encontrava no Vale Padana e que foi introduzido na França por Francisco I, que quando abandonou a Itália levou consigo 80 bracos "teste poderose, ricche di pendenti e flessibili orecchie, lesti e veloci, nonostante la loro imponente mole". Na França desde o século XV conhecia-se o emprego destes animais na caça. Roodenbeck conta que um dos espécimes desta raça, designada na Idade Média pelo nome de Brachet, donde lhe veio o nome de Braque, servia para a caça com falcão. Este cão, também chamado de Oysels, tinha por mister procurar a caça, cuja presença assinalava deitando-se, daí sua designação de *chien couchant.* Ele deveria ficar firme, parado, a espera do caçador que, com o falcão no punho, aguardava o vôo da perdiz para soltá-lo.

Mais tarde este cão foi aproveitado na caça a tiro como hoje a vemos realizar.

Atualmente distinguem-se dois tipos do Braco francês: o de talhe grande, da velha raça e o de pequeno talhe, mais comum no sudoeste da França.

O Braco de pequeno talhe não tem a amplidão de formas, nem a bela silhueta, nem o trote lento e cadenciado do grande Braco, mas em nada lhe é inferior como caçador, mostrando atividade, inteligência e resistência.

Caracteres essenciais: Aspecto geral: Raça retilínea, aspecto nobre, forte, sem bruteza, robusto e de membros fortes. *Talhe:* 56 a 63 cm. *Peso:* 25 a 32 ks. *Cabeça e pescoço: Cabeça:* grande, mas não muito pesada. *Crânio:* de forma oval e ligeiramente bombeado, apresentando um sulco central pouco acusado; protuberância occipital pouco proeminente; depressão frontal nem escondida nem acentuada. *Focinho:* direito ou ligeiramente encurtado, largo, retangular com bochechas caídas e as comissuras dos lábios bem plissados. *Nariz:*

grosso, de cor marrom. *Narinas:* bem abertas. *Olhos:* bem abertos e perfeitamente engastados nas órbitas, de cor marrom ou amarelo-escuro. *Olhar:* confiante e afetuoso.

Nos cães de pouca idade a pálpebra inferior, ligeiramente caída, deixa ver a conjuntiva. *Orelhas:* de tamanho médio, plantadas na altura dos olhos, não muito largas no seu ponto de ligação e arredondando-se na extremidade. *Pescoço:* de preferência longo, ligeiramente arqueado em sua parte superior, um pouco espesso por causa da papada que deve sempre existir, embora pouco pronunciada.

Corpo: Peito: largo de face, profundo de perfil, atingindo o nível do cotovelo. *Costelas:* arredondadas sem exageração. *Dorso:* largo, direito, algumas vezes um pouco longo, mas sempre sustido. *Lombo:* curto, musculoso, ligeiramente arqueado. *Cernelha:* de preferência curta e ligeiramente oblíqua em relação à linha do dorso. *Flancos:* chatos e pouco pronunciados. *Membros anteriores:* largos e musculosos. *Espáduas:* muito musculosas e preferentemente direitas. *Cotovelos:* bem dirigidos. *Metacarpos:* fortes. *Coxas:* bem desenhadas nem sempre bem descidas. *Membros posteriores: Jarretes:* largos, medianamente acentuados, colocados baixo, sobre canelas curtas. *Pés:* largos, compactos, quase redondos ou dum oval pouco acentuado. *Sola:* bem forte. *Unhas:* fortes. *Cauda:* geralmente encurtada e continuando a convexidade da linha da garupa; a cauda longa, se bem mantida, não constitui defeito.

Pêlo: de preferência grosso e bem fornido, mais fino na cabeça e nas orelhas. *Pele:* flexível. *Pelagem:* branca com malhas marrons mais ou menos escuras com ou sem raias. Inteiramente manchada e raiada de marrom. Algumas vezes inteiramente raiado de marrom sem malhas. Traços de fogo pálido podem existir acima dos olhos, nos beiços e nos membros. Quando a sua pelagem é mosqueada regularmente, com ou sem grandes manchas, porém com a cor fogo sobre os olhos nas bochechas e nas patas, ele é denominado Braco Carlos X.

Escala dos pontos: Conjunto e ossatura (aspecto geral), 15; crânio, focinho e lábios, 12; olhos, 5; orelhas, 6; pescoço, 4; espáduas e membros anteriores, 10; costelas e peito, 12; dorso e lombo, 10; cauda, 3; coxas e membros posteriores, 10; pés. 8: pele, pêlo, cor, 5: total. 100.

Pontos que desqualificam: Cabeça muito curta, muito carregada de bochechas; face muito rugosa manchada de "ladre" no nariz e nas pálpebras; focinho pontudo; crânio chato, muito estreito ou muito largo; olhos claros; olhar rixento; orelhas muito altas, chatas e de mau porte, muito longas; espáduas e costelas chatas; pés esborrachados ou cerrados; aparência franzina; "ergots" ou traços deles.

Pontos eliminatórios: nariz negro, duplo, manchas negras ou pêlos negros disseminados na pelagem.

O tipo menor do Braco francês apresenta quase os mesmos característicos mas o seu talhe varia entre 47 a 56 cm, (média de utilização 50 a 55 cm). Peso 18 a 25 ks. O crânio é mais curto e mais chato que o do grande Braco beiços menos caídos e o focinho menos retangular sem ser pontudo, acusando às vezes uma ligeira convexidade. As orelhas são um pouco mais curtas e menos plissadas. O pescoço não apresenta papada. O dorso mais curto e flanco menos descido, os membros mais ligeiros e o pé mais seco e fechado. A cauda, que é fina, pode ser curta de nascença ou encurtada. O pêlo, mais fino e mais curto, forma uma pelagem branca com malhas dum marrom mais ou menos escuro com raias ou sem elas, pode ser também inteiramente malhado ou raiado de marrom ou ainda marrom-zaino, ou marrom com branco na cabeça e no peitoral e na extremidade dos membros ou ainda branco com manchas ou raias cor-de-canela e algumas vezes inteiramente canela.

Traços cor de fogo podem existir nos olhos, bochechas e membros, sob forma de manchas ou mosqueado.

O Braco de Ariége: *Apreciação geral:* É caçador de grande faro e admirável descobridor de pista, mas devido ao seu grande porte não é muito estimado, entretanto, hoje a raça já tem o esqueleto mais reduzido tornando-se assim mais prática.

Caracteres essenciais: Aspecto geral: Raça retilínea. Cão elegante apesar de sua sólida conformação. *Talhe:* 60 a 65 cm mais ou menos carregado. *Lábios:* finos bem caídos, tornando o focinho quase quadrado, todavia sem beiços. *Chanfro:* longo e direito ou ligeiramente bombeado, ligando-se ao crânio por uma depressão pouco pronunciada. *Crânio:* bem esculpido, de seção direita, ligeiramente bombeado; bossa occipital bem pronunciada; pele da cabeça fina, flexível e sem rugas. *Olhos:* cariciosos, bem abertos, francos e inteligentes, de cor âmbar carregado; pálpebras rosadas. *Orelhas:* muito finas; ligeiramente plissadas, ligadas na altura ou mesmo abaixo dos olhos e atrás. *Pescoço:* não muito longo, bastante forte e de pequena papada. *Corpo: Peito:* largo e profundo descendo ao nível dos cotovelos. *Costelas:* um pouco chatas. *Dorso:* um pouco longo, direito. *Cernelha:* bem pronunciada sem ser muito saliente. *Lombo:* um pouco longo, arqueado, bem musculoso e largo. *Garupa:* curta, de preferência redonda. *Flancos:* chatos e bem descidos. *Antebraços:* fortes e musculosos. *Membros anteriores:* direitos, de forte ossatura. *Espáduas:* de preferência direitas, um pouco chatas e largas. *Cotovelos:* de aprumo. *Metacarpos:* um pouco compridos. *Membros posteriores: Coxas:* direitas, bem descidas, musculosas. *Jarretes:* largos e nervosos, bem ligados, baixos, sem desvio nem para dentro nem para fora. *Canelas:* curtas e de aprumo. *Pés:* volumosos e fortes, ligeiramente afilados e compactos. *Cauda:* nascendo um pouco abaixo da linha do lombo, longa, um pouco forte na origem e se afinando regularmente, direita, ou ligeiramente curva, geralmente cortada.

Pelagem: branca ou dominando a cor branca com algumas manchas assimétricas e mosqueadas de cor laranja carregada ou marrom. Pode, portanto, haver quatro tipos: 1º) Completamente branco; 2º) Malhado de laranja ou marrom; 3º) Malhados e mosqueados de laranja ou marrom; 4º) Simplesmente mosqueados de laranja ou marrom. *Pele:* bem fina. *Pêlo:* cerrado, brilhante com reflexos prateados. Como esta raça tem por hábito rastejar a caça abanando a cauda é costume encurtá-la.

O Braco de Bourbonnais: *Apreciação geral:* O Bourbonnais, também chamado braco sem cauda, é em seu país de origem um especialista na caça das perdizes mas presta-se excelentemente para as demais. Possui ótimo faro e grande inteligência, sendo muito estimado como caçador. É um animal elegante, apesar de um pouco corpulento.

Origem: É uma variedade do velho Braco francês ao qual as amputações contínuas da cauda quase tornaram hereditárias este característico.

1. Fila Brasileiro

2. Fila Brasileiro (fêmea)

3. Mastiff

4. Bull Mastiff

5. Bloodhound

6. São Bernardo

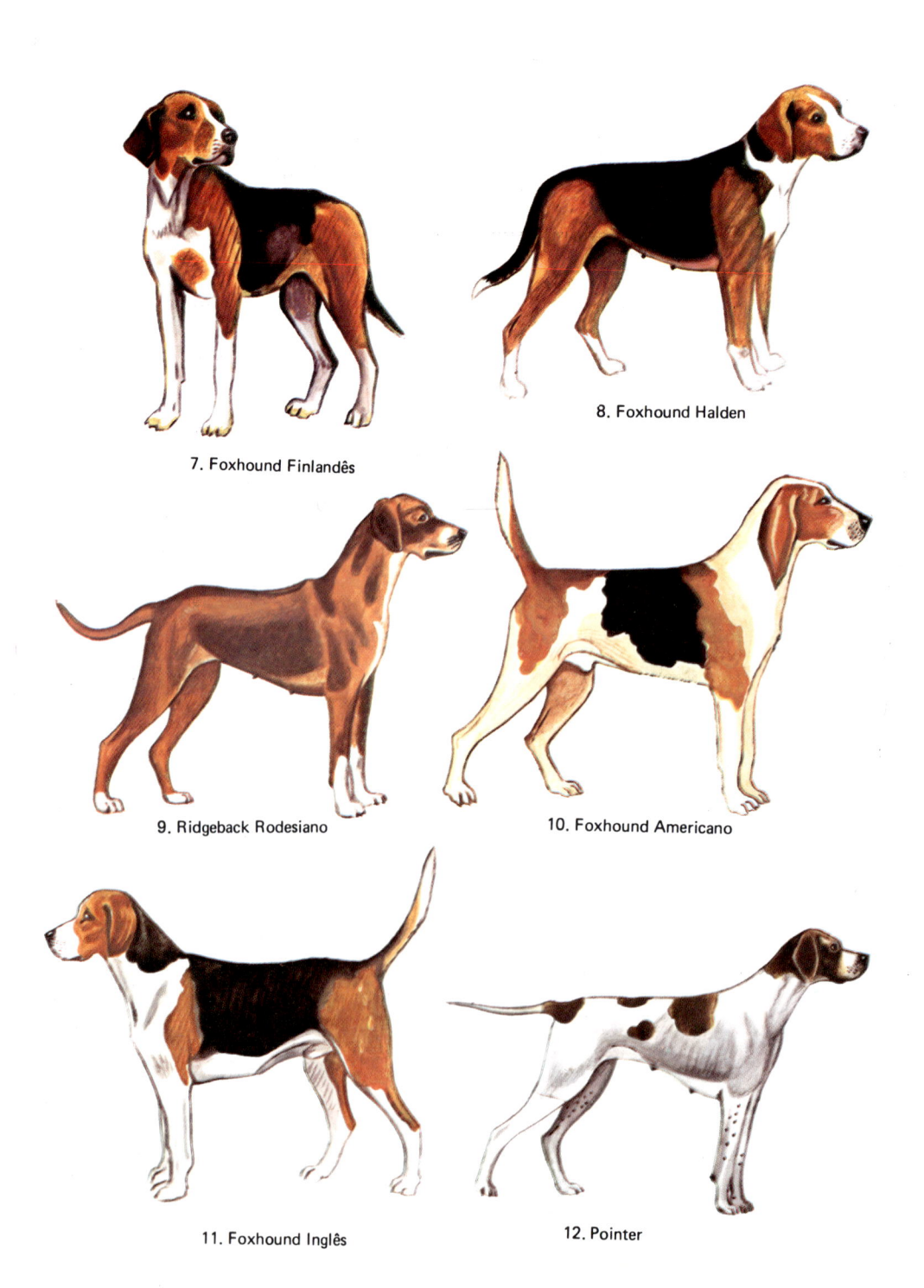

7. Foxhound Finlandês

8. Foxhound Halden

9. Ridgeback Rodesiano

10. Foxhound Americano

11. Foxhound Inglês

12. Pointer

Prancha 2

13. Foxhound Norueguês

14. Foxhound Luzern

15. Weimaraner

16. Foxhound Schiller

17. Dálmata

18. Coonhound Preto-castanho

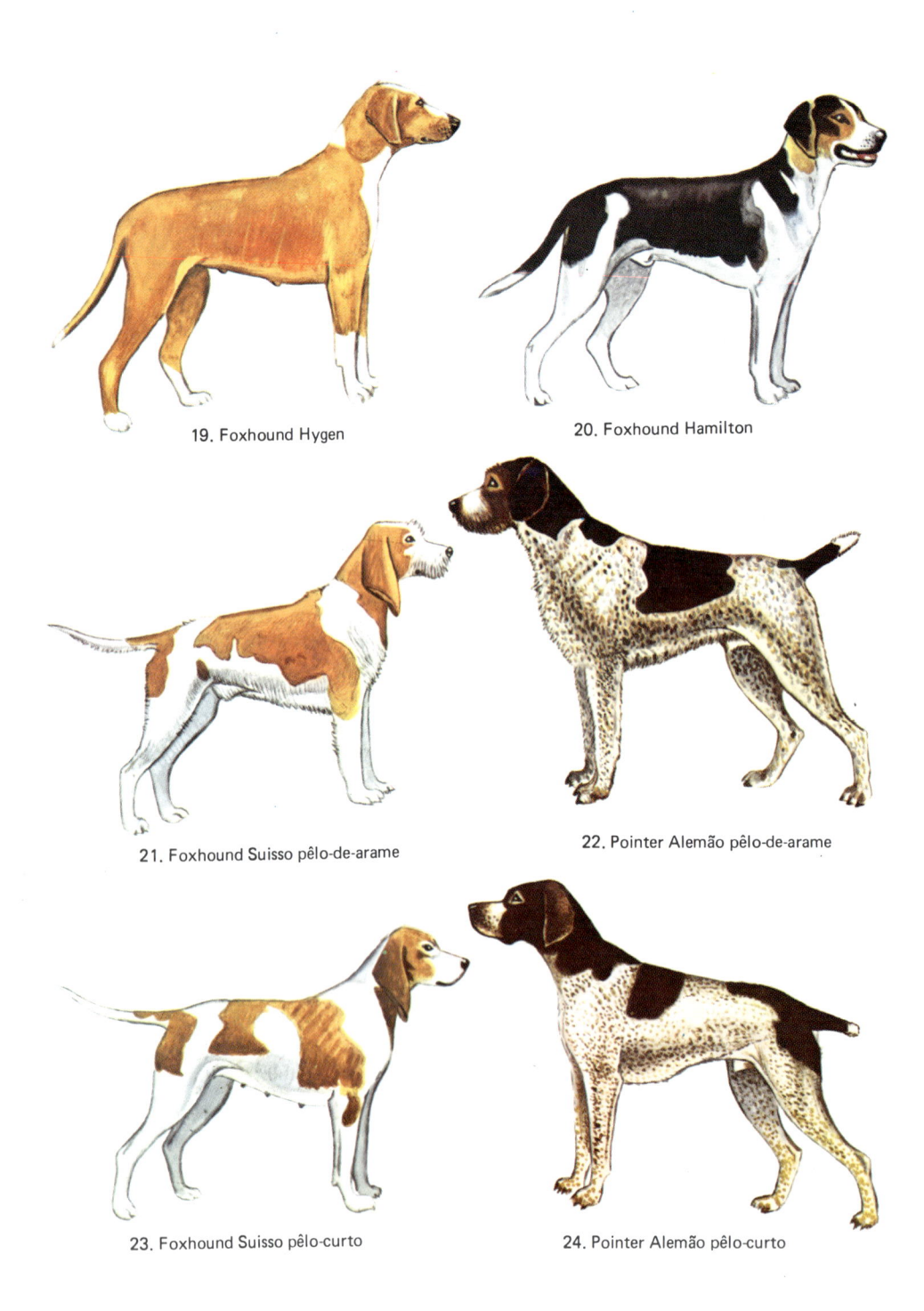

19. Foxhound Hygen

20. Foxhound Hamilton

21. Foxhound Suisso pêlo-de-arame

22. Pointer Alemão pêlo-de-arame

23. Foxhound Suisso pêlo-curto

24. Pointer Alemão pêlo-curto

Prancha 4

25. Setter Irlandês

26. Retriever Labrador

27. Setter Inglês

28. Retriever pêlo-liso

29. Gordon Setter

30. Golden Retriever

31. Tervueren Belga

32. Alsaciano — Cão pastor alemão

33. Dinamarquês, orelha sem-corte

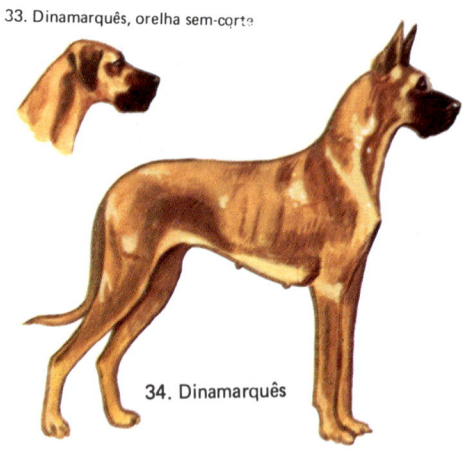

34. Dinamarquês

35. Basenji

36. Podengo Português

37. Water Spaniel Americano

38. Cão pastor Belga

39. Bouvier de Flandres

40. Terra Nova

41. Water Spaniel irlandês

42. Briard

43. Griffon de Bruxelas

Prancha 7

45. Doberman, orelha sem-corte

44. Miniatura Pinscher

46. Doberman — Pinscher

47. Drever sueco

48. Foxhound Smalands

49. Harrier

50. Beagle

Prancha 8

Fig. 62 – *Bourbonnais ou Braco de cauda curta*

Caracteres essenciais: Aspecto geral: Raça retilínea. Cão vigoroso e atarracado. *Talhe:* entre 55 a 60 cm. *Cabeça e pescoço: Cabeça:* quadrada, pequena, não se parecendo com as dos demais bracos. *Focinho:* muito longo e estreito. *Beiços:* um pouco caídos. *Orelhas:* de tamanho médio, chatas, plantadas mais alto que nos velhos bracos e formando ângulo antes de cair. *Olhos:* pardos ou amarelos, pequenos. *Stop:* insensivelmente oblíquo. *Nariz:* pardo. *Pescoço:* curto, com pouca papada.

Corpo: Peito: largo e profundo. *Espáduas:* oblíquas e musculosas. *Costelas:* arredondadas. *Lombo:* curto e sólido. *Membros:* fortes e nervosos. *Coxas:* bem desenhadas. *Pés:* redondos. *Cauda:* rudimentar, inserta alta. *Pelagem: Cores:* salpicada de branco e marrom-claro, e variando a tonalidade de borra de vinho clara a borra de vinho mais escura ou amarelo-mosqueado de pequenas manchas da mesma cor. *Pêlo:* um tanto fino.

É praxe a cauda curta pois isto impede, muitas vezes, espantar a caça. Uma outra conveniência é evitar o cancro do apêndice caudal; por outro lado há ainda a vantagem de dar uma aparência de maior largura ao trem posterior.

O Braco Azul de Auvergne: *Apreciação geral:* O Braco de Auvergne é um dos melhores cães de caça, aliando à sua grande fineza de olfato a notável robustez e elegância. Sua resistência permite-lhe executar as mais esfalfantes caçadas sempre com ânimo disposto.

É entre os cães europeus um dos que mais se prestam ao nosso meio porque suportam o calor com muita resistência. Se não possuem uma inteligência pronta em compensação o que aprendem jamais esquecem. São de qualquer forma ótimos cães de caça.

Origem: Supõem muitos autores que o Braco de Auvergne é uma raça antiqüíssima pois já os cavalheiros de Malta, na Idade Média, possuíam numerosas matilhas.

Caracteres essenciais: Aspecto geral: Raça retilínea. Animal robusto mas elegante, musculoso e ativo. *Talhe:* macho, de 57 a 63 cm; fêmeas, de 55 a 60 cm. *Cabeça e pescoço: Cabeça:*

longa, depressão frontal não muito acentuada, nariz bem posto no prolongamento do chanfro, lábios fortes, dando aparência de beiços, suficientes para tornar o focinho quadrado. *Nariz:* sempre negro, bastante forte, bem aberto, avançando um pouco mais à frente dos lábios. *Crânio:* oval na parte posterior, fronte desenvolvida, sem exageração e sem excesso de largura, arcada superciliar bem acusada. *Olhos:* cor-de-avelã carregada, olhar de expressão franca, pálpebras negras não deixando ver a conjuntiva. *Orelhas:* ligadas baixo, ao nível da linha do olho, bem para trás, de maneira a mostrar a redondez do crânio, a pele flexível, ligeira, brilhante e acetinada, bastante longas sem exagero, enquadrando bem a cabeça sem se afastarem muito dela. *Pescoço:* de preferência longo e forte, ligeiramente arqueado; uma ligeira papada é para desejar.

Corpo: Peito descido ao menos até o nível do cotovelo, largo e proporcionado à sua profundidade. *Costelas:* arredondadas sem exagero. *Cernelha:* não saliente. *Dorso:* curto e direito. *Lombo:* curto, ligeiramente arqueado, largo e bem musculoso. *Membros anteriores:* direitos. *Espáduas:* oblíquas, bem musculosas, desembaraçadas em seus movimentos.

Antebraços: fortes e musculosos. *Cotovelos:* bem descidos sem desvio para fora. *Canelas:* direitas, curtas e fortes, ossatura bem desenvolvida. *Membros posteriores: Coxas:* fortemente musculosas, fortes, bem desembaraçadas de ossatura e articulações robustas. *Jarretes:* vigorosos mas não muito pronunciados. *Cauda:* inserta quase na linha do dorso e trazida horizontalmente, algumas vezes um pouco forte, mas sem exageração. Encurtada em dois terços mais ou menos; o comprimento desejável será de 15 a 20 cm.

Pelagem: pêlo curto, não muito fino, jamais duro, brilhante. *Cor:* a cor desejável é de fundo branco com manchas negro-azuladas com mosqueaduras negras assaz numerosas. As malhas grandes e o mosqueado dão em seu conjunto um reflexo azul resultante da íntima mistura do pêlo negro-azulado e do pêlo branco.

A cabeça deve ser marcada regularmente de negro, de maneira que os dois olhos se achem colocados dentro desta cor.

Uma listra branca ou azul vem da cabeça ao focinho tomando maior parte deste.

Admitem-se hoje duas pelagens. A clara, constituída pelo fundo branco com manchas pretas e com mosqueação mais ou menos intensa, e a escura, dita encarvoada (charbonné) determinada pela mistura do branco e do preto, sendo esta mais abundante, dando assim à pelagem uma tonalidade cinza encarvoada.

Pontos desqualificativos: Cabeça muito curta e de largas bochechas (defeito freqüente), beiços muito finos, ou muito largos; nariz de coloração indecisa, com manchas, ligado alto e arrebitado; nariz duplo, crânio estreito, chato, muito largo, de parietais muito desenvolvidos, depressão frontal muito ou demasiado pouco acentuada; olhos pequenos, salientes, claros; orelhas ligadas muito alto, espessas, curtas, muito para trás ou coladas à cabeça trazidas para frente; lombo longo, chato, enselado, fraco; coxas chatas desmusculosas; jarretes muito pronunciados, abertos e trazidos para fora durante a ação; pelagem muito branca, ausência de mosqueado; cabeça deixando um olho dentro da zona do claro, mancha de fogo, marcas de nuanças "pain brûle", fogo ou marrom, cauda curta e esmagada de nascença, trazida verticalmente, ligada muito alto ou muito baixo, cortada muito curta.

O Braco de Dupuy: *Apreciação geral;* O Braco de Dupuy tem o aspecto dum galgo um tanto reforçado. É um animal de bom faro, de ótima inteligência e grande gosto para a caça, muita agilidade e força. Seu porte elevado dá-lhe um cunho de distinção e elegância.

Origem: Supõem alguns que a origem da raça seja o resultado do cruzamento entre uma linda cadela Braco Poitou e um galgo. Há quem lhe atribua outra origem e a tenha como trabalho zootécnico do caçador poitevino Pierre Dupuy.

Caracteres essenciais: raça retilínea. *Talhe:* grande, indo até 67 ou 68 cm para os machos e 65 a 66 cm para as fêmeas.

Cabeça e pescoço: Cabeça: fina, longa, estreita e seca; crânio acentuado, ossos frontais proeminentes; bochechas chatas. *Chanfro:* longo, estreito e fugidio, ligando-se ao crânio em linha direita. *Nariz:* marrom-escuro, largo, desbordando acima do lábio, ligeiramente pontudo. *Narinas:* largamente abertas. *Lábios:* finos, secos, delgados, cerrados, o lábio superior recobrindo simplesmente o inferior. *Maxilar:* bem no eixo um do outro, dentadura muito forte. *Olhos:* cor de ouro ou pardo, abertos, olhar doce e sonhador. *Orelhas:* delicadas, estreitas, muito finas e flexíveis, antes longas que curtas e ligeiramente trazidas para trás, tendo seu ponto de ligação no alto do olho. *Pescoço:* muito longo, arredondado, ligeiro, fino, destacando-se bem da cernelha e das espáduas e se ligando finamente à cabeça.

Corpo: Peito: alto, bem descido e profundo. *Costelas:* chatas e longas. *Esterno:* muito desenvolvido com saliência acusada na frente das espáduas. *Cernelha:* bem destacada. *Dorso:* bem mantido. *Lombo:* ligeiramente harpado, forte, bem musculoso, antes curto e em harmonia com o conjunto do animal. *Flancos:* um pouco cavados. *Ancas:* longas, oblíquas e fortes, podendo ser ligeiramente salientes.

Membros anteriores: de bons aprumos, fortes, ósseos e nervosos. *Espáduas:* longas, oblíquas, muito musculosas. *Antebraços:* fortíssimos. *Cotovelos:* próximos ao corpo. *Metacarpo:* de bom comprimento, direito ou ligeiramente oblíquo de trás para diante. *Membros posteriores: Coxas:* longas, chatas, musculosas, muito descidas. *Ponta da nádega:* ligeiramente saliente. *Jarretes:* muito largos e secos, ligeiramente angulosos. *Canelas:* bem compridas, fortes e na vertical. *Pés:* alongados, bem secos. *Dedos:* cerrados e nervosos (pé de lebre). *Unhas:* fortes e bastante longas, suas extremidades tocam o solo quando o animal está em repouso. *Cauda:* bem ligada e de média grossura, algumas vezes assaz guarnecida de pêlos, bem longos indo até à ponta do jarrete, trazida bem baixo ou muito ligeiramente recurvada.

Pelagem: Pêlo: sempre liso, mais ou menos curto, salvo na cabeça e nas orelhas onde ele é sempre muito ralo e de finura extrema, áspero ao contato, sobretudo no dorso e no lombo. *Pele:* muito fina sobre o conjunto do corpo, particularmente nas orelhas e na cabeça. *Cor:* branca e marrom carregado. O fundo é branco com malhas marrons mais ou menos largas ou manto marrom (de preferência o manto) com mosqueamento ou sem ele ou com jaspeadura ou sem ela. Mosqueaduras ou gaspeamento marrons sempre presentes nos membros, maximé nos anteriores.

Pontos desqualificativos: Cabeça larga e redonda com depressão frontal pronunciada; lábio inferior beiçudo e caído; nariz róseo; orelhas ligadas baixo; papada grande; membros desviados; cauda ligada muito alto ou muito baixo, muito fina ou muito grossa. Cor fogo ou marrom desmaiado nas sobrancelhas, nos lábios e nas nádegas.

O Braco São Germano: *Apreciação geral:* Ótimo companheiro para caça, o Braco Saint-Germain impõe-se pelo seu apurado olfato e eméritas qualidades de caçador. Adapta-se a todos os gêneros de caça: na mata ou no brejo, sendo por isso uma das mais estimadas raças de cães de mostra. Além destas qualidades apresenta aspecto elegante e atraente.

Origem: Os Bracos de Saint-Germain, também chamados de Compiègne, escreve Dignet, descendem dos cães que floresceram na época de Luiz XV, regenerados pelos Pointers ingleses, presenteados a Carlos X pelo seu grande "veneur". O rei, insigne caçador, experimentou-os e guardou-os pelas suas qualidades. Os dois regeneradores da raça dos Bracos branco e laranja, naquela época ditos de Compiègne, chamavam-se *Miss* e *Stop*.

Segundo De la Rue eles tinham manchas amarelas (branco e laranja), eram de grande talhe, esgalgados, com orelhas ligadas um pouco alto, o véu do paladar e o nariz eram pretos, a fronte, nas cadelas, era duma fineza extrema.

Ótimos para caçarem na mata o coelho e o faisão, no campo mostravam-se medíocres.

Miss era superior aos Bracos e a todos os cães do país.

Coberta a primeira vez por um *Épagneul* alemão marrom, esta barrigada foi sem valor.

Alguns meses mais tarde deram-lhe como padreador um Braco branco e marrom.

Nasceram sete canitos, todos brancos e cor de laranja, mas as mucosas que eram negras em *Miss* e em *Stop*, foram quase sempre róseas nos seus produtos.

Eram no entanto animais de grande talhe e muito ligeiros, elegantes, de apurado olfato, de busca brilhante e mais extensa que os Bracos atuais; muito precoces, pois aos seis meses já "amarravam" coelhos e faisões.

Sua pelagem era branca e laranja, bastante carregada algumas vezes, apresentando não raro mosqueados e de outras vezes era de cor limão-claro e nunca mosqueado. Depois a raça foi melhorada, ora por Bracos brancos franceses, ora por Pointers brancos e laranja que formaram o tipo atual.

Caracteres essenciais: raça retilínea. *Aspecto geral:* elegante e bem proporcionado, com grande fineza de tecidos, porém o sistema muscular é mais mole, a ossatura menos desenvolvida que a do Pointer.

Talhe: varia de 56 a 62 cm para os machos e 54 a 59 cm para as fêmeas.

Cabeça e pescoço: Cabeça: Nariz: rosa-escuro, largo, avançando um pouco à frente dos lábios. *Narinas:* muito abertas. *Stop:* menos acusado que no Pointer. *Focinho:* fugitivo. *Lábios:* finos, um pouco de bochechas, de cor rosa internamente, bem como o paladar. *Chanfro:* longo, direito, ou ligeiramente convexo. *Crânio:* no occipital saliente e ogival, de fronte larga, sem excesso, ligando-se ao chanfro por uma depressão marcada, mas não muito acentuada. *Maxilares:* bastante fortes, de igual comprimento, dentes fortes e brancos. *Olhos:* de bom tamanho e bem encaixados nas órbitas, cor amarelo-ouro; expressão do olhar franca, meiga e boa. *Orelhas:* mais curtas que as do velho Braco, mais longas que as do Pointer, ligadas ao nível da linha dos olhos, bem destacadas da cabeça e fazendo ângulo antes de cair, pele delicada e flexível. *Pescoço:* forte, bem musculoso, assaz longo, um pouco assaz longo, um pouco arqueado; a papada pequena é tolerada.

Corpo: Peito: largo, profundo e descendo no mínimo ao nível do cotovelo. *Costelas:* bem compridas. *Dorso:* curto e direito. *Rim:* forte e ligeiramente arqueado, muito curto. *Garupa:* óssea, ponta da nádega ligeiramente saliente.

Membros anteriores: fortes e musculosos, direitos, de forte ossatura. *Espádua:* forte, longa, um pouco oblíqua, de bons aprumos. *Metacarpos:* curtos e bem direitos. *Membros posteriores: Coxas:* direitas, bem desenhadas. *Jarretes:* largos e direitos, sem desvio nem para dentro nem para fora.

Canelas: curtas e de bons aprumos. *Pés:* grandes, dedos cerrados. *Sola:* dura e resistente. *Cauda:* ligada abaixo da linha dos rins e não passando a ponta do jarrete, grossa ao nascer e diminuindo em seguida até ficar fina em sua extremidade; a cauda deve ser trazida horizontalmente. *Pele:* fina e flexível.

Pelagem: Cor: branco-mate com manchas cor de laranja; pode encerrar alguns pêlos brancos; raros mosqueamentos são tolerados.

Pêlo: curto, não muito fino, jamais duro. *Pontos desqualificativos:* Nariz mosqueado; o nariz de cor preta é eliminatório; narinas fechadas; lábios espessos, curtos sob o nariz, muito caídos; beiços negros ou escuros; paladar escuro ou negro; chanfro curto; crânio estreito, chato, bombeado para os lados; arcada superciliar ligando-se ao chanfro em ângulo direito; parietais muito desenvolvidos; maxilares desiguais; dentes mal colocados; olhos pequenos, muito claros, de expressão má, estrabismo; os olhos negros são eliminatórios; orelhas ligadas muito alto ou muito baixo, coladas à cabeça, chatas, trazidas para trás; pescoço curto, muito ligeiro com grande papada; peito estreito, cavado sob os braços, costelas chatas ou muito redondas, dorso e lombo estreitos, longos, chatos ou cavados; garupa muito direita e encolhida; membros anteriores magros; espáduas curtas, muito oblíquas; cotovelos fechados ou para fora; metacarpos oblíquos; jarretes desviados, estreitos, muito afastados ou demasiado agarrados; canelas longas e oblíquas, muito angulosas ou muito direitas; "ergots"; pés redondos desviados para fora ou para dentro, estreitos ou muito largos, gordos; dedos separados, esborrachados; pele espessa de tecidos flácidos; pêlo longo e grosso ou muito curto; pelagem brilhante, laranja muito pálido ou muito escuro.

O Braco alemão: *Apreciação geral:* Animal de boa ossatura, musculoso, o Braco alemão assemelha-se ao Braco francês em todas as suas aptidões para caça, sendo um pouco mais pesado que este.

Origem: Este cão, como todos os cães de mostra de pêlo curto, descende do velho Braco, que se encontrava outrora na Europa meridional, provavelmente espanhol ou italiano, o qual cruzado na Alemanha com cães autóctones, deu o "deutsch Kurtzhaar" (cão de mostra alemão de pêlo curto). Segundo a opinião de H. Sodenkamp, o Braco alemão, primitivo, era grosseiro e o seu melhoramento se fez à custa do sangue do Pointer, posto que o "pedigree" da raça nada diga a este respeito, porque tal infusão de sangue se fez muito remotamente.

Durante muito tempo, em conseqüência de numerosos cruzamentos anglo-alemães, os criadores não chegavam a um acordo sobre o tipo a preconizar. Reconheciam-se então três tipos ou sub-raças. Aí para 1879, após uma reação contra os cruzamentos com a raça inglesa, voltaram de novo a cruzá-la com o Pointer. Em 1880 tentaram a unificação séria do tipo e fizeram cruzamentos com cães de Lippe Detmold e com os da Turíngia obtendo os animais atuais ligeiros.

Fig. 63 – *German Wire-Haired Pointer*

Existem, no entanto, dois tipos, o primitivo, pesado, chamado Braco alemão, e o ligeiro, dito Braco continental.

Caracteres essenciais: Raça retilínea. Para bem estudar a raça devemos descrever os dois tipos.

1º.) *Tipo antigo* (pesado). *Aspecto geral:* animal grande, pesado, bem construído. *Talhe:* 80 centímetros mais ou menos. *Cabeça:* assaz forte, sem rugas na pele, crânio ligeiramente bombeado, osso occipital pouco proeminente. *Stop:* pouco pronunciado. *Chanfro:* de preferência largo, bem pronunciado com o crânio um pouco abobadado. *Lábios:* bem pendentes, a comissura formando uma prega. *Olhos:* médios, pálpebras firmes, fendidas em amêndoa, jamais mostrando a conjuntiva, de cor parda de noz ou pardo amarelo-claro. *Nariz:* grande, largo, de cor parda. *Orelhas:* de bom tamanho, largas, nas extremidades, bem arredondadas. não muito espessas, colocadas alto e bem descidas e coladas à cabeça sem nenhuma torção. *Pescoço:* bastante forte, ligeiramente arqueado, pele da garganta frouxa com muita papada. *Espáduas:* oblíquas, musculosas, não muito carnudas, um pouco longas. *Peito:* bastante forte e profundo. *Costelas:* medianamente arredondadas. *Dorso:* largo. *Lombo:* curto, ligeiramente arqueado. *Garupa:* curva, um pouco caída. *Coxas:* bem musculosas. *Jarretes:* com aprumo, pernas quase direitas.

Os "ergots" não constituem defeito nem característico da raça, mas devem ser evitados, cortando-os quando os animais são novos.

Patas: fortes e direitas. *Pés:* redondos, dedos arqueados e fechados. *Cauda:* forte, de tamanho médio, direita ou um pouco "em sabre", cortada, a parte de cima coberta dum pêlo forte e mais grosseiro, porém não formando nem escova nem espiga. *Pêlos:* duro e denso. *Cores:* branco e pardo tigrado, mosqueamentos muito cerrados formando uma mistura de pêlos pardos dando no conjunto uma cor pardo-marrom-avermelhada; branco e pardo sem mosqueado; pardo-zaino ou pardo com branco no peitoral e nos pés.

Fig. 64 – *German Short-Haired Pointer*

2º.) *Tipo moderno* (ligeiro), dito Continental. *Aspecto geral:* Este cão diferencia-se dos demais Bracos pela silhueta airosa e seu pescoço longo e elegante. Forte sem ser pesado, ele dá em seu conjunto a expressão dum excelente cão de trabalho. Sua aparência grave indica um caráter altivo e sério. Fisionomia inteligente e de expressão meiga. Grande e inseparável amigo de seu dono.

Talhe: macho 56 a 65 cm; fêmea 56 a 60 cm.

Cabeça: de tamanho médio, alongada. Chanfro longo, direito, ou ligeiramente convexo, formando na sua junção com o crânio uma depressão pouco pronunciada. Crista occipital ligeiramente saliente, arcada superciliar não muito acentuada, os beiços pendentes sem bruteza, formando uma prega bem larga na comissura dos lábios. *Nariz:* mais ou menos pardo-escuro, largo, de narinas abertas, ligadas no prolongamento do chanfro. *Lábios:* bem fortes e descidos, formando um focinho quadrado sem exagero. *Crânio:* oval na parte posterior, fronte desenvolvida sem excesso. *Olhos:* de tamanho médio, ovais bem enquadrados na órbita, pardo indo ao amarelo, nem salientes, nem fundos e sem mostrar a conjuntiva. *Maxilares:* bastante fortes, de igual tamanho com dentes resistentes e brancos. *Orelhas:* ligadas um pouco mais alto que a linha dos olhos, a pele flexível, brilhante, chatas, ligeiramente "papillotées" ou pendentes, arredondadas em ponta obtusa, atingindo sem as puxar a comissura dos lábios. *Pescoço:* antes longo, forte na sua junção com as espáduas e se adelgaçando progressivamente até a cabeça, ligeiramente arqueado, uma pequena papada é de desejar mas sem grande acentuação. *Espáduas:* antes direitas que oblíquas, bem musculosas e desembaraçadas em seu movimento, dando-lhe um aspecto airoso. *Pernas dianteiras:* direitas, com antebraços fortes sem desvio para fora, canelas direitas e robustas, metacarpos largos e sólidos, ossatura bem desenvolvida. *Peito:* descido até o nível do cotovelo. *Dorso:* largo, direito, musculoso. *Lombo:* direito, não oferecendo nenhuma depressão no seu encontro com o dorso. *Garupa:* larga, ossada, curta, com a ponta das nádegas um quase nada saliente, um pouco oblíqua. *Cauda:* ligada bastante alto, direita ou muito ligeiramente curva, forte, em sua base, indo-se adelgando, encurtada dois terços mais ou menos. *Pernas traseiras:* de covas fortemente musculosas, longas e robustas, ossatura e articulações forçadas, jarretes vigorosos, ligeiramente angulosos, antebraço possante de bons aprumos vistos por trás. *Pés:* bem curtos, redondos, de dedos compactos e unhas fortes e sola dura. *Pele:* fina, brilhante e flexível. *Pêlos:* bem curtos e grossos, duros e compactos, mas curto e macio nas orelhas, muito fornido sobre o peito, brilhante; subpêlo feltroso.

Fig. 65 – *Braco alemão*

Pelagens: são admitidas três: *a)* clara, branca com malhas marrons e mosqueamento; *b)* escura, malhada de branco e marrom com manchas marrons ou sem elas. As manchas de "pão queimado" nas bochechas e extremidades não constituem defeito; *c)* pelagem marrom.

Variedades: O Braco alemão comporta ainda as seguintes variedades ou sub-raças: *Braco de Wurtemberg,* chamado também Braco tricolor, que apresenta uma pelagem composta de manchas pardas e fogo sobre um fundo azulado (branco salpicado de pintas pardas) com a cor fogo em cima dos olhos, nas bochechas, lábios, peito e face interna dos membros. Seu talhe é de 60 a 70 cm e seu peso de 27 a 32 quilos.

Devido a certas particularidades da sua conformação, como saliência occipital pronunciada, lábios muito pendentes, de comissuras caídas, Dechambre o supõe derivado do cruzamento do Braco e do cão de corso.

Braco Holsaciano: pardo-escuro, com manchas pardas, amarelo ou fogo. *Braco de Hanovre:* vermelho raposa com dorso mais escuro, estrela e coleira brancas. *Braco do Ruhr:* negro, marcado de fogo. *Braco de Weimar:* de cor cinza-prateada. *Braco de Westphalia:* vermelho amarelado com o focinho, estrela e coleira brancas.

Pontos desqualificativos: Cabeça muito curta, muito larga; "stop" muito acentuado, bochechas muito finas ou muito grossas; nariz pontudo, pequeno, nariz duplo, negro, ligado muito alto; lábios muito finos ou muito grossos; crânio estreito, chato, muito largo, parietais assaz desenvolvidos; olhos muito grandes ou muito escuros, com ladres[17] nas pálpebras; conjuntiva aparente, estrabismo; maxilares desiguais; orelhas ligadas muito baixo ou muito alto, muito chatas, muito curtas, muito coladas à cabeça e trazidas muito para frente; pescoço muito curto e com grande papada; espáduas muito direitas ou muito oblíquas, muito fechadas, abertas para fora; canelas ou metacarpos desviados seja para dentro ou para fora; cotovelos para fora, ossatura delgada, aprumos defeituosos; peito muito largo ou muito estreito, não muito profundo, não descendo até aos cotovelos; costelas, chatas ou demasiado redondas, dorso muito longo ou cavado, lombo delgado, abobadado ou harpado; garupa estreita, muito curta ou muito longa, não bastante musculosa; ponta das nádegas muito salientes; cauda trazida verticalmente, ligada muito alto, ou muito baixo, muito grossa ou em trompa; coxas débeis, muito longas e não musculosas; pés largos e esborrachados; pele muito espessa ou demasiado fina e não flexível; pêlo muito fino, macio, muito longo ou oferecendo ondulações.

As malhas marrons muito grandes são para rejeitar.

O Braco italiano: Os italianos têm o seu "antichissimo bracco lombardo" como origem de todos os bracos, invocando para isto sérios documentos.

Existem dois tipos de Bracos italianos, o grande e o pequeno.

O grande braco apresenta dois tipos distintos: o lombardo marrom e o de Piemonte branco-laranja. O marrom lombardo difere do piemontês por ter uma cabeça mais maciça e curta, quase sem rugas na fronte, o chanfro nasal mais pronunciado, e beiços mais caídos.

Altura: 65 a 70 cm no macho e 58 a 65 na fêmea; seu peso é de 35 a 40 k. O Braco ligeiro difere do grande Braco por ter menos massa e por sua maior esbeltez e elegância. Distingue-se também dois tipos: o lombardo de pelagem marrom e o piemontês branco-laranja.

O Braco ligeiro regula 55 a 60 cm no máximo e seu peso oscila entre 25 a 28 quilos.

O Braco-Pointer italiano: Na Itália alguns criadores e caçadores têm tentado o cruzamento do Braco com o Pointer a fim de obter um mestiço que com a seleção e outros cuidados se venha a constituir uma raça fixa.

---

17. *Ladre* são partes da pele desprovidas de pigmento. Talvez se pudesse traduzir por marmoreado.

Posto que já obtivessem excelentes mestiços, que figuraram com honra em exposições, ainda nada de positivo se pode dizer desta raça em formação.

Outras raças de cães bracos: Além das principais raças descritas existem outras de importância secundária, quase regionais, como os bracos franceses: *Navarrin,* com manchas cor de borra de vinho e de olhos gázeos algumas vezes; o *Picard,* manchado de borra de vinho como o precedente ou ainda marrom-escuro e o *Braco de Anjou,* branco e amarelo ou cinza-rato.

Na Espanha existem no mínimo dois Bracos bem distintos, um forte, de alto talhe, maior que o francês, de cores variadas, porém mais constantemente de malhas alaranjadas, bastante raro; outro de nariz duplo.

Deste último, apesar de ser uma monstruosidade, muito se vangloriam os amadores do país.

A Bélgica também possui o seu Braco, que é bem rústico, apresentando como característico uma cabeça algo desproporcionada, orelhas curtas, focinho um tanto agudo, pescoço forte, taurino, corpo em geral comprido, pernas grossas, cauda igualmente grossa e em trompa.

O Pointer, cão de mostra inglês de pêlo curto: *Apreciação geral:* O Pointer é, sob certos aspectos, o melhor cão de mostra (fig. 66). Dotado de enorme ligeireza, finíssimo olfato, e uma resistência inigualável, esta raça admiravelmente se recomenda para a caça de aves nas campinas brasileiras. De fato, os nossos amplos campos repletos de macegas e capões, habitat de perdizes e codornas, presta-se magnificamente para as fogosas buscas do ventor inglês.

A principal qualidade deste cão é *tirar* pelo vento, quer dizer, descobrir a caça pelas emanações dela, o que exige um olfato super-sensível, qualidade que nenhum cão possui com mais apuro que o Pointer.

O Pointer exige no entanto ser trabalhado por caçadores peritos e que saibam refrear-lhe a natural impetuosidade e independência com que caça.

Fig. 66 – *Pointer*

Esta raça tem muitos admiradores no Brasil e já é criada em sua pureza em alguns canis, sendo digno de referência o *Bellecroix* do Dr. João Nogueira Penido, em Juiz de Fora, Minas, que em 1893 iniciava a importação de Pointers ingleses de notável estirpe. O "Canile del Friudi", do Sr. Ubaldo Moro, São Paulo, criava também ótimos animais desta raça.

Origem: O nome de *pointer* (cão que aponta), deve provir da palavra espanhola *punta.* Megnin é de opinião que o Pointer não passa de um Braco vindo da Europa aí por volta do século XIV; na França ele deu o Braco francês e, na Inglaterra, após cruzamentos com o Foxhound e Bloodhound que lhe melhoraram as qualidades olfativas e mais tarde cruzados com Galgos, Bull-terriers e Buldogues, transformou-se nesta maravilha esportiva e cinegética que atualmente conhecemos.

É bom notar que não é o Pointer um produto apenas destes cruzamentos mas especialmente da rigorosa seleção a que foram sujeitos os reprodutores no propósito de conseguir o conjunto de qualidades que ele hoje ostenta.

Caracteres essenciais: Raça retilínea. *Aspecto geral:* A força aliada à distinção e à ligeireza, atitude a um tempo dócil e afoita, andar desembaraçado, tais são, em conjunto, os principais traços que logo impressionam. *Talhe:* macho 55 a 70 cm; fêmea 50 a 60 cm.

Cabeça e pescoço: Nariz: de cor correspondente às manchas escuras da pelagem; proeminente. *Narinas:* muito abertas, um ligeiro marmoreado no nariz não deve constituir defeito, assim como o nariz preto nos Pointers branco e laranja. *Lábios:* finos, bem descidos para tornar o focinho quadrado, visto de perfil. *Chanfro:* longo e direito. *Dentes:* brancos, bem enfileirados, os de cima em perfeita oposição com os de baixo. *Crânio:* osso frontal elevado, linha occipital externa terminando entre as arcadas superciliares por uma ligeira depressão; crista occipital proeminente; paredes laterais chatas; arcadas superciliares salientes e se ligando ao chanfro em ângulo quase direito. *Olhos:* salientes, cor de ouro pardo-escuro, podendo ser mais claro nos indivíduos brancos e cor-de-laranja. *Olhar:*

Fig. 67 – *Pointer*

franco e inteligente. *Orelhas:* finas, não muito largas, terminando em ponta; ligadas baixo, passando ligeiramente à garganta na posição de repouso. *Pescoço:* longo, ligeiro, arqueado, seco, bem musculoso, ligado finamente à cabeça, saindo francamente nas espáduas.

Corpo: Peito: profundo, descendo ao começo do cotovelo ou mais baixo. *Costelas:* longas, salientes, a última próximo da anca. *Dorso:* direito correndo da cernelha ao nascimento da cauda. *Lombo:* curto, arqueado, largo e musculoso. *Ancas:* salientes, chegando à linha dos rins; muito largas nas cadelas reprodutoras. *Garupa:* prolongando atrás a linha convexa do lombo. *Membros anteriores: Espáduas:* oblíquas, longas e fechadas. *Cernelha:* alta. *Antebraço:* direito, de forte ossatura. *Cotovelo:* nem para dentro nem para fora. *Metacarpos:* curtos e de aprumos, ligeiramente oblíquos. *Pés:* dedos muito cerrados, nem longos, nem redondos. *Unhas:* firmes. *Membros posteriores: Coxas:* direitas, descidas, muito musculosas; ponta das nádegas saliente. *Pernas:* largas e musculosas. *Jarretes:* largos, vistos de perfil, secos, sem desvio nem para dentro nem para fora. *Canelas:* secas, curtas, de aprumo. *Pés:* mesmas qualidades que os pés dianteiros, com quatro dedos e sem "ergot". *Cauda:* ligada na altura da linha dos rins, trazida no prolongamento da convexidade desta linha; chegando no máximo à ponta do jarrete, quando ela cai naturalmente; grossa ao nascer, diminui rapidamente até se tornar fina na extremidade.

Pelagem: branca e negra, branca e cor de fígado, branco e limão ou zaino e uma destas cores, tricolor. Os pêlos ruços e as marcas brancas nas pelagens zainas não constituem defeito. *Pele:* fina de tecido denso, sã. *Pêlo:* denso e curto, mas uniformemente liso no branco e nas manchas.

Pontos desqualificativos: Aspecto comum, pesado sem distinção, linfático. Atitude má ou medrosa. Andares defeituosos. Gordura ou magreza. Nariz muito claro ou marmoreado muito acentuado; narinas cerradas; focinho pontudo; lábios espessos, muito caídos; chanfro curto; dentes cariados; os do maxilar superior passando o inferior ou vice-versa; crânio estreito, muito largo, redondo, crista occipital exagerada, parietais arredondados; músculos masseteres muito desenvolvidos, falta de "stop", olhos muito claros, oblíquos, muito salientes ou muito encovados, olhar mau ou arisco; orelhas espessas; muito longas, ou muito curtas, arredondadas na extremidade inferior, ligadas muito baixo ou muito alto, trazidas muito para frente ou muito para trás; pescoço curto, pesado, carregado de papadas, chato na parte de cima, cilíndrico, empastado na sua junção com a cabeça e as espáduas; peito não bem descido, muito largo ou muito estreito; costelas chatas, linha de baixo entrando muito bruscamente para o ventre; dorso enselado; lombo estreito ou chato, muito longo, ancas baixas; garupa curta, horizontal; espáduas pesadas, curtas e estreitas; cernelha não bastante saliente, muito larga entre os pontos das espáduas; braço delicado, livre de corpo; antebraço desviado para fora ou para dentro, ossatura delicada, metacarpo quartelado ou muito inclinado, descido para dentro ou para fora, pés largos, desviados, dedos abertos, sola carnuda, unhas moles, coxas chatas; pernas magras; jarretes estreitos, direitos ou ângulo, sem aprumo; canelas longas e desviadas; cauda ligada muito alto ou muito baixo, muito curta ou muito longa, recurvada, cheia de pêlos e nodosidades; pele espessa, doente; pêlo grosseiro e desigual, depilação.

O Pointer americano: Semelhante em tudo ao inglês este Pointer possui um corpo airoso e uma notável regularidade de movimentos.

O Pudelpointer: O Pudelpointer é um cão inventado pelos alemães e destinado não só a todas as caças, mas a todos os trabalhos das caçadas. Seria a um tempo um cão de corso, de mostra, de busca, de fila, seguindo a pista, perseguindo, "amarrando", enfim só faltando guisar a caça.

Este cão, de que em tempos muito se falou, ainda não atingiu ao ideal sonhado.

CÃES DE MOSTRA DE PÊLO COMPRIDO

Os Épagneuls: Sob este nome designam-se vários cães de mostra de pêlo comprido com as mesmas aptidões para a caça que os Bracos.

A designação épagneul (espanhol) parece indicar-lhe a origem, mas faltam provas históricas que a confirme. Cornevin diz que eles são raros na Espanha, onde aliás são chamados "perros ingleses".

Fig. 68 – *American Foxhound*

Os escritores italianos e espanhóis no entanto afirmam terem tido estes origem na Espanha e que o tipo, que ainda lá se mantém, alterado pelo tempo e falta de cuidados zootécnicos, bem demonstra a sua identidade com os demais épagneuls.

Os épagneuls são espalhados por toda a Europa, porém se dão mal nos climas quentes, segundo o testemunho do zootecnista acima citado, que verificou o definhamento destas raças no sul da Tunísia, na Tripolitânia, em Madagascar, na Ilha da Reunião, nas Índias inglesas e na Indochina.

Os franceses possuem quatro tipos: o épagneul francês, o bretão, o picard e o primo deste, o azul da Picardia e o Pont-Audemer.

O Épagneul francês: *Apreciação geral:* O épagneul não possui a nervosidade e a rapidez de que são dotados todos os cães ingleses, mas é preciso reconhecer-lhe excelentes qualidades de instinto, fidelidade, longa busca, o que o torna muito apreciado dos caçadores.

Origem: Sabe-se que já na Idade Média estes cães estavam adestrados para a caça, deitando-se como hoje fazem ao pressentir as aves. E nada mais.

Caracteres essenciais: Raça retilínea. *Aspecto geral:* é um animal grande e forte, de membros forçados, cabeça e trem dianteiro desenvolvidos. *Talhe:* 55 a 62 cm.

Cabeça e pescoço: Nariz: bem abertos, pardo, grosso e bastante redondo. *Chanfro:* longo, bastante largo, sensivelmente da mesma largura desde a ligação da cabeça até o focinho, profundo, direito, com uma proeminência no meio. *Crânio:* redondo, largo e longo. *Occipital:* bem pronunciado, não em ângulo direito. *Olhos:* cor de âmbar-escuro, de preferência um pouco pequenos. *Olhar:* franco. *Lábios:* um pouco espessos e bastante caídos, formando um focinho quadrado. *Orelhas:* plantadas baixo, enquadrando bem a cabeça, largas, compridas, ornadas de pêlos sedosos, ondulados. *Pescoço:* bastante curto, forte e bem musculoso.

Corpo e peito: muito profundo, bastante largo, descendo francamente ao nível do cotovelo. *Costelas:* longas, salientes e um pouco chatas. *Dorso:* de comprimento médio, ligeira depressão próximo à cernelha. *Lombo:* bem direito, bastante longo, largo e vigoroso. *Garupa:* muito ligeiramente oblíqua e arredondada. *Cauda:* ligada alto. *Flancos:* chatos, mas profundos, posto que notados. *Ancas:* salientes, chegando ao nível do dorso e do lombo. *Membros anteriores: Pernas:* muito direitas, bem musculosas. *Cotovelos:* de bom aprumo, ornado de franja ondulada. *Espáduas:* bastante longas, de preferência direitas e bem musculosas. *Braços:* bem musculosos e fortes. *Membros posteriores: Coxas:* direitas, bem descidas, largas, de aparência chata, posto que perfeitamente musculosas, bem franjadas até os jarretes. *Pés:* redondos, largos, bem abertos com um pouco de pêlo entre os dedos. *Cauda:* formando duas ligeiras curvas, uma convexa, outra côncava, bastante longa, ornada de pêlos longos ondulados que vão diminuindo para a extremidade. *Pelagem:* invariavelmente branco e marrom. *Pele:* bem fina e flexível. *Pêlo:* grosso e pouco brilhante, fino na cabeça e nos flancos, liso no corpo; salvo nas orelhas, patas, e os flancos cobertos duma franja, continuação da que desce do alto interno das coxas.

Pontos desqualificativos: Crânio quadrado, com depressão frontal direita estreito, curto; chanfro curto, em forma de pêra, nariz negro, pontudo, fechado; lábios muito espessos, muito finos, muito curtos; olhos muito claros à flor da cabeça ou muito encovados ou colocados muito na frente; olhar mau; orelhas estreitas, curtas, plantadas muito alto, muito frisadas; pêlo muito chato, faltando franjas, em ponta; pescoço muito longo, muito fino; peito estreito, pouco descido; costelas redondas; dorso muito curto, enselado ou muito convexo; lombo curto, estreito e fraco; anca baixa, muito fechada; garupa muito oblíqua; braços delgados; antebraço fino, sem franja; cotovelo fechado ou aberto; coxas estreitas, espessas e sem franjas; jarretes muito oblíquos ou muito direitos; pés estreitos ou muito fechados; pelagem qualquer que não seja branca e marrom; pêlo fino e brilhante, frisado, muito curto.

Épagneul bretão: *Apreciação geral:* O Épagneul bretão possui excelentes qualidades como cão de busca, estando hoje muito em voga na França após um longo período de desinteresse por esta boa raça. Possui busca larga, ativa, inteligente e rápida. É um "retriever" digno de nota. Caça na planície, no bosque e no brejo; suportando a fadiga sempre com ânimo disposto.

Galopa e não trota, desenvolvendo muita ligeireza sem entretanto igualar o Setter.

Seu olfato é geralmente fino. Devido ao seu pequeno talhe é um cão muito portátil, o que se torna uma boa qualidade nos cães obrigados sempre a contínuas viagens. Além de tudo, o Bretão é um ótimo companheiro.

Origem: O Épagneul bretão primitivo, que era branco e negro, vivia encantonado nos bosques do Argoat bretão. Conhecia-se a raça pelas narrações de caçadores e escritores cinegéticos que a louvavam.

Somente em 1907 tornou-se a raça oficialmente reconhecida.

Caracteres essenciais: Aspecto geral: Raça retilínea. Cão elegante, robusto, de fisionomia inteligente. *Talhe:* variando de 45 a 50 cm tolerando-se mesmo 52 cm. *Peso:* 15 k. mais ou menos para os machos e 13 para as fêmeas.

Fig. 69- *Brittany Spaniel*

Cabeça e pescoço: Cabeça: arredondada. *Stop:* visível mas de inclinação suave, ligando-se ao chanfro de tamanho médio. *Focinho:* assaz pontudo. *Nariz:* aberto. *Lábios:* finos, o superior passando ligeiramente o inferior. *Maxilares:* de tamanho igual, adaptando-se perfeitamente. *Pescoço:* curto sem excesso, destacando-se bem das espáduas, sem barbela. *Olhos:* cor de âmbar carregado, vivos e expressivos. *Orelhas:* plantadas alto, antes curtas que longas, ligeiramente arredondadas, pouco franjadas, posto que bem guarnecidas de pêlos ondulados.

Corpo: Dorso: curto. *Cernelha:* bem destacada, jamais encelada. *Lombo:* curto, largo e vigoroso. *Ancas:* mais baixas que a cernelha, salientes, chegando à altura do dorso. *Garupa:* ligeiramente fugidia. *Peito:* profundo, descendo ao nível do cotovelo. *Costelas:* arredondadas e bem largas. *Membros anteriores:* muito direitos. *Espáduas:* oblíquas e musculosas. *Canelas:* ligeiramente oblíquas, finas e musculosas, franjas pouco fornidas e onduladas. *Membros posteriores: Coxa:* larga, bem descida, muito musculosa. *Ponta da nádega:* bem franjada ondulada até a meia coxa na mesma vertical que o jarrete. *Jarrete:* normalmente anguloso. *Dedos:* bem cerrados, com pêlos entre eles. *Sola do pé:* muito resistente. *Cauda:* direita ou tombada, curta de nascença, de 10 centímetros mais ou menos, às vezes um pouco torta, terminando por uma mecha de pêlos. A vértebra terminal da cauda, curta de nascença, afeta formas variadas, mas geralmente ela é grossa e inflada na sua extremidade; a pele não é aderente ao osso e apresenta uma prega transversal, enfim existe no fim da cauda uma pequena excrescência. Aparecem no entanto vértebras exageradas ou atrofiadas.

A cauda mutilada conhece-se pela cicatriz, às vezes minúscula, e quase sempre muito aderente à vértebra.

Pelagem: o pêlo é liso, ou muito ligeiramente ondulado, franjas onduladas, jamais frisadas; geralmente é menos sedoso que nos demais épagneuls; muito firme e fornido. O subpêlo é muito reduzido. *Cores:* a mais comum e característica é o branco-laranja-ruão e toda a gama do vermelho ao limão desmaiado.

Existem cães brancos com manchas laranja-vivo, claro ou marrom.

Variedades: São admitidas duas variedades distintas pela cor do pêlo: uma branco-laranja mais espalhada e estimada, outra branco-marrom. Recomenda-se a união destas duas variedades afim de se obterem animais perfeitos. Convém evitar os cruzamentos *inter* se dos tipos brancos-marrons a fim de impedir o aparecimento dos característicos do Épagneul francês.

Pontos desqualificativos: pelagem negra, pigmentação das mucosas dum negro brilhante; nariz cor de mel de fumo e violáceo são admitidos e até procurados; olho claro com olhar rancoroso; orelhas baixas e longas; costelas compridas e chatas; lombo harpado, com flancos muito levantados; cauda curta de nascença; todo cão de cauda longa é desqualificado. O porte da cauda semelhante a do Fox-terrier é um defeito que indica cruzamentos indesejáveis, embora antigos. Presença de *ergots* nos membros posteriores. Estes dois últimos defeitos são raros.

O Épagneul de Pont-Audemer: *Apreciação geral:* Os franceses consideram os tipos atuais melhorados desta raça capazes de rivalizar com o Épagneul d´água irlandês. É uma variedade bem característica, vigorosa e atarracada.

Origem: Megnin supõe ser esta raça aparentada com o Épagneul Picard, mas outros cinólogos a têm como o resultado do cruzamento do Water-Spaniel irlandês com o velho Epagneul normando.

Caracteres essenciais: Aspecto geral: Raça retilínea. Cão atarracado e vigoroso. *Cabeça e pescoço: Nariz:* pardo, avançando sensivelmente sobre os lábios, um pouco pontudo. *Lábios:* finos e um pouco caídos, tornando o focinho pontudo. *Chanfro:* longo; com uma proeminência no meio. *Crânio:* redondo e desenvolvido em cima, occipital proeminente, paredes laterais redondas, ligando-se ao chanfro com um ângulo fraco, posto que a depressão seja sensível. *Olhar:* franco e bondoso. *Orelhas:* de espessura média, ligadas um pouco baixo, de preferência, de forma a realçar as bochechas que são longas, guarnecidas de pêlos frisados os quais se juntam com o topete, formando uma peruca frisada, que enquadra a cabeça, deixando a fronte nua. *Pescoço:* antes ligeiro, um pouco arqueado, bem musculoso, ligado finamente à cabeça e solidamente às espáduas.

Corpo: Peito: profundo e largo, descendo ao nível do cotovelo. *Costelas:* longas, salientes, a última próximo das ancas. *Dorso:* ligeiramente convexo. *Lombo:* bastante curto, arqueado, largo, musculoso. *Ancas:* salientes, chegando à altura do dorso. *Garupa:* ligeiramente oblíqua. *Flanco:* chato. *Membros anteriores: Espáduas:* fortes, compridas, oblíquas, fechada em seu ponto de reunião com a espinha dorsal. *Braço:* forte e musculoso. *Membros posteriores: Coxa:* direita, descida, musculosa; ponta da nádega saliente. *Jarretes:* largos e direitos, sem desvio nem para dentro, nem para fora. *Canelas:* curtas e de aprumo, geralmente sem "ergot", de pêlo franjado, sem exageração. *Pernas:* antes curtas; o cão na parte dianteira é baixo, mas sem se assemelhar ao Cocker. *Pés:* de gato, largo, de bom aprumo, modernamente peludo, de preferência de pêlo curto. *Cauda:* ligada quase à altura da linha do lombo, trazida bem direita, geralmente cortada na terça parte, grossa no nascedouro, cheia de pêlos frisados, sem franja. O pêlo deve circundar a cauda. Quando esta não é cortada deve ser de tamanho médio ou um pouco curta.

Pelagem: Pêlo: frisado nas orelhas e no topete. *Cores:* marrom e cinzento de preferência, posto que existam marrons e brancos e todos marrons.

Pontos desqualificativos: Muito alto ou muito baixo. Nariz negro, pálido ou redondo; lábios espessos; chanfro curto, largo; crânio chato, chato dos lados, unindo-se ao chanfro por um ângulo muito direito, fronte paralela ao chanfro, falta do topete ou este indo até às arcadas superciliares, ou topete de pêlos caídos; olhos claros, à flor do rosto ou encovados; olhar rezingueiro e mau; orelhas espessas, muito curtas, ligadas muito alto, trazidas para frente ou para trás, pescoço muito grosseiro, chato na parte superior, muito empastado na sua junção com a cabeça; peito descido, muito aberto, cavado; costelas chatas; dorso chato ou cavado, anca baixa; garupa engolida e muito direita; flanco caído; espádua curta, direita, desviada em cima; braço magro; coxa chata, jarrete desviado, estreito, muito desviado ou muito aproximado; canelas longas, oblíquas de trás para diante, ou desviando-se para esquerda ou para a direita, sem franjas; pés estreitos, muito peludos, de sola carnuda; cauda ligada muito alto ou muito baixo, muito recurvada, trazida em sabre, em penacho, franjada; pêlo liso, muito frisado; topete frisado ou caído como o do Caniche, pêlo muito duro ou muito fino, pelagem preta ou preta e branco.

Evitar quanto possível as manchas fogo que às vezes aparecem.

O Épagneul Picard: *Apreciação geral:* É um cão próprio para o pequeno caçador, sua busca é curta, seu olfato medíocre, mas muito obediente e acomodatício. Os tipos modernos já têm olfato melhorado. Diz um escritor: "...para um caçador que se entrega a um esporte modesto e que deseja encontrar no seu cão um amigo para lhe prestar serviços em circunstâncias diversas, não se podendo dar ao luxo dum canil populoso, pois para tanto não lhe sobram recursos, o Épagneul Picard melhorado é o animal que melhor convém".

Origem: Desde tempos imemoriais o Épagneul Picard é conhecido na Picardia, especialmente no vale do Somme.

Caracteres essenciais: Aspecto geral: Raça retilínea. Animal de porte grande, robusto, de membros fortes, com um aspecto amável e expressivo. Talhe 55 a 60 cm.

Cabeça e pescoço: Crânio: Redondo e largo. *Occipício:* bem pronunciado, paredes laterais chatas, depressão frontal bem oblíqua, mas não em ângulo direito. *Nariz:* redondo, pardo. *Chanfro:* longo, bem largo, diminuindo logo após sua ligação com a cabeça e até o focinho, com uma ligeira proeminência no meio. *Lábios:* de espessura média, um pouco caídos, mas não pendentes. *Olhos:* de cor âmbar carregado, bem abertos. *Olhar:* franco e muito expressivo. *Orelhas:* bem baixas, enquadrando perfeitamente a cabeça com pêlos sedosos ondulados. *Pescoço:* bem ligado e musculoso. *Corpo: Peito:* profundo, bastante largo descendo francamente ao nível do cotovelo. *Dorso:* de comprimento médio, com ligeira depressão atrás da cernelha. *Anca:* ligeiramente mais baixa que a cernelha, saliente, chegando ao nível do dorso e do lombo. *Lombo:* bem direito, não muito comprido, bem largo e espesso. *Garupa:* muito ligeiramente oblíqua e arredondada. *Flanco:* chato, porém profundo, posto que saliente. *Membros anteriores:* bem direitos, musculosos. *Cotovelos:* direitos, ornados de franjas. *Membros posteriores: Coxas:* direitas, bem descidas, largas, bem musculosas, franjadas até o jarrete. *Canelas:* direitas. *Jarretes:* pouco angulosos. *Pés:* redondos, largos, cerrados com pouco pêlo entre os dedos. *Cauda:* não ligada alto, formando duas ligeiras curvas, uma convexa outra côncava não muito longas e ornadas de belos pêlos sedosos.

Pelagem: cinza-mosqueada, com malhas marrons, sobre diversas partes do corpo e no nascimento da cauda, o mais das vezes marcado de fogo na cabeça e nas patas. *Pele:* bem fina e flexível. *Pêlo:* grosso, não sedoso, fino na cabeça e ligeiramente ondulado no corpo.

Pontos desqualificativos: Cabeça em pêra ou muito delicada; crânio quadrado ou muito direito, estreito e curto; chanfro muito curto, não muito curvo; nariz pontudo, fechado ou duplo; lábios muito espessos ou muito caídos; olhos muito claros ou muito escuros; olhar mau; orelhas estreitas, curtas, plantadas alto, muito frisadas ou faltando os pêlos sedosos; pescoço muito longo, muito fino ou muito curto; peito estreito não muito caído, dorso muito longo ou enselado; lombo muito longo, muito estreito ou muito fraco; ancas muito altas, muito baixas ou muito estreitas; garupa muito oblíqua; flancos redondos, muito salientes ou muito baixos; membros anteriores sem franjas, finos; espáduas curtas ou muito direitas, muito oblíquas ou desviadas para fora; cotovelo fechado, ou aberto; coxas estreitas sem franja; jarretes angulosos ou fechados, pés estreitos, esborrachados ou muito abertos; cauda em sabre, muito longa, muito frisada, ligada muito alto ou muito baixo; pêlos finos, sedosos, frisados ou muito curtos; pele muito grossa; pelagem marrom carregado ou manchada de branco e preto.

O Épagneul Azul da Picardia: A Sociedade Central de Melhoramento das Raças Caninas de França há pouco abriu uma classe para esta raça até então não admitida como tal. Tem as mesmas aptidões que o Épagneul Picard.

O Barbet: O Barbet foi outrora um cão especializado na caça de aves ribeirinhas e outros animais dos brejos.

O Griffon hoje suplanta-lhe as aptidões e assim esta velha raça torna-se cada vez mais rara e pouco usada na caça.

Em alguns lugares da França os caçadores furtivos ainda utilizam as suas aptidões venatórias sendo conhecido pelo nome de Bardillot; na Espanha chamam-no *perro de agua* e os ingleses denominam-no *Large rough water dog*. Esta raça contribuiu para a formação do Griffon, do Caniche, do Bichon, do Berger, do Brie e outros.

É um velho tronco da raça canina talvez próximo ao desaparecimento, deixando as novas raças que formou com rebentos gloriosos da sua passagem pela terra.

O Barbet tem como característico pêlo lanoso, frisado ou anelado, de cor negra, branco, malhado, marrom ou café com leite.

O Épagneul alemão: O *Langhaarige deutsche Vorstehhund,* como lhe chamam os alemães, é o maior dos épagneuls. Seu talhe varia de 60 a 65 cm. Possui um excelente olfato e grande paixão pela caça. É resistente, dócil e obediente. A cor destes animais é geralmente parda com uma pequena estrela branca no peito e na fronte, e branco com malhas marrons-claras; o pêlo é finíssimo, longo e de maciez rara. Se não fossem as proporções avantajadas deste cão, poder-se-ia dizer que era um Setter.

Fig. 70 – *German Spaniel*

O Épagneul belga: O épagneul que os belgas denominam seu é em tudo semelhante ao francês.

O Setter inglês: *Apreciação geral:* O Setter não é nada mais que um épagneul melhorado pelos criadores ingleses.

Esta raça, devido a sua beleza e especial aptidão para a caça, conquistou a simpatia dos caçadores mundiais.

Há varias famílias de Setters, sendo a mais notável a criada por Ed. Laverack. É preciso, portanto, não confundir o Setter inglês com o Setter Laverack, como fazem muitos.

Chamando Laverack a todos os Setters fazemos descender da criação deste cinólogo uma multidão de animais que nenhum sangue possuem proveniente dos tipos engendrados por aquele criador.

Origem: Na constituição desta raça, não obstante contraditórias opiniões, figurou como elemento principal o Pointer e o grande Épagneul.

Caracteres essenciais: O Clube Francês de Setters inglês adotou os caracteres típicos fixados por Laverack, com algumas modificações; os pontos estabelecidos são os seguintes:

Aspecto geral: Raça retilínea. O Setter inglês deve juntar a força à beleza das formas, dando no conjunto do seu tipo a idéia da resistência e da elegância.

Fig 71 – *Setter Inglês*

Talhe: varia de 56 a 62 cm para os machos e 53 a 58 para as fêmeas.

Cabeça e pescoço: Cabeça: longa, seca, ligeira sem exagero. *Stop:* bem evidente, lábios acusados mas sem beiçada. *Focinho:* direito, longo, largo, com uma ligeira depressão na raiz do nariz, destacando-se este bem.

O focinho deve afinar-se francamente logo abaixo dos olhos para tornar mais delicada a cabeça, emprestando assim ao indivíduo maior distinção.

Narinas: largas, bem abertas. *Crânio:* sua parte posterior deve ser oval, sua calota de forma ligeiramente convexa; a saliência occipital sensível. O crânio menos largo entre as orelhas que o do Pointer, menos redondo na sua parte posterior, forma no conjunto uma oval mais alongada.

Maxilares: longos, bem fortes, de igual tamanho, terminados quadradamente, adaptando-se um bem no outro. *Dentes:* fortes. *Nariz:* grosso, largo, ligeiramente deprimido no centro, úmido, fresco, brilhante, negro ou marrom carregado; pode ser em rigor mais claro no Setter branco e laranja, e branco e marrom e mesmo róseo nos Setters brancos e branco e limão. *Orelhas:* ligadas baixo, para trás, de maneira a bem destacar a rotundidade do crânio, de tamanho moderado; elas devem pender sem se desviar das bochechas e sem deixar ver a parte interna. A pele deve ser delicada e flexível. Os pêlos sedosos e finos que cobrem as orelhas devem diminuir de tamanho na parte inferior, para que as extremidades destas, ligeiramente arredondadas, pareçam aveludadas. *Pálpebras:* não deixando ver a conjuntiva e não apresentando *ladres*. *Olhos:* grandes, brilhantes, doces, expressivos, denotando inteligência; colocados em linha horizontal; de cor de noz escura, tão escuro quanto possível, todavia a cor é um tanto mais clara nos Setters brancos, branco e limão, laranja ou

116

marrom. *Arcada superciliar:* bem destacada de fronte. *Pescoço:* antes longo, bem musculoso, posto que magro, ligeiramente arqueado na sua parte mediana superior, sua junção com a cabeça nitidamente acusada de maneira a destacar a parte posterior do crânio. O pescoço deve alargar-se naturalmente e seus músculos aumentar de importância em seu ponto de ligação com a espádua mas sem se tornar achamboado, mantendo sempre elegância; não deve nunca apresentar barbela e as franjas formam uma ligeira coleira bem nítida.

Fig. 72 – *English Setter*

Corpo: Peito: profundo e descendo no mínimo até o cotovelo. *Peitoral:* medianamente largo, proporcionado à sua profundidade.

Costelas: bombeadas, desenvolvendo-se bem atrás das espáduas; as falsas costelas longas e bem abertas, evitando que o Setter tenha aparência de galgo. *Cernelhas:* bem salientes. *Dorso:* curto e direito. *Lombo:* curto, ligeiramente arqueado, largo e bem musculoso, mais longo nas fêmeas. *Membros anteriores: Espáduas:* oblíquas, musculosas, sem bruteza, bem desembaraçadas em seus movimentos. *Omoplatas:* longas. *Úmeros:* longos. *Pernas:* com ossatura possante e musculosa. *Cotovelos:* bem descidos sem desvio para fora. *Canelas:* curtas, fortes e direitas. *Articulações:* fortes, de ossatura desenvolvida. *Membros posteriores: Ancas e coxas:* curvas e bem desenvolvidas. *Coxas:* fortemente musculosas, longas e oblíquas. *Jarretes:* vigorosos, bem descidos e não fechados. O quarto traseiro deve ser mais forte que o anterior. *Pés:* bem curtos e compactos. *Dedos:* cerrados, bem providos de pêlos. *Unhas:* grossas e curtas. *Sola:* dura e resistente. Os pés não devem ser desviados para fora nem para dentro. *Cauda:* ligada quase na linha do dorso; de tamanho médio, não passando o jarrete, trazida mais baixa que alta, sem desvio lateral, ligeiramente encurvada, as franjas não devem começar na raiz da cauda, porém 2 a 3 centímetros mais baixo e aumentar de comprimento no meio para diminuir gradualmente até a ponta. As franjas devem cair direitas ou ligeiramente onduladas, jamais aneladas ou frisadas.

Pelagem: Pêlo: fino, sedoso e brilhante, muito curto na cabeça, exceto nas orelhas. Não deve ser anelado nem frisado, admite-se que, muito ligeiramente ondulado, forme largas ondas chatas, mas um pêlo completamente liso é mais apreciado. Desenvolvido na parte anterior do pescoço ele forma uma ligeira coleira e deve formar também, na parte posterior dos quatro membros e das nádegas, longas franjas. *Cor:* muito variável; tolera-se o negro e o branco ("blue-bolton"), o branco e o limão ("lemon-belton"), o branco e laranja mais ou menos vivo, o branco e o marrom ("liver-belton") o tricolor negro, branco e fogo, e negro-zaino. As pelagens unicolores brancas, fígado, vermelho-laranja e limão, existem mas são pouco procuradas.

Uma larga malha (tapa olho) cobrindo um dos olhos é admissível.

Tabela dos pontos: Crânio, maxilar, cabeça em geral, 10; Nariz, 4; Orelhas e olhos, 4; Pescoço, 6; Peito, 16; Pernas dianteiras e espáduas, 6; Dorso e lombo, 12; Ancas e coxas, 12; Pés, 8; Cauda, 5; Pêlos, franjas e cor, 7; Talhe, simetria e aspecto geral, 10. Total, 100.

Pontos desqualificativos: Cabeça curta, pesada, empastada, muito larga nos parietais; beiços acentuados, oscilantes; chanfro curto, nariz pontudo, manchado de branco, empastado abaixo dos olhos; crânio muito largo, muito curto, muito chato; maxilares de tamanho desigual; dentes mal alinhados, cariados, amarelos; orelhas muito longas, muito curtas, muito espessas, insertas muito alto, em pé, trazidas para frente, desviadas, abertas, mostrando a parte interna; olhos muito pequenos, muito encovados, redondos, ternos, espantados, de cor muito clara e sobretudo, gázeos; pálpebras com "ladre", e deixando a conjuntiva aparente; pescoço curto, empastado, com barbela e coleira muito desenvolvida; peitoral muito estreito ou largo em demasia; costelas muito chatas, falsas costelas muito compridas; dorso muito longo, anelado, lombo chato, estreito, delgado ou fraco; espáduas direitas, curtas; cotovelos para fora, canelas curvas, desviadas para fora ou para dentro, ossatura fraca; jarretes muito direitos, cerrados, com "ergots", garupa de mula; pés largos, esborrachados; dedos muito longos, desviados para fora ou para dentro; sola espessa ou mole; cauda mal plantada, desviada para direita ou para a esquerda, trazida muito alta, desprovida de franjas; pêlo frisado ou muito ondulado, grosso, duro, mole, muito curto, muito ralo; franjas muito curtas.

A reunião de todas as qualidades enumeradas no tipo ideal *standard* do Setter Club Francês é um guia seguro para o estabelecimento de *pedigree* e preparação para concursos.

O Setter Gordon: *Apreciação geral:* O Setter Gordon, após as modificações sofridas, é hodiernamente conhecido pela designação de Setter Negro e Fogo.

Diferencia-se bastante dos demais Setters. Como caçador reúne em si uma série de predicados que em vão se procurará noutro animal. Para muitos, este Setter é o melhor cão de caça que existe. Desenvolve grande atividade e ligeireza; é vigoroso, inteligente; tem ótimo olfato, suporta sede, frio, calor e a fadiga, caça na mata, na planície, ou no brejo, e em terrenos rochosos, sendo de notar que raramente se estropia.

Origem: O Setter Gordon propriamente dito, originário da Escócia e de criação do duque de Gordon, não existe mais. Sob este nome se designa ainda o Setter negro e fogo atual.

Caracteres essenciais: Raça retilínea. Cão de arcabouço forte, simetricamente construído, possante, sem bruteza, simples e a um tempo vigoroso. *Talhe:* 59 a 64 cm para o cão; 56 a 61 para a cadela.

118

Cabeça e pescoço: Cabeça: mais forte que a do Setter inglês, um pouco maciça, mesmo no macho, sem bruteza. *Crânio:* ligeiramente arredondado, bem desenvolvido em todos os sentidos, mas sem exagero de largura, nem estreitamento rápido entre os olhos. *Olhos:* grandes, pardos, inteligentes, meigos em repouso porém muito expressivos. *Nariz:* antes um pouco longo, porém largo, separado da fronte por uma depressão (stop) fortemente indicada. *Narinas:* muito abertas e negras. *Maxilares:* fortes e regulares. *Paladar:* negro. *Lábios:* ligeiramente caídos, negros interiormente e negro e cor de carne. *Orelhas:* bem ligadas, mais ou menos na linha dos olhos, largas e de tamanho médio; antes longas que curtas, caindo chatamente. A cabeça da cadela é igualmente conformada com um pouco mais de leveza e finura. *Pescoço:* forte e mais longo que curto, sem barbela tanto quanto possível.

Corpo: Peito: extremamente alto e profundo, antes largo que estreito. *Lombo:* forte e harpado. *Flancos:* são curtos no cão e mais longos na cadela. *Membros anteriores e posteriores: Espáduas:* musculosas sem bruteza, longas e oblíquas. *Pernas:* fortes e direitas. *Canelas:* curtas. *Coxas:* bem apresuntadas, oblíquas e musculosas. *Jarretes:* bem descidos e angulosos. *Pés:* redondos, fortes, compactos, bem calçados, guarnecidos de pêlos amarelos, entre os dedos. *Unhas:* fortes. *Cauda:* ligada alto, grossa na raiz, muito delgada para a ponta, bem curta e trazida quase direita com uma ligeira inflexão; todavia as caudas longas em forma de alfanje, sendo conforme as dos antigos e bons espécimes da verdadeira raça, são igualmente admitidas.

Fig. 73 – *Gordon Setter*

Pelagem: pêlo semi-fino, sedoso, um pouco menos longo no corpo que o do Setter inglês, bem curto no crânio; rente nas bochechas e no focinho.

Ele deve ser liso, porém pode ter algumas fracas ondulações na coleira, coxas e trem posterior. Nas orelhas apresenta longas sedas finas, ligeiramente ondeadas e atrás das pernas e das coxas forma longas franjas sedosas e finas que ondulam suavemente. Na cauda caem belas sedas que se alongam até o meio do apêndice e diminuem em seguida gradualmente até a ponta. *Cor:* negro-azul muito brilhante e "tan" rico, tirando para o vermelho-acaju e não para o amarelo. O "tan" deve formar duas pequenas manchas ovais bem nítidas acima dos olhos, bem justamente acima do canto interno das pálpebras e uma delicada raia semi-anular no nariz, um pouco acima das narinas. Esta cor deve guarnecer, em parte, o interior das orelhas. O "tan" deve, por outra, cobrir inteiramente os lábios, as bochechas, uma polegada mais ou menos abaixo dos olhos, o maxilar inferior e a garganta no nascedouro desta; deve cobrir a saliência anterior das espáduas com duas grandes malhas regulares ligadas entre elas, nos tipos bem marcados, por uma barra da mesma cor, que atravessa o peitoral. A cor "tan" deve cobrir os pés, as patas de diante, até acima da primeira articulação e toda a parte interna até o cotovelo, assim como o interior das coxas e dos jarretes, desbordando toda a orla dos ombros posteriores, onde forma uma fita de fogo. Estende-se igualmente às franjas das pernas e das coxas, onde toma uma tinta dourada. Longas sedas dum "tan" mais pálido, guarnecem o alto das coxas, perto do ânus, debaixo da cauda, da base até um terço do seu tamanho.

Sendo o branco uma das cores primitivas do Setter Gordon e sua eliminação sistemática tendo por fim alterar o tipo e comprometer a pureza do sangue, em detrimento da beleza real e qualidades práticas da raça, a Reunião dos Amadores do Setter Gordon declarou expressamente que não considera o branco no peito e na extremidade dos pés, nem a presença de pêlos brancos disseminados no negro da pelagem, como um defeito ou falta.

Escala de pontos: Cabeça, 25; Pescoço, 5; Peito, dorso e lombo, 22; Membros anteriores (espáduas, pernas e pés), 12; Membros posteriores (quartos, coxas, jarretes e pés), 14; Cauda, 4; Pêlos e franjas, 5; Cor, 5; Talhe e simetria, 8. Total, 100.

Pontos desqualificativos: Aspecto fraco; cabeça pesada, crânio muito largo, estreitando-se bruscamente entre os olhos; olhos pequenos e maus; nariz curto, "stop" pouco marcado; lábios oscilantes, mucosas róseas; orelhas curtas e mal ligadas; barbelas, peito estreito; flancos muito longos; espáduas pesadas; pés nus; cauda ligada baixo, muito longa, pelagem e pêlos devem se aproximar o mais possível da descrição que aqui damos; evitar o preto sem reflexos ruços e fogo encarvoado.

O Setter irlandês: *Apreciação geral:* O Setter irlandês *(Red Irish Setter),* possui um nariz de primeira ordem, energia pouco comum, resistência ao calor como os demais Setters, aptidão para todos os gêneros de caça, especialmente aves aquáticas, busca longa e grande tenacidade.

Além destas qualidades cinegéticas o Setter mostra-se um devotado amigo do seu dono, caricioso, inteligente e amável.

Origem: Há mais de um século que os famosos Red Irish Setter fizeram seu aparecimento. É uma raça originária da Irlanda e um dos mais antigos cães de mostra ingleses. Os poucos caçadores que no Brasil possuíram cães Setters irlandeses deram-se por muito satisfeitos com os serviços por eles prestados.

Caracteres essenciais: Aspecto geral: Raça retilínea, silhueta atlética, robusto, sem bruteza, elegante, de atitude nobre. Andares flexíveis, desembaraçados. As patas traseiras deste cão, ao trotar e vista do dorso devem apresentar uma linha direita perpendicularmente ao solo, não se curvando nem para dentro nem para fora. *Talhe:* 55 a 65 cm. *Peso:* 20 a 27 quilos.

Cabeça e pescoço: Cabeça: bem esculturada e seca, longa, proporcionada ao volume do resto do corpo. *Crânio:* oval duma orelha a outra, abobadado dando muito espaço ao cérebro. *Osso occipital:* bem desenvolvido, arcadas superciliares proeminentes. *Stop:* bem visível. *Focinho:* bem alto (no sentido vertical) ligeiramente quadrado na ponta. A distância entre o *stop* e a extremidade do nariz deve ser tão longa quanto possível sem seguir a depressão do focinho. *Olhos:* de cor escura, de tamanho médio, sem conjuntiva aparente. *Nariz:* de cor castanho-escuro, de preferência negro. *Narinas:* bem abertas. *Lábios:* finos e não pendentes; a comissura dos lábios deve ser o menos visível possível, vista de cima. *Maxilares:* de tamanho igual e não muito largos no ponto de reunião (parietais). *Dentes:* adaptando-se perfeitamente. *Orelhas:* de tamanho médio, finas ao toque, colocadas baixo e para trás, pendente com uma bonita prega, o bordo anterior apoiado à cabeça. *Pescoço:* de tamanho médio, muito musculoso, porém não muito espesso, ligeiramente arqueado e isento de barbela.

Fig. 74 – *Irish Setter*

Corpo: Peito: alto (em sentido vertical) descido e tão profundo quanto possível visto de perfil, de preferência estreito, visto de face. *Costelas:* ligeiramente arredondadas, dando muito espaço aos pulmões. *Lombo:* largo, musculoso e ligeiramente arqueado. *Garupa:* larga e musculosa.

Membros anteriores: direitos, musculosos, de boa ossatura. *Espáduas:* longas, oblíquas e finas nas pontas. *Cotovelos:* bem livres em seu jogo, colocados baixo e nem virados para dentro nem para fora.

Membros posteriores: longos e musculosos da anca ao jarrete, curtos e fortes do jarrete à sola. *Jarrete e articulações:* bem arqueadas e nem viradas para dentro nem para fora. *Pés:* pequenos e fortes. *Dedos:* fortes, arqueados e bem fechados. *Cauda:* de tamanho médio, colocada baixo, grossa na base e afilando-se para a ponta, trazida à altura do dorso ou mais baixa.

Pelagem: Pêlo: curto e fino na cabeça, diante das patas e na ponta das orelhas; de tamanho médio no resto do corpo e nas patas; deitado, não ondulado nem anelado. *Franjas:* longas e sedosas nas partes superiores das orelhas, longas e finas atrás das patas, estendendo-se pelo ventre, peito e garganta (coleira) ; os pés devem ser bem guarnecidos entre os dedos, a cauda belamente franjada de pêlos de comprimento médio, tornando-se mais curtos na ponta; as franjas caem tão direito quanto possível. *Cor:* acaju dourado bem brilhante, de nuança vermelho-vivo, sem a menor nuança do negro; um pouco de branco no peito, na garganta, na fronte, nos dedos não acarreta desqualificação.

Fig. 75 – *Setter irlandês ou Red Irish Setter*

Escala de pontos: Andar, 10; Aspecto geral, 10; Cabeça, 10; Olhos, 6; Orelhas, 4; Pescoço, 4; Corpo, 14; Patas dianteiras e pés, 10; Patas traseiras e pés, 10; Cauda, 4; Pêlo e franjas, 8; Cor, 10. Total, 100.

Pontos desqualificativos: Aspecto sem importância, selvagem, olhos maus, claros, muito grandes, muito pequenos, ou muito aproximados; cabeça muito estreita, em canto, pontuda ou pouco esculturada; orelhas colocadas alto; barbelas; costelas chatas; falsas costelas muito pequenas; cauda defeituosamente inserta e mal trazida; aprumos desviados; jarretes direitos, fechados ou de "vaca"; pés largos; dedos abertos; cor muito clara (grave defeito); franjas lavadas; pêlos claros atrás das orelhas, muito pouco abundantes; maxilares desiguais; cabeça muito pesada; comissura dos lábios muito visíveis.

O Dropper: Com este nome é conhecido um cão mestiço de Setter e Pointer. O talhe é de 55 a 65 centímetros, possui uma cabeça forte, face longa, pêlos finos e sedosos mas não muito longos. Sua pelagem é o mais das vezes branca com malhas pretas, pardas ou laranja; a cauda é guarnecida inferiormente de pêlos, não formando penacho.

Mestiço semelhante a este possuem os franceses, resultado do cruzamento do Épagneul e do Braco, ao qual chamam demi-épagneul, sendo estimado como caçador.

Os Griffons: Os griffons de mostra são cães de pêlo semi-longo e duro, por este motivo também chamados *griffon de pêlo duro,* os quais se prestam para caça na planície ou na mata e muito especialmente na água e regiões brejosas.

São mais apropriadas à caça nos brejos e alagados os tipos deste grupo, cujos pêlos são lanosos como o Boulet. Vejamos portanto as principais raças.

O Griffon Boulet: *Apreciação geral:* É na França modernamente considerado um cão muito útil e prático para a caçada no campo, bosques e pantanais.

Portador duma grenha hirsuta que lhe empresta à fisionomia, à primeira vista, um

Fig. 76 – *Griffon Brabançon*

ar algo ameaçador e selvagem, o Boulet é, no entanto, um cão cheio de doçura e fidelidade. Além da pronta inteligência de que é dotado, o que proporciona fácil adestramento, este cão de mostra possui ótimo olfato.

Origem: Emanuel Boulet, que teve ensejo de conhecer intimamente as ótimas qualidades do griffon de pêlo longo, empreendeu regenerar esta raça em 1872, quando ela começava a se abastardar.

Após dez anos de seleções racionais conseguiu o aludido criador obter um tipo ideal por ele antevisto, eliminando qualidades que reputava sem valor ou prejudiciais, como a cor branca, por exemplo. Este cão é o que hoje conhecemos com o nome de Griffon Boulet.

Caracteres essenciais: Aspecto geral: Raça retilínea. Animal forte, peludo, com um aspecto híspido. *Talhe:* 50 a 60 cm para os machos e 50 a 55 para as fêmeas.

Cabeça e pescoço: Cabeça: de aspecto hirsuto, rebarbativo, mas de expressão meiga. *Focinho:* longo e largo, bem quadrado, guarnecido de fortes bigodes. *Olhos:* inteligentes, com espessas sobrancelhas, que no entanto os devem deixar a descoberto; a íris sempre amarela. *Orelhas:* pendentes, ligadas bem baixo, ligeiramente enroladas, guarnecidas de pêlos lisos ou ondeados. *Nariz:* claro ou pardo, de narinas bem abertas. *Pescoço:* um pouco longo.

Corpo: Espáduas: não muito oblíquas. *Peito:* largo e profundo. *Lombo:* forte, um pouco arredondado, harpado. *Membros anteriores:* fortes, musculosos, guarnecidos de pêlos bem longos até embaixo. *Membros posteriores: Coxas:* longas, muito descidas. *Jarretes:* antes angulosos que direitos. *Pés:* alongados, com punhos, unhas cobertas de pêlos. *Cauda:* direita, bem trazida, guarnecida de pêlos, sem penacho.

Pelagem: Pêlo: semi-sedoso, sem brilho, liso, ou ondeado, jamais frisado. lembrando pêlo de cabra. *Cor:* marrom-folha seca, com pêlos brancos misturados ou sem eles, porém a pelagem isenta de malhas brancas, salvo a listra no peitoral e manchas brancas nas extremidades das patas.

Pontos desqualificativos: cabeça redonda, sem bigodes; olhar mau; de íris de qualquer cor que não seja a amarela; orelhas ligadas alto; tesas, guarnecidas de pêlos duros; nariz róseo; pescoço curto; peito sem profundidade; membros finos; espáduas muito oblíquas ou muito direitas; coxas curtas, pé sem pêlos; cauda de penacho; pelagem com malhas brancas; pêlo brilhante, duro ou frisado.

O Griffon Korthals: *Apreciação geral.* É um cão vigoroso, bem constituído, rústico por excelência, apto para tudo e possuindo ainda bom olfato e muito apego a seu dono. Os franceses consideram-no hoje o seu primeiro cão de mostra, tais as magníficas qualidades deste ótimo animal. Diz um monografista desta raça: "É o cão do caçador rústico, deixando a planície pelo brejo ou a mata, infatigável como quem o conduz, insensível aos calores de setembro como à geada de janeiro. Ora a trote, muitas vezes a galope, ele bate o terreno com inteligência, estando sempre em comunicação com o dono. À noite, após uma jornada trabalhosa, ei-lo de volta, lépido e alegre, pronto a recomeçar a faina na manhã seguinte".

Origem: Queixam-se os franceses de que os seus vizinhos alemães apossaram-se duma velha e boa raça de cães de pêlo duro, originário da França e com este ótimo material conseguiram o cão hoje conhecido por Korthals.

Realmente um amador holandês, chamado Korthals, estabelecido em Hasse, Alemanha empreendeu a partir de 1872, a regeneração do griffon de pêlo duro. Após 25 anos de trabalhos, sem jamais introduzir sangue de qualquer outra raça, mas por seleções bem dirigidas e bons métodos de criação, conseguiu o tipo denominado mui justamente Korthals.

Como se vê, trata-se duma raça francesa, como o Club Holandês Nimrod reconheceu. Por este motivo, na França denominam este cão simplesmente "chien d'arret a poil dur".

O clube francês desta raça segue as pegadas de Korthals, aplicando no melhoramento e conservação da raça somente a seleção e a consangüinidade.

Caracteres essenciais: Aspecto geral: Raça retilínea. Animal de talhe regular, solidamente constituído, de aspecto hirsuto. *Talhe:* 55 a 60 cm. para os machos e 50 a 55 para as fêmeas.

Cabeça e pescoço: Cabeça: grande, longa, de pêlo rude, tufado mas não muito longo. *Bigodes e sobrancelhas:* bem acusados. *Crânio:* um pouco encurvado de diante para trás, tão largo quanto comprido (medida tomada nas arcadas zigomáticas); a linha do chanfro e a da parte de cima do crânio, paralelas ou formando um ângulo muito ligeiramente fechado embaixo. A linha que vai da ligação anterior da orelha ao fim do nariz, passa pelo meio, ou melhor, pelo ângulo externo do olho; a orelha dirigida para frente chega ao meio do chanfro; a direção geral da cabeça forma um ângulo quase direito com a do pescoço. *Focinho:* longo e quadrado. *Chanfro:* ligeiramente curvo, tão longo quanto o crânio, ângulo facial pronunciado. *Orelhas* de tamanho médio, caindo chatamente, colocadas não muito baixo; o pêlo curto que a recobre é mais ou menos entremeado de pêlos compridos. *Olhos:*

grandes não cobertos pelas sobrancelhas, de cor amarela ou castanha e de expressão inteligente. *Pescoço:* regularmente longo, desprovido de barbela.

Fig. 77 – *Griffon de pêlo duro*

Corpo: Peito: profundo, não muito largo. *Dorso:* vigoroso. *Lombo:* bem robusto. *Costelas:* ligeiramente bombeadas. *Membros anteriores:* direitos, vigorosos bem no aprumo das espáduas, de pêlo tufado. *Espáduas:* razoavelmente longas, muito oblíquas. *Membros posteriores:* de pêlo tufado. *Coxas:* longas e bem musculosas. *Jarretes:* angulosos, não direitos. *Pés:* redondos, sólidos. *Dedos:* bem fechados e juntos.

Cauda: trazida horizontalmente ou com a ponta ligeiramente levantada, de pêlo tufado mas sem penacho, deve ser encurtada geralmente de um terço ou um quarto.

Pelagem: Cor: de preferência cinza-aço com manchas marrons; uniformemente marrom; freqüentemente marrom "rubican" ou ruano.

São admitidas igualmente as pelagens branca e marrom, porém não são para desejar. *Pêlo:* duro e grosseiro, jamais anelado ou lanoso. Sob o pêlo de cobertura, longo e duro, encontra-se uma lanugem fina e cerrada.

Pontos desqualificativos: Cabeça pequena, larga, de pêlo mole, lanoso e longo; ângulo facial pronunciado; focinho insuficientemente esquadriado; orelhas "papillotées" ligadas baixo, afastadas das bochechas; olhos pequenos, cobertos pelas sobrancelhas; olhar mau; nariz de cor rosa ou negro; barbelas no pescoço; peito largo e pouco profundo; dorso fraco; costelas salientes; membros anteriores arqueados, cambaios, fracos; espádua muito longa ou muito direita; coxas chatas e curtas; jarrete direito; pé muito comprido, dedos abertos; cauda trazida em trompa, muito levantada, com penacho, não encurtada; pêlo fino e mole, anelado, lanoso, não cobrindo os membros.

O Griffon Cherville: Cornevin alude ao novo cão de mostra criado por Cherville, mediante o cruzamento de uma família de griffons com um pointer malhado de laranja.

O Griffon alemão: Além do griffon Korthals, já descrito, conhecido também na Alemanha por *Raulhaarige* e que os alemães consideram como originariamente seu, ainda ali se encontra o *Stichelhaarige Vortshund*. Este griffon distingue-se do anterior por uma protuberância occipital mais pronunciada, um pêlo mais rude e cerrado e pela ausência do subpêlo. Os pés são também mais abertos e chatos.

O Griffon italiano (Spinone): *Apreciação geral:* Orgulham-se com razão os italianos em possuírem no Spinone um cão de mostra apto para todas as caças.

Posto que muito se assemelhe ao griffon francês e tenha evidentemente a mesma origem, o moderno Spinone, possui um cunho especial que o distingue.

Origem: Era crença antiga que os melhores griffons provinham da Itália. Um escritor francês, Selincourt no seu livro *Le parfait Chasseur*[18] publicado em 1683 diz: "les meilleurs griffons viennent d'Italie et du Piemont".

O griffon de pêlo lanoso é, no entender de Leliman, o produto dum cruzamento entre o velho Spinone de pêlo duro e o griffon francês de pêlo longo, introduzido na Itália em 1809. Todas estas famílias, entrecruzadas em graus diferentes, deram origem a tipos diversos com cores e pêlos variados e que se espalharam pelo norte da Itália, Istria, Dalmácia e arredores de Danúbia.

O Spinone antigo possuía um aspecto asselvajado que não agradava aos amadores e caçadores, motivo pelo qual não se interessavam por esta raça, embora possuidora de excelentes qualidades para a caça.

Modernamente tratam de regenerar a raça que se abastardou, procurando infundir-lhe sangue dos raros tipos puros primitivos.

Caracteres essenciais: Aspecto geral: Raça retilínea. Cão de aspecto vigoroso, conformação sólida, de ventre e membros secos. *Talhe:* machos 55 a 65 cm admitindo até 68, fêmeas 53 a 63. Peso variando entre 23 a 25 quilos.

Cabeça e pescoço: Cabeça: dolicocéfala, com o occipital bem notado, cavidade frontal, arcadas superciliares e zigomáticas bem visíveis, depressão frontonasal pouco pronunciada. *Focinho:* direito ou ligeiramente abaulado como do carneiro, de tamanho médio. *Narinas:* desenvolvidas, formando um focinho de preferência quadrado. *Nariz:* rosa ou marrom de conformidade com a pelagem. *Olhos:* ocres, amarelos ou castanhos de conformidade com a pelagem; olho gázeo é tolerado. *Lábios:* o superior de preferência espesso, ân-

---

18. Citado por A. Vecchio *in Il Cane.*

gulos da boca apenas visíveis. *Orelhas:* ligadas sobre a linha dos olhos, voluta anterior pouco acentuada. A orelha chata e aderente às faces é admitida. *Pescoço:* bem proporcionado, acusando ligeiramente o começo da nuca. *Barbelas:* apenas acentuadas.

Corpo: Tórax: de largura média. *Costelas:* bem arredondadas. *Peito:* bem descido. *Cernelha:* antes elevada, sobretudo nos machos. *Dorso:* direito. *Região lombar:* musculosa, curta, especialmente nos machos e de preferência ligeiramente arqueada.

Membros: Espáduas: fortes e compridas. *Coxas:* arredondadas e musculosas. *Pés:* arredondados. *Ergots:* simples ou duplos, aderentes ao tarso posterior, a ausência do "ergot" é tolerada. *Cauda:* robusta na raiz, direita e de 10 a 12 cm de comprimento. *Pelagem:* branca com malhas laranja maiores ou menores com ou sem malhas marrons; as pelagens tricolores, pão queimado, negro zaino ou misturados de branco não são admitidos. *Pêlo:* duro e hirsuto, nem frisado nem ondulado, tendo mais ou menos 4 ou 5 cm sobre o corpo, mais curto e mais fino na cabeça e bochechas, onde ele é quase sedoso, mais longo nas orelhas, na arcada superciliar e no focinho, franjas nas patas dianteiras e um pouco nas coxas. *Pele:* antes espessa, rósea, ou róseo com manchas marrons, porém nunca preta.

Pontos desqualificativos: Evitar as orelhas em cartucho e cobertas dum pêlo curto e cotonoso, cauda fornida de pêlo lanoso ou eriçado.

A Itália possui ainda o griffon da Córsega, que no dizer de Dechambre é obediente, robusto, rústico, dotado de excelente olfato e capaz de caçar nas mais impenetráveis florestas.

O Griffon russo: O Griffon russo é um animal de 50 cm de alto, cabeça forte, orelhas longas e espessas e olhos quase cobertos de pêlos. A pelagem destes cães é um pouco lanosa, branca marcada de castanho.

Os Spaniels: Os Bracos, Pointers e Épagneuls, já descritos, prestam-se muito especialmente para a caça no campo, entretanto, na mata muito mais conveniente seria um cão de iguais aptidões, porém de pequeno porte, o que lhe permitiria furar através do cipoal e outros obstáculos que aí se encontram.

Os ingleses resolveram facilmente o problema criando algumas variedades de épagneuls de talhe pequeno, conhecido com o nome de Spaniels. Estes animais empregam-se de diferentes maneiras. Uns são adestrados com o fim de penetrar nas matas inextrincáveis afim de procurar as aves amoitadas e levantá-las ou mesmo coelhos, lebres, etc. Quando eles encontram a pista, avisam ao caçador por um latido especial, que elas vão voar ou correr. O seu olfato é ótimo. Outros são ensinados a caçar perto do caçador e se prestam admiravelmente como "retrievers" trazendo a peça abatida.

Os Spaniels d´água, como o Iris Water e o English Water, são especializados em caçar nas regiões brejosas, perseguindo a caça n´água ou indo ali buscá-la.

Roberto Leigton, no *The Complete Book of the Dog,* descreve as seguintes variedades ou raças (embora o Kennel Club Inglês reconheça um maior número delas): Irish Water Spaniel, English Water Spaniel, Columber Spaniel, Sussex Spaniel, Field Spaniel, English Springe, Welsh Springer e Cocker Spaniel.

O Cocker Spaniel: *Apreciação geral:* É entre os spaniels o de menor talhe. Diz o Dr. Villard: "Não existe cão mais agradável, mais familiar, mais afetuoso, mais encantador que o Cocker. Mas sobretudo na caça é que o Cocker se torna irrivalizável; quem o vir em ação disso guardará sempre lembrança, ele sabe aliar ao seu pequeno talhe uma energia e uma resistência inesgotáveis a fim de desalojar a caça e trazê-la ao seu dono. É um cão próprio para as regiões ásperas, para as matas emaranhadas onde ele segue a caça através de mil obstáculos".

Origem: É originário do país de Gales e do Devonshire. O tipo primitivo confunde-se com a dos demais épagneuls. Vejamos os característicos do tipo moderno.

Caracteres essenciais: Aspecto geral: Raça retilínea. Cão pequeno, bem constituído, reunindo à sua elegância muita força e agilidade, permitindo transpor um obstáculo ou pelo salto ou através de pequenas passagens em que facilmente coleia.

Talhe: 45 a 51 cm para os machos; 43 a 48 para as fêmeas. *Peso:* pode passar de 12 ½ quilos e não pode ficar abaixo de 9 quilos para os machos e 8 ½ para as fêmeas; peso médio 10 a 11 quilos.

Cabeça e pescoço: Cabeça: seca, de linhas cinzeladas. *Occipício:* fracamente pronunciado. *Crânio:* largo entre as orelhas, de forma a deixar muito lugar ao cérebro. *Fronte:* chata. *Depressão frontal:* não bruscamente pronunciada. A cabeça é mais elegante e melhor cinzelada sempre que tiver um sulco partindo das arcadas superciliares até o alto da fronte. *Arcadas superciliares:* bem desen-

Fig. 78 – *English Springer Spaniel*

volvidas. *Maxilar:* possante e de bom comprimento. *Dentadura:* regular. *Focinho:* de preferência quadrado. *Lábios:* delgados e bem colados ao maxilar. *Nariz:* pardo no Cocker branco e fígado e no vermelho-fígado e preto nos pretos e seus derivados e nas demais variedades com a cor que se harmoniza com a pelagem. *Narinas:* bem abertas. *Orelhas:* em forma de lóbulo, insertas mais baixo que a linha dos olhos, devem ser coladas à cabeça e espessas ao tato, o seu comprimento não deve passar a ponta do focinho quando as puxamos neste sentido, nem muito menores. Devem ser cobertas de pêlos longos e sedosos, lisos ou ondulados. *Olhos:* suficientemente grandes e bem abertos, ligeiramente oblíquos, olhar inteligente, gentil, decidido e alegre; os olhos são de cor-de-avelã ou pardos, a cor escura é sempre preferível. *Pescoço:* forte, e de preferência longo, ligeiramente arqueado, o que indica uma boa musculatura.

Corpo: Peito: bem profundo e desenvolvido, arredondado sem exagero e não impedindo a liberdade de ação dos membros anteriores. *Dorso:* forte, compacto em relação ao corpo e não enselado. *Lombo:* fracamente arqueado, largo e bem musculoso. *Garupa:* inclinada. As proporções do corpo dum Cocker devem ser apreciadas de *visu* mais que de medida; todavia os bons Cockers medem tanto do solo à cernelha quanto da ponta do cotovelo à raiz da cauda. *Membros anteriores:* suficientemente ossudo e absolutamente direito. *Espádua:* oblíqua e fina; as pontas bastante aproximadas. *Cotovelo:* bem na linha do corpo. *Franja:* não muito abundante e da mesma qualidade

Fig. 79 – *American Cocker Spaniel*

que a dos membros posteriores. *Trem posterior:* possante e largo, muito musculoso, capaz de suportar a fadiga resultante do trabalho em terrenos montanhosos e difíceis. *Jarrete:* bem pronunciado e formando cerca de um quarto de círculo. *Franja:* de bela qualidade, bem fornida mas sem excesso, de textura sedosa, ligeiramente ondulada. *Pé:* de "gato", firme e redondo. *Dedos:* bem arqueados com intervalos bem feltrosos, jogo do punho muito livre. *Cauda:* absolutamente característica do Cocker. Durante a ação constantemente em movimento, índice de seu temperamento por natureza alegre. A cauda segue a linha da garupa e é trazida ligeiramente para baixo ou bem na linha do dorso. O porte da cauda pode variar sob a influência de excitações nervosas passageiras e assim a devemos apreciar quando o cão está em liberdade sem que nada lhe chame a atenção.

Pelagem: Pêlo: liso ou ligeiramente ondeado, de textura sedosa e de comprimento médio, bem denso. Todas as cores são admitidas, mas deve-se preferir aquelas em que a cor branca predomina. Notam-se as seguintes cores: o branco e o fígado, o fígado, o fígado e fogo, o fígado fogo e branco, o negro-zaino, o negro e branco, o negro e fogo e branco, e negro e fogo, o limão e branco, acaju, etc.

Escala de pontos: Cabeça, (crânio, focinho, olhos, orelhas), 20; Pescoço e espáduas, 5; Membros anteriores, 10; Corpo, dorso e lombo, 15; Membros posteriores, 10; Pés, 5; Cauda, 8; Pêlo, 5; Cor, 2; Aspecto geral, 20. Total, 100.

Pontos desqualificativos: Aspecto geral, más proporções. Cabeça pesada; occipício muito pronunciado; depressão frontal muito brusca; focinho fino, terminando em ponta e muito fino diante dos olhos, o que os ingleses denominam "snipy" (por semelhança com a cabeça idêntica duma ave: a narceja). Bochechas salientes e carnudas; nariz e mucosas róseas; orelhas ligadas mais baixo que a linha dos olhos, finas, cobertas de pêlos formando cordas; olhos proeminentes, claros, colocados muito para frente ou mostrando a conjuntiva; olhar medroso, triste, vesgo, molhado como do King-Charles; pescoço curto com barbela; peito muito redondo, esborrachado, dando a ilusão de que o animal tem o antebraço muito aberto; garupa caída; cotovelo saliente muito junto ao peito, o que impede a liberdade dos movimentos; franja muito abundante e encordoada; jarrete direito, estreito, voltado para dentro ou para fora; pé muito grande, muito aberto; cauda torta, ou trazida perpendicularmente acima da linha do dorso; pêlo duro. lanoso e anelado; topete na cabeça.

O Field Spaniel: *Apreciação geral e origem:* O Black Field Spaniel, como alguns o chamam, é um animal que alia à sua beleza, notável aptidão para a caça. Seu pêlo é negro luzidio e se distingue bem do Cocker pela sua cabeça mais longa, orelhas insertas mais baixo, corpo mais comprido e mais baixo de pernas. Sua origem é a mesma do Cocker como igualmente são as suas qualidades cinegéticas.

Caracteres essenciais: Raça retilínea. Cão sólido, bem constituído e capaz de resistir a um duro trabalho. *Talhe:* 40 cm mais ou menos. *Peso:* 15 a 20 quilos. *Cabeça e pescoço: Cabeça:* característica, de aspecto nobre e grave. *Crânio:* bem desenvolvido, com uma protuberância occipital distinta, saliente. *Focinho:* longo, magro, jamais quadrado, encurvando gradualmente do nariz à garganta, magro entre os olhos. *Nariz:* bem desenvolvido e sempre negro, com narinas bem abertas. *Olhos:* pouco cheios, porém grandes, salientes, cor de avelã-escura ou quase negra, graves e inteligentes. *Orelhas:* ligadas tão baixo quanto possível, moderadamente compridas e largas, guarnecidas de franjas como as do Setter. *Pescoço:* forte, musculoso, não muito curto e tendo força para carregar até uma lebre grande.

Corpo: comprido e muito baixo, com as costelas próximas ao lombo, o qual deve ser forte, direito ou ligeiramente arqueado. *Peito:* nem muito redondo nem muito largo, porém profundo e bem desenvolvido. *Dorso:* muito forte e musculoso, horizontal e longo em proporção à altura do cão. *Antebraço:* muito forte e musculoso, largo e bem desenvolvido. *Espáduas:* oblíquas e livres. *Pernas:* direitas com canelas ósseas, muito fortes e franjadas como as do Setter. *Pés:* não muito pequenos e bem protegidos entre os artelhos por um pêlo macio. *Solas:* boas e fortes. *Cauda:* bem ligada e trazida baixo, abaixo do nível do dorso se possível, em linha perfeitamente direta ou com ligeira inclinação para baixo e conservada caída durante a ação, delicadamente franjada, com pêlo ondulado e de textura sedosa.

Pelagem: Pêlo: liso ou ligeiramente ondulado; espesso para resistir as intempéries, de textura sedosa e de natureza brilhante; finas franjas abundantes sobre o peito, sob o ventre e atrás das pernas. *Cor:* negra azeviche e brilhante. Um pouco de branco no peito pode ser tolerado.

Pontos desqualificativos: Cabeça grosseira; focinho muito largo, gordo entre os olhos; nariz róseo, olhos muito redondos; orelhas ligadas alto; pescoço curto e fraco; corpo curto; lombo mole; peito muito redondo ou muito largo; membros desviados para dentro ou para fora; muitas franjas acima do jarrete; pés muito pequenos; cauda levantada acima do dorso; pêlo anelado, delgado, em tufos.

Fig. 80 – *Clumber Spaniel*

O Clumber Spaniel: *Apreciação geral:* É o mais atarracado e o mais brevilíneo de todos os Spaniels. Ele caça como os Bassês com o nariz em terra, pelo rastro.

Possui ótimo olfato e rasteja a caça sempre calado, o que é de grande importância para as batidas em regiões de caça muito abundante.

Consegue sempre levantar a caça por mais amoitada que esta esteja. Adestrado torna-se facilmente um "retriever".

Origem: Exemplares provenientes da França foram importados para Inglaterra pelo duque de Noailles que ofereceu alguns animais ao duque de Newcastle, ao tempo de Luiz XIV.

Habitava o duque o castelo denominado Clumber o que veio a dar o nome a esta raça estimadíssima desde então na Inglaterra.

Caracteres essenciais: Aspecto geral: Cão longo, baixo e maciço. *Talhe:* de 40 a 45 cm. *Peso:* 25 a 30 quilos macho e fêmea 20 a 25.

Cabeça e pescoço: Cabeça: Crânio grande, maciço e largo. *Occipital:* bem pronunciado. *Sobrancelhas:* muito desenvolvidas. *Stop:* profundo. *Maxilares:* de comprimento médio, quadrados. *Lábios:* bem pendentes. *Olhos:* de tamanho médio, colocados bem profundamente na cabeça, de cor parda alaranjada. *Nariz:* quadrado, cor de carne escura. *Orelhas:* grandes, terminando em ponta, pendentes ligeiramente para frente, guarnecidas de pêlos direitos. *Pescoço:* espesso e forte, bem franjado na parte de baixo.

Corpo: comprido, forte. *Costelas:* bem arredondadas. *Lombo:* direito, largo e comprido, bem descido nos flancos. *Antebraço:* muito musculoso e forte. *Membros anteriores: Espáduas:* fortes, oblíquas e musculosas. *Patas:* curtas e de forte ossatura, um pouco inclinadas para fora, nos joelhos; bem guarnecidas de franjas. *Membros posteriores: Jarretes:* moderadamente arqueados. *Pés:* largos e redondos, bem cobertos de pêlos. *Dedos:* não muito arqueados. *Cauda:* encurtada, ligada baixo, bem franjada e trazida seguindo a linha do dorso.

Pelagem: Pêlo: abundante, grosso, macio e direito. *Cor:* branco-cremoso, com malhas limão; corpo ordinariamente branco.

131

Escala dos pontos: Aspecto geral, 20; cabeça e olhos, 15; orelhas, 3; pescoço e espádu-as, 10; corpo e lombo, 10; trem posterior, 10; membros anteriores, 7; pés, 5; cauda, 10; pêlo e cor, 10. Total, 100.

Pontos desqualificativos: Relacionam-se com a descrição. Deve evitar-se na pelagem, as malhas cor-de-laranja que não são muito típicas.

O Sussex Spaniel: *Apreciação geral:* O Sussex é um dos mais corpulentos representantes deste grupo, animal tenaz no trabalho, possuidor de ótimo olfato, caçando à maneira dum cão de corso. Os Sussex puros tornam-se cada vez mais raros, sendo aliás muito estimados quer pela sua aparência, quer pelas suas qualidades de caçador. Facilmente tornam-se "retrievers".

Origem: Os cinólogos julgam muito antiga esta raça, supondo que o Setter dela provenha.

Caracteres essenciais: Aspecto geral: Raça retilínea. Este cão é maciço e forte, mas apesar deste aspecto tem um andar fácil e desenvolto. *Peso:* 20 quilos mais ou menos. *Talhe:* médio de 35 a 40 de alto e 78 a 85 de comprido.

Cabeça e pescoço: Cabeça: Crânio moderadamente longo e largo, com depressão no meio e um "stop" direito. *Sobrancelhas:* muito pronunciadas e nitidamente grosseiras. *Occipício:* amplo, o todo dando uma aparência achamboada. *Olhos:* cor de avelã, nitidamente grandes, de expressão lânguida. *Focinho:* longo de 7 ½ cm, quadrado. *Lábios:* um pouco caídos. *Narinas:* bem desenvolvidas, cor-de-fígado. *Orelhas:* espessas, grandes, ligadas moderadamente baixo, mas não tanto quanto no Épagneul negro, trazidas quase rente ao chão e guarnecidas de pêlos macios e ondulados.

Pescoço: antes curto, forte e ligeiramente arqueado, mas não fazendo que a cabeça se mantenha acima do nível do dorso; nenhuma barbela, mas um "papo" bem marcado de pêlos.

Corpo: Peito: redondo, especialmente atrás das espáduas, profundo e largo, de boa amplidão. *Dorso e lombo:* longos e musculosos a um tempo, em largura ou em profundidade. O corpo em conjunto deve ser caracteristicamente baixo e longo, horizontal e forte. *Membros anteriores: Espáduas:* oblíquas. *Braços:* ossos tanto quanto possível musculosos. *Membros:* afetando uma ligeira costura ao nível do antebraço e com belas franjas. *Membros posteriores: Coxas:* ossosas, tanto quanto possível musculosas. *Joelhos:* largos e fortes. *Jarretes:* muito curtos e bem afastados. Belas franjas acima do jarrete. *Metacarpos:* muito curtos e ossudos. *Pés:* largos e redondos com pêlos entre os artelhos. *Cauda:* cortada com uns 15 cm, ligada baixo e trazida acima do nível do dorso, coberta duma pelagem espessa com franjas moderadamente compridas.

Fig. 81 – *American Water Spaniel*

Pelagem: Pêlo: abundante no corpo, liso ou moderadamente ondulado, não riçado, bem franjado nas pernas e na cauda, mais claro abaixo dos jarretes. *Cor:* fígado dourado, caráter típico da raça, fígado escuro ou cor de pulga denota um cruzamento com outra variedade.

Pontos desqualificativos: Crânio muito longo; occipital pontudo; porte indolente da cabeça; olhos mostrando a conjuntiva; orelhas ligadas muito abaixo; pescoço acima do nível do dorso; barbelas; corpo alto e curto, membros de tamanho desigual, não curvos, como os do Setter; pêlos franjados abaixo.do jarrete; cauda acima da linha do dorso; cor da pelagem fígado muito escuro ou cor de pulga.

O Welsh Springer: *Apreciação geral:* Este cão é ainda chamado Welsh Spaniel, Springer inglês, ou Springer de Gales.

A palavra *springer* quer dizer: "aquele que levanta a caça". É um animal dum ardor e duma energia incomparáveis. Megnin o considerava como o melhor de todos os cães desta classe.

Sendo um tanto maior que o Cocker, dele se distingue por suas orelhas relativamente pequenas, pêlo espesso, liso, pelagem vermelha e branca ou laranja e branca, membros de tamanho médio.

Fig. 82 – *Welsh Springer Spaniel*

Origem: Posto que seja uma raça bem antiga, só recentemente figurou no Dog-Book e nas exposições.

Caracteres essenciais: Aspecto geral: Raça retilínea. Animal simétrico, compacto, ativo e alegre. Cão de pequena altura, de constituição apropriada a trabalhos fatigantes. *Peso:* cerca de 12 quilos e acima, mas não passando de 20. *Talhe:* de cerca de 40 cm.

Cabeça e pescoço: Cabeça: Crânio bastante comprido e bem largo, ligeiramente arredondado com uma depressão frontal (stop). *Focinho:* de comprimento médio, direito, bem quadrado. *Nariz:* bem desenvolvido, cor de carne ou escuro. *Olhos:* cor de avelã ou escuros, de tamanho médio. *Orelhas:* comparativamente pequenas e se estreitando gradualmente para a ponta (onde o pêlo não é mais longo que no resto da orelha), ligadas moderadamente baixo e coladas às faces. *Pescoço:* forte, musculoso, sem barbelas.

Corpo: forte, bem profundo, pouco longo. *Costelas:* bem salientes, o comprimento do corpo deve ser proporcionado ao dos membros. *Lombo:* musculoso e forte, ligeiramente arqueado, bem ligado. *Membros anteriores:* de tamanho médio, direitos, com boa ossatura. *Espáduas:* longas e oblíquas, franjas moderadamente oblíquas. *Pés:* redondos, de sola espessa. *Cauda:* baixa, guarnecida de pêlos e sempre em ação. *Pelagem:* lisa e espessa. *Cor:* vermelha e branca ou laranja e branca.

Pontos desqualificativos: Cabeça grosseira, curta ou bochechuda; olhos salientes, encovados e mostrando a conjuntiva, orelhas ligadas muito alto, membros tortos, tíbias não no plano vertical, fazendo o animal "fechado" ou "aberto", franjas muito longas e abaixo da ponta do jarrete; cauda trazida acima da linha do dorso.

Fig. 83 – *English springer spaniel*

O English Springer: O Kennel Club Inglês reconheceu esta variedade, outrora denominada Norfolk Spaniel. É excelente e ativo caçador, diferindo pouco do Sussex. Todas as cores são permitidas, exceto vermelho e branco.

O Standard inglês marca-lhe a altura em 21 polegadas e o peso oscilando de 25 a 50 libras.

O Irish Water Spaniel: *Apreciação geral:* Na divisão dos Spaniels encontram-se dois grupos muito distintos, um especializado para caçar n´água: *water spaniels;* e outro para caça terrestre: *land spaniels.* No primeiro grupo encontra-se o Irish Water Spaniel e o English Water Spaniel, e no segundo os demais *spaniels.*

O Irish Water Spaniel é maior que seu congênere. É animal rústico, resistente, de forma cilíndrica.

Origem: Existiam duas variedades, uma do Norte e outra do Sul. A raça, segundo o entender de um cinólogo (H. Horowitz), não é muito antiga e foi provavelmente criada no primeiro quartel do século passado.

Caracteres essenciais: Aspecto geral: Raça retilínea. Cão fogoso, direito, de constituição robusta, porém curto de pernas, juntando à sua inteligência viva, uma resistência notável e um temperamento afoito. *Talhe:* cães 52 a 57 ½ cm; cadelas, mais ou menos 50 a 55 cm.

Fig. 84 – *English Spaniel*

Cabeça e pescoço: Crânio e focinho: de bom tamanho, o crânio alto, abobadado, de comprimento do cérebro; o focinho longo, forte e de aparência um tanto quadrada, rosto perfeitamente liso. O topete *(top-knot)* consiste em pêlos longos e anelados, finos, terminando por um ápice bem definido entre os olhos e não tomando a forma de peruca. *Olhos:* comparativamente pequenos; de cor de âmbar-escuro e muito inteligentes. *Nariz:* largo, bem desenvolvido, de cor marrom-escura. *Orelhas:* muito compridas, colocadas baixo, pendentes no sentido das bochechas e cobertas de longos anéis de cabelo torcidos de cor marrom. *Pescoço:* bastante longo, forte e arqueado, de maneira que a cabeça seja mantida bem acima do nível do corpo e bem colocada entre as espáduas. *Corpo:* (inclusive talhe e simetria): de bom tamanho, redondo em forma de barrica bem "cob". *Peito:* profundo mas muito largo, semi-redondo entre as pernas dianteiras e de contorno largo. *Costelas:* bem salientes atrás das espáduas. *Dorso:* curto, largo, unido e conjugado, de maneira muito resistente, com o trem posterior. *Lombo:* profundo e largo. *Trem posterior:* muito forte, com rótulas bem curvas e jarretes baixos. *Espáduas:* possantes, mas não muito direitas nem grosseiras. *Membros:* ossudos e direitos com os braços bem descidos, antebraço no cotovelo e na espádua em linha direita com a ponta da espádua. *Pés:* um pouco redondos e largos cobertos de pêlos acima e entre os artelhos, porém isentos de pêlos supérfluos. *Cauda:* curta e lisa, forte e espessa na raiz (onde é coberta de anéis curtos de 7 ½ a 10 cm) e terminando em ponta fina. A cauda não deve atingir o jarrete em comprimento e deve ser trazida quase ao nível do dorso em linha direita.

Pelagem: Pêlo: composto de anéis densos, cerrados, ásperos, inteiramente desprovidos de lã; as pernas dianteiras cobertas de pêlos, abundantes por toda ela, posto que mais curtas diante para não parecer muito arrepiado; as pernas traseiras abaixo dos jarretes devem ser lisas por diante e peludas por trás até os pés. *Cor:* muito rica, fígado, pulga. O branco sobre o peito é motivo de objeção.

Escala de pontos: Cabeça e maxilares, olhos e "top-knot", 20; Orelhas, 10; Pescoço, 5; Corpo, 10; Membros anteriores, 7 ½; Membros posteriores, 7 ½; Pés, 5; Cauda (inclusive a postura), 10; Pêlos, 15; Aspecto geral, 10. Total, 100.

Pontos desqualificativos: cabeça, chata, trazida para trás; pescoço curto, muito ligeiro com grande diante das pernas traseiras, de trás para frente; falta de pêlos diante dos membros anteriores, pés cambaios; pêlo na cauda, no focinho, e a cor branca nos pés desqualificam.

A obtenção dum pêlo correto, duma bela cabeça, dum bom topete (top-knot) e uma cauda lisa são as principais exigências desta raça, pois constituem os seus mais típicos característicos.

Fig. 85 – *Irish Water Spaniel*

O English Water Spaniel: Este cão distingue-se do precedente por ter a cabeça desprovida do topete (top-knot) e não possuindo senão pêlos curtos desde o occipício às orelhas, que são de tamanho médio. O pêlo é brilhante e forma grossos anéis frisados. As orelhas e a cauda são cobertas de pêlos anelados espessos. A pelagem é variável, fígado, fígado e branco, ruão-fígado e branco, geralmente com marcas fogo nas faces. Talhe 45 a

Fig. 86 – *Irish water spaniel*

51 cm para os machos e 43 a 48 para as fêmeas. P. Caillard diz que este cão é originário do cruzamento do Irish com o Cocker.

Fig. 87 – *Field Spaniel*

Os Retrievers: *Apreciação geral:* O nome destes cães provém da sua função de procurar a caça ferida ou morta e trazê-la ao caçador. A palavra inglesa *retriever* significa "o que acha", "o que encontra". Podemos, pais, chamá-los cães de busca.

São animais de ânimo tranqüilo, submetendo-se com doçura ao adestramento. Inteligentes, perseverantes e dotados dum faro magnífico, estes animais possuem ainda a qualidade primacial para o seu mister, o de se imobilizarem aos pés de caçador até que este lhe dê ordem de partir em procura da caça ferida ou abatida pelo tiro.

Origem: Este cão foi obtido pelo cruzamento de diferentes Setters com o Terra Nova e também com o cão do Labrador.

Existem quatro variedades distintas pela forma do pêlo: o *Flat Coated,* de pêlo liso, o *Curly Coated,* de pêlo frisado, o *Labrador,* de pêlo de lontra liso e o *Golden* semelhante ao Flat-coated.

Fig. 88 – *Sussex Spaniel*

Caracteres essenciais: 1°.) tipo ideal (standard) do Flat-Coated. *Aspecto geral:* Cão bem proporcionado para o trabalho. Expressão inteligente. *Talhe:* 64 cm. à espádua; os animais destinados à reprodução podem ter mais uns 2 a 3 centímetros.

Cabeça e pescoço: Cabeça: sem depressão frontal (stop) sem ponta de occipital no ápice do crânio, o qual deve ser separado em duas partes por um pequeno sulco. Ela não pode ser estreita pois a calota craniana deve ser larga afim de alojar o crânio. Esta conformação do crânio não exclui a forma cônica da cabeça, um dos sinais da raça. *Maxilares:* longos e fortes. *Bochechas:* chatas. *Orelhas:* pequenas, em V, colocadas de preferência baixo e trazidas às bochechas. *Olhos:* de tamanho médio, de cor escura, com um afastamento proporcional à largura do crânio. *Nariz:* largo, de narinas muito desenvolvidas. *Dentadura:* bem adaptada. *Lábios:* mostrando um pouco os beiços. *Boca:* seca. *Pescoço:* muito longo e ligeiramente arqueado.

Fig. 89 – *Curly-Coated Retriever*

Corpo: curto e arredondado, de flancos nem muito longos nem muito curtos, não prejudicando os movimentos. *Lombo:* largo e duro ao tato. *Costelas:* de largura suficiente e bombeadas. *Peito:* profundo e espaçoso. *Trem posterior:* de um desenvolvimento geral considerável; é preciso prestar muita atenção neste ponto, pois, muitas vezes, nesta variedade, aparece esta parte do corpo com defeitos. *Espáduas:* oblíquas. *Membros:* direitos, de ossatura arredondada e não chata. *Membros posteriores:* bem angulosos nos jarretes e estes bem descidos, de forte ossatura, mas não grosseira. *Pés:* fortes, cerrados e compactos. *Cauda:* curta, plantada antes baixo que alto e trazida como a dos Setters.

Fig. 90 – *Flat-Coated Retriever*

Pelagem: Pêlo liso, constituído em duas coberturas a debaixo lanosa sobre o corpo propriamente e a exterior mais longa, brilhante e áspera ao tato, resistente às intempéries. Membros posteriores e nádegas, a parte inferior do peito e cauda com pêlos franjados.

Cor: negra, alguns pêlos brancos no peito ou alguns reflexos pardos não são eliminatórios.

Escala de pontos: Aspecto geral (compreendendo linhas gerais, caráter e simetria), 15; Andares e porte de cauda, 10; Crânio, 5; Orelhas, 5; Pescoço, espáduas, peito e costelas, 10; Membros anteriores e pés, 10; Lombo, garupa e flancos, 10; Membros posteriores, pés, nádegas, jarrete, 10; Cauda, 5; Pelagem, 10. Total, 100.

Fig. 91 – *Retriever*

Pontos desqualificativos: Talhe exagerado, passando de 61 cm; "stop" e ponta occipital pronunciados; crânio estreito, olhos muito afastados; bochechas pendentes e úmidas; corpo delgado; flancos muito curtos ou muito longos; trem posterior fraco; membros de ossatura chata, grosseira; solas gordas; cauda inserta alta; pêlo arrepiado; tosão espesso, lanoso e fortemente ondulado. Outra cor que a negra.

2º.) O tipo ideal do *Curly-Coated* não difere do precedente senão pelos seguintes sinais: *Aspecto geral:* sólido, animal de pernas baixas, ativo. *Cabeça:* mais longa e estreita. *Orelhas:* menores. *Olhos:* o mais possível escuros. *Pescoço:* sem barbela. *Corpo:* antes curto e musculoso. *Membros:* bem sob o corpo e não muito altos. *Cauda:* coberta de anéis curtos e se afinando gradualmente para ponta. A escala dos pontos dá para esta variedade 15 para a pelagem.

3º.) Tipo ideal do *Labrador. Aspecto geral:* cão ativo, robusto, de crânio redondo e de costelas abauladas. *Talhe:* menor que o *Flat-Coated* porém mediano. Machos 60 a 65 cm; fêmeas 58 a 63 cm.

Cabeça e pescoço: Cabeça: curta e larga. *Caixa craniana:* larga e redonda sem que o occipício seja proeminente. *Stop:* pouco pronunciado. *Orelhas:* pequenas, um pouco para trás e não terminando em ponta. *Olhos:* pardos, o olho claro não constitui defeito, se bem que o escuro seja preferível. *Chanfro:* ligeiramente curvo. *Nariz:* largo e úmido. *Lábios:* secos. *Pescoço:* forte e longo.

Corpo: compacto e profundo com costelas fortemente abauladas. *Peito:* largo e profundo. *Lombo:* largo e forte (robustez do trem posterior). *Membros anteriores:* direitos de aprumos. *Ossatura:* poderosa. *Espáduas:* oblíquas. *Jarretes:* medianamente angulosos. *Pés:* cerrados e compactos. *Cauda:* direita, bem ligada, assemelhando-se à da lontra e trazida bem alto. Uma cauda direita e tão curta quanto possível é muito para desejar.

Fig. 92 – *Golden-Retriever*

Pelagem: Pêlo: de lontra, curto e duro, muito denso, muito cerrado e muito espesso. *Cor:* negra, sem pêlo branco.

Tabela dos pontos: Aspecto geral, 10; Pêlo, 15; Crânio, 5; Boca, maxilar, nariz, 5; Olhos, 5; Orelhas, 5; Corpo e costelas, 10; Lombo, 10; Espáduas, 10; Peito, 10; Patas, 5; Pés, 5; Cauda, 5. Total, 100.

Fig. 93 – *Chesapeake Bay Retriever*

A variedade do pêlo liso, tal como atualmente se apresenta sob um aspecto atraente, é muito procurada.

Pontos desqualificativos: Talhe: eliminar o mais severamente possível os cãezinhos desta variedade que tiverem a tendência a diminuir o talhe. Cabeça estreita e longa; occipício proeminente; olho muito claro; corpo e membros como para os precedentes; cotovelos para fora, defeito que acarreta muitas vezes o peito um pouco largo; espáduas grosseiras e espessas; evitar este defeito muito freqüente, tanto mais que o corpo redondo, característico da raça, acarreta muitas vezes espáduas curtas e espessas; cauda muito longa, espigada; evitar as caudas em trompa que às vezes aparecem. Pêlos longos e moles, frisados e ondulados.

4º.) O *Golden-Retriever* difere apenas do *Flat-Coated* em ter este orelhas algum tanto maiores e, conseqüentemente, olhar mais penetrante.

Cães de corso: Megnin muito razoavelmente faz notar que o verdadeiro cão de caça é o cão de corso (*chien courant*), enquanto que o cão de mostra (*chien d'arrêt*) não é senão um produto da arte ou melhor do adestramento.

Os antigos não conheciam a caça como hoje é praticada com os cães de mostra.

Os cães empregados na antiga arte cinegética eram os de corso, como provam os documentos antigos, entre os quais se encontram as estátuas achadas nos velhos monumentos soterrados de Roma, Grécia e Egito em que figuram cães galgos, tipo por excelência do animal de corrida.

Montaria chama-se a arte de caçar com o auxílio de cães de corso. Esta arte, que os franceses denominam "venerie", tal como se pratica hoje, é essencialmente francesa. Os romanos, diz o Conde Le Couteulx de Canteleu, eram grandes caçadores mas pouco monteiros.

Numerosas são as raças de cães de corso que passaremos a descrever, minuciando as que maior importância oferecem.

Cães de corso franceses de pêlo curto: As raças deste grupo podem dividir-se em dois tipos: os grandes e os pequenos.

Pertencem aos primeiros: o *Gascon de Saintonge,* o *Azul de Gasconha,* o *Alto Poitou,* o *Billy,* o de *Vandea,* o *Normando,* o de *Chambray,* o *Santo Humberto,* etc.

Pertencem aos segundos: o cão *Artois,* o de *Ariege,* o *Porcelana* e o *Artesiano-normando.*

O Gascão de Saintonge (Tipo levesque): *Apreciação geral:* Este cão caça com o nariz ao vento, como os célebres cães brancos do rei, uma variedade desaparecida de Santo Humberto. São animais de alto talhe, ligeiros, disciplinados e fáceis de se amatilhar.

Origem: É um cão descendente do Santo Humberto ou seja por cruzamento entre a variedade negro e fogo com a variedade branca, como quer Pierre Megnin, ou segundo a opinião de Cornevin, é o resultado do cruzamento de Santo Humberto com o Braco e o Galgo.

Primitivamente eram brancos com uma mancha cinza na coxa, denominada *Poil de chevreuil,* que se supunha um característico atávico, devido a uma pretendida infusão de sangue de lobo que esta raça recebera outrora.

141

Caracteres essenciais: Aspecto geral: Raça concavilínea. Animal grande e fino. Talhe de 67 a 72 cm para os machos acerca de 65 a 68 cm para as fêmeas. *Cabeça e pescoço: Cabeça:* ligeira, com fronte desenvolvida e narinas largas. A cabeça e o pescoço bem demonstram a sua descendência do Santo Humberto. *Olhos:* grandes e inteligentes. *Orelhas:* finas e bem ligadas, um pouco crespas, cobertas de pêlo negro, brilhante e macio ao tato. Quando elas são bordadas na face externa por uma ligeira orla de fogo desmaiado e estas mesmas marcas aparecem sobre as órbitas é um sinal inequívoco do velho sangue do Saint-Hubert. *Pescoço:* solidamente ligado à sua base, delgado a seguir e longo.

Corpo: Peito: mais profundo que largo (os pulmões são sobretudo desenvolvidos verticalmente e assim a grande profundidade deve ser sempre exigida). *Lombo:* muito bem ligado, sem depressão no seu ponto de inserção na última costela. *Membros anteriores: Espáduas:* chatas e bem oblíquas, fortemente ligadas. *Patas:* direitas. *Jarretes:* desviados um pouco angulosos (sinal de velocidade e fundo). *Membros posteriores:* elegantes, posto que fortes e musculosos, de ossatura ligeira, porém bem guarnecidos de sólidos tendões. *Pés:* nem muito longos, nem muito redondos, munidos de unhas e dedos sólidos. *Cauda:* forte ao nascer e terminando em ponta afilada, longa e direita quando o cão está em movimento. *Pelagem:* branca e negra, seja em manta negra, seja em malhas espalhadas com fogo mais pálido possível nas bochechas; na face externa da orelha com dois pontos da mesma cor acima dos olhos.

Pontos desqualificativos: Rim arqueado, redondo e curto; membros grossos, pesados, fracos; jarretes muito direitos e pés estreitos.

O Gascão de Saintonge (Tipo virelade): *Apreciação geral:* Esta raça que cada vez mais se refina na França merece ali lugar de destaque entre os cães de corso.

Origem: Foi esta raça formada a partir de 1845, por José Carayon-Latour e mediante o cruzamento do cão Gascon e do Saintonge.

Caracteres essenciais: Aspecto geral: Raça concavilínea. *Talhe:* 63 a 65 cm. *Cabeça e pescoço: Cabeça:* de forma alongada. *Bossa occipital:* muito pronunciada. *Stop:* nem muito acentuado nem apagado. *Nariz:* escuro. *Narinas:* abertas. *Beiços:* caídos, cobrindo os lábios inferiores. *Maxilares:* adaptando-se perfeitamente. *Olhos:* castanho-claros. *Olhar:* calmo e confiante. *Orelhas:* ligadas abaixo da linha dos olhos. *Pescoço:* longo e ligeiro. *Pêlo:* profundo, bem descido, as últimas costelas um pouco curtas dando às vezes, ao flanco, um aspecto agalgado. *Lombo:* algumas vezes um pouco longo, ligeiramente bombeado. *Cauda:* longa, mais grossa na origem que na extremidade. *Espádua:* longa, um pouco inclinada e bem musculosa. *Trem posterior:* ancas de preferência horizontais, garupa longa, jarretes baixos. *Membros anteriores:* largos, antebraços fortes, de bons aprumos. *Pé:* curto e nervoso. *Pêlo:* curto, fino, cerrado. *Pelagem:* fundo branco, malhado de preto, entre estas malhas, duas devem ser invariavelmente colocadas em cada lado da cabeça, cobrindo as orelhas, envolvendo os olhos e indo até às bochechas, estas são de cor fogo, de preferência pálido, confundido com o branco mosqueado dessa parte, na arcada superciliar existe a mesma cor fogo. Esta cor fogo deixa ainda traços na face interna da orelha e muitas vezes surge nas mosqueaduras dos membros.

A mancha chamada *poil de chevreuil,* que se encontra no tipo Levesque, também aparece no virelade. *Pele:* rosada sob o pêlo branco, negra sob o pêlo negro. O céu da boca e os testículos são negros.

O Cão Azul de Gasconha: *Apreciação geral:* É o maior dos cães de corso franceses. Hoje são raríssimos os animais de puro sangue desta raça, pouco a pouco fundida com a de Saintonge para formar a variedade "Virelade".

Origem: Descendente dos antigos cães de Santo Humberto no século XIV, o Azul de Gasconha modificou pouco a pouco sob a influência do *habitat* e dos cruzamentos.

Caracteres essenciais: Aspecto geral: Raça concavilínea. *Talhe:* 60 a 70 cm podendo atingir mesmo 75. O tipo moderno não passa de 60 cm. *Cabeça:* forte, de forma alongada; crânio um pouco bombeado, forma ogival, com uma bossa occipital bem pronunciada. *Depressão frontal:* nem muito apagada nem muito acentuada. *Focinho:* longo e forte, ligeiramente curvo. *Orelhas:* características da raça; ligadas muito baixo, muito finas e bem frisadas, se as puxarmos no sentido do maxilar elas devem atingir a ponta do nariz. *Olhos:* cobertos por espessas pálpebras, um pouco encovados, de cor castanho-escuro, a pálpebra inferior deixa muitas vezes ver a mucosa vermelha. *Olhar:* sombrio, mas confiante e suave. *Pelagem:* de fundo branco, sobre a pele negra a pelagem é fortemente mosqueada de negro o que lhe dá um reflexo azulado-ardósia, com grandes malhas negras, seja no dorso, nos flancos e nas coxas. Duas manchas negras são invariavelmente colocadas em cada lado da cabeça, cobrindo as orelhas, envolvendo os olhos e indo até as bochechas, elas não se juntam no alto do crânio, deixando aí um intervalo branco sobre a parte posterior na qual se desenha uma mancha negra da forma e quase do tamanho de um ovo.

Duas marcas fogo-pálido acham-se colocadas acima da arcada superciliar. Esta nuança fogo deixa ainda traços nas bochechas, na face interna das orelhas e ao longo dos beiços e termina nos membros, sob forma de mosqueado.

Existe um tipo pequeno desta raça cujos caracteres essenciais são os mesmos, exceto o talhe que varia de 47 a 56 cm. É uma raça destinada à caça da lebre.

O cão do Alto-Poitou: *Apreciação geral:* Esta raça em estado puro acha-se desaparecida, mas os mestiços a que deu origem são excelentes. Atualmente o cão do Alto-Poitou é representado pela variedade denominada de Larrye.

Origem: A raça tricolor do Alto-Poitou foi criada aí por 1692 pelo marquês Francisco de Larrye, que seguiu o seu rei Jacques II, quando este emigrou em 1688. O conde havia obtido no canil do grande Delfim uma dezena de cães tricolores, que outros não podiam ser senão Foxhounds, e com eles começou a caçar lobos em Poitou.

Encontrando cães de raça Ceris aproveitou-os para efetuar cruzamentos, donde saíram cães excelentes que ficaram célebres na caça de lobos.

Durante a revolução foi a matilha dispersada, mas a pouco e pouco, alguns dedicados criadores conseguiram obter alguns tipos que judiciosamente cruzados caminham para a reconstituição da raça.

Caracteres essenciais: Aspecto geral: Raça concavilínea. Animal grande e bem proporcionado. *Talhe:* 65 cm ou mais para os machos e 63 mais ou menos para as fêmeas.

Cabeça e pescoço: Cabeça: seca, fina e ligeira. *Olho:* vivo, inteligente, orlado de negro. *Nariz:* longo e curvo. *Osso occipital:* assaz pronunciado. *Orelhas:* pequenas, delicadas, de preferência curtas, finas e frisadas. *Pescoço:* longo e arredondado.

Corpo: Peito: muito profundo e um pouco fechado. *Dorso:* bem feito. *Lombo:* delicado e completamente harpado. *Membros: Espáduas:* oblíquas e chatas. *Coxa:* bem apresuntada. *Pés:* secos, fechados. *Membros:* chatos e duma largura extrema em geral. *Cauda:* não muito longa, fina e trazida direita.

Pelagem: geralmente, ou quase sempre, tricolor, algumas vezes cinza-alaranjado; o tricolor, dum vermelho terno tirando para o bruno, o manto negro com os bordos orlados dum vermelho acobreado.

Pontos desqualificativos: Cabeça pesada e grosseira; olho terno, mau; nariz curto; orelha pendente, longa e não frisada; pescoço curto; membros fracos e estreitos; pés moles e largos; cauda longa e mal trazida.

O cão de Billy: *Apreciação geral:* Trata-se duma antiga raça hoje reconstituída e considerada entre as primeiras da França. É excelente quer para caça do javali, do lobo e do veado como para a da lebre.

Possui um olfato de extrema fineza e uma voz que nada deixa a desejar.

Origem: data de 1883 a criação desta raça. Ela se originou duma cadela de sangue Ceris e dum cão Alto-Poitou, Mantemboeuf.

Caracteres essenciais: Aspecto geral: Na classe dos cães de corso esta raça é a mais elegante e distinta, reunindo a estes predicados força, vigor e ligeireza. *Talhe:* machos 63 a 66 cm; fêmea 60 a 64.

Cabeça e pescoço: Crânio: alongado e chato, bem estreito e esculturado, bossa occipital bem nítida, coberta de pele fina com uma única ruga curta na inserção da orelha. *Chanfro:* alongado, ligeiramente curvo, ligando-se ao crânio por um *stop* visível mas não muito acentuado. *Orelhas:* semi-longas, finas, muito flexíveis, bem frisadas, ligadas em altura média (na linha dos olhos ou um pouco abaixo). *Olhos:* de cor negra, orlados de mucosas negras, expressão inteligente, algumas vezes um pouco selvagem. *Nariz:* bem desenvolvido e bem aberto, de cor negra. *Lábios:* suficientemente desenvolvidos, muito finos, soldando-se ao descer, ao canto das goelas. *Pescoço:* longo e fino, desprovido de barbela.

Corpo: Peito: bem estreito, mas muito profundo, comprido, costelas fortes e alongadas. *Lombo:* um pouco longo, forte e arqueado. *Garupa:* comprida e fugidia. *Flanco:* arrebitado. *Membros anteriores: Espáduas:* muito longas, secas e bem musculosas, um pouco direitas mas de excelente movimento. *Cotovelos:* muito musculosos, ossatura ótima, direção perfeita. *Joelhos:* bem feitos. *Metacarpos:* longos, um pouco direitos. *Membros posteriores: Coxas:* um pouco estreitas, mas suficientemente musculosas. *Jarretes:* secos, fortes, um pouco angulosos. *Pés:* redondos, curtos, secos e nervosos. *Cauda:* bem longa, fina, bem ligada, nem muito alto nem muito baixo. *Pelagem:* completamente branca em alguns indivíduos, porém as mais das vezes branca com malhas ou ligeiro manto laranja-pálido, tirando às vezes para o limão-claro. *Pêlo:* abundante, curto, duro ao tato, porém, fino.

Escala dos pontos: Conjunto, 5; Cabeça, 4; Corpo, 4; Cauda, 2; Membros, 3; Pelagem e pêlo, 2. Total, 20.

Pontos desqualificativos: Aspecto geral sem distinção, cabeça curta, larga, não cinzelada, crânio bombeado, chanfro curto, direito, orelhas chatas, ligadas alto, longas, nariz marrom, olhos salientes, lábios espessos, barbela, espádua pesada, peito muito estreito ou muito largo, alto, lombo muito longo, pouco musculoso, garupa fugidia, cauda ligada baixo, membros anteriores delgados, de maus aprumos anteriores; coxas muito estreitas, jarretes fracos ou mal dirigidos, pés gordos, pêlo grosseiro.

O cão da Vandéia: *Apreciação geral:* O cão vandeano é o mais comum dos cães de corso franceses. É rústico, de muito ardor na caçada, e de investida violenta.

Origem: Descende diretamente dos cães brancos do rei, tendo sido esta raça obtida outrora pelo cruzamento da variedade branca do Santo Humberto com uma cadela de raça Branca.

O vandeano atual, mantido e melhorado por Baudry d'Asson, é produto do cruzamento do tipo primitivo com o Griffon-Montamboeuf, fortemente melhorado e modificado,por dois reprodutores principais, "Tamerlan" mestiça anglo-pointevino-saintogeois e "Salgar" de pura raça Cérès.

Após a guerra o cão da Vandéia tem recebido cruzamento com a raça Billy, o que está contribuindo para lhe aligeirar o tipo, dantes um pouco pesado.

Caracteres essenciais: Aspecto geral: raça concavilínea. Animal musculoso, forte e ligeiro, com um bom comprimento e largura proporcionada à ligeireza e resistência. *Talhe:* 64 cm mais ou menos. *Cabeça:* bonita, nem grande, nem pequena, semi-longa e um pouco mais arredondada que chata. *Crânio:* bem desenvolvido em todos os sentidos, com bossa occipital sensível. *Orelhas:* finamente ligadas alto, na linha dos olhos, um tanto longa, fina e não frisada. Bochechas com rugas mais ou menos acentuadas. *Olhos:* meigos, confiantes algumas vezes circulados de negro. *Arcada superciliar:* pouco saliente. *Fronte:* derivando em inclinação suave sobre um chanfro direito, regular, de bom tamanho, terminando num nariz largo, aberto, escuro, ou melhor, negro. *Beiços:* os superiores cobrem largamente o inferior. *Pescoço:* bem proporcionado com ligeiros traços de barbela. *Peito:* bem desenvolvido em altura e largura. *Dorso:* alongado e musculoso. *Lombo:* sempre firme, às vezes arqueado, largo, musculoso, bem ligado, sem depressão para o lado da garupa. *Flanco:* ligeiramente erguido, mas cheio. *Cauda:* trazida em sabre, bem longa e fina na extremidade. *Trem dianteiro:* espádua longa, guarnecida de bons músculos. *Trem posterior:* musculoso. *Garupa:* longa porém oblíqua, de boas coxas. *Jarretes:* com bons aprumos, nem muito direitos nem angulosos. *Membros:* fortes. *Pés:* arredondados e de preferência largos. *Dedos:* juntos.

Pelagem: de fundo branco, com malhas cor de laranja pálida ou escuro, às vezes acaju. Estas malhas ora arredondadas, ora imprecisas ou mesmo esbranquiçadas. Geralmente com uma pequena lua alaranjada na caixa craniana. *Pêlo:* espesso e curto. *Pele:* branca com manchas pretas, sem que no entanto correspondam com as malhas do pêlo. *Testículos negros ou negros e brancos.*

Variedades: Existe uma variedade Griffon que descrevemos mais adiante.

O cão de Chambray: O cão de Chambray representa exatamente o tipo dos "cães brancos do rei", tais como se vêem representados nos quadros e gravuras daquela época.

Parece, aliás, que se trata da velha raça normanda reconstituída pelo marquês de Chambray. São animais grandes, sendo a fêmea bem menor que o macho, de pêlo branco com malhas amarelas. Aparecem no entanto tipos inteiramente brancos. Algumas vezes surgem animais com manchas cinza-lobo.

As malhas amarelas são de extensão e matizes diferentes, tomando às vezes a forma de manto.

O cão de Santo Humberto: Vide a descrição do Bloodhound, cão de corso inglês.

O cão de Artois: *Apreciação geral:* É do tipo pequeno, dos chamados cães de lebre, mas não recua diante da caça grossa.

Origem: Outrora esta raça era denominada *briquet,* palavra que Cornevin supõe ser uma transformação de Braquet, que significa pequeno braco. Isto prova que o Briquet possuía sangue de Braco. O tipo moderno acha-se um tanto distanciado do antigo, tendo perdido até suas melhores qualidades. Os cães artesianos e os normandos foram cruzados entre si e deram à raça atual o seu cunho, predominando acentuadamente o do normando.

Caracteres essenciais: Aspecto geral: raça concavilínea. Animal vigoroso e rústico. *Talhe:* 52 a 56 cm para os machos e menos 2 cm. para as fêmeas.

Cabeça e pescoço: Cabeça: curta. *Crânio:* volumoso. *Saliência occipital:* notada sem excesso. *Fronte:* larga. *Depressão frontal:* bem nítida. *Chanfro:* direito. *Nariz:* curto. *Orelhas:* muito compridas, largas, chatas, espessas, de bordos arregaçados. *Lábios:* fortes, não caídos. *Olhos:* grandes e vivos.

Corpo: bem constituído, baixo e bem feito. *Dorso:* um pouco comprido. *Lombo:* largo. *Membros:* fortes e direitos. *Cauda:* longa, guarnecida de pêlos, espigadas, retorcida, curvando-se algumas vezes sobre o lombo.

Pelagem: tricolor, com branco, negro e amarelo; manto negro, coleira branca, crânio e orelhas amarelas.

O cão de Ariège: *Apreciação geral:* É um animal vigoroso, próprio para a caça em maus terrenos. Possui uma "voz" muito característica e ótima velocidade, não temendo nem o calor nem o frio.

Origem: O cão de Ariège atual é um descendente do tipo antigo, derivado do Gascão, ao qual o conde de Vézins, criador da raça, deu uma infusão de sangue do cão de Saintonge para lhe aumentar a rapidez.

Caracteres essenciais[19]: Aspecto geral: ligeiro, fino, distinto. *Cabeça:* seca, alongada, mais estreita que larga, ligeira em seu conjunto, o osso do occipital pronunciado e proeminente, sem rugas nem barbelas. *Olhos:* escuros, bem abertos, sem deixar ver a conjuntiva, de expressão carinhosa. *Nariz:* negro, com narinas abertas. *Lábios:* cobrindo ligeiramente o ma-

---

19. Segundo o Standart do Club Gascon Phébus.

xilar inferior. *Orelhas:* finas, flexíveis, frisadas ligadas baixo, mas não muito longas. *Pescoço:* ligeiro, antes fino, longo, ligeiramente arqueado. *Antebraços:* largos, bem ligados. *Peito:* profundo, atingindo quase ou mesmo o cotovelo, antes ligeiramente fechado que largo ou aberto. *Lombo:* direito ou ligeiramente bombeado, largo e bem soldado. *Garupa:* horizontal, nem mais baixa nem mais alta que o trem anterior. *Flanco:* ligeiramente levantado, mais chato que redondo. *Cauda:* em forma de sabre, bem ligada e trazida com galhardia. *Membros anteriores:* de bons aprumos, com os cotovelos nem para dentro nem para fora. *Membros posteriores:* nervosos, um pouco chato nas coxas, de jarretes nem muito direitos nem angulosos. *Pés:* secos, de lebre. *Pele:* fina, flexível, não agarrada ao corpo. *Pêlo:* fino, cerrado, brilhante. *Pelagem:* branca e negra, algumas vezes mosqueada ou azulada, fogo-pálido nas bochechas e acima dos olhos; o vermelho-vivo não é motivo de exclusão.

Talhe: 20 a 21 polegadas para os machos e 19 a 20 para as fêmeas.

O cão Porcelana: *Apreciação geral:* O cão Porcelana, também chamado cão de Luneville, cão de Franche-Comté, é um ótimo animal para a caça, especialmente da lebre e do cabrito montês, possuindo um olfato digno de nota e qualidade cinegética que o fazem muito estimado na França.

Origem: Esta raça é conhecida na França há muitos anos e tida como descendente dos "cães brancos do rei" sem que haja uma rigorosa certeza sobre tal descendência.

O cão de corso suíço, também chamado Porcelana, é extremamente semelhante a este, supondo-se, com boas razões, que ambos possuem a mesma origem.

Caracteres essenciais: Aspecto geral: Raça concavilínea. Cão elegante e de bela aparência. *Talhe:* variando de 50 a 60 cm, seja de 55 a 58 para os machos e 55 a 56 para as fêmeas.

Cabeça e pescoço: Cabeça: muito típica, seca e finamente esculturada, de preferência longa em seu conjunto. *Crânio:* muito largo, das orelhas ao ápice, bossa occipital arredondada, sulco mediano mais ou menos marcado porém algumas vezes fracamente perceptível. *Fronte:* chata. *Stop:* notado, mas sem exagero. *Olhos:* médios, de aspecto escuro, abrigados sob uma arcada superciliar medianamente desenvolvida. *Olhar:* inteligente e meigo. A pigmentação negra, bordando as pálpebras, é para desejar. *Orelha:* ligada na linha dos olhos, fina, bem torneada, atingindo o comprimento do focinho, terminando de preferência em ponta. *Focinho:* de bom comprimento, nem quadrado nem pontudo. *Chanfro:* direito e ligeiramente curvo. *Nariz:* bem desenvolvido e negro. *Narinas:* bem abertas, mucosas dos lábios negras. *Pescoço:* bastante longo e ligeiro, podendo apresentar pequena barbela, mas de aparência seca.

Corpo: Peito: bem descido e de tamanho médio. *Dorso:* suficientemente largo, muito musculoso e bem ligado. *Costelas:* de preferência chatas. *Membros anteriores: Espáduas:* de bom tamanho, bem inclinadas, musculosas e secas. *Membros:* bem longos, secos mas sem excesso de fineza. *Membros posteriores: Coxas:* bem descidas, um pouco chatas. *Pés:* alongados. *Dedos:* finos e fechados (pé de lebre). *Cauda:* bem ligada, forte no nascedouro, de tamanho médio e afinada na ponta, jamais espigada, trazida ligeiramente encurvada.

Pelagem: Cor: muito branca, com algumas manchas cor de laranja, nem muito vivas nem demasiado pálidas, as manchas de preferência arredondadas e de contornos nítidos;

notam-se algumas vezes mosqueaduras alaranjadas nas orelhas. *Pele:* marmoreada com manchas escuras, índice da raça. *Pêlo:* curto, rente, fino e brilhante.

Pontos desqualificativos: conjunto faltando distinção; cabeça pesada; parietais carregados; bossa occipital pontuda; olhos claros ou deixando ver o vermelho da conjuntiva; nariz desmaiado ou apresentando "ladres"; orelhas espessas ou chatas; dorso mole; pés muito redondos e gordos; cor laranja demasiado na pelagem, sobretudo laranja acinzentado; pêlo áspero e grosseiro.

O cão Artesiano-Normando: É um mestiço do Artois e do Normando hoje muito em voga e cujo *standard* já está organizado pela "Societé de Vénerie".

É um cão de talhe médio, oscilando entre 54 a 70 cm, de pelagem tricolor, branca e laranja, algumas vezes com manchas cinza-lebre.

São animais de belo aspecto, já bem tipificados, musculosos e algo pesados algumas vezes, mas sempre de ótima aparência.

Outras raças francesas de cães de corso de pêlo curto: Além das raças acima descritas, podem ainda ser mencionadas as seguintes muito raras e mesmo em via de desaparição.

A *raça Normanda:* constituída por animais de grande talhe (66 a 77 cm.) e excelentes caçadores. Esta raça, descendente do cão de Santo Humberto, muito contribuiu para a formação de algumas raças modernas, tendo deixado notáveis mestiços, quer com as raças francesas quer inglesas.

A raça *fulva da Bretanha de pêlo curto.*

O *cão de Auvergne.* Era uma raça semelhante a de Saintonge, embora de talhe mais apoucado.

O *cão cinzento de São Luiz.* Introduzido na França pelo rei São Luiz.

Citam-se ainda outras raças tidas já como extintas e entre elas a *Merlant,* a *La Loue,* a *Azul de Foudras* e a *Cérès.*

Quanto aos mestiços das raças descritas não aludiremos, porque seria fastidioso, desnecessário e mesmo impossível precisar suas qualidades e característicos ainda não absolutamente fixados. Entre os mais comuns mestiços citaremos os seguintes, denominados bastardos pelos franceses.

Bastardos anglo-pointevins. Descendem dos cães do Poitou, do Saintonge e do Foxhound.

Bastardos anglo-saintongeois. É maior e mais pesado que o Foxhound, possuindo a finura do olfato e o vigor do santongês.

São de cor branca e negra em todo o corpo, com um pouco de cor de fogo em cima dos olhos.

Bastardos anglo-normandos. Assemelham-se muito ao normando. São tricolores e de talhe que varia de 60 a 65 cm.

Cães franceses griffons: Semelhante aos cães de corso de pêlo curto por suas formas cefálicas, porte e dimensão das orelhas, assim como pela sua aptidão para a caça de corrida, os griffons distinguem-se daqueles por seu pêlo longo e duro, diz Dechambre

Fig. 94 – *Wire-Haired Pointing Griffon*

Formam dois grupos, os de tamanho grande, como o Griffon fulvo da Bretanha, o Nirvanês, o de Grip, o Vandeano, o Vandeano-nirvanês e o de tamanho pequeno, como Griffon Azul da Gasconha e o Griffon vandeano.

O cão Griffon fulvo da Bretanha: *Apreciação geral:* É uma velha raça de talhe médio, pouco disciplinada e de excessivo ardor, e por este motivo não muito estimada.

Origem: Desde a idade média que esta raça era conhecida na baixa Bretanha onde hoje é rara. Devido ao seu caráter um tanto impetuoso e insubmisso o conde Le Couteulx experimentou cruzá-la com o cão da Vandéia, a fim de lhe dar um pouco de moderação. A raça, após o quase desaparecimento do lobo, em cuja caça era especializada, foi abandonada e é hoje pouco numerosa.

Caracteres essenciais: Aspecto geral: Raça concavilínea. Animal de talhe médio, ossudo e musculoso, com uma expressão de vigor e rusticidade, mas sem distinção. *Talhe:* 55 a 60 cm para os machos e menos uns três centímetros para as fêmeas.

Cabeça e pescoço: Crânio: de preferência alongado. *Crista occipital:* notada. *Chanfro:* alongado, direito, ou melhor ligeiramente curvo. *Focinho:* de beiços pequenos. *Olhos:* escuros e petulantes. *Nariz:* negro ou pardo escuro, de narinas abertas. *Orelhas:* ligadas finamente na linha dos olhos, atingindo apenas a ponta do focinho, terminadas em ponta e cobertas dum pêlo fino e macio. *Pescoço:* bem curto e musculoso. *Corpo: Peito:* ao mesmo tempo profundo e largo. *Costelas:* arredondadas. *Dorso:* curto, largo. *Lombo:* parecendo harpado em conseqüência do desenvolvimento dos músculos de trem posterior. *Ventre:* pouco volumoso. *Membro: Espáduas:* inclinadas. *Coxa:* apresuntada e pouco descida. *Pés:* cerrados, secos e duros. *Cauda:* bem feita e bem trazida, de tamanho médio, às vezes espigada e terminando em ponta.

Pelagem: Pêlo: muito duro e não muito comprido, jamais lanoso. *Cor:* Fulva avermelhada ou vermelho-vivo.

Pontos desqualificativos: Aparência fina e delgada; crânio largo ou estreito; arcadas superciliares muito acusadas; focinho pontudo e curto com beiços grandes; orelhas ligadas baixo, muito curtas ou muito longas, cobertas de pêlo sedoso; ventre volumoso, coxa muito redonda; pés moles e largos; pelagem com pêlos negros. O pêlo branco não desqualifica mas deve ser sempre eliminado.

O cão Griffon Nirvanês: Bastante rara hoje esta raça que tem como principais características um pêlo hirsuto, forte, duro e, em todos os casos, nem lanoso nem frisado e de comprimento médio. A pelagem é tricolor com vermelho somente na cabeça e grandes manchas negras no corpo. Aparecem também tipos unicolores fulvo-avermelhados. Seu talhe oscila de 45 a 55 cm.

O cão Griffon de Grip: Grande griffon de pêlo comprido mas sem excesso, o cão de Grip é bem típico e distinto. Seu talhe oscila de 56 a 62 cm para os machos, sendo as fêmeas menores uns 4 cm. A pelagem deste griffon é amarela sujo ou branca malhada de amarelo, ou ainda sujo de cor desmaiada ou cinza-lobo sobre fundo branco ou cinza-azulada ou ainda negra e fogo, muito coberta de negro, mas dum negro mal tinto, com fogo nas bochechas, em cima dos olhos, na face interna e exterior dos membros.

O Griffon da Vandéia: Este velho Griffon é produto de complexos cruzamentos entre o cão de São Luís cinza, o Fulvo da Bretanha e o Griffon de Bresse.

É um animal forte, sólido, de cabeça desenvolvida e arredondada, lábios grossos, orelhas baixas e de aspecto musculoso; seu talhe é mais ou menos de 70 cm. A pelagem é branca com malhas de cor dourada, amarela e algumas vezes cinza rato.

O pêlo é áspero e mais longo na garganta e peito que nas partes laterais e posteriores do corpo. É um cão corajoso e dotado de grande velocidade e fundo.

O Griffon Vandeano-Nirvanês: É um antigo mestiço obtido pelo cruzamento destas duas raças e do Foxhound inglês.

São animais de talhe alto 65 a 68 cm (indo até 71 cm) para os machos e 60 a 62 cm para as fêmeas.

A pelagem é muito variada, mas geralmente acinzentada com manto preto e malhas amarelas, ou branco e laranja-pálido, branco e pêlo de lebre. Algumas vezes a pelagem é unicolor vermelha fulva ou pêlo de lobo.

O standard da raça faz questão dos tipos dos puros vandeanos nirvaneses sem cruzamento do Foxhound e assim não admite altura superior a 68 cm nem a presença de malhas muito acentuadas ou brilhantes.

O pequeno Griffon Azul de Gasconha: Este mestiço participa bem dos características das raças que o originaram: o Griffon e o Azul de Gasconha.

É um animal de aspecto rústico, de talhe que oscila entre 43 a 52 cm, pêlo não muito longo, porém seco e jamais lanoso ou frisado.

A pelagem é branca com malhas pretas. Este fundo branco é todo sarapintado de negro o que lhe empresta uma nuança azul-ardósia.

Vêem-se traços cor de fogo mais ou menos vivo nas bochechas, face interna das orelhas, peito, patas e bem assim sobre os olhos.

O pequeno Griffon Vandeano: É um griffon de talhe médio de 50 a 55 cm; inteligente, de estatura curta e bem proporcionada, robusto sem ser pesado.

A pelagem é fulva, pêlo de lebre, branco e laranja, branco e cinza, branco e lebre, tricolor segundo os matizes já referidos.

Cães de corso ingleses: É talvez na Inglaterra que mais se pratica a caça com auxílio de cães de corso.

São estas as raças e variedades principais: O Bloodhound, o Foxhound, o Harrier, o Beagle, o Beagle-Harrier e o Otterhound.

O Bloodhound (Santo Humberto): *Apreciação geral:* O Bloodhound[20] era, sem dúvida, o cão de caça mais notável que existia, pelos seus dotes naturais de inteligência, afoiteza e valentia, sendo dotado de um faro sem igual. Os ingleses serviam-se deles e talvez ainda raramente se sirvam para várias espécies de caçadas, especialmente para veados e javalis.

O Bloodhound, devido a sua inteligência e o seu faro, foi utilizado como cão policial.

Na Inglaterra criou-se um esporte que gozou de grande favor, o *clean Bot,* para o qual se utiliza o *Bloodhound* a fim de procurar a pista de várias pessoas que partem em direções diferentes com avanço de várias horas.

Origem: A raça canina denominada *Bloodhound* na Inglaterra e *Saint-Humbert* na França é de origem remotíssima.

Supõem os cinólogos que dos famosos *Canis sagaces* da Grécia e Roma saíram as correntes de sangue que originaram este sabujo.

---

20. *Bloodhound* significa cão de sangue, cão sanguinário, porque segue a pista pelo sangue do animal ferido.

Fig. 95 – *Bloodhound*

Estes cães foram introduzidos em Ardennes (França) nos fins do século VII, por Santo Humberto. Em memória dos fundadores da sua ordem os abades de Santo Humberto conservaram cuidadosamente esta raça que tantos serviços vieram prestar no século seguinte. Os manuscritos do século VII narram que esta raça passou à Inglaterra por ocasião da conquista dos normandos, sob o reinado de Henrique IV, tendo alguns gentis-homens, amigos do rei, feito presente a Jacques I, de vários sabujos de Santo Humberto.

Os reis franceses possuíam sempre matilhas destes valentes cães até a data da Revolução, começando desta época em diante a decadência da raça, hoje quase desaparecida na França.

Os membros da família inglesa dos Eduardos lançaram mão destes cães nas guerras contra os Bruces; a rainha Elisabeth deles se serviu contra a Irlanda, para onde seguiram 800 cães sob as ordens do conde de Essex. O rei Henrique VII, na sua campanha de França, também se utilizou destes soldados de quatro patas.

Na América, estes cães e seus mestiços, foram empregados nas lutas contra os indígenas e os escravos fugitivos e revés.

Caracteres essenciais: Aspecto geral: Raça concavilínea. Animal de estrutura robusta e grande talhe que, às vezes, vai a mais de 65 cm.

Cabeças e pescoço: Cabeça: Muito típica, rugosa e forte, de tamanho médio ou mesmo curta. *Crânio:* mais estreito que largo, porém bastante desenvolvido em altura, sobretudo com a bossa occipital bem pronunciada. *Fronte:* saliente, igualmente rugosa, derivando sobre o chanfro em inclinação suave. Rugas largas ao longo das bochechas, paralelas à orelha, estas ligadas baixo, flexíveis, estreitas e compridas, bem descidas, fortemente contornadas em sua parte inferior. *Olhos:* pequenos, pardos, encovados sob uma arcada

152

superciliar espessa, a pálpebra inferior caída deixa ver a mucosa avermelhada. *Olhar:* meigo, calmo, melancólico. *Pescoço:* bem curto, muito forte, muito espesso, parecendo por este motivo ainda mais curto, com muita barbela e rugas largas até a espádua. *Peito:* suficientemente descido, muito largo, arredondando-se em certa proporção, forte, espesso e comparativamente mais desenvolvido que o trem posterior. *Espáduas:* espessas, carnudas e, jamais, chatas. *Dorso e rins:* o dorso mal surtido, posto que espesso. *Rim:* bem curto, bem ligado. *Costelas:* arredondadas, cobertas de pele muito ampla. *Membros anteriores:* fortes, musculosos, bem direitos, mas ligeiramente para fora com metacarpos pouco surtidos, mas muitas vezes um pouco longos. *Coxas:* espessas, um pouco descidas; jarretes não muito direitos, mas não muito arqueados. *Pés:* largos, espessos, arredondados, os dedos são pouco cerrados. *Unhas:* negras, grossas e fortes. *Cauda:* longa, implantada alto e trazida a meia altura, graciosamente curva a partir de 2/3 de seu comprimento, um pouco espigada, sem ponta muito afinada. *Pelagem:* negra e fogo ou fogo, mas fogo sempre escuro e não pálido. Os cães negro e fogo com muito negro são os preferidos; nestes a cor negra ocupa toda parte superior do corpo, colorindo a cor fogo, menos aparente, as partes inferiores e as extremidades. Às vezes aparece um pouco de branco no peito.

Fig. 96 – *Cão de Santo Humberto*

Pontos desqualificativos: Cabeça larga em excesso, focinho curto, olhos maus, orelhas curtas e levantadas, corpo magro, membros delgados, falta da cor fogo nos supercílios e nos membros.

O Foxhound[21]: *Apreciação geral:* Desta raça muito bem falam os ingleses e muito mal os franceses que só a utilizam para obter mestiços, pouco os apreciando como caçadores.

---

21. *Foxhound* significa cão de raposa.

Fig. 97 – *Hygen Foxhound*

Origem: O Foxhound é produto do cruzamento da antiga raça Talbot com o galgo de pêlo curto.

Caracteres essenciais: Aspecto geral: raça concavilínea. A simetria no Foxhound é duma importância considerável. *Peso:* 32 a 37 kg para os machos e 27 a 31 para as fêmeas.

Cabeça e pescoço: Cabeça: bem desenvolvida. *Arcadas superciliares:* pronunciadas. A cabeça deve ser de bom tamanho e largura suficiente para dar ao macho um contorno diante das orelhas de 40 cm. *Nariz:* longo de 1 ½ cm. *Narinas:* bem abertas. *Orelhas:* ligadas baixo e pendentes contra as bochechas. *Pescoço:* longo, nítido, deve diminuir insensivelmente de espessura desde as espáduas à cabeça e apresentar uma linha ligeiramente convexa na sua parte superior.

Fig. 98 – *Foxhound*

Corpo: Peito: tendo ao menos 76 cm de circunferência para um cão de talhe de 61 cm. *Costelas:* as últimas muito descidas. *Dorso e lombo:* muito musculosos. *Flancos:* largos, mesmo grosseiros.

Membros anteriores: devem ser completamente direitos, ossatura muito desenvolvida, especialmente notável nas cavilhas e nas rótulas. *Cotovelos:* absolutamente direitos, bem descidos. *Pés:* redondos, "pé de gato". *Dedos:* bem desenvolvidos. *Solas:* duras e firmes. *Unhas:* fortes. *Membros posteriores:* toda parte destinada à propulsão é fortemente desenvolvida e, como a resistência é ainda de maior importância que a ligeireza, devem ser preferidos os jarretes direitos aos angulosos. *Cauda:* bem curva e trazida airosamente acima do dorso, ligeiramente franjada de pêlo, adegalçando-se para aponta.

Pelagem: A cor tem pouca importância, seja negra, fogo e branca (tricolor), seja negra e branca; branca mosqueada de cor de lebre, amarela e vermelha. *Pêlo:* curto, denso, duro e brilhante.

Escala de pontos: Cabeça, 15; Pescoço 5; Espáduas, 20; Peito e costelas, 10; Dorso e lombo, 10; Trem posterior, 10; Cotovelos, 5; Pernas e pés, 20; Cor e pêlo, 5; Cauda, 5; Simetria, 5. Total, 100.

Pontos desqualificativos: Falta de simetria em geral; cabeça pesada; arcadas superciliares muito altas ou muito ligeiras; orelhas muito altas; barbelas; dorso e lombo marcados por uma linha de separação, este último arqueado; membros desviados; cotovelos voltados para dentro ou para fora; pés moles; dedos pequenos; jarretes angulosos; cauda caída, grosseira.

O cão Harrier[22]**:** *Apreciação geral:* É o Harrier um cão de caça intermediário entre o Foxhound e o Beagle.

Fig. 99 – *Harrier*

Presta-se para caçar todos os animais: lebres, raposas, veados, possuindo um olfato superior ao Foxhound e sobreexcedendo mesmo este na caça da raposa.

Origem: Crêem alguns cinólogos que este cão se originou do cruzamento do Normando com cães indígenas da Inglaterra. O tipo primitivo, um tanto pesado, foi modificado e hoje assemelham-se estes animais ao Foxhound, em miniatura.

Caracteres essenciais: Aspecto geral: Raça concavilínea; animal forte e ligeiro, menos forte e mais distinto que o Foxhound. *Talhe:* 48 a 55 cm, no máximo; 46 a 55 na média, mas quase sempre 48 a 50.

---

22. *Hare* em inglês significa lebre.

Cabeça e pescoço: Cabeça: expressiva, menos larga que a do Beagle. *Focinho:* bem longo e antes pontudo que quadrado. *Orelhas:* em forma de V, quase chatas, ligeiramente voltadas, bem curtas, e de preferência ligadas alto. *Crânio:* horizontal. *Bossa occipital:* ligeiramente acusada. *Olhos:* menores mais redondos e mais salientes que os de Beagle. *Pescoço:* longo e desenvolto, posto, que bem ligado às espáduas, ligeiramente arredondado em sua parte superior.

Corpo e peito: Corpo: Mais profundo que largo, bem descido. *Dorso:* direito e musculoso. *Lombo:* forte e ligeiramente arqueado. *Flanco:* nem muito cheio nem levantado. *Costelas:* antes chatas que arredondadas. *Membros anteriores: Espáduas:* oblíquas e bem musculosas. *Membros posteriores: Coxas:* longas, bem descidas. *Jarretes:* nem muito direitos nem angulosos. *Ancas:* fortes e bem destacadas. *Pé:* dito "de gato". *Sola:* negra e dura. *Dedos:* muito cerrados. *Cauda:* de tamanho médio, espigada e bem trazida.

Pelagem: habitualmente de fundo branco com todos os matizes de negro ao laranja, isto é, tricolor e as mais das vezes, com manto negro cobrindo toda a parte superior do dorso.

Pêlo: liso à maneira inglesa e muito curto.

Escala de pontos: Cabeça, orelhas e tipo, 20; Pescoço, 5; Espáduas e peito, 10; Dorso e lombo, 10; Trem posterior e cauda, 5; Pernas e pés, 15; Talhe e simetria, 20; Pêlo e cor, 15. Total, 100.

Fig. 100 – *Harrier*

Pontos desqualificativos: Ossatura pesada; animal alto de pernas; cabeça pesada; orelhas arredondadas e ligadas muito alto; membros fracos; pêlo curto e fino.

156

O cão Beagle: *Apreciação geral:* O Beagle, que é o menor dos cães de corso ingleses, representa o tipo prático dos animais desta classe. Dotado de vivacidade, possuindo bons músculos, galopando com ligeireza, este endiabrado cão, quando em perseguição da caça, não conhece obstáculos, rompendo cercas, sarças e espinhais, transpondo valas e fossos na preocupação única e absorvente da presa que lhe foge.

Caracteres essenciais: Aspecto geral: Raça concavilínea. É um cão pequeno, de bonito aspecto e estrutura robusta, dando-nos a impressão de força e energia.

Fig. 101 – *Beagle*

Talhe: O grande Beagle mede 37 a 42 cm, o pequeno 30 a 36 cm e o Beagle Elisabeth é ainda menor. As fêmeas são um pouco menores que os machos.

Cabeça e pescoço: Cabeça: muito forte mas não pesada. *Crânio:* largo e arredondado em abóbada, achatado em sua parte superior. *Osso occipital:* não visível. *Nariz:* com *stop* bem acentuado, *Chanfro:* direito. *Focinho:* curto. *Lábios:* cobrindo o maxilar inferior. *Nariz:* negro. *Narinas:* fortes e abertas. *Olhos:* em conseqüência do tamanho da fronte, não muito aproximados, grandes, redondos, à flor do rosto, pardo-escuro, vivos e meigos, bordados de preto em derredor. *Orelhas:* bem compridas, não passando o tamanho do focinho, largas e chatas, bem flexíveis, mas não finas, ligadas alto. Elas são um pouco para frente, com rebordo anterior na parte superior e bem arredondadas nas extremidades e não afinadas como as do Harrier. *Pescoço:* não muito longo e muito forte, o que tende a dar-lhe aparência de mais curto; com uma ligeira barbela.

Corpo: Peito: largo e profundo, bem descido, formando uma larga caixa torácica. *Costelas:* fortes e arredondadas. *Falsas costelas:* muito desenvolvidas. *Dorso:* liso, porém bem musculoso. *Lombo:* bem ligado, sustido e musculoso. *Flanco:* mais cheio que descido.

Membros anteriores: Espáduas: oblíquas, fortes e musculosas. *Antebraço:* direito. *Cotovelos e membros:* de perfeitos aprumos e direitos.

Membros posteriores: muito musculosos. *Garupa:* bem longa. *Jarretes:* arqueados, mas sem exagero para lhe dar maior impulsão. *Tendões:* mais grossos que longos e fortes. *Metacarpos:* fortes, com flexibilidade. *Membros:* ligeiramente alongados, mas no entanto arredondados. *Cauda:* de preferência curta, ligada alto, trazida em sabre, forte na raiz, bem espessa e espigada.

Pelagem: Pêlo: bem liso, curto, bastante denso, não muito fino. *Cor:* tricolor, branco, negro e fogo; geralmente de manto negro cobrindo mais ou menos o corpo, porém a cabeça sempre fogo com uma lista branca, mais ou menos larga, avançando habitualmente sobre a fronte, entre os dois olhos; enfim o focinho branco; os pêlos preto e fogo muitas vezes misturados nas malhas do corpo. Vêem-se por vezes, em algumas barrigadas, surgirem tipos cinza-azulados sobre fundo branco *(blue mottled),* outros brancos e fogo *(lemon).*

Estas cores são, aliás, muito características da espécie.

Variedades: Além da variedade grande e pequena existe entre Beagles Elisabeth, cães minúsculos que a Rainha Elisabeth levava à caça, diz-se, no seu *manchon.* E estes animais possuíam uma "voz" tão melodiosa que os apelidaram *singing* Beagles, quer dizer Beagles cantadores.

Estes cãezinhos eram utilizados na França e na Inglaterra para a caça da lebre e do coelho.

Pontos desqualificativos: Cabeça estreita; osso occipital visível; maxilares desiguais; orelhas frisadas ou em V; olhos pequenos ou muito próximos um do outro; pescoço fino, dorso mole, lombo comprido; costelas chatas, cotovelos para fora ou muito cerrados; coxas chatas, pés chatos, gordos, dedos abertos; cauda muito longa, grossa em excesso ou gorda, cor fogo-pálido ou encarvoado.

O Beagle-Harrier: O Beagle-Harrier é um mestiço obtido especialmente na França com o fim de conseguir um tipo de talhe intermediário entre o Beagle e o Harrier.

O Otterhound[23]: O Otterhound é um cão apropriado à caça da lontra, esporte muito estimado na Inglaterra e Escócia. Este cão, que é descendente do Bloodhound, possui cabeça forte, orelhas longas e pendentes, pêlo áspero, hirsuto, longo sobre todo o corpo, um pouco mais curto na cabeça, formando franjas nas orelhas. A cor da pelagem é geralmente acinzentada com manchas negro e fogo. O talhe deste animal é, na média, de 57 a 62 cm.

Cão veadeiro americano urrador: Recentemente foi introduzido no Brasil um cão americano, a que denominam veadeiro urrador, devido ao seu latido muito singular, algo semelhante a um toque de buzina.

Por este motivo talvez que sua origem se prenda aos Beagles, os quais possuem também um latido muito característico.

O americano urrador é de tamanho médio, um pouco menor que um Pointer, orelhas grandes, caídas, focinho fino, cauda direita. Cores variadas e em geral tricolor, como o Beagle.

---

23. *Otterhound* quer dizer cão de lontra.

É animal rústico e fácil de criar.

Suas qualidades cinegéticas residem na vivacidade, resistência e inteligência de que são dotados, a serviço de uma grande velocidade.

São excelentes na caça do veado, lobo, onça, paca, etc., tendo ainda ótimo faro e rastejando alto.

Infelizmente não encontramos, na literatura que dispomos, maiores esclarecimentos.

Os Galgos: O Galgo é, por excelência, um cão de corso como bem mostra sua conformação. Toussenel diz "que o primeiro cão que caçou em companhia do homem foi sem dúvida, um cão galgo amarelo, semelhante aos que se vêem hoje na Síria e na Argélia".

Posto que os galgos não sejam hoje tão utilizados na caça como outrora, ainda assim merecem um lugar de destaque entre os cães de corso.

Ao tratarmos de cada raça teremos ensejo de fazer amplas considerações sobre o valor destes animais como caçadores e as aptidões especiais que apresentam.

Os galgos podem ser divididos em três grandes grupos:

a) galgos de pêlo curto;

b) galgos de pêlo duro;

c) galgos de pêlo longo.

GALGOS DE PÊLO CURTO

Galgo árabe ou Sloughi: *Apreciação geral:* O Sloughi, quase venerado pelos árabes, é um caçador intrépido e certamente um dos mais preciosos e desinteressados auxiliares daqueles povos.

Fig. 102 – *Saluki*

O galgo e o cavalo fazem parte da família árabe e merecem solícito tratamento.

O Sloughi é quem provê a "smala" árabe da caça que a alimenta e das penas e peles com que negocia.

Origem: Os Sloughis tiram seu nome da cidade de Slúguia e acredita-se que descendem de cães que se cruzaram com lobas.

Caracteres essenciais: Aspecto geral: Animal musculoso, construído para a carreira e preensão de toda a espécie de caça.

Fig. 103 – *Galgo árabe ou Sloughi*

Talhe; 65 a 70 cm mais ou menos.

Cabeça e pescoço: Cabeça: longa e fina. *Focinho:* afilado. *Lábios:* curtos e delgados que descobrem facilmente os maxilares. *Dentes:* longos, pontudos e possantes. *Orelhas:* pequenas e finas, ligadas alto, coladas ao crânio, quando o cão está em repouso, porém direitas e vibrantes quando ele se excita na caçada. *Pescoço:* longo, flexível e móvel. *Corpo:* os músculos do dorso e da garupa são particularmente volumosos. *Membros:* secos, como que descarnados, com os tendões bem destacados. *Jarretes:* largos, bem descidos. *Peito:* largo e profundo, semelhante à quilha dum navio. *Ventre:* indistinto. *Cauda:* muito longa, forte ao nascer e fina na extremidade. *Pelagem:* de cor amarela ou cinza-claro. *Pêlo:* fino e cerrado.

Fig. 104 – *Whippet*

160

O Whippet: O Whippet, ou Spagdog, é um pequeno galgo, semelhante ao Levron italiano e tido pelos amadores como descendentes do cruzamento dum terrier com o Greyhound.

Seu talhe varia de 40 a 50 cm e seu peso entre 8 a 9 k.

Para descrever-lhe os característicos essenciais basta ver o que diremos do galgo inglês ou Greyhound do qual este é uma miniatura.

A sua pelagem é assaz variada: preto, vermelho, branco, araçá, cinza azulado.

O Galgo das Baleares: É conhecido na França sob o nome de Charnigue ou Charnegre, um cão algo semelhante a um lebréu, porém mais espesso e encorpado que este.

O Charnegre, oriundo das ilhas Baleares, é um notável caçador de coelhos. Seu talhe oscila entre 65 a 70 cm. A cor é fulvo-avermelhada, sendo mais clara no ventre e no peitoral.

Fig. 105 – *Greyhound*

O Greyhound: Vide descrição no capítulo: *Cães de Luxo*.

O Levron ou Levrette: Vide descrição no capítulo: *Cães de Luxo*.

GALGOS DE PÊLO DURO

O Wolfhound ou Galgo da Irlanda: O Galgo irlandês, chamado por motivo de sua especialização, cão de lobo (*Wolfhound*), e ainda *Irish Wolfhound*, é um animal em via de desaparecimento.

A sua função era combater o lobo e como este quase se acha extinto na Irlanda, o Wolfhound foi abandonado e por este motivo os tipos puros são raros.

É um animal gigantesco de 86 a 89 cm, musculoso e elegante.

A cabeça do galgo irlandês é longa, com o focinho moderadamente pontudo, orelhas trazidas para trás, peito profundo, rim arqueado, cauda longa, ligeiramente curva, bem coberta de pêlos, os membros são altos, as coxas longas e bem descidas. O pêlo é longo e duro no corpo, nos membros e na cabeça onde forma sobrancelhas, bigode e uma barbicha semelhante à dos griffons.

As cores mais características são: cinza, bronze, vermelha, negro, branco-puro e fulvo.

Fig. 106 – *Wolfhound*

O Deerhound ou Galgo da Escócia: Vide descrição no capítulo: *Cães de Luxo.*

GALGOS DE PÊLO LONGO E MACIO

O Galgo da Circácia: O Galgo da Circácia é um parente próximo do Borzoi, mas deste se distingue pelos seguintes característicos:

O pêlo, em lugar de ser ondulado como no cão do norte, é chato sobre o dorso e do comprimento de 5 cm. A parte posterior das pernas dianteiras, as coxas e a parte inferior da cauda são muito fornidas de pêlos; mais longos nas proximidades do peito e do pescoço eles formam aí uma espécie de papo.

A cor da pelagem é fulva escura ou preta, com as partes inferiores mais claras.

Fig. 107 – *Deerhound*

O Galgo da Grécia: O galgo grego possui um pêlo sedoso, curto na cabeça, muito longo na cauda onde forma uma bela franja. A pelagem é variável na cor, mas sempre aí figura o branco. O seu talhe oscila de 70 a 80 cm.

Fig. 108 – *Borzoi*

Galgo russo ou Borzoi: Vide descrição no capítulo: *Cães de Luxo.*

Galgo da Pérsia e Afgã: Vide descrição no capítulo: *Cães de Luxo.*

Outros Galgos: Além dos galgos já descritos, ainda podemos aludir ao Greyhound escocês de pêlo duro.

Há ainda digno de nota o *Elkhound,* o lindo galgo escandinavo.

Entre os galgos merecem ligeira referência os tipos desprovidos de pêlos, denominados galgos da África, dos quais existem várias raças ou variedades.

Os Terriers: Vide o capítulo: *Cães de guarda, tiro e outras utilidades.*

Cães de caça brasileiros: Os caçadores brasileiros reconhecem três tipos de cães nacionais: o *veadeiro,* o *perdigueiro* e o *paqueiro.*

Estes animais, produtos de cruzamentos diversos e ainda com caracteres flutuantes, não constituem raças, rigorosamente falando.

Um caçador brasileiro dos mais reputados e autor de diversos escritos sobre o assunto, o Sr. Bento de Paula Sousa, escreve algures: "nós não temos raças de cães mas apenas alguns cães acidentalmente bons; porque não são raças constituídas, entretanto, excelentes como caçadores".

Como os indígenas do Brasil não possuíam cães domésticos, é claro que estes animais para aqui foram trazidos pelos colonizadores portugueses, franceses ou espanhóis.

F. A. Varnhagen, autor putativo dum volumezinho sobre a caça[24], diz que o nosso caipira empregava nas caçadas um cão indígena denominado aracambé, asserto este contestado por inúmeros caçadores e pelo já citado Paula Sousa, que afirma serem estes animais de natureza selvagem e refratários ao cativeiro.

Alguns caçadores, no entanto, me informam que se utilizam de "cães do mato" para cruzarem com os cães domésticos, saindo deste cruzamento ótimos animais para caça.

O meio de conseguir os "cães do mato" é sempre incerto e difícil e só acontece quando os podem surpreender em tenra idade ainda. A que espécie pertencem estes cachorros do mato? Há aqui dois fatos a estudar. O primeiro é saber se de fato se trata de cachorros selvagens e no caso afirmativo verificar a espécie. Em relação ao nosso veadeiro, diz Henrique Silva: "É questão controversa ainda o saber se o cão veadeiro, este animal de caça por excelência, descende do galgo com o qual se parece no tipo ou procede de outras raças como o Santo Humberto, a de Gasconha e também das da Península Ibérica, as quais lembra pelas qualidades e aptidões para caça". Estou neste último modo de pensar e justificar-me-ei adiante.

---

24. *A Caça no Brasil, ou Manual do Caçador em Toda a América Tropical,* Rio, 1860.

Trazida à América pelos colonos espanhóis, sabe-se duma raça de cães corredores de veados e de antas no planalto de Santa Fé, na Colúmbia. Aos meus olhos profanos no assunto, o nosso veadeiro não é nem pode ser oriundo do galgo com o perdigueiro, como quer entre outros, o ilustre Varnhagen.

Como poderia resultar destas duas raças de cães o galgo e o perdigueiro, ambos avessos a caçar no mato, animais tão aptos e propensos a este mister como os nossos veadeiros?

Após estas considerações, Henrique Silva inclina-se a crer que o veadeiro descende de cães que as expedições francesas da época colonial possivelmente para aqui trouxeram, e, como estamos no domínio de puras hipóteses, sem nenhuma prova cabal, não creio que deixem de ter razões os que supõem o veadeiro descendente do galgo.

Suponho ser mais fácil adaptarem-se estes cães a caçar na mata que, com o cruzamento, se conseguir das raças francesas citadas pelo Cap. Henrique Silva, um tipo esgalgado como é o nosso veadeiro.

Fig. 109 – *Cão onceiro, fila brasileiro*

Os veadeiros, também chamados veadeiros paulistas, veadeiros Paula Sousa, são animais de porte médio, com alguma semelhança com o galgo, membros musculosos, ventre recolhido, peito alto e largo, pernas finas, cabeça afilada, focinho comprido e pontudo, cauda longa, ligeiramente recurva para cima, pêlo curto, tendo, alguns, a cauda empenachada. Não têm cor característica, existindo: amarelos, brancos, vinagres, alvaças, vermelhos, pampas. Caça em matilha, em trelas ou isolado.

Os perdigueiros assinalam-se pelas orelhas largas e pendentes, focinho curto e quase quadrado; os de alguns, fendidos no meio, o que não é para desejar. Apresentam as seguintes cores: chumbadinhos, malhados de branco, preto e castanho.

Os paqueiros são cães rasteiros *(bassês)*, sem cores definidas e empregados na caça da paca e outros animais de toca.

Ao lado destas três raças, ainda em formação, visto faltar-lhes a fixidez de caracteres, que é o que constitui a raça, existe em vários Estados uma canzoada incaracterística, produto de cruzamentos à lei da natureza, mas que presta serviços de caça.

Entre estes merece menção o cão onceiro que se supõe seja descendente do cruzamento do veadeiro e do perdigueiro. Há ainda um outro cão onceiro, denominado cabeçudo, "raça" criada no Estado de Minas, especialmente e cuja descrição faremos mais adiante.

A caça da onça é talvez a que maiores perigos oferece aos cães e ao caçador. Eis em resumo como se procede:

"Quando a onça é descoberta foge, andando léguas; é preciso acompanhá-la e andar perto dos cães para impedir as emboscadas que ela lhes prepara. Quando a onça não é velha e, portanto, não tem experiência de tentativas anteriores, facilmente os cães a obrigam a subir a uma árvore, onde muito à vontade, o caçador pode meter-lhe uma bala junto ao ouvido. Se, ao contrário, é um animal experiente, os cães correm mais riscos, ele se amoita nalguma touceira escura e de lá sai aos saltos ora sobre um, ora sobre outro cão; estes evitam o salto e é curioso ver-se como o grande gato vai pegar justamente os cães menos afoitos, aqueles que estão mais longe e que não acompanham tanto o movimento do inimigo. Cansada, ao fim de algumas horas de escaramuça, a fera emprega um ardil; deita-se no solo, vira-se como um gato doméstico a brincar com os ratos, sem nunca perder de vista os cães, rola até que um momento se ofereça para seguro salto, no qual de ordinário logra agarrar alguns dos perseguidores menos amestrados; mata-o à primeira patada e, como que indiferente a essa vitória, senta-se sobre a vítima e fita os inimigos em torno.

Fig. 110 – *Veadeiro paulista, raça que se originou de exemplares introduzidos em São Paulo pelo caçador Paula Sousa*

Estes cortam com os dentes os cipós e as sarças que os poderiam atrapalhar na luta, limpam o terreno e fazem frente, até que chegue o caçador. Então, muda-se o espetáculo; a onça deixa de parte os cães, e, enquanto estes, fiados no caçador, se aproximam, e com mais ímpeto a agridem, ela afasta-os apenas com ligeiras ameaças; o seu olhar não perde de vista o caçador que deve ser calmo e seguro na pontaria; falhando o tiro, a onça lança-se sobre ele, e, em pé, deita-lhe a mão por cima da cabeça, para separá-la das vértebras, conforme pratica com o boi. É aí que se avaliam os bons nervos do caçador; em geral, os cães acodem-lhe; mas é preciso que ele disponha de todo o sangue frio e destreza para se livrar do respeitável contendor, ou por meio de um segundo tiro, ou lutando corpo a corpo, a punhal[25].

Como se vê, apesar de não possuir sangue nobre dos cães europeus, o bastardo nacional, o pobre cão brasileiro, não é nem covarde nem destituído de inteligência.

Seria no entanto muito longo descrever a maneira com que os nossos caçadores nos diversos estados se utilizam dos cães em várias caçadas.

No Amazonas o cão brasileiro caça a paca na toca, desvia para os cursos d'água o veado ou o tapir, persegue o jaguar, até descobre o jabuti entre as folhas secas[26].

Em Pernambuco, o Sr. Camilo Pereira Carneiro, em 1925, estava tentando a criação dum tipo especial de cães, cruzando o Foxhound americano com o cão de Fernando de Noronha, tipo de cão nacional muito pouco conhecido.

Fila brasileiro[27]: *Aparência geral:* O fila brasileiro, em alguns lugares chamado onceiro, cabeçudo, boiadeiro cabeçudo, é uma raça típica da família dos Molossóides: grande porte, ossatura e musculatura muito fortes. Corpo mais comprido do que alto, porém bem proporcionado e simétrico.

Temperamento e qualidades: De notável valentia e coragem; caracteriza-se pela ojeriza a estranhos, sendo, no entanto, de tradicional fidelidade ao dono e familiares, para os quais é extremamente afetuoso, meigo e obediente. Em conseqüência, é inexcedível guarda de propriedades, sendo também utilizado, com sucesso, na lida do gado, onde demonstra plenamente sua coragem e bravura.

Como resultado do seu temperamento, muitas vezes o fila brasileiro ataca o juiz e, via de regra, não permite que este o toque. Tal atitude apenas confirma suas características de temperamento, não devendo ser considerada como falta.

Movimentos: Passos largos, compassados e elásticos, aparentemente pesados, lembrando o dos felinos. Como principal característica, nota-se serem os movimentos gingantes e ondulantes. A passo lento e com a cauda erguida, esta acompanha o gingar do corpo, balançando-se da esquerda para a direita. Estando de cauda baixa, o gingar deve ser perfeitamente perceptível na garupa e costelas.

---

25. *Esboço Geral da Fauna Brasileira,* A. Miranda Ribeiro.

26. *L 'Amazonie Bresilienne,* Paul Le Cointe.

27. O nosso fila, embora seja reconhecido pelo B. K. C. e K. C. P., ainda não foi admitido oficialmente no Kennel Club inglês.

O trote é fácil, suave, com grande alcance das pernas dianteiras, cobrindo bastante terreno com poucos movimentos. Quando a passo, em regra, o fila brasileiro mantém a cabeça em posição abaixo da linha do dorso.

Pele e pelagem: Pele grossa e solta, principalmente no pescoço e tronco. Na garganta deve formar barbelas. Pêlo macio, espesso e bem deitado.

Cor: Todas as cores e suas combinações são permitidas. Nos unicolores e rajados são comuns as manchas brancas no peito e garganta, extremidade dos membros e ponta da cauda.

Cabeça: Sempre grande e pesada em relação ao corpo, de aspecto quadrado e maciço, tipicamente braquicéfala. Crânio grande e largo, estreitando, um tanto abruptamente, ao iniciar-se o focinho.

Depressão frontal *(stop),* visto de frente, é praticamente inexistente, continuando, em sulco, que se estende, longitudinalmente, até mais ou menos a metade do crânio. De perfil, a depressão frontal é bastante nítida, formada que é pelas arcadas superciliares.

Protuberância occipital bem pronunciada.

Focinho forte, largo, mais curto do que o crânio, mas sempre em harmonia com este. De grande profundidade em toda a extensão, terminando em linha quase perpendicular. Lábios superiores grossos, flácidos e pendentes sobrepondo-se aos inferiores, dando ao focinho aspecto quadrado, típico dos molossóides. Lábios inferiores firmes na ponta do maxilar, porém soltos nos lados, onde têm bordos denteados.

Dentes fortes, brancos. Caninos bem afastados. Incisivos superiores largos na raiz e estreitos na ponta. Mordedura em tesoura.

Narinas largas, bem desenvolvidas, ocupando grande parte da frente do maxilar superior. De cor negra, exceto nos cães de pelagem chocolate, marrom, ou de fundo branco com malhas dessas cores, nos quais o nariz de coloração marrom é permitido.

Olhos: Tamanho médio, ligeiramente amendoados, bem afastados e profundos, de coloração escura. Devido à pele solta, muitos exemplares apresentam pálpebras caídas, detalhe que não deve ser considerado falta, pois aumenta o aspecto triste do olhar, típico da raça.

Orelhas: Grandes, em forma de "V", inseridas na parte mais posterior do crânio. Em conseqüência da pele solta, a inserção de sua raiz é variável. Quando o cão em atenção, a inserção é alta, atingindo a linha superior do crânio; estando o cão em repouso, a raiz é baixa, dobrando-se a orelha para trás, de modo a ver-se seu interior.

São permitidas as orelhas caídas de cada lado (orelhas de molosso) e as dobradas para trás e para cima (orelhas de rosa).

Pescoço: De diâmetro extraordinariamente desenvolvido, com fortíssima musculatura. Garganta provida de barbelas.

Corpo: Forte, coberto de pele grossa e solta. Costelas bem arqueadas. Peito largo e profundo, atingindo, no mínimo, a ponta do cotovelo. Peitorais (antepeito) bem salientes. Ventre pouco encolhido.

Ombros bem angulados. As pontas das omoplatas, ao formarem a cernelha, não se juntam, mantendo-se, ao contrário, bastante separadas, resultando em cernelha baixa e plana. Dorso forte, em linha ascendente da cernelha para a garupa, que é mais alta. Da ponta anterior do ilíaco, a garupa desce suavemente, confundindo-se com a raiz da cauda.

Cauda de raiz muito larga, afinando rapidamente, para terminar em ponta, que deve alcançar a ponta dos jarretes. Na extremidade é a cauda ligeiramente curva.

Quando o cão excitado, a cauda eleva-se pronunciando-se mais a curva da extremidade. Porém, não deve a cauda cair sobre o dorso ou enroscar-se. Pontas dos jarretes pouco projetadas para trás.

Pés providos de dedos bem arqueados e fortes, apontando para a frente. Unhas pretas, podendo ser brancas quando for essa a cor do respectivo dedo.

Faltas:

1) *Desqualificantes:* mono e criptorquidismo. Orelhas ou cauda operadas. Brancos sem qualquer mancha de outra cor. Nariz cor de carne. Prognatismo inferior com dentes à mostra estando a boca fechada.

2) Graves: Cabeça pequena; andar sem gingar; pele não solta; lábios superiores curtos, sinais de albinismo; olhos salientes; timidez, covardia.

3) Sérias: prognatismo inferior ou superior; passos curtos; amizade a estranhos; ossatura leve; peito pouco profundo, garupa mais baixa do que a cernelha.

4) Leves: Todo e qualquer desvio do padrão.

5) No julgamento deve o juiz preferir o exemplar com várias faltas àquele com apenas uma ou duas, porém muito pronunciadas.

(Padrão da raça elaborado pelos Srs. Drs. Paulo Santos Cruz, Erwin Waldemar Rathhsam e João Ebner).

Os cães rasteiros: Costumamos dar a denominação de cães rasteiros[28] a indivíduos duma variedade que tem como principal característico os membros locomotores muito curtos em relação ao corpo comprido e cabeça e orelhas grandes.

Este nanismo, em um só sentido, que caracteriza várias raças, é atribuído a parada do desenvolvimento dos membros locomotores, fenômeno esse que se torna hereditário.

Basta confrontar determinadas raças normais e as rasteiras para notar-se a absoluta semelhança entre elas, exceto a curteza dos membros, o que dá aos animais a fisionomia curiosa que tanto os distingue.

Este fenômeno hereditário não se manifesta exclusivamente na espécie canina; ele se verifica nas demais espécies, quer domésticas quer selvagens.

Verifica-se muitas vezes em criações normais de cães o aparecimento de indivíduos que apresentam o encurtamento exagerado das pernas e se constituem assim tipos rasteiros, "bassê" como lhes chamam os franceses.

---

28. Os franceses chamam *bassê* a esses cães; os italianos *bassotto;* os alemães *dachshund, teckel,* e os espanhóis *perro zarcero.* É interessante notar que o nosso caipira usa o vocábulo "jaguapeva" ou "guapeva" para designar os cães de pernas curtas. A palavra deriva-se do tupi "jaguá", cão e "peva", chato, baixo, e assim dizem um cachorro "jaguapeva", embora redundantemente.

O cão rasteiro de Artois: *Apreciação geral:* Apesar de ser um tanto pesado e não suficientemente resistente para caça em terrenos acidentados ou rochosos, este cão é bem apreciado, especialmente como caçador de coelhos.

Origem: Deve-se ao Sr. Lane e ao conde Le Couteulx a fixidez de dois tipos de cães rasteiros, o denominado *Bassê de Artois,* chamado também *Le Couteulx* e o *Bassê Lane.*

Caracteres essenciais[29]: *Aspecto geral:* cão longo, bem relativamente à sua altura. *Talhe:* 26 a 38 cm.

Cabeça: abobadada, de largura média. *Stop:* sensível mas sem exagero, bochechas formadas por uma ou duas pregas da pele e não por músculos como no buldogue. No seu conjunto a boca deve ser seca. *Olhos:* grandes, de preferência escuros, olhar calmo e sério, podendo mostrar algumas vezes a conjuntiva. *Orelhas:* ligadas tão baixo quanto possível e jamais acima da linha dos olhos, estreitas no nascedouro, bem "assacarrolhadas", flexíveis, terminando em ponta e mais compridas possível, chegando no mínimo à ponta do focinho quando esticada neste sentido. *Focinho:* comprido, com chanfro um pouco curvo. *Nariz:* negro e largo, avançando sobre os lábios. *Narinas:* abertas. *Bochechas:* bem plissadas. *Pescoço:* bem comprido, às vezes com barbela mas sem exagero.

Fig. 111 – *Miniature Dachshund*

Corpo: de boa ossatura, sem ser maciço. *Peito:* descido, largo, arredondado. *Esterno:* bem saliente. *Espáduas:* redondas, fortes e curtas. *Costelas:* redondas. *Rim e dorso:* largo, bem mantido, direito ou ligeiramente harpado. *Coxas:* bem apresuntadas, devendo formar com a garupa uma massa bem esférica, isto é, dá notadamente nos tipos de talhe abaixo de 30 a 32 cm. *Cauda:* bem ligada, antes curta, forte no nascedouro, afinando-se progressivamente, trazida algumas vezes em sabre, porém jamais caída sobre o dorso e não espigada.

Membros: Pernas dianteiras: curtas, grossas, sejam direitas, tortas ou semitortas, ou mesmo um tanto tortas, trazendo muitas vezes duas ou três pregas de pêlo abaixo do joelho. *Pés:* de bom aprumo nos cães de pernas direitas. *Dedos:* sem deformidade nos cães de pernas tortas, semitortas ou um tanto tortas. *Pernas traseiras:* apresuntadas e musculosas. *Jarretes:* nem cerrados nem muito abertos, nem angulosos. Duas ou três pregas de pele e *caplets* são sinais da raça.

---

29. Segundo o *Standard* adotado pela Société de Vénerie.

Fig. 12 – *Bassê de Artois*

Pelagem: tricolor ou branca e laranja. O cão tricolor deverá ser largamente marcado de fulvo na cabeça com manto negro ou malhas negras, terminando pela cor fulva nas extremidades.

Os mosqueados de branco são tolerados mas não constituem qualidade.

Pêlo: curto, cerrado, sem ser muito fino.

Nota – Além do tipo acima descrito, reconhecido pelo *"Club du Bassê d'Artois"*, existe o velho tipo denominado Couteulx.

Atualmente na França efetua-se o cruzamento do *Artois* e do *Normand* "Lane" obtendo-se com isto excelentes tipos.

Os característicos do cão Normando, também chamado de Lane, são quase os mesmos do Artois, acima descrito, exceto o tamanho um tanto maior e as pernas que são tortas. Há ainda a notar que a cauda do Normando é sempre trazida direita, para cima.

O cão rasteiro azul de Gasconha: O bassê gascão, que é um tanto pesado, possui orelhas muito longas, frisadas, nariz bem desenvolvido, e dorso alongado, membros curtos e fortes. O seu talhe varia de 30 a 36 cm.

Fig. 113 – *Wire-Haired Dachshund*

171

A pelagem é branca com malhas negras, mais ou menos extensas, marcas de fogo em cima dos olhos e algumas vezes no focinho e nas extremidades dos membros.

Esta raça, tão pouco numerosa em indivíduos de absoluta pureza, é, no entanto, uma das melhores para a caça do coelho e do cabrito montês.

O cão rasteiro Ardenês: Esta raça, de limitadíssimos indivíduos, é por isto mesmo pouco conhecida. Dechambre, no entanto, menciona-a como um exemplo em apoio da hipótese formulada em sua obra de que os cães rasteiros provêm das raças normais a que um fenômeno teratológico impediu o desenvolvimento natural dos membros locomotores.

O bassê ardenês é um derivado direto do cão de Santo Humberto como logo se nota ao observar-se a cabeça, as orelhas e a cor deste cão.

RAÇAS FRANCESAS DE PÊLO DURO

O Griffon rasteiro vandeano: O Griffon rasteiro possui a cabeça e o corpo semelhante ao Griffon vandeano já descrito. Eis em resumo seus característicos: cabeça curta; orelhas finas, bem voltadas para dentro, colocadas baixo, cobertas de pêlos longos; nariz negro; cauda curta e grossa; pêlo longo, duro, denso, abundante, formando sobrancelhas pronunciadas, sem cobrir os olhos; pelagem fulva, branco e laranja, branco e cinza, branco e fulvo ou tricolor.

O *standard* admite dois talhes: um 34 a 38 cm, o mais das vezes com as pernas semitortas e outro de 38 a 42 cm, o qual deve possuir as pernas direitas.

O Griffon fulvo rasteiro da Bretanha: Os característicos essenciais desta raça são os mesmos que os da raça normal donde se originou; o talhe oscila entre 34 a 36 cm. Este *bassê* goza atualmente na França de grande favor público, pois tendo as mesmas qualidades do Griffon da Bretanha não possui os defeitos dele.

RAÇA ALEMÃ

O Teckel ou Dachshund: *Apreciação geral:* Não há no mundo dos cães de caça nenhum outro animal que se assemelhe a este gnomo de quatro patas.

O Dr. Kreckwitz, diretor duma revista cinegética de Munique, afirma que para o caçador alemão bastam dois cães: um Teckel e um cão de mostra. Hugo Siegwart ainda mais confia nos préstimos deste interessante *bassê*, dizendo que somente com este cão se pode fazer qualquer espécie de caçada.

Pecando talvez por excessiva a afirmação do aludido técnico, não se pode deixar de reconhecer que se é possível conseguir um cão capaz de realizar todos os trabalhos cinegéticos, outro não podia ser senão o Teckel.

Fig.114 – *Bassê de pernas tortas*

Realmente, devido às múltiplas qualidades deste excelente cão e sua notável inteligência, é possível, mediante um treino apropriado, exigir dele os mais variados serviços. O Teckel é afoito, de temperamento jovial, corajoso e tenaz até à obstinação, sendo, por outro lado, afetivo e carinhoso para o seu dono.

Como cão de corso ele não se intimida de atacar os animais de grande porte como os javalis e os veados e como cão de caça subterrânea nenhum outro se mostra mais hábil, denodado e tenaz.

Para este mister reconhece-se hoje que o Teckel apresenta sobre o *Terrier* inúmeras vantagens.

Origem: Supõem alguns cinólogos que o Teckel já existia no antigo Egito, como provam vários caracteres hieroglíficos que representam cães com a silhueta muito singular desta raça. A palavra *teckel* ou *tekel* parece mesmo significar cão em egípcio. É raça considerada alemã, sendo comum encontrá-la especialmente na Baviera, Wurtenberg, nas regiões florestais da Alemanha Central e da Áustria.

Existem quatro variedades: o Teckel de pêlo curto, o de pêlo duro, o de pêlo comprido e do *Dachsbrack*. Além destas variedades os alemães criaram um tipo nanico, *Zwergsdachshund*.

Destas variedades a que está positivamente fixada é a de pêlo curto, e assim algumas surpresas surgem quando se criam indivíduos das outras variedades.

1º.) Teckel de pêlo curto: *Caracteres essenciais*[30]*: Aspecto geral:* Nenhuma outra raça pode, devido a sua conformação geral, convir melhor ao fim a que esta é destinada. Embora se possa dizer que é um "monstro", também é justo acrescentar-se que esta monstruosidade não desperta nenhuma impressão desagradável.

---

30. Segundo o Teckel-Club Français.

Talhe: 20 a 23 cm. Os Teckels de pêlo curto dividem-se em dois grupos, segundo o seu pêlo: 1°.) de 7 ½ kg para os machos e 7 para as fêmeas; 2°.) 7 kg a 10 kg.

Cabeça e pescoço: Cabeça: longa e pontuda. *Crânio:* chato e largo. *Focinho:* pontudo. Visto de perfil, o "stop" deve ser quase direito ou ligeiramente bombeado. O lábio não deve ser pendente, mas precisa marcar nitidamente uma prega na comissura. *Dentes:* bem desenvolvidos com os caninos, adaptando-se bem entre eles. *Olhos:* redondos, bem abertos, sem mostrar o branco. *Orelhas:* não muito longas, bem largas, colocadas muito alto e bem para trás, chatas e ligeiramente arredondadas na sua extremidade. *Pescoço:* bastante longo, flexível, largo e forte visto de cima, ligando-se bem nas espáduas. A pele do pescoço deve ser frouxa, mas sem barbela.

Corpo: Dorso: muito longo, largo nos rins e muito ligeiramente arqueado. *Peito:* largo e profundo.

Membros anteriores: Espáduas: longas, largas e flexíveis, inclinadas obliquamente para frente, ligando-se a um tórax bem desenvolvido. *Membros:* muito mais fortes que os posteriores. *Antebraço:* possante e musculoso. *Joelhos:* ligeiramente cavados. *Pés:* voltados para fora. O conjunto da pata dianteira, vista de face, afeta a forma de um S; vista de perfil é quase direita, o joelho não fazendo saliência.

Membros posteriores: Coxas: muito musculosas. *Jarretes:* direitos e de aprumo. *Pés:* direitos; os anteriores muito mais fortes que os posteriores. *Dedos:* bem cerrados, planta dos pés redonda e firme. *Cauda:* não muito longa afinando para a extremidade, trazida quase direita, com uma ligeira curva.

Pelagem: 1°.) *Unicolor:* marrom, vermelha, amarela, salpicada de preto, cor limpa de salpicos é preferível. Preferível aos demais são os indivíduos de pelagem vermelha. As unhas e o nariz são pretos. 2°.) *Bicolor:* negro, pardo ou cinza com marcas de fogo na cabeça, peito, patas, em torno do ânus e até um terço mais ou menos da cauda. Alguns pêlos brancos e mancha branca no peito são tolerados. Nariz e unhas negras, pardas ou cinza de conformidade com a pelagem. *Pêlo:* duro, cerrado, muito brilhante, liso, mais fino e sedoso nas orelhas, mais grosseiro no ventre e sob a cauda, onde não deve, no entanto, formar escova.

Fig. 115 – *Teckel de pêlo curto*

Pontos desqualificativos: Cabeça curta, fronte bombeada, lábios pendentes, orelhas afastadas da cabeça, pescoço fino, peito estreito ou chato, membros anteriores exageradamente tortos, dedos muito separados, pés chatos, jarretes angulosos, maus aprumos, cauda muito longa, muito espessa, muito fina ou muito recurvada, maxilar com dentes se adaptando mal, maxilar inferior saliente ou retraído.

2º.) Teckel de pêlo duro: O tipo ideal deste, é semelhante ao Teckel de pêlo duro curto, todavia o corpo deve ser menos alongado e o peito menos descido. O pêlo deve ser bem curto, duro, as sobrancelhas tufadas e o pêlo das orelhas curto, quase liso; todas as cores são admitidas. A mancha no peito é tolerada.

Pontos desqualificativos: Pêlo sedoso ou ondulado.

Muitos animais desta raça possuem pêlo amarelo no alto da cabeça, o que parece uma herança avita do sangue do Dandie Dinmont.

Os alemães, entretanto, não confessam que tal cruzamento foi feito, mas parece certo que o foi, provando-o as flagrantes analogias das duas raças.

3º.) Teckel de pêlo comprido: *Caracteres essenciais:* Pêlo doce, sedoso, pouco ondulado, prolongando-se até às orelhas, sob o pescoço e atingindo o comprimento da cauda onde forma uma franja longa e tufada.

O pêlo deve cobrir a parte inferior da orelha.

Fig. 116 – *Teckel de pêlo comprido*

4º.) **O Dechsbrack:** É mais alto que os Teckels e mede 23 a 26 cm. Deve pesar mais de 10 kg.

Difere do Teckel comum por ser mais forte, mais alto de pernas, sendo estas mais direitas.

Sua cor é igual a do Teckel de pêlo curto, podendo este ser mais duro que o do Teckel.

O cão rasteiro inglês: O cão rasteiro era perfeitamente desconhecido na Inglaterra até 1863, época em que os ingleses conheceram os *bassés* franceses numa exposição de Paris.

Conheceram, admiraram e imediatamente importaram.

Daí se originaram os cães rasteiros que hoje possuem e usam na caça de corrida.

O rasteiro inglês, posto que de origem francesa, tornou-se um tanto pesado sendo um medíocre caçador.

Capítulo V
Cães de Luxo, Distração e Companhia

O cão de luxo é flor da estufa, produto da civilização. Na generalidade, são animais minúsculos e delicados, verdadeiras miniaturas, de beleza esquisita ou de fealdade apreciada.

Mas como o mundo da beleza e do luxo é governado pela Moda, divindade inconseqüente e sutil, não somente os *toutous* gozam dos seus caprichosos favores, outros representantes da raça não raro surgem do seu ambiente humilde para o grande palco mundano.

Galgos, buldogues, dinamarqueses, griffons, collies já têm trocado as suas honestas tarefas de guardas, caçadores, vigias, pastores, pela vida ociosa de "flaneur", obedecendo ao capricho da moda.

"C'est la mode qui les porte, qui les apporte et les emporte", diz Eug Gayot.

Assim, pois, a classificação dos cães de luxo está muito ao arbítrio do tempo, mas como certas raças são essencialmente destinadas a esse fim, neste capítulo trataremos delas minuciosamente.

O Chow-Chow: *Apreciação geral:* O *Chow-Chow,* que é considerado como o lulu chinês, tem muita semelhança com o cão dos esquimós. Uma das singularidades deste é possuir o paladar (céu da boca) e a língua da cor negro-violeta. Não é isto, uma exclusividade da raça, como fazem, crer, pois alguns cães da Indochina e da Terra-Nova, possuem língua preta.

O *Chow* é companheiro amável, elegante e de fidelidade nunca desmentida. Possuindo temperamento rústico, vive perfeitamente em canil, posto que seja animal de salão. São notáveis as suas qualidades de vigia.

A carne desse cão é consumida na China como fina iguaria, o que não deixa de ser degradante para a espécie humana tão revoltante hábito.

Origem: Originário da China, onde, como dissemos, é animal de talho, somente em 1863 foi introduzido na Inglaterra, tendo aí prosperado bem, embora o seu tipo haja aumentado no porte.

Caracteres essenciais: Aspecto geral: Raça convexilínea. Cão ativo, curto, bem feito,

Fig. 117 – *Chow-Chow*

cauda caída sobre o dorso. *Cabeça e pescoço:* cabeça larga e chata. *Orelhas:* pequenas, pontudas, trazidas de pé, e colocadas para a frente em cima dos olhos. *Olhos:* sombrios e pequenos. *Nariz:* negro e largo. *Focinho:* de comprimento moderado, porém, largo até o fim, a partir dos olhos. *Dentes:* fortes, os do alto tocando nos de baixo. *Pescoço:* forte, bem colocado nas espáduas; um pouco curvo.

Corpo e cauda: Espáduas: musculosas, oblíquas. *Peito:* largo, profundo. *Dorso:* direito, forte, porém curto. *Rins:* bem fortes. *Cauda:* caída bem sobre o dorso.

Pernas e pés: Pernas de diante: direitas, tamanho moderado, ossatura forte. *Pernas traseiras:* fortes e musculosas. *Jarretes:* direitos. *Pés:* pequenos, redondos e se mantendo bem nos artelhos.

Pelagem: abundante, espessa, direita, com um subpêlo mole, lanoso. *Cores:* negra, branca, amarela, vermelha, azulada, sem manchas, mas um pouco mais clara sob a cauda e nas coxas.

Fig. 118 – *Maltese*

Defeitos: Orelhas caídas, nariz vermelho, salvo nos espécimes amarelo e branco. Língua vermelha, cauda não caída sobre o dorso, pelagem com manchas, *ergots* muito compridos.

O cão japonês: *Apreciação geral:* Este canito oriental é, bem como o seu possível parente pequinês, um tipo perfeito de animal de luxo.

Afável, gracioso, belo à maneira nipônica, o cão japonês tem algo de soberbia e desdém para com os demais cães com os quais não se imiscui. É o cão favorito das elegantes japonesas e das não menos elegantes européias que não trepidam em dar elevadas quantias para obtê-los.

Muito pichoso consigo mesmo, o Tsim ou Chin, como também é chamado, tem caráter alegre e doçura felina. A aclimatação desta preciosidade é difícil e cuidados especiais requer a sua toalete.

Origem: Raça retilínea. Os japoneses dão-lhe como oriundo da China, origem aliás de todas as coisas nipônicas.

Em 1879 foram estes exóticos animais introduzidos na Inglaterra onde ganharam logo o favor público e a simpatia da então princesa de Gales. Por essa ocasião os clubes caninos discutiram a classificação do recém-chegado, que foi tido como próximo parente do King-Charles, contra opinião vencida de outros que o supunham um Épagneul e, ainda, de terceiros que o acreditavam um Carlin japonês de pêlo duro.

Caracteres essenciais: Aspecto geral: fino, elegante, vivo, atarracado, marcha ligeira e dançante, trazendo a cauda sobre o dorso.

Fig. 119 – *Chow-Chow*

Cabeça e pescoço: Cabeça: grossa. *Crânio:* um pouco inclinado para frente mas sem abóbada como a do King-Charles, ou a do Blenheim. *Fronte:* larga. *Orelhas:* pequenas em forma de V e colocadas bem alto. *Olhos:* redondos e grandes o mais afastados possível um do outro. *Nariz:* curtíssimo. *Focinho:* chato e o mais largo possível. *Maxilar:* largo. *Lábios:* muito grossos formando folhos dos dois lados do nariz "well cushioned". *Pescoço:* muito curto.

Corpo e cauda: Corpo: atarracado, "cobby". *Peito:* largo. *Dorso:* curto. *Cauda:* muito curta trazida bem achatada sobre o dorso com uma grande pluma.

Pernas e pés: Pernas: muito direitas e finas. *Pés:* não muito curtos (marchando sobre as pontas dos dedos, andar de borboleta), longos pêlos nas pontas dos pés "well featthered".

Pelagem: Cor: branco e preto, branco e laranja, vermelho e branco. *Pêlo:* muito longo no corpo, curto na cabeça, muito comprido nas orelhas, na coleira,

Fig. 120 – *Japanese Spaniel*

179

na cauda e a calça muito fornida de pêlos compridos e rastejantes.

Qualidade de pêlo: direito e não chato, com tendência a se entreabrir no corpo "stand-out", o branco brilhante não sujeito a sujar-se e macio ao tato sem ser sedoso.

Peso: Na Inglaterra a raça é dividida em duas classes: a primeira abaixo de 7 libras, e a segunda acima de 7 libras.

No Japão existem tipos menores que os da Europa.

Defeitos: Nariz comprido, olhos pequenos, mandíbula muito saliente e muito estreita "pinched"; orelhas colocadas baixo, corpo muito comprido, patas não muito direitas, pêlo frisado ou ondulado, ou pouco abundante, talhe mais longo que comprido ou inversamente, ou acima da média.

Fig. 121 – *Chihuahua*

O Pequinês: *Apreciação geral:* É essa raça universalmente conhecida pela designação francesa de "pekinois". Em alguns tratados é ela chamada cão-leão, cão-sol.

O pequinês é um verdadeiro brinquedo animado, uma jóia da raça canina, tão do agrado das damas aristocráticas.

Devido a origem nobre, como abaixo veremos, este canicho guarda altiva dignidade que lhe emprestou a convivência secular entre os palacianos da corte do Celeste Império.

É um verdadeiro filho do luxo, exigente nos cuidados que requer a sua criação, mantença e toalete. Apesar da vida de indolência palaciana em que viveu secularmente, seus instintos esportivos não se apagaram e mostra-se corajoso e inclinado à caça.

A sua aclimatação é dificílima e os animais trazidos da China não resistem.

Blanco Ibañes[31] conta o fato de ser preciso, duma feita, jogar ao mar mais de 200 cães pequineses comprados em Shanghai e mortos na viagem. "Ninguno llega al final del viaje", conclui o pitoresco novelista.

Origem: Este animal existe na China há milhares de anos, como se depreende de gravuras, estatuetas de pedra, bronze, jade, ouro, marfim e porcelana em que aparece a figura deste cão real e quase sagrado. Muitos julgam que este cão representava como símbolo a própria China e a bola ou uma miniatura de cãozinho com que ele figura brincando, era o Japão. Mostrava esta alegoria a dependência em que este país se acha da China.

O aparecimento do pequinês da Europa se prende a um fato histórico.

Em 1860 o palácio de verão de Pequim foi saqueado pelos soldados europeus e estes, como troféus, dali trouxeram alguns exemplares destes cães. Um deles foi oferecido à rainha Vitória, existindo ainda o retrato dele feito pelo pintor Landseer, e outros foram parar às mãos de pessoas privilegiadas.

---

31. *La Vuelta al Mundo de un Novelista,* tomo II.

Estes belos animais eram criados na corte imperial de Pequim com extremos cuidados e dali não saíam, sob pena de morte para os que tentassem fazer. Uma vez na Inglaterra a sua reprodução mereceu especiais cuidados e pouco a pouco a raça prosperou, não obstante as dificuldades de sua criação.

Caracteres essenciais: *Raça retilínea. Aspecto geral:* Viveza, corpo compacto, caráter digno e aspecto real. *Talhe:* menor possível uma vez que não sacrifique o tipo.

Cabeça e pescoço: Cabeça maciça. *Crânio:* largo entre os olhos, chato entre as orelhas; orelhas em forma de coração, colocadas não muito alto, não descendo abaixo do focinho, não trazidas de pé, e sim pendentes e bem franjadas. *Olhos:* largos, escuros, redondos, proeminentes, em globo. *Nariz:* negro, largo, muito curto, chato. *Focinho:* muito curto,

Fig. 122 – *Pekingese*

largo, rugoso, não pontudo. *Maxilares:* quadrados. *Pescoço:* reforçado.

Corpo e cauda: Corpo: grosso. *Peito:* largo, inclinando-se para a garupa. *Rins:* ligeiros. *Dorso:* de leão não muito longo. *Cauda:* enrolada e trazida sobre os rins, longa e de franjas abundantes.

Pernas e pés: Pernas: curtas, anteriores reforçadas, curvadas para as espáduas; posteriormente mais ligeiras, firmes, bem desenhadas. *Pés:* chatos não redondos, apoiando-se bem sobre os dedos.

Pelagem: de todas as cores, vermelha fulva, negro e fogo, "bringé", longa com subpêlo espesso, direito e chato, não frisado nem anelado e antes duro que macio. *Juba:* abundante, indo até às espáduas e formando coleira em torno do pescoço. *Orelhas:* franjadas e bem fornidas. *Olhos:* com olheiras em redor dos olhos, indo até as orelhas. *Máscara:* negra. *Cauda, pernas e pés:* franjados.

Peso: É dividido por classe: os pequenos vão até 4 kg, os grandes de 4 a 6 kg. A partir de 9 kg é desqualificado. Os menores são os mais estimados, conquanto não pesem menos de 1 quilo e 800 gramas.

Defeitos: Cauda e orelhas cortadas, nariz de qualquer cor que não seja negro, pernas direitas, ossatura fina, olhos pequenos, língua paralítica, cegos.

O cão Manchu: *Apreciação geral:* O cão Manchu é um animal raríssimo mesmo na China donde é originário.

É canito esperto, gracioso e festeiro, mas um tanto combativo. Assemelha-se muito ao pequinês, do qual se supõe ascendente. Sua cor é branca e preta, parda e branca, fogo e branca, e branca com orelhas negras. Seu peso oscila entre 5 a 7 quilos nos machos e um pouco menos para as fêmeas.

Os seus caracteres essenciais são, com pequenas variantes, os do pequinês.

O cão de Happa: *Apreciação geral:* Outra chinesice rara. São animais de pêlo curto, de cor variável, maciços, de peito largo, pernas curtas e encurvadas, olhos grandes, focinho achatado, rugoso como o do Carlin.

O cão de Happa possui qualidades que o recomendam, grande inteligência, espírito alegre, sempre disposto a brincar e muita afetuosidade para o seu dono.

O King-Charles: *Apreciação geral:* O King-Charles é um tipo perfeito de cão de luxo. A sua cabeça redonda, os seus grandes olhos, entre um nariz arrebitado, e as suas enormes e felpudas orelhas, dão-lhe um aspecto singular no mundo canino.

Origem: É muito controversa a opinião dos entendidos sobre a origem do King-Charles. Alguns supõem correr-lhe nas veias o sangue real do cão japonês, outros supõem-no descendente do Cocker. De qualquer forma ele pertence à classe dos "épagneuls nanicos".

A designação de King-Charles provém da simpatia que esta raça mereceu ao desafortunado Carlos I, rei da Inglaterra.

Pretende uma lenda inglesa que a morte trágica deste rei provocou as lágrimas que perenemente correm dos olhos destes belos animais.

Caracteres essenciais: Raça retilínea. *Aspecto geral:* talhe pequeno e muitas vezes compacto como o do Carlin.

Fig. 123 – *King-Charles Spaniel*

Cabeça e pescoço: Cabeça: redonda com saliência acima dos olhos. *Orelhas:* longas, às vezes de 30 centímetros, colocadas baixo e muito peludas. *Olhos:* redondos, proeminentes sobre a mesma linha, de cor negra e lacrimosos. *Nariz:* muito curto, arrebitado, ponta do nariz, negro. *Narinas:* abertas, a cavidade formada entre os olhos deve ser marcada. *Maxilares:* largos.

Corpo e cauda: Peito: largo. *Dorso:* espesso. *Cauda:* curta, cortada de maneira a obter na idade adulta o comprimento de 5 centímetros.

Pernas e pés: Pernas: fortes e bem guarnecidas de pêlo. *Pés:* largos.

Pelagem: Pêlo: longo, sedoso, macio, ondulado, os das orelhas são muito longos, o pêlo da cauda deve ser sedoso e comprido de 7 a 8 centímetros, de maneira a formar uma espécie de pequena bandeira. *Cor:* negra carregada e fogo-vivo; a parte de cima dos olhos e as bochechas são salpicadas de fogo. *Peso:* O peso oscila entre 6 a 9 libras.

Fig. 124 – *Cavalier King-Charles Spaniel*

Defeitos: Alguns pêlos brancos misturados ao preto do peito constituem uma tara ligeira, mas um tufo de pêlos brancos no mesmo lugar é motivo de desqualificação.

O Blenheim: *Apreciação geral:* O Blenheim é uma variedade do King-Charles e sem dúvida mais belo que ele. Além das qualidades que o distinguem pela sua beleza e o fazem um lindo cão de luxo, podem ser aproveitados os seus instintos de caçador e não são dispensadas as virtudes de vigilante.

Origem: O seu tipo aproxima-se do Cocker e por muito tempo foi aproveitado para a caça de coelhos, lebres e faisões na Inglaterra.

Deve o seu nome ao Blenheim-Palace, residência dos Duques de Marlborough. *Caracteres essenciais:* Raça retilínea. *Aspecto geral:* Pequeno, assemelhando-se ao Carlin na largura do peito, porte das pernas e espessura do dorso.

Cabeça e pescoço: Cabeça: bem redonda, a base da fronte quase toca ao alto do nariz. *Orelhas:* longas, colocadas baixo, muito guarnecidas de pêlos. *Olhos:* redondos, negros, grandes, sobre a mesma linha. *Nariz:* muito curto e arrebitado, ponta do nariz, negra. *Narinas:* abertas. *Maxilares:* largos. *Orelhas e bochechas:* vermelhas. *Pescoço:* curto.

Corpo e cauda: Corpo: compacto. *Peito:* largo. *Dorso:* espesso. *Cauda:* curta. *Pernas e pés: Pernas:* fortes. *Patas:* firmes, redondas. *Pés:* chatos e guarnecidos de pêlos.

Pelagem: deve ser dum branco pérola, ligeiramente manchado de vermelho. *Orelhas e bochechas:* vermelhas, com larga mancha branca triangular, cuja ponta parte do nariz e vai-se alargar sobre a fronte. *Pêlo:* longo, sedoso, ondulado.

Peso: varia de 3 a 4 kg e meio.

O Prince Charles: *Apreciação geral:* Difere do Blenheim somente pela pelagem que é branca, negra e fogo. O fundo é sempre branco, alvíssimo ou sujo, as malhas do corpo negras bem assim as orelhas e a máscara; a cor fogo se encontra sobre os olhos, nos bordos e ponta da orelha, na cauda, e entre as franjas das pernas. É esta raça também conhecida com o nome de Épagneul tricolor.

O Ruby Spaniel: *Apreciação geral:* É da mesma conformação do Blenheim e seus afins acima descritos no grupo dos "épagneuls" anãos[32].

Sua pelagem é vermelha e o subpêlo vermelho-zaino com a ponta do nariz negra. Uma estrela branca no crânio e algumas pequenas manchas brancas sobre o peito constituem pontos de beleza.

Eis aí a tabela de pontos adotada para as quatro raças de *épagneuls* ingleses anãos que acima descrevemos: Aspecto geral, 10; Cabeça, 15; Stop, 15; Focinho, 10; Olhos, 10; Orelhas, 15; Pêlo e franja, 15; Cor, 10. Total dos pontos, 100.

O Cocker Spaniel: *Apreciação geral:* Além das suas aptidões cinegéticas, o Cocker se impõe como animal de entretenimento.

Fig. 125 – *Cocker spaniel*

32. Dechambre classifica como épagneul nanicos as seguintes raças: King-Charles, Blenheim, Ruby Spaniel, Épagneul tricolor, Tsim Japonês, Pequinois e o Papillon.

É um cão afável, discreto e inteligente.

"Não há, diz um cinólogo francês, cão mais agradável, mais familiar, mais afetuoso e mais encantador que o Cocker. Sua fina psicologia, um pouco complicada, a modo de o tornar mais interessante, revela bondade, inteligência temperada duma ponta de malícia; seu olhar simpático vive a procurar impressões; ele medita um instante e toma decisões rápidas, sempre bem conduzidas por maravilhoso instinto; tudo faz a seu modo e as mais das vezes com originalidade; obedece não por servilismo, mas por uma comunhão de idéias com o seu dono, do qual ele adivinha as intenções. Sua fidelidade é grande".

Na parte relativa aos cães de caça descrevemos os característicos desta raça.

O Affenpinscher: *Apreciação geral:* É um cão engraçado pelo seu aspecto hirsuto e sua cabeça globosa, que lhe dão um vago ar simiesco, razão pela qual lhe chamam cão-macaco.

Vivo, inteligente, álacre, ladrador, é por estas razões um modelar amigo e um guarda atilado. Juntamente com os griffons belgas e o havanês forma um grupo de griffons de pequeno porte em que não raro aparecem formas nanicas. Além destes griffons pequenos, Cornevin alude ao Smoushondje (cão dos judeus), que é um pequeno griffon holandês muito estimado dos judeus de Rotterdam e Amsterdam.

Fig. 126 – *Affenpinscher*

Origem: Segundo uns, constitui uma raça particular, no entender de outros não passa duma variedade anã do Pinscher ou do griffon.

O Affenpinscher é muito estimado na Alemanha como cão de distração e companhia. Na França, onde é conhecido também com o nome de "petit griffon allemand", não é raro encontrá-lo.

Caracteres essenciais; Raça retilínea. *Aspecto geral:* inteligente, vivo e bem conformado. *Talhe:* medido à cernelha, menos de 25 cm. *Cabeça e pescoço: Cabeça:* espessa e redonda. *Crânio:* bombeado, coberto de pêlos longos e duros, arrepiados e irregulares. *Orelhas;* cortadas direitas e em ponta, muito afastadas uma da outra e guarnecidas de pêlos direitos. *Olhos:* redondos, grandes, proeminentes, revelando inteligência, de cor escura, pálpebras bordadas de negro e sobrancelhas guarnecidas de pêlos não caídos. *Nariz:* curto, cercado de pêlos indo até aos olhos e formando bigodes. *Stop:* bem acentuado. *Maxilares:* de desigual tamanho, sendo o inferior um pouco mais longo. *Dentes:* não devem ser visíveis. *Barbicha:* bem fornida. *Pescoço:* curto e arqueado.

Corpo e cauda: Corpo reforçado e compacto. *Peito:* bem largo. *Dorso:* direito. *Ventre:* pouco pronunciado. *Cauda:* trazida ao alto, encurtada entre dois terços do tamanho.

Pernas e pés: Pernas: de tamanho médio, direitas e de boa ossatura. *Pés:* redondos e pequenos. *Dedos:* arqueados.

Pelagem: Pêlo: bastante longo, abundante, duro, seco e sem brilho. *Cauda:* de pêlos mais curtos. *Pernas:* bem cobertas de pêlos. *Dedos:* cheios de pêlos entre eles. Os animais de matizes claros têm muitas vezes a máscara negra.

Peso: menos de 4 kg, geralmente.

O Griffon de Bruxelas: *Apreciação geral:* O "Griffon Bruxellois" merece lugar principal entre os cães de luxo e distração, já pela sua inteligência e viveza, já pela alacridade de seu gênio.

Seu corpo é reforçado e baixo, lembrando o do terrier, variando de talhe conforme veremos.

O que há de mais característico neste cão é a cabeça volumosa e redonda, algo simiesca, onde brilham dois olhos vivíssimos, salientes e de expressão quase humana.

Fig. 127 – *Griffon, Brussels*

Como retrato moral basta dizer que o Griffon é afetuoso e meigo, sendo um divertido companheiro de crianças.

Origem: Como acontece aos grandes heróis humanos, vários povos disputam a paternidade do Griffon. Deixando de fazer crítica ao que alegam, inclinam-se vários cinólogos em crer na sua origem bruxelesa. Existia na Bélgica e principalmente nos arredores de Bruxelas um cão russo que melhorado chegou ao tipo atual do Bruxellois.

Admite-se que para este fim foram feitos cruzamentos com o Carlin fulvo e negro, com King-Charles e com Ruby Spaniel.

Para obter a fixidez da raça, os criadores mantiveram cuidado constante em eliminar nas suas criações um ou outro característico que mais se salientava e que não conviesse ao tipo do Bruxellois.

Estes esforços foram feitos no sentido de lhe conservar a cabeça expressiva, encurtar o nariz e manter o queixo proeminente e largo. Tais cuidados seletivos até hoje são observados.

Caracteres essenciais: Raça retilínea. *Aspecto geral:* Cão pequeno, inteligente, vivo, robusto, de forma atarracada, mas elegante de andar e estrutura, inspirando simpatia. *Talhe:* pequeno e grande.

186

Cabeça e pescoço: Cabeça: larga e redonda assaz característica. *Fronte:* bem bombeada; a cabeça guarnecida de pêlos duros e arrepiados, um pouco longos em redor dos olhos, do nariz, das bochechas, e do queixo, formando uma guarnição. *Orelhas:* bem direitas, sempre cortadas em ponta. *Olhos:* muito grandes, negros e bem redondos. *Cílios:* longos e negros. *Pálpebras:* bordadas de negro; os olhos devem ser bem separados e salientes. *Nariz:* sempre bem negro, excessivamente curto; a ponta do nariz larga e a depressão frontal bem acentuada. *Maxilares:* os incisivos da mandíbula passam os dos maxilares. *Lábios:* bordados de negro. *Queixo:* proeminente e largo. *Pescoço:* curto.

Fig. 128 – *Griffon de Bruxelas*

Corpo e cauda: Peito: assaz largo e profundo. *Cauda:* levantada, cortada a dois terços de seu comprimento.

Pernas e patas: Patas: direitas, de bons aprumos, e de comprimento médio. *Pés:* curtos, redondos e compactos. *Solas:* negras. *Unhas:* negras.

Pelagem: Pêlo: duro, arrepiado, semilongo e fornido, um pouco de cor preta no bigode e na barba é tolerada. Cor ruça, diferindo com as variedades.

Peso: Para a classe dos de pequeno talhe, não deve passar de 3 kg; para os de grande talhe não deve passar 4 ½ kg para os machos e 5 para as fêmeas.

Os tipos pequenos são mais estimados e criadores há que conseguem por manobras reprováveis, não tipos anãos bem constituídos, mas verdadeiros abortos de vida precária.

Variedades; Há três variedades caracterizadas principalmente pela cor de pêlo: *Griffon Bruxellois, Griffon Belga* e o *Petit Brabançon.*

O *Bruxellois* é ruço, sendo permitido o preto no bigode e na barba; o *Belga* é semelhante, mas tem a cor preta ora misturada ao ruço, ou negro e fogo não misturada e mesmo inteiramente negro, raros no continente mas comuns na Inglaterra onde são muito apreciados. O Petit Brabançon é de pêlo curto e pode apresentar as cores do Bruxellois e do Belga: ruço, ruço e preto misturado, negro, e negro e fogo.

Defeitos: Topete sedoso sobre a cabeça; olhos pálidos ou pequenos; unhas pardas ou claras; dentes e língua aparentes. Nariz pardo ou pálido; manchas de pêlos brancos, língua pendente; maxilar superior passando o inferior.

Tabela dos pontos: Pêlo duro, 15; Cor, 10; Olhos, 7; Nariz e focinho, 7; Orelhas, 3; Corpo e pernas, 5; Talhe, 3; Total dos pontos, 50.

O Griffon havanês: *Apreciação geral:* O havanês é um lindo cão de companhia e distração, de caráter meigo e cheio de blandícias para seu dono.

Desadora estranhos mal trajados, porém reconhece os amigos da casa a quem festeja com amistosidade. Suas qualidades de rateiro rivalizam com as do gato, aguardando com paciência, junto ao buraco, a saída do terrível roedor ao qual dá caça. O griffon havanês pode ser utilizado na caça.

Caracteres essenciais: Raça retilínea. *Aspecto geral:* Possui o aspecto dum Briardo em miniatura, de pêlo muito fornido e sedoso e não raro de espesso tosão. *Talhe:* 35 cm da ponta das patas à linha do dorso.

Cabeça e pescoço: Cabeça: pequena, desaparecendo sob longos e espessos pêlos. *Orelhas:* longas. *Olhos:* marrons e de muita vivacidade. *Pálpebras:* negras. *Nariz:* negro. *Focinho:* nem redondo, nem pontudo. *Lábios:* cerrados. *Barbicha:* bem longa. *Pescoço:* curto.

Corpo e cauda: Corpo: bem constituído, completamente guarnecido de pêlos. *Cauda:* longa, de ponta fina, guarnecida de longos pêlos.

Pernas e pés: As patas devem ser proporcionadas ao talhe do corpo, nervosas e guarnecidas de pêlos frisados até às unhas.

Pelagem: Pêlo: fornido, sedoso, ondulado. *Cor:* branca, marrom, bege. Nos cães bege e marrom estas cores são mais carregadas no dorso e na barba.

Peso: Oscila entre 4 ½ a 5 ½ kg.

Defeitos: Entre os havaneses aparecem alguns indivíduos muito nervosos.

O Maltês: *Apreciação geral:* Este minúsculo Bichon[33] tão apreciado das damas, remonta sua origem à alta Antiguidade, mantendo sempre os seus característicos. Gracioso, dotado de lindo pêlo, e de andar elegante, torna-se companheiro encantador, ao qual não falta gênio prazenteiro.

---

33. Com a designação de *bichon* agrupam-se vários cães nanicos, descendentes do barbet, sendo, aliás, o termo bichon diminutivo de *barbichon,* nome pelo qual se denomina o pequeno barbet.

No grupo dos *bichons* figura o Maltês, o Tenerife, o Bichon das Baleares, o Havanês, o Bolonhês, o Bichon do Peru ou bichon mexicano, também chamado Alco.

Goza esta raça de particular predileção na Itália, especialmente em Bolonha e Florença, onde se encontram os mais belos espécimes.

São criados especialmente na França e na Bélgica, porém é sobretudo na Inglaterra, sob métodos de criação muito especial, que se apreciam os mais perfeitos tipos.

Caracteres essenciais: Raça retilínea. *Aspecto geral:* Cão pequeno, vivo, alegre e de proporção harmônica. *Talhe:* 20 a 25 cm.

Cabeça e pescoço: Cabeça redonda. *Olhos:* redondos, vivos. *Nariz:* todo negro. *Focinho:* afilado, lembrando o do Terrier. *Pescoço:* bastante curto.

Corpo e cauda: Corpo: em conjunto não muito alongado. *Dorso:* horizontal. *Cauda:* ligeiramente curvada acima do dorso.

Pernas e pés: Pernas: curtas. *Dedos:* de unhas negras.

Pelagem: dum branco uniforme, sedoso, a cabeça inteiramente coberta, as orelhas, corpo e cauda cobertas de pêlo que chega a atingir a 30 cm.; as patas são cobertas de pêlo muito menos longo.

Peso: oscila de 1.800 a 2.300 gramas.

Defeitos: Pêlo ondulado ou crespo, com manchas pardas ou negras; cauda deitada como a do Lulu.

Tabela de pontos: Aspecto geral, 5; Cabeça, 5; Olhos, 5; orelhas, 6; Nariz, 6; Cauda, 15; Pêlo, 30; Cor, 20; altura, 10; Total, 100.

O Tenerife: O cão Tenerife é branco ou quase todo frisado. É animal vivo e muito festeiro.

Costuma-se confundir o Tenerife com o Maltês e o Havanês. O Maltês é branco, tem o pêlo longo e muito sedoso; o Havanês apresenta o pêlo anelado, branco, com largas marcas de cor fulva de diversas nuanças ou cinzento-escuro, ou uma destas cores, quase sem branco ou com branco; o Tenerife é frisado, branco ou com malhas de pouca importância nos tons cinza-escuro ou fulvo.

O Tenerife teve provavelmente como ancestrais o Havanês e o Caniche anão. Ele foi naturalmente conduzido a outras regiões pelos navegadores.

Caracteres essenciais: O Tenerife aproxima-se do Havanês, entretanto é menos forte. Apresenta o focinho com pouco pêlo, orelhas pequenas, colocadas bem alto e caídas para a frente, mas um pouco sobre os lados. Seu pêlo é anelado e longo.

Bichon das Baleares: Não se distingue do maltês senão por possuir pêlo lanoso e eriçado; seu talhe é extremamente reduzido e traz a cauda levantada sobre o dorso.

Bichon do Peru: É considerado como descendente do Maltês introduzido na América e conhecido com a designação de Alco pelos naturais e muitas vezes também chamado Bichon mexicano.

Possui cabeça pequena, orelhas pendentes, pêlo longo, manchado de negro e branco. Seu pêlo é menos fino e abundante que o do Havanês.

Bichon Bolonhês: *Apreciação geral:* É um derivado do Maltês, deste somente se distinguindo pela disposição do pêlo, que é longo sobre as regiões anteriores e mais curto nas regiões posteriores, dando-lhe assim um aspecto leonino, daí resulta ser chamado pelos ingleses cão-leão, *the lion dog.*

Na extremidade da cauda traz uma borla formada de pêlos compridos. A cor é fulva ou branca, sendo seu talhe de 20 a 25 centímetros.

Hoje é rara esta raça mesmo em Bolonha. Na Itália chamam-lhe Bichon italiano. Cornevin, diz que o Bolonhês é o resultado do cruzamento do Caniche com o pequeno Épagneul.

O Caniche: *Sinônimos:* Francês: *Caniche,* Inglês: *Poodle.* Italiano: *Barbone.*

Apreciação geral: É entre todos os representantes das raças caninas o mais bem dotado de inteligência.

Fig. 129 – *Caniche*

O Caniche por este refinamento intelectual merece a preferência dos adestradores que facilmente lhe ensinam tudo que um cão pode aprender. Quase sempre o vemos no circo transformado em artista eqüestre, ginasta, equilibrista, calculador, a tudo se prestando com doçura, submissão e notável inteligência.

Clássico também se tornou o seu emprego de guia de cegos. Aqui no Rio de Janeiro tivemos ensejo de ver um desses animais conduzindo um cego pela cidade, atravessando ruas de movimentação vertiginosa com precauções que só a inteligência poderia iluminar.

Outra feição simpática do Caniche é o seu devotamento. Nenhum outro cão mais que este se aquerencia ao dono.

A sua simpatia pela espécie humana vai ao extremo de festejar a todos, sem distinguir o intruso que acaso penetre no domicílio do dono.

Mau vigia, portanto, é péssimo defensor, pela sua notada falta de coragem. O Caniche muito sem razão não goza do prestígio que merece como cão de luxo.

Origem: Muitas são as opiniões sobre a origem desta raça. O termo *caniche* não é derivado do latim canis, porém do francês *cane* (marreco), isto em virtude de ser este cão usado na caça daquele palmípede. Dechambre afirma-o originário do *Barbet;* outros autores não fazem distinção entre estas duas raças, dando-nas como sinônimos.

F. Y. Demany[34] crê ser esta raça de origem africana (Argélia e Marrocos) onde era utilizada, como cão ovelheiro. Introduzida na Europa, aí recebeu a infusão do sangue *braco-pointer* e outras raças de caça.

Caracteres essenciais: Raça retilínea. *Aspecto geral:* Meigo, caricioso, este cão tem algo de distinção e nobreza. *Talhe:* 50 a 65 centímetros para variedade grande, 40 a 45 para a média e 28 cm. para a variedade nanica.

Cabeça e pescoço: Cabeça: alongada profunda, sem espessura no crânio como fugindo em plano; aumentando ligeiramente no occipício. *Lábios:* finos. *Stop:* bem marcado em ângulo direito. *Orelhas:* longas, largas, pendentes. *Olhos:* marrom escuro, talhados em amêndoa. *Nariz:* a ponta proeminente, larga, um pouco arrebitada. *Narinas:* abertas. *Dentes:* brancos, bem enfileirados, os de cima em perfeita oposição com os de baixo. *Pescoço:* longo, ligeiro, arqueado, bem musculoso.

Corpo e cauda: Peito: alto, bem largo e profundo, descendo à ponta do cotovelo. *Costelas:* longas, salientes, a última próxima das ancas. *Dorso* (da cernelha ao nascimento dos rins): direito. *Rim:* bem curto, arqueado e musculoso. *Ancas:* salientes e chegando à linha dos rins, largos nas cadelas reprodutoras. *Garupa:* prolongando para trás a linha convexa dos rins. *Cauda:* ligada à altura da linha dos rins e trazida no prolongamento da convexidade desta linha.

Pernas e pés: Membros anteriores: Espáduas: oblíquas, longas e fechadas. *Cernelha:* elevada. *Braço:* forte, musculoso. *Antebraço direito:* de forte ossatura, cotovelo nem para dentro nem para fora. *Metacarpos:* curtos e ligeiramente oblíquos. *Pés:* nem muito longos, nem muito curtos, redondos. *Dedos:* muito juntos. *Unhas:* firmes. *Membros posteriores: Coxas:* direitas, descidas, bem musculosas. *Ponta das nádegas:* salientes. *Pernas:* largas e musculosas. *Jarretes:* largos, visto de perfil, secos, sem desvio nem para dentro nem para fora. *Canelas:* curtas e de bom aprumo. *Pés:* mesmos característicos dos de diante.

Pelagem: Há dois tipos o que constitui por isso duas variedades: *Caniche Real,* de pêlo encordoado, muito longo, e *Caniche lanosa,* mais comum, de pêlo lanoso, assemelhando-se a mechas, de comprimento médio de 8 centímetros. *Cor:* unicolor branca, idem preta, idem marrom.

---

34. "Vie à la Campagne", 15 de maio de 1914.

Toleram-se algumas manchas brancas no peitoral e na extremidade dos membros, mas as pelagens marrons ou pretas, sem pêlos brancos são mais estimadas, em ambas as variedades.

O Caniche Real possui pêlo muito longo, no mínimo, de 30 centímetros e indo muitas vezes a 40 e 50 centímetros, os mais longos conhecidos atingiram a 66 centímetros.

Peso: Variável com o talhe.

Variedades: Além do Caniche Real e do lanoso, existe ainda uma variedade anã, de pêlo lanoso e fino, branco comumente, mas existindo tipos marrons e pretos, sendo este último muito estimado. O talhe destes animais não deve passar de 40 centímetros e o peso máximo de 5 ½ kg.

Tosagem: Um hábito de muito mau gosto é a tosagem do pêlo do Caniche, afetando formas várias.

A forma mais comum consiste em deixar somente pêlos crescidos na parte anterior do corpo até o meio deste e a parte posterior sobre a tosa, dando ao animal um aspecto leonino.

Outros não se contentam com este formato e procuram dar ao pobre animal feições extravagantes e ridículas.

Lulu da Pomerânia: *Sinônimos:* Francês: *Loulou, Chien-loup, Chien-renard, Chien-chinois, Roquet.* Alemão: *Spitz.* Inglês: *Pomeranian.*

Apreciação geral: O Lulu da Pomerânia é um animal elegantíssimo, e por isto um dos mais recomendáveis cães de companhia.

Inteligente, vivíssimo, ladrador infatigável, vigilante; na guarda do interior das casas, ele torna-se insubstituível, rondando incessantemente todos os apartamentos, ladrando a propósito de tudo e mesmo sem propósito algum.

Amigo extremoso de seu dono, mantém para com os estranhos hostilidade feroz.

Origem: Parece tratar-se duma raça antiqüíssima que já figurava em vasos gregos e egípcios e em sarcófagos destes povos.

Cornevin suspeita-o descendente do *Canis spaletti* ou *Canis palustris* já encontrado no neolítico.

O seu parentesco zoológico é evidente com os cães das regiões boreais. A distribuição geográfica desta raça é uma das mais vastas.

O Lulu atual vem da Alemanha e mais particularmente da Pomerânia. Numa exposição realizada em 1871 na

Fig. 130 – *Pomeranian*

Europa apareceram animais desta raça de talhe grande que hoje ainda se encontram na Alemanha com a denominação de Spitz.

A modificação do talhe deve correr por conta da mudança de clima, pois esta raça veio naturalmente da região polar.

Caracteres essenciais: Raça brevilínea. *Aspecto geral:* Corpo um tanto atarracado porém elegante.

Apresenta-se sempre com grande vivacidade denotando sua expressão uma inteligência pronta, onde brilha a maior desconfiança.

Cabeça e pescoço: Cabeça: de grossura média. *Crânio:* ligeiramente chato, porém largo em proporção ao focinho e separado desse por uma depressão frontal brusca. *Orelhas:* pequenas e não muito espaçadas, bem direitas e pontudas. *Olhos:* grandes, muito abertos, um pouco oblíquos e não afastados, muito vivos, inteligentes e de cor escura (nos tipos brancos, laranja, zibelina, o derredor dos olhos deve ser negro). *Nariz:* redondo, pequeno e negro. *Lábios:* sem pregas nas comissuras e não pendentes. *Pescoço:* curto, airoso, afogado de pêlos.

Corpo e cauda: Corpo: atarracado com pêlos tufados. *Dorso:* direito. *Peito:* largo e profundo. *Rim:* bem disposto. *Ventre:* moderadamente acentuado. *Cauda:* de tamanho médio, enroscada e chata sobre o dorso, fornida grandemente de pêlo, formando "aigrette".

Pernas e pés: Pernas: bem proporcionadas, robustas, perfeitamente direitas, as de trás muito emplumadas e ligeiramente mais altas que as da frente. *Pés:* pequenos, grossos, redondos firmes. *Dedos:* arqueados.

Fia. 131 – *Lulu da Pomerânia*

193

Pelagem: Pêlo: direito, firme e cobrindo abundantemente todo o corpo; cerrado, curto e macio sobre a cabeça, orelhas e pés; muito fornido e formando coleira em torno do pescoço até sobre as espáduas, longo sobre o resto do corpo e formando calças atrás das coxas, e franjas diante e atrás das patas. *Cor:* branca, preta, chocolate, marrom claro ou escuro, azul claro, laranja escuro, zibelino. O branco representa o tipo original da raça; os marrons e os pretos os tipos mais comuns e os mais apreciados dos amadores são o azul, tirando para o cinza, o laranja, e os zibelinos de tonalidade fulva.

Variedades: Podemos dizer que existem duas variedades ou sub-raças: o Lulu grande, que constitui o tipo rácico, cujo talhe varia de 36 a 45 centímetros, e o Lulu anão, o Zwergsptz dos alemães, dum talhe que varia entre 16 a 22 centímetros, o verdadeiro Lulu de salão é o mais conhecido. Os caracteres são os mesmos, porém nas raças nanicas o crânio é mais globoso que na raça normal. Afora estes dois, podemos ainda citar o Lulu sedoso, tido como um cruzamento desta raça com o Maltês. Possui um pêlo fino, brilhante, sedoso e direito.

Dechambre no entanto anota que este pêlo sedoso bem poderá ser, não uma herança do possível acasalamento com o Maltês, mas uma mutação brusca que lograsse fixidez pela hereditariedade.

Há ainda a mencionar o Lulu italiano, o *piccolo volpino nano,* quase idêntico ao Lulu já descrito, medindo menos de 30 centímetros e pesando menos do 4 kg.

Defeitos: Fronte chata, orelhas grandes e caídas, focinho curto, maxilar inferior passando o superior, cauda não enroscada, pêlo ondulado.

O papillon: *Apreciação geral:* O Papillon é canito gracioso, inteligente e belo, qualidades que o fazem um verdadeiro cão de luxo e distração.

Origem: É um Épagneul minúsculo de origem essencialmente francesa. Sua voga em França remonta aquém do século de Luís XIV. Alguns autores supõem que pelo ano de 1600, ou mais tarde, esta raça foi introduzida na Inglaterra e contribui para a formação do King-Charles.

Fig. 132 – *Papillon*

Caracteres essenciais: Raça retilínea. *Aspecto geral:* Cão pequeno, vivo e inteligente. *Talhe:* 25 cm. no máximo, sendo mais estimados os tipos menores.

Cabeça e pescoço: Cabeça: pequena. *Crânio:* um pouco arredondado. *Orelhas:* colocadas alto sobre o crânio, caídas, franjadas, formando como asas de borboletas, daí o seu nome. *Olhos:* redondos, de cor escura, vivos, inteligentes e colocados abaixo do crânio. *Nariz:* bem preto. *Focinho:* afilado. *Lábios:* finos, fechados. *Pescoço:* não muito curto.

Corpo e cauda: Corpo: muito longo, mas bem formado. *Espáduas:* desenvolvidas. *Peito:* profundo. *Dorso:* não muito curto, porém direito. *Rins:* arqueados. *Ventre:* ligeiramente pronunciado. *Cauda:* longa, bem colocada, formando penacho.

Pernas e pés: Patas: direitas, finas, bastante curtas. *Pés:* relativamente grandes. *Unhas:* negras.

Pelagem: Pêlo: abundante sem exagero, longo, sedoso. *Cor:* unicolor bruno-aragon, bruno-claro, amarelo-escuro, acaju mais ou menos escuro, rubi, branco ou com manchas de cor. O pêlo do focinho e da parte da frente das patas traseiras é curto e nas patas dianteiras bem franjado.

Peso: Oscila entre 1.400 a 2.300 gramas.

Defeitos: Nariz rosa ou manchado. Cor preta.

O Carlin: *Sinônimos:* Francês: *Carlin.* Italiano: *Carlino.* Alemão: *Mops.* Inglês: *Pug-dog.*

Apreciação geral: O Carlin, também chamado Carlindogue, tem o aspecto dum buldogue liliputiano. A sua face achatada com máscara negra e seus grandes olhos redondos dão-lhe ar original. É um cão pouco afetuoso, de inteligência medíocre e assaz rezingueiro. Além destes pouco recomendáveis dotes, o Carlin, por mais cuidado que mereça a sua toalete, apresenta sempre uma morrinha bem desagradável.

Origem: Contendem até hoje os cinólogos sobre a origem do Carlin. Para uns é ele um buldogue anão, ou antes um mastim, cujo nanismo foi provocado por determinados meios.

Esta versão não parece corresponder a verdade.

Cornevin tem-no como originário da China onde a sua representação é encontradiça na cerâmica, quer chinesa, quer nipônica.

Uma coisa averiguada é que na Europa ele surgiu primeiramente na Holanda, daí passando à Inglaterra, onde ganhou as graças reais. Na França também se tornou benquisto das damas e a Marquesa de Pompadour o introduziu na corte.

Batizaram-no com o nome de Carlin, porque o seu focinho preto lembrava a máscara de Carlino, o então vulgarizado arlequim da comédia italiana.

A moda de Carlin foi efêmera e hoje somente goza de maior estima na Inglaterra e na Alemanha.

Caracteres essenciais: Raça concavilínea. *Aspecto geral:* o de um cão forte, atarracado e musculoso. *Talhe:* à cernelha 30 a 35 cm. *Peso:* varia entre 2 quilos e 700 grs. a 4 ½ quilos.

Cabeça e pescoço: Cabeça: redonda, maciça. *Crânio:* largo. *Orelhas:* pequenas, macias ao tato. *Focinho:* curto, quadrado. *Máscara:* muito negra. *Rugas:* largas, profundas. *Pescoço:* curto.

Fig. 133 – *Pug ou Carlindogue*

Corpo e cauda: Corpo: curto, largo bem atarracado. *Cauda:* em trompa sobre o dorso e trazida tão alta quanto possível.

Pernas e pés: Pernas: fortes, direitas, de tamanho médio. *Pés:* de bom tamanho, nem compridos nem redondos. *Unhas:* negras.

Pelagem: Pêlo: curto, espesso, macio ao tato. *Cor:* fulvo claro, café com leite. *Cabeça:* máscara negra bem traçada. *Cauda:* da mesma cor que o corpo com uma linha escura. *Membros:* da mesma cor que o corpo.

Fig. 134 – *Pug*

Nota: Cruzando-se o Carlin com um Buldogue obtém-se um carlin prognata, de pernas arqueadas, de 45 centímetros de talhe, tipo de cão de guarda, excelente porém de maus instintos. Cruzando-se um Carlin com um Terrier obtém-se um cão muito vivo e esperto.

Outrora acasalava-se o Carlin com o Épagneul de pequeno porte e obtinha-se o chamado cão de Alicante que possuía a conformação do Carlin e os pêlos anelados do Épagneul.

Buffon considerava o cão de Alicante como um mestiço do Doguim e do Épagneul anão.

Black and Tan Terrier: *Sinônimos:* Manchester Terrier.

Apreciação geral: É um terrier pequeno, de aparência delicada e elegante. Possui inteligência viva, assaz desenvolvida e hábitos alegres, sendo por isto excelente cão de companhia e distração.

Origem: Esta raça, ou melhor esta variedade, é uma criação moderna, feita com auxílio da antiga raça, modificada no formato e na cor, pelos sucessivos cruzamentos com o Lancashire.

O tipo primitivo, mais pesado e menos gracioso que o atual, ainda existe em sua pureza na Escócia.

O Black and tan terrier, outrora ótimo rateiro, perdeu esta aptidão com as alterações sofridas, sendo apenas um cão de luxo de agrado dos ingleses.

Caracteres essenciais: Raça retilínea. *Aspecto geral:* pequeno, elegante e bem construído.

Cabeça e pescoço: Cabeça estreita, quase chata, longa; com depressão frontal ligeira, entre a fronte e a raiz do nariz. *Crânio:* chato e estreito.

Fig. 135 – *Manchester Terrier*

Orelhas: pequenas, delicadas, estreitas na base, dispostas em forma de cartucho. *Olhos:* pequenos, brilhantes, vivos, tão negros quanto possível, nem salientes nem profundos, bastante próximos um do outro. *Nariz:* a ponta é bem preta. *Focinho:* comprido, fino e cônico. *Maxilares:* adaptando-se bem. *Dentes:* bem iguais. *Bochechas:* chatas. *Pescoço:* ligeiro e gracioso, alargando-se para as espáduas.

Corpo e cauda: Corpo: curto. *Espáduas:* bem inclinadas. *Peito:* estreito, porém profundo e alto. *Rim:* forte, ligeiramente arcado. *Dorso:* direito. *Costelas:* bem salientes atrás das espáduas. *Cauda:* bem curta e ligada alto, direita, grossa no nascimento afinando-se gradualmente.

Pernas e pés: Pernas: direitas, de ossatura ligeira, de bom aprumo. *Pés:* compactos. *Dedos:* separados e arqueados, os dois dedos do meio das patas de diante mais longos, os das patas de detrás dispostos como os do gato. *Unhas:* negras azeviche.

Pelagem: negra e fogo. As marcas de fogo devem existir nas seguintes regiões: face inferior das bochechas, estendendo-se sobre a mandíbula e na garganta, bordo superior da órbita, interior das orelhas, lados do peito e no cotovelo, extremidade inferior dos membros desde o corpo até o jarrete, face interna da perna e da coxa e em redor do ânus. *Pêlo:* curto, pouco fornido, brilhante, e não macio.

Peso: Oscila entre 6 a 10 kg e a variedade anã (toy) deve pesar menos de 5 kg, os tipos mais estimados são os de peso de 1 quilo e 250 gramas.

Variedade: Pela redução extrema do formato deste cão se conseguiu uma variedade anã, o *Black and tan toy terrier,* ou simplesmente *Toy Terrier,* cujos característicos essenciais são os mesmos, exceto o tamanho e a forma do crânio que é globosa.

Devido ao extremo nanismo a que levaram tal variedade, é ela débil e delicada.

A fecundidade tornou-se pequena e não raros os acidentes da parturição. Dotados de pêlo escasso são animais friorentos.

Não obstante este aspecto franzino, o *toy terrier* é corajoso, ladrador e não destituído de inteligência. É hábito cortarem-lhe as orelhas em ponta.

Defeitos: Cauda em trompa e pelagem negra e fogo misturada.

Clydesdale-terrier: *Sinônimos:* Inglês: Glasgow-terrier, Paisley-terrier.

Apreciação geral: É cão um tanto longo e baixo com a cabeça grande relativamente ao seu tamanho. Embora delicado, a sua constituição é forte.

Goza atualmente na Inglaterra de grandes simpatias pelas suas ótimas qualidades, constituindo classe especial nas exposições.

Eis ligeira descrição pelo Terrier-Clydesdale Club, de Londres:

Caracteres essenciais: Raça retilínea. *Cabeça: Crânio:* bastante estreito nas orelhas, gradualmente alargando-se para os olhos, e afinando-se no focinho. *Cabeça:* coberta de pêlo longo, cetinoso, direito, sem ondulação, dando à cabeça uma aparência grande em relação ao corpo. *Focinho:* forte, afinando-se ligeiramente para o nariz, o qual deve ser de cor negra. *Maxilares:* fortes, com dentes perfeitamente nivelados. *Olhos:* grandes, redondos, não proeminentes, de expressão inteligente, de cor bruna. *Pescoço:* de preferência longo, bem musculoso e coberto de pêlos como em geral todo o corpo. *Orelhas:* menores possível, cortadas alto, trazidas eretas, cobertas de pêlos longos que venham até o maxilar, é isto um ponto importante.

Corpo: assaz longo, direito e com o peito profundo.

Pelagem: Pêlos: longos. *Cor:* várias gradações do azul, sobretudo azul escuro, sem muita tendência para o preto. A cor da cabeça deverá ser dum belo azul argentino, sendo nas orelhas mais escuro, no dorso com o matiz mais carregado e com a tendência para o argênteo na parte inferior do corpo e nas pernas. A cauda é geralmente da mesma tinta do corpo e um pouco mais escura.

Cauda: perfeitamente direita, não muito longa, trazida quase à altura do corpo e muito rica em pêlos.

Pernas e pés: Perna pequena, direita, bem colocada sob o corpo, o pé como a perna bem coberta de pêlos sedosos. Nos bons exemplares mal se percebem as pernas que se acham ocultas sob longos pêlos.

É grande a afinidade desta raça com o Yorkshire que vamos descrever.

O Yorkshire-terrier: *Apreciação geral:* Pouco conhecido fora da Inglaterra, é o Yorkshire um cachorrinho cheio de graça, mimo e inteligência, um verdadeiro representante do cão de luxo.

O seu aspecto é o dum terrier em miniatura, de pêlo longo, dorso curto, bons aprumos, dando a um tempo a aparência de robustez e graciosidade. Cão de luxo por excelência, este belo animal exige cuidados especiais de toalete. Seu pêlo deve ser diariamente tratado, passando-lhe uma escova, de preferência de cerdas de porco, com óleo parafinado, ou óleo de coco. O abuso das lavagens prejudica-lhe os pêlos, tirando-lhe a finura, a flexibilidade, o brilho que são o apanágio da sua beleza.

Origem: Muito controversa é a sua origem. Dechambre supõe-no fruto do cruzamento do terrier pequeno com o Maltês. Dalzier considera-o uma mistura do Skye-terrier e do Manchester-terrier.

Caracteres essenciais (segundo o Club do Yorkshire da Inglaterra): *Aspecto geral:* Tem a aparência dum terrier de pêlo longo, sem ondulações, pêlo que cai reto até o chão, com uma raia sobre o dorso, mantendo assim uma aparência importante. Raça retilínea.

Cabeça e pescoço: Cabeça: de preferência pequena, chata no alto do crânio. *Olhos:* do tamanho médio, bem escuros e brilhantes, inteligentes, e colocados de forma que olham diretamente para a frente; os bordos dos olhos tão escuros quanto possível. *Orelhas:* em forma de V, trazidas sejam direitas, sejam com a ponta tombada, porém bastante perto uma da outra e coberta dum pêlo curto, sedoso e cor fogo bem escuro. *Nariz:* a ponta muito negra. *Focinho:* não muito longo. *Boca:* direita. *Maxilares:* adaptando-se bem. *Dentes:* brancos e sãos quanto possível. *Pescoço:* curto e direito.

Corpo e cauda: Corpo: compacto. *Rins:* bem sólidos. *Espáduas:* seu nível formando uma linha direita com os rins. *Cauda:* cortada dum tamanho moderado, bem coberta de pêlos.

Pernas e pés: Pernas bem direitas, assaz cobertas de pêlos dum ouro escuro, mais claro na ponta que na raiz, não vindo mais alto que o joelho da frente e o jarrete traseiro. *Pé:* tão redondo quanto possível. *Unhas:* negras.

Pelagem: Pêlo: de comprimento moderado e de textura absolutamente sedosa, brilhante e sem ondulações. *Cor:* azul de aço, e ardósia (como o reflexo duma lâmina polida), de preferência escuro e nunca prateado, desde a base do crânio à ponta da cau-

Fig. 136 — *Yorkshire Terrier*

da. Não se admitem pêlos fogo misturados ao azul do dorso. Na cabeça o pêlo deve ser longo e dum ouro escuro, sobre as têmporas, perto das orelhas; e no focinho, onde há bigodes longos, deve ser mais escuro; no peito é ouro carregado.

O pêlo da cabeça não se deve confundir com o do dorso e precisa formar uma linha atrás das orelhas onde o azul começa no occiput; a cor do pêlo deve ser tão ouro claro quanto possível e nenhum traçado bronze ou de pêlos escuros.

Tabela de pontos: Abundância e cor do pêlo, 25; Qualidade do pêlo, 15; Abundância do pêlo na cabeça e conformação desta, 25; Olhos, 5; Maxilar, 5; Orelhas, 5; Pernas e pés, 5; Corpo e aspecto geral, 15; Total, 100.

Nota: Na Inglaterra estabelecem duas categorias, de conformidade com o peso: Primeira, dos que pesam menos de 2 ½ kg; segunda, dos que passam deste peso não ultrapassando 6 kg. O peso mínimo deve ser 1 quilo e 200 gramas.

Estes cães nascem com pêlo cinza-ardósia, chocolate e mesmo preto; ao quinto mês já se vai desenhando a pelagem que finalmente se caracteriza aos dois anos.

O Toy-buldogue: A apreciação e descrição que fizemos do Buldogue aplica-se ao *Toy-buldogue,* guardadas as proporções. O *Toy-buldogue* tem um peso variável de 5 a 6 quilos.

Miniatura Pinscher: Padrão da raça oficial adotado pelo Miniature Pinscher Club of America, em 11 de fevereiro de 1950 e aprovado pelo American Kennel Club.

Apreciação geral: O Miniatura Pinscher já existe há uns 200 anos ou mais, porém, só em 1895, quando foi fundado o Pinscher Shauzer Club da Alemanha, é que se tornou mais conhecido, estabelecendo o clube o padrão oficial da raça. Nos Estados Unidos, só em 1929, com a fundação do Miniature Pinscher Club of America, é que se deu sua aceitação como Membro do American Kennel Club. Este denominou esta raça de "Miniature Pinscher". Esta raça tem por país

Fig. 137 – *Miniatura Pinscher*

de origem a Alemanha. Lá o Miniatura Pinscher tem o nome de "Reh Pinscher" por causa de sua semelhança, tanto em estrutura, como em vivacidade, com uma raça de veadinhos pequenos, que vive nas florestas da Alemanha. É o pequeno grande cão, companheiro ideal para a época difícil em que vivemos. É o cãozinho que se distingue pela sua beleza, inteligência, lealdade e coragem, conhecido como "one man dog", isto é, afeiçoado somente ao seu dono. Introduzido no Brasil em 1937 pelo cinófilo Luís Hermanny Filho, é hoje um cãozinho que conta com muitos entusiastas. É fácil de cuidar, é um cão que em nosso clima goza de muita saúde e suporta melhor o calor devido a ter o pêlo curto. Por se parecer muito com a raça maior Doberman Pinscher, em geral pensam que o Miniatura Pinscher é descendente do Doberman. O fato é que o Miniatura já existia no seu presente tipo pelo menos uns cem anos antes do Doberman.

Aparência geral: O Miniatura Pinscher é uma raça, na sua estrutura, bem equilibrada, compacta, pêlo curto, liso, lustroso, pertencendo ao grupo "Toys" – cães de luxo. De aparência elegante, o Miniatura Pinscher por natureza é altivo, vigoroso e alerta. As suas naturais características, qualidades que o definem entre outros cães, são sua animação destemida, personalidade distinta, marcada por um porte vivo. O que mais o identifica entre outros cães é sua graciosa andadura Hackney, que só o Miniatura Pinscher possui, entre os cães de luxo.

Faltas: Falta de equilíbrio na estrutura, comprida ou curta demais, grossa ou fina demais, (falta do desenvolvimento ósseo, causando pés e pernas fracos compridos ou pequenos demais), letárgico, tímido ou sem animação, espantado ou vicioso, cauda colocada baixo. Andadura fora do tipo exigido da raça. Músculos nodosos demasiadamente desenvolvidos.

Cabeça: Em proporção correta com o corpo. *Vista de cima:* É afilada, estreita e bem colocada, entretanto, testa não demais proeminente, que deve estar bem balanceada com o crânio. Nenhuma indicação de traços grosseiros. *De frente:* O crânio parece chato, afilado em direção ao focinho. Focinho antes forte que fino e delicado e em proporção à cabeça com o conjunto. Bochechas e lábios pequenos, firmes e bem aderentes. Dentes em perfeito alinhamento e aposição (colocação). *De perfil:* Bem balanceada, somente com uma pequena inclinação para o focinho, que deve ser paralelo ao topo do crânio.

Olhos: Cheios, ligeiramente ovais, quase redondos, brilhantes, vivos e escuros, mesmo bem pretos. Colocados distantes um do outro e assentado bem nas cavidades orbitárias.

Orelhas: Bem colocadas e firmes em balanço com a cabeça, eretas. Quando cortadas, pontudas e trazidas erguidas.

Nariz: Cor somente preta, com exceção dos cães de cor chocolate, nos quais tem cor própria.

Faltas: Cabeça grande ou pequena demais em relação ao corpo, grosseira ou afinada demais, apertada e fraca na testa, crânio bombeado, demasiadamente chata, faltando-lhe a linha harmoniosa, dando expressão sem animação. Prognatismo dos maxilares. Olhos demasiadamente redondos e cheios, muito grandes, saltados, colocados demasiadamente profundos ou demasiadamente distantes; muito pequenos ou muito próximos um do outro (olhos de porco). Olhos claros não são recomendáveis. Orelhas mal colocadas, caídas por falta de cartilagem, o que enfeia a conformação da cabeça. O nariz de qualquer outra cor que não seja preta, com exceção de cães cor chocolate, cujo nariz poderá ter sua cor própria.

Pescoço: Proporcionado à cabeça e corpo. Ligeiramente arqueado, graciosamente curvado, liso e firme, confundindo-se nos ombros, comprimento bem balanceado, musculoso e isento de qualquer insinuação de papo ou barbelas.

Faltas: Demasiadamente estreito ou demasiadamente curvo; grosso ou fino demais; comprido ou curto demais, músculos nodosos; pele solta, flácida ou cheia de pregas.

Corpo: Visto de cima: Compacto, ligeiramente cuneiforme, musculoso, com costelas bem arqueadas. *De perfil:* A profundidade do peito tem por base o nível das pontas dos cotovelos. Lombo curto e forte, com barriga ligeiramente ascensional (tuck-ed-up) para dar linha graciosa à sua conformação estrutural. Dorso reto ou ligeiramente inclinado para a parte traseira. Comprimento dos machos igual a altura na cernelha. As fêmeas podem ser pouco mais compridas. *De trás:* Inserção da cauda alta, forte, coxas superiores fortes, garupa com mais ou menos 30 graus de declínio. Ânus não saliente.

Quarto dianteiro: Peito bem desenvolvido e cheio, moderadamente largo, espáduas lisas, inclinadas com angulação moderada, coordenadas a permitir os verdadeiros movimentos do Hackney Pony.

Quarto traseiro: Pernas em distância bem proporcionada para dar perfeito equilíbrio ao corpo. Musculosas.

Faltas: Visto de cima: Comprido ou curto demais, feitio de barril, falta de desenvolvimento no corpo. *De perfil:* Comprido ou curto demais, magro ou gordo demais. Dorso mais alto ou bem mais baixo que a cernelha. Insuficiência de profundidade de peito, cheio demais no lombo; Sway back (dorso selado), roach back (dorso abaulado) ou wry back (dorso torto). *De trás:* Pernas abertas ou juntas demais. Ânus desenvolvido demais ou de menos. Garupa demais em declive. Baixa inserção da cauda. *Quarto dianteiro:* Peito e arco das costelas estreitas demais (chatos ou fracos demais). *Espáduas:* estreitas demais, soltas demais, curtas demais, com excesso de músculos. *Quarto traseiro:* Estreito demais, falta ou excesso de músculos.

Pernas e pés: Ossos fortes, juntas pequenas e limpas, pés de gato, dedos fortes, bem arqueados e unidos, sola dura e grossa, unhas fortes e embotadas.

Pernas dianteiras e pés: Visto de frente, retos, em pé, cotovelos juntos ao corpo, bem unidos, flexíveis mas fortes com jarretes perpendiculares.

Pernas traseiras: Todos os ossos adjacentes devem parecer bem angulados com as coxas bem musculosas e parte superior da perna, com rótulas bem definidas, jarretes curtos; bem separados, nem aprumadas para fora nem para dentro; quando parado devem estar perpendiculares ao chão e as pernas, parte altas e baixas, e jarretes paralelos entre si.

Faltas: Desenvolvimento grosso ou fino dos ossos; jarretes largos, pés chatos e estendidos. *Pernas e pés dianteiros:* Arqueados para dentro ou para fora, jarretes fracos, pés voltados para fora ou dentro. Cotovelos soltos, pernas traseiras: Finas, rótulas mal desenvolvidas, jarretes largos ou tortos, juntas soltas das rótulas.

Cauda: Inserção alta, porte ereto. Cortada para o comprimento de meia a uma polegada.

Faltas: Muito fina, comprida demais, caída ou mal cortada,

Pelagem: Lisa, dura e curta, lustrosa, aderindo e cobrindo uniformemente o corpo.

Faltas: Fina, comprida demais, sem brilho, em pé, ondulada, seca. Várias grossuras e partes peladas.

Cores.

1. Vermelho. marrom-avermelhado, que podem variar em suas tonalidades.

2. Preto lustroso, com vivas manchas vermelhas, ferrugem-vermelha nas bochechas, lábios, maxilar inferior, pescoço pequenas manchas acima dos olhos e no peito, na metade da parte inferior das pernas da frente e na parte interna das pernas traseiras e região do ânus: parte inferior dos jarretes e pés. Riscos de lápis preto nos dedos dos pés.

3. Cor de chocolate, marrom-escuro, com manchas vermelhas, ferrugem ou amarelas.

Faltas: Qualquer outra cor não citada. Muito escuro, com manchas pretas cor de fuligem (sooty).

Tamanho e peso: O tamanho pode variar de 10 a 12 ½ polegadas de altura tomada de cernelha até o chão. Com a preferência para 11 e 11 ½ polegadas. Peso, conforme tamanho e condição, entre 6 a 9 libras para o macho e de 6 ½ a 10 libras para a fêmea.

Faltas: Grande ou pequeno demais. Gordo ou magro demais.

Um espécime de corpo enquadrado no limite do tamanho, ajusta-se na escala do peso. É recomendado que em todas as exposições caninas, para julgamento, as medidas exigidas de peso e tamanho sejam computadas relativamente entre si. (Peso em relação harmoniosa com o tamanho).

Escala de pontos: Aparência geral e Movimento (muito importante), 30; Cabeça, 5; Focinho, 5; Boca, 5; Olhos, 5; Orelhas, 5; Pescoço, 5; Corpo, 15; Pés, 5; Pernas, 5; Cor, 5; Pelagem, 5; Cauda, 5; Total, 100.

Desclassificação: Cores: Manchas brancas nos pés e peito que excedam de ½ polegada na sua dimensão maior.

Os Galgos: os cães galgos, os famosos lebreiros dos europeus, merecem mais que todas as raças caninas, um lugar assinalado entre os cães de luxo. É por excelência um cão nobre, o cão das rainhas e princesas, dos grão-duques russos e dos senhores feudais, figurando nos emblemas heráldicos como o símbolo da fidelidade e da lealdade.

Ao invés da maioria dos cães de luxo, o galgo se impõe pelo seu elevado e elegantíssimo porte, de distinção verdadeiramente palaciana.

Este fidalgo da raça canina junta aos predicados físicos que a natureza lhe não regateou, altos dotes espirituais.

Dedica ao seu dono afeição ilimitada, posto que sem grandes expansões, mostrando para com os estranhos uma indiferença altiva e quiçá desdenhosa. O seu próprio olhar calmo mostra bem claro o desdém que lhe merecem os desconhecidos.

Tão lindo animal encarna perfeitamente os gestos comedidos das pessoas de fina educação, criadas na corte em contato diário com a pragmática e o formalismo.

Certos autores não se referem muito favoravelmente aos dotes intelectivos dos galgos, entretanto fatos, até históricos, demonstram-lhe a grande inteligência. Basta relembrarmos a história do cão de Montargis – um autêntico galgo – que descobriu o assassino do seu amo e senhor, para nos capacitar disso.

O lebréu parece ser originário da Ásia. Nos monumentos egípcios, que datam de três mil anos antes de Cristo, encontram-se desenhos destes cães. Assim, pois, parece que destas regiões vieram os galgos cujas variedades são numerosas. Neste capítulo, trataremos dos galgos mais comumente estimados como cães de luxo: o Barzoi, ou galgo russo; o Greyhound; o Deerhound; o Levron e o galgo persa, deixando já descritos os demais no capítulo referente aos cães de caça.

O Barzoi: *Apreciação geral:* O galgo russo ou Barzoi é um príncipe da raça canina, o mais belo de todos os cães, aliando força e elegância às mais aristocráticas maneiras. É o cão dos nobres, das altas damas e dos milionários.

Fig. 138 – *Barzoi ou galgo russo*

Sob uma aparência calma e veludosa, o galgo encobre extraordinária coragem e força, sendo terrível adversário de lobos e raposas. Para o homem ele é perfeitamente inofensivo.

Origem: A palavra *barzoi* significa em russo: lebreiro.

Na Rússia é um animal de caça mais que de luxo. Sua origem é remota e seria preciso ir a séculos distantes para encontrá-la.

Caçadores russos, no correr dos tempos, com o fito de lhe reforçarem as qualidades de caçador, cruzaram-na com outros cães, entre eles um galgo asiático, quase que desaparecendo o tipo primitivo. Empenhados em reconstituí-lo, alguns grandes da Rússia tiveram os seus esfor-ços pouco compensados, até que o grão-duque Nicolau Nicolaievitch pôs sobre seus ombros esta tarefa, coroada de êxito depois de ter reunido no seu canil os melhores animais.

O galgo na Rússia destina-se a caça do lobo, para o que muito se presta.

Não obstante a sua designação de lebreiro, dizem autoridades européias que o seu porte não se presta a tal gênero de caça, sendo na Europa um cão de luxo e muito raramente empregado no *Soursing*.

Caracteres essenciais: Raça retilínea. *Aspecto geral:* Cão elegante, fino, calmo, aristocrático, possuindo força, coragem e extraordinária ligeireza na corrida. *Talhe:* para o macho oscila entre 72 a 80 cm ; para a fêmea 66 a 75 centímetros.

Cabeça e pescoço: Cabeça: longa e direita; "stop" apenas perceptível e de preferência arqueado. *Crânio:* ligeiramente bombeado. *Orelhas:* pequenas e macias ao tato, repousando para trás sobre o pescoço. *Olhos:* colocados o menos obliquamente possível, escuros, jamais claros. *Nariz:* largo e negro, passando ligeiramente à linha da boca. *Maxilares:* longos, fortes e possantes. *Dentição:* forte e igual. *Pescoço:* bem delineado e sem papada, ligeiramente arqueado e muito forte.

Corpo e cauda: Espáduas: oblíquas, não muito abertas na cernelha. *Peito:* de preferência estreito, porém profundo. *Dorso:* bastante curto no macho, arqueando-se progressivamente para os rins afim de formar uma curva longa e graciosa. A cadela não deve ter o dorso tão curvado, ou melhor, não deve ser curvado. *Cauda:* longa, implantada e trazida baixo, muito tufada de pêlos.

Pernas e pés: Patas anteriores: direitas, com ossatura chata e seca, não arredondada. *Canelas:* muito sólidas. *Garupa:* muito desenvolvida. *Patas traseiras:* longas e sólidas. *Jarretes:* largos e bem descidos. *Pés:* com o formato dito de "lebre". *Dedos:* bem arqueados, bem firmes. *Solas:* espessas.

Pelagem: Pêlos: longos sedosos (não lanosos), ondulados, lisos e curtos sobre a cabeça, orelhas e diante das pernas; em torno do pescoço larga coleira, longas franjas nas coxas e na cauda; franjas menores no peito e nas patas de diante. *Cor:* todas, mais ou menos escuras, ou manchadas de amarelo, laranja, "bringé", cinza, negro ou unicolor.

Peso: Para os machos de 35 a 47 kg e para as fêmeas 30 a 40 kg.

O Greyhound: *Sinônimos:* Galgo inglês de pêlo curto. Inglês: Smooth Greyhound.

Apreciação geral: Este famoso galgo inglês é mais que tudo um cão de esporte, porém pelo seu conjunto harmônico, elegância e distinção tem merecido alto acolhimento como animal de luxo e distração. Na Inglaterra goza esta raça da maior simpatia e utilizam-na no *coursing*.

Este esporte data do tempo de Henrique VIII e cada vez mais se desenvolve.

Continuamente procurando obter deste cão o máximo da velocidade na corrida, à semelhança do que se vem praticando com puro sangue eqüino, a raça modificou-se, diferindo o moderno Greyhound do tipo antigo.

Há flagrantes analogias entre a produção deste cão de *coursing* e o do puro sangue eqüino e para que nada falte nesta similitude, até os grandes corredores alcançam preços fabulosos.

Origem: Entre outras opiniões citamos a que o dá como originário do galgo árabe, introduzido na Grã-Bretanha pelo Celtas no II ou III século da nossa era.

Cornevin faz notar que o lebréu que existia na Grã-Bretanha desde os tempos primitivos era de pêlo duro, ancestral provável do Deerhound e do Irish Wolfhound e não do Greyhound que parece descendente do Sloughi, o lebreiro árabe, porém introduzido ali ao tempo das Cruzadas.

Fig. 139 – *Italian Greyhound*

Caracteres essenciais: Raça retilínea. *Aspecto geral:* Animal fino, esbelto, elegante, mas forte de músculos, vigoroso e audaz. *Talhe:* altura medida a cernelha: 60 a 68 cm para fêmeas; 65 a 70 para os machos.

Cabeça e pescoço: Cabeça: longa e magra. *Crânio:* muito largo entre as orelhas.

Orelhas: colocadas atrás, pequenas e delgadas. Quando o cão está animado as orelhas ficam meio levantadas.

As orelhas completamente caídas ou em pé não são apreciadas.

Olhos: de diferentes cores, brilhantes. *Nariz:* pontudo e negro. *Maxilar:* muito musculoso e muito magro; alguns galgos são dentívanos. *Dentes:* sólidos, brancos e longos. *Pescoço:* bastante longo, duma grande flexibilidade e elegantemente arqueado.

Corpo e cauda: Espádua: tão oblíqua quanto possível. *Peito:* profundo, bastante espaçoso. *Dorso:* forte, ligeiramente arqueado. *Rins:* largos e fortes, muito musculoso. *Cauda:* longa, fina, trazida belamente recurvada, algumas vezes franjada.

Pernas e pés: Patas: de detrás muito afastada uma da outra, mais compridas que as da frente. *Jarretes:* bem descidos. *Coxas:* muito musculosas. *Patas:* de diante compridas de espádua ao cotovelo em comparação da parte que vai do joelho à planta do pé. *Pés:* redondos e fechados. *Dedos:* arqueados. *Sola:* densa e dura.

Pelagem: Pêlos: finos, fornidos, cerrados. *Cor:* variável, não lhe dando os amadores nenhuma importância. A cor preferível é a unicolor negra ou vermelha, bruna, fulva com máscara negra "bringé". A unicolor branca é muito procurada.

Peso: Oscila entre 25 a 30 kg, segundo o talhe.

O Deerhound: *Sinônimos:* lebreiro da Escócia Highland-Deerhound.

Apreciação geral: O Deerhound, literalmente, cão de veado, é um galgo de pêlo duro, resistente, porém menos ligeiro que o galgo inglês e o russo. Entretanto, para lhe compensar esta menor ligeireza o Deerhound possui excelente olfato, e, incontestavelmente, melhor inteligência e aptidão para a caça que os seus congêneres citados. Atualmente o Deerhound goza de estima como o cão de companhia e de distração. Na Inglaterra, comumente, cruzam-no com o *Foxhound,* o Pointer e o Buldogue para obter animais ligeiros.

Origem: Parece certo que este cão veio da Tartária. Já no século XIV ele figura nas tapeçarias francesas como motivo ornamental. A raça localizou-se na região montanhosa e setentrional da Escócia, sendo ali empregada na caça do gamo e do lobo.

Caracteres essenciais: Eis aqui a descrição do Deerhound segundo o "standard" do Deerhound Club Britânico.

Aspecto geral: Cão de estrutura elegante, ossatura forte, pêlo duro. *Talhe:* machos 71 a 76 cm; fêmeas 66 cm e mais. O grande talhe não é apreciado, porque quase sempre este desenvolvimento se dá em detrimento da simetria geral.

Fig. 140 – *Deerhound*

Peso: 38 ½ a 47 ½ kg para os machos; 29 ½ a 36 kg para as fêmeas. As cadelas grandes são muito estimadas contanto que sejam bem conformadas.

Cabeça e pescoço: Cabeça: mais larga entre as orelhas, vai-se estreitando ligeiramente na *direção* dos olhos enquanto o focinho se afina consideravelmente. *Focinho:* pontudo, porém, de dentes bem adaptados. *Maxilares:* iguais, com lábios fechados. *Crânio:* antes chato que redondo com uma ligeira elevação acima dos olhos. *Nariz:* negro e ligeiramente aquilino. Nos animais fulvo-azulados a cor do nariz é azulado também. Nos cães de pêlo claro o focinho mais escuro que a cor gera é preferível.

O cão deve possuir um bom bigode de pêlo, de preferência sedoso e uma barba bem visível. *Olhos:* escuros, geralmente pardo-escuros ou cor de avelã. O olho deve ser moderadamente cheio, com um olhar benevolente em repouso, porém fogoso quando em estado de atenção.

Os bordos das pálpebras devem ser negros. *Orelhas:* ligadas alto, e, em repouso, caídas para trás como as do Greeyhound. Elas passam o nível da cabeça, conservando sua dobra quando o cão está excitado, todavia acontece que alguns cães trazem-na somente meio levantadas; são flexíveis, lustrosas, lembrando, ao toque, as do rato; quanto menores melhor.

Uma ligeira franja de pêlo sedoso nas orelhas e na ponta é permitida. Qualquer que seja a cor do cão, as orelhas devem ser sempre negras ou de tonalidade escura. *Pescoço:* comprido. O pescoço que deve ser muito sólido parece menos longo pelo fato da crina que todo o bom Deerhound deve possuir. *Nuca:* muito arqueada em sua junção com a cabeça. *Garganta:* nitidamente destacada e proeminente. *Corpo:* grande talhe e forte ossatura. *Peito:* antes profundo que largo no peitoral. *Garupa:* inclinada, larga e forte quando possível, com a ponta das ancas bem espaçadas. *Membros anteriores: Espáduas:* bem oblíquas, as omoplatas bem colocadas para trás, deixando pouco espaço entre seus pontos. *Patas:* largas e chatas, tão direitas quanto possível, com o antebraço e o cotovelo muito desenvolvidos. *Pés:* cerrados e compactos, com dedos bem arqueados. *Membros posteriores:* bem torneados nas rótulas, bem angulosos nos jarretes, devem ter um grande comprimento, medindo das ancas aos jarretes, os quais devem ser largos e chatos. *Cauda:* bem longa, afinada e caída até 4 centímetros do chão e até 4 cm abaixo dos jarretes. No repouso a cauda é trazida perfeitamente caída ou com uma ligeira curva.

Esta curva acentua-se quando o cão está excitado.

Ela é guarnecida de pêlo duro, mais longo na extremidade inferior; uma ligeira franja na ponta não constitui defeito.

Pelagem: Pêlo: sobre o corpo, sobre o pescoço e sobre as coxas, duro e rugoso, longo de 7 ½ a 10 cm. Mais macio na cabeça, peito e ventre. Uma curta franja no interior das patas dianteiras e traseiras é admitida. Em algumas famílias de Deerhounds encontra-se uma mistura de pêlo sedoso e de pêlo duro, se isto é preferível ao pêlo lanoso, não vale todavia o pêlo espesso mais ou menos arrepiado, duro, ou áspero ao toque, que é o verdadeiro pêlo do Deerhound.

Cor: está na dependência da moda; o azul-acinzentado escuro é sempre a que mais preferência merece, em seguida vem o cinza-claro e o *bringé*, de preferência com tonalidades escuras.

Pêlo amarelo e vermelho pálido ou amarelo avermelhado com extremidades enegrecidas, especialmente quando é acompanhado de máscara e orelhas mais escuras são muito apreciados como sendo as cores das famílias mais antigas; a cor branca no peitoral e nos artelhos muitas vezes encontrada nos cães mais escuros, é admitida, bem que o Deerhound seja um cão unicolor. Um pouco de branco existe algumas vezes na ponta do pêlo da cauda, nos cães da melhor origem.

Pontos desqualificativos: Cabeça grosseira, lábios pendentes, crânio arredondado, "stop" acusado, nariz róseo, pêlos ásperos na cabeça, olho claro, muito cheio, com o bordo das pálpebras vermelho, olhar mau, orelha ligada baixo, pontuda, espessa, pendente, achatada contra a cabeça ou guarnecida profusamente de longos pêlos ou franjas, muito grandes, de cor clara, pescoço muito longo, estreito, costelas chatas, dorso direito (esta conformação é muito nociva), espáduas muito afastadas, carregadas e direitas, jarretes de boi, direitos, canelas muito fracas, artelhos entrecobertos, cauda curta, trazida acima da linha do dorso, ou enrolada, em anel, pêlo muito comprido, as franjas do interior das patas tomando as proporções das dos Collies, aspecto muito peludo em geral, pêlo lanoso, cor branca, listra branca na cabeça, colar branco. As marcas brancas depreciam muito esta raça.

O Galgo italiano: *Sinônimos:* Francês: Levrette, Levron. Italiano: piccolo levriere italiano. Inglês: Greyhound d'Italy.

Apreciação geral: O Levrette é exclusivamente um cão de luxo. Possui a aparência dum Greyhound um tanto menor. Tem vivacidade e ligeireza, mas falta-lhe robustez. Devido a sua elegância, graça, beleza, inteligência e dedicação ao dono o Levrette merece um lugar primacial entre os galgos de luxo. Gozou dos favores da corte dos Médicis na Itália e das simpatias do grande Frederico da Prússia e de outras celebridades menores.

Apesar da sua timidez, o Levrette não trepida em defender seu dono quando este é atacado.

Origem: Esta raça é originária da Itália, constituindo já na Antiguidade um ornamento das vilas romanas, onde a sua silhueta fina dava ares de fidalguia.

Os franceses chamavam outrora *levrette* às fêmeas dos *levriers,* qualquer que fosse a raça e designavam o nome de *levriche* a fêmea deste galgo italiano que estamos tratando.

Hoje chamam *levrette* quer aos machos quer às fêmeas desta raça, porém a designação *levron* é também empregada no mesmo sentido.

Caracteres essenciais: Raça retilínea. *Aspecto geral:* A dum Greyhound em miniatura. *Talhe:* altura da cernelha menos de 35 cm.

Cabeça e pescoço: Cabeça: longa. *Crânio:* chato, afinando-se gradualmente para o nariz. *Orelhas:* delgadas, finas, colocadas atrás da cabeça, caídas para trás e de lado deixando ver o interior da concha. *Olhos:* bastante grandes, claros, nem úmidos, nem proeminentes; olhar de gazela. *Nariz:* ordinário. *Pescoço:* longo, delicado, e graciosamente arqueado.

Corpo e cauda: Espáduas oblíquas. *Peito:* estreito e profundo. *Costelas:* finas. *Ventre:* relativamente desenvolvido. *Cauda:* fina.

Pernas e pés: Pernas: direita, de ossada fina. *Cotovelos:* baixos. *Jarretes:* muito desenvolvidos. *Pés:* longos. *Dedos:* bem curvos.

Pelagem: unicolor, alazão claro, isabel, cinzento-rato, creme em seus vários matizes. *Pêlo:* curto, fino, macio e sedoso.

Peso: deve ser menos de 3 e meio quilos. Nas exposições inglesas o peso médio aceito é de 8 libras, não se recusando os tipos um pouco mais pesados. Os prêmios, dado mérito igual, são adjudiciados aos indivíduos de menor peso.

Defeitos: Cabeça redonda, crânio bombeado, olhos úmidos, orelhas direitas, cores bronzeada, mosqueada e malhada.

Tabela de pontos: Aspecto, simetria, 25; Cabeça, 15; Orelhas e olhos, 15; Perna e pé, 10; Cauda, 15; Cor, 10; Altura, 10; Total, 100 pontos.

Nota: A melhor criação destes cães encontra-se hoje na Inglaterra.

O Galgo persa: O Galgo persa ou do Curdistan é o menor dos galgos, o seu talhe não passa de 61 centímetros, regulando na média de 55 centímetros.

Seu pêlo é curto, lindo, fino, formando tufos sedosos nas orelhas e na extremidade da cauda.

A cor da sua pelagem é laranja-claro, mas desmaiado nos flancos e nas patas, isabel-claro, café com leite e fulvo. As orelhas são curtas e pendentes.

Na Pérsia caça a lebre, a gazela e persegue mesmo o chacal. Por ser um lindo animal merece acolhida entre os cães de luxo.

O Galgo afgã: O Galgo afgã, conhecido na literatura da língua inglesa, sob o nome de Afghan Hound, é por muitos considerados como uma das mais velhas raças caninas domesticadas pelo homem.

É um cão de fisionomia particularmente característica, com seu focinho de pêlo curto, emoldurado por uma bastíssima cabeleira longa e sedosa, que se inicia um pouco acima dos olhos, formando uma pequena e bela testa, e cobrindo todo o seu corpo, como verdadeiro manto protetor. Apesar da longa pelagem que lhe cobre o corpo, nem sempre o Afghan Hound tem sua cauda coberta na mesma proporção, como nas demais raças.

À primeira vista, a idéia que se tem da raça, é a de que se trata, apenas, de uma raça ornamental. Aliás, na Europa e nas Américas, tem sido esta a finalidade da sua criação. No Afeganistão, entretanto, a raça é empregada na caça, mormente de animais ligeiros e corredores, pois não há dúvida que se trata de uma mui original raça de galgos.

Além da caça, no seu país de origem e nos vizinhos, o Afghan Hound monta guarda a propriedades, estabelecimentos e faz companhia às tropas nativas nas longas excursões, merecendo atenção mui especial, em face da dedicação que lhe é dispensada pelos nobres do país, os seus maiores criadores.

Fig. 141 – *Afghan Hound*

Animais rústicos, no país de origem, resistem ao frio mais intenso e, também, ao mais forte calor, fazendo caminhadas em terrenos escarpados e difíceis, para o que a sua constituição anatômica está muito a propósito.

Veloz como um galgo inglês, o Afghan Hound deve levar vantagem muito acentuada nas subidas, tal a constituição do trem posterior que lhe facilita os saltos na corrida de obstáculos.

A meiguice e a obediência são qualidades do Afghan Hound, não se excluindo a vivacidade nem a valentia relativas à função de caçador e guarda.

Na Europa e na América, a raça vem sendo criada não há muitos anos, pois apareceu na Inglaterra no ano de 1907 e só 10 anos depois foi levada para os Estados Unidos da América do Norte, onde conta, hoje, com Clubes e grande número de admiradores que, dia após dia, mais a tornam desejada.

Nosso hemisfério, entretanto, do que é de nosso conhecimento, o Afghan Hound só agora teve entrada, e fazendo-o de maneira mais feliz com representantes da mais alta linhagem. (Da revista "FIEL").

Cães nus: Existe entre os cães uma raça e algumas sub-raças ou variedades privadas de pêlo. A ausência do pêlo é hereditária e necessariamente provém duma variação brusca ou quiçá duma variação progressiva, cuja causa seria o calor úmido do clima tórrido em que esta raça se formou.

Esta ausência de pêlo não constitui uma originalidade da raça canina, verificando-se igual fenômeno nos coelhos, porcos, bois e cavalos.

Cornevin julga que o ponto de partida da raça canina sem pêlo é o centro da África, provavelmente na região dos grandes lagos onde o calor é sufocante.

As raças de cães nus não têm nenhuma aplicação prática e por este motivo são classificados como cães de luxo e realmente, não obstante o aspecto desagradável e seu odor *sui-generis,* encontra quem os aprecie.

Descrevamos ligeiramente as raças de cães nus.

Galgo da África, também chamado galgo turco, cão chinês, levrette do México. Animal de pele dum negro escuro, cor de ardósia, e cinza-escuro em alguns lugares com placas de cor rosa. Nenhum pêlo, salvo a ponta da cauda, alto da cabeça, e em torno da boca. Olhos mongolóides. Dentição incompleta, ausência de flor de lis nos incisivos. Cornevin, aponta três sub-raças.

Cão nu da África, também chamado galgo da Núbia, cão do Egito, galgo turco. Assemelha-se a um Levron sem pêlo, ou com raríssimos pêlos esparsos.

Cão nu chinês, também chamado japonês. Esta designação é descabida porque não consta que existam cães nus na China nem no Japão. São cães pequenos, nus, de cabeça redonda, de pele de cor de ardósia. Raros pêlos como bigodes, topete e cabeleira.

Cão nu sul-americano: É comumente chamado cão mexicano e também cão das Antilhas e sem razão alguma denominado, por outros, cão da Patagônia.

Sua cor, é cinza-avermelhado, focinho e patas negro-mate. Na época da muda a epiderme se destaca por pedaços. Tem cabelos na cabeça, mas não possui bigodes.

Pichot afirma que nos cruzamentos com cães de pêlo dá produtos nus, sendo, portanto, persistente este caráter, entretanto os pêlos duros da cabeça são substituídos por pêlos iguais ao da raça cruzada, dando origem a animais interessantes.

Outros cães de luxo: Estando a eleição dos cães de luxo ao arbítrio das inapeláveis decisões da moda, não é possível fazer-se uma classificação definitiva e categórica.

Tudo neste terreno é transitório e imprevisto. Um cão cai de moda como uma peça de vestuário.

O favor público numa reviravolta inexplicável traz para os *trottoir* das avenidas um cão que até há pouco exercia uma função modesta, fazendo-o uma silhueta de elegância e distinção.

Descrevemos neste capítulo os cães que pelo seu tamanho, beleza, raridade são os tipos clássicos dos invejáveis *toutous,* os mais queridos das damas.

Vamos citar no entanto como complemento a este capítulo, outras raças também tidas e havidas na classe dos animais de luxo e companhia.

Fig. 142 – *Cão dos samoiedas*

Figuram no primeiro plano o Colley, o Lobo da Alsácia, o Buldogue, especialmente francês, o São Bernardo, o cão dos Pirineus, o cão da Dalmácia, o cão dos Samoiedas, o Bobtail, o Teckel ou Dachshound, o Fox-terrier e seus afins, enfim, os diminutivos de várias raças, todos muito estimados como cães de luxo, fruindo hoje aqui, amanhã ali, as delícias da popularidade e a consagração da moda.

De todas estas raças citadas, encontrarão os leitores descrição minuciosa nos capítulos dedicados aos cães de guarda, de gado, de caça e outras utilidades.

Cães selvagens ou meio selvagens. Cães alçados. Cães de rua: Na primeira parte desta obra, no capítulo referente à classificação dos cães na escala zoológica, tivemos ensejo de estudar ligeiramente os cães selvagens e meio selvagens.

Entre estes cães dignos de especial referência o Buansu, também chamado cão do Himalaia, que vive na Índia, em pequenas matilhas, caçando por conta própria.

Quando aprisionado novo, domestica-se facilmente, tomando amizade ao dono.

Na Índia também se encontra o Dole ou Colsun, terrível caçador de animais e que vive em matilhas numerosas. Ainda na Índia se encontra o Pária que vive nas pequenas aldeias em estado semi-selvagem, acompanhando os indígenas que vão à caça. Este cão é empregado nas caçadas de tigres e outros animais ferozes.

Na Austrália encontra-se o Dingo, muito semelhante à raposa, quer no aspecto, quer na maneira de caçar e viver.

É na Austrália temido pelos criadores que os têm como o pior inimigo dos rebanhos. Há exemplos de cruzamentos entre os cães domésticos e o Dingo.

Sobre os cães selvagens da América e outros, leia-se o que escrevemos no capítulo acima aludido.

Cães alçados – Designa-se com o nome de *cães alçados, cães marrons,* dizem os franceses, os cães que do estado de domesticidade volvem à selvajaria.

Esta designação de *marrom* é corruptela da palavra "cimarron", que os espanhóis davam aos escravos fugidos que se acoitavam no mato, constituindo, por vezes, povoados, sendo bem célebre no Brasil os quilombos.

Os espanhóis trouxeram para a América vários cães que, embrenhando-se na mata, tornaram-se ferozes e, por

Fig. 143 – *Dingo, cão da Austrália*

analogia com os escravos fugidos, deram aos cães tornados selvagens a designação de "cimarron" que os franceses transformaram em "marron" nome adotado quase universalmente. Nós, no Brasil, para indicar este estado de reversão à selvajaria temos a palavra *alçado*.

Este estado de selvajaria muitas vezes não chega a ser absoluto e o cão vive em povoações e mesmo em cidades, entregues à vida de inteira independência.

Como exemplo mais conhecido citavam-se os cães de Constantinopla, ali senhores da cidade, repartidos em matilhas numerosas, cada qual vivendo em seus bairros ou distritos.

Jack London, misto de escritor e tunante, garimpeiro e pescador de baleias, em páginas de fina observação, conta-nos a infortunada história de Buck, um cão que após longas aventuras, volta ao seio da floresta para viver junto aos seus irmãos selvagens.

Não resistimos ao desejo de transcrever aqui o episódio final da obra, o momento em que Buck entra na comunhão com seus ancestrais. Eis em tradução as palavras daquele escritor:

"Repentinamente um lobo grande e magro destaca-se do grupo e aproxima-se do cão com precaução, gemendo docemente.

Buck reconhece, de súbito, o seu irmão selvagem, seu companheiro de uma noite e de um dia, os focinhos se tocam e o cão sente que o coração lhe bate com emoção nova.

Por seu turno o velho lobo descarnado, coberto de cicatrizes, aproxima-se de Buck, com os lábios arregaçados, fareja-lhe as narinas, mexendo devagar a cauda.

O velho guerreiro senta-se sobre as patas traseiras e elevando ao alto, para a lua, o seu focinho, solta um uivo melancólico e prolongado. Os outros lobos respondem-lhe em coro.

Buck reconhece o apelo, a voz da floresta, linguagem ancestral que costumava a ouvir na calada da noite, convidando-o para a vida livre da floresta, para o seio da espécie de onde saíra.

Assenta-se e uiva também. Então a matilha o cerca sem testemunhar hostilidade. E, bruscamente, os chefes soltam o grito de caça e lançam-se na floresta; o bando inteiro os segue soltando uivos de guerra, enquanto Buck, ao lado dos irmãos selvagens, galopa, uivando com eles".

Cães de rua – O cão de rua é o produto dos mais disparatados cruzamentos e das mestiçagens mais extravagantes. Constitui a ralé de espécie, os desprotegidos e os abandonados, boêmios em cata de aventuras e cães de espírito insubmisso, brigões de índole rixenta e pobres diabos inofensivos e afetuosos.

Nesta babel de tipos como numa colcha de retalhos encontram-se os característicos apagados, sufocados, de mil raças, as nuanças de todas as pelagens, numa confusão caótica que desesperaria um zootecnista que aí procurasse a pista duma raça determinada.

Mas se este deserdado da sorte não guarda em sua conformação os característicos rácicos, se não mantém a linha típica que distingue os seus irmãos fidalgos, com linhagem escrita no *Dog-Book,* o Gotha da espécie canina, encerra no entanto impoluta, no seu coração, toda a afetuosidade da espécie, todos os tesouros de ternura.

É o cão do pobre, deserdado e desprotegido como ele, mas amigo amantíssimo do seu dono, capaz de por ele sacrificar a vida, sofrendo não raro o maltrato, e mesmo a fome, sem rebeldia, esperando as sobras do jantar, já que as não houve no almoço, sempre afetuoso e festeiro, respondendo às nossas brutalidades de homem, com a doce filosofia canina, tecida de brandura, submissão e amabilidade.

SEGUNDA PARTE

Capítulo I
O Corpo do Cão

O corpo do cão, como de todos os outros animais, é uma máquina viva, muito complexa.

O corpo animal em sua última análise é formado de inúmeros corpúsculos microscópicos chamados células. O agregamento das células entre si formam os tecidos, parte que geralmente conhecemos com o nome de carne, músculos, ossos, etc. Como as células juntas formam os tecidos, estes por sua vez formam os órgãos. Segundo o mesmo princípio uma série de órgãos se agrupam formando um sistema ou aparelho. Os diversos aparelhos do corpo podem ser assim divididos:

Aparelho locomotor: ossos, articulações e músculos;

Aparelho digestivo: boca e anexos; faringe, esôfago, estômago, intestino, fígado, pâncreas;

Aparelho respiratório: cavidade nasal, laringe, brônquios, pulmões;

Aparelho urinário: rim, uretra, bexiga;

Aparelho genital: órgãos genitais, do macho e da fêmea;

Aparelho circulatório: coração, vasos sanguíneos e linfáticos;

Aparelho nervoso: encéfalo, medula espinhal e nervos;

Aparelho dos sentidos: tato, paladar e olfato, ouvido e visão.

O *aparelho locomotor* – O aparelho da locomoção é o que permite ao animal mover-se de um para outro sítio.

É constituído de ossos, músculos, cartilagens e articulações. O conjunto do arcabouço ósseo que constitui a carcaça do animal, denomina-se esqueleto, que se divide em *cabeça, tronco e membros.* A cabeça acha-se presa à coluna vertebral. O tronco compreende a *coluna vertebral,* as *costelas* e o *esterno.*

A coluna vertebral é formada de uma longa cadeia que vai da parte inferior da cabeça à ponta da cauda. No interior da coluna vertebral corre um longo canal que encerra a *medula espinhal,* e que, com o encéfalo, forma o sistema nervoso central.

A coluna vertebral é dividida em cinco regiões: *cervical, dorsal, lombar, sacra e coccígeana.* As vértebras cervicais em número de 7 formam a base do pescoço, as *dorsais,* no dorso, são em número de 13, as *lombares* são 7, na região lombar, as da região sacra são 3, que soldadas formam o *osso sacro* e as *coccígeanas,* que constitui a cauda, são em número variável de 13 a 21.

Da coluna vertebral partem as costelas em número de 13, nove ditas verdadeiras costelas e quatro chamadas falsas costelas. A cavidade formada pelas costelas denomina-se caixa torácica, dentro da qual se acham órgãos de máxima importância vital como o coração, os pulmões, etc.

Os membros são quatro: dois anteriores e dois posteriores.

O desenho do esqueleto do cão, aqui inserto, dá maiores esclarecimentos sobre esta organização.

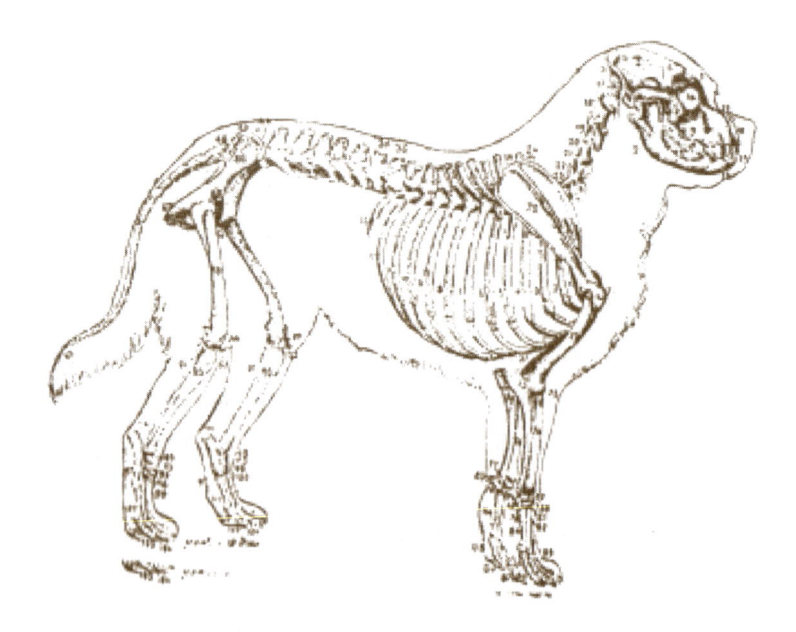

Fig. 144 – *Esqueleto do cão*

Aparelho digestivo – O aparelho digestivo, que compreende os órgãos destinados à digestão dos alimentos é, dito dum modo geral, um longo tubo que vai da *boca* ao *ânus*.

A boca é uma cavidade limitada anteriormente pelos *lábios*, lateralmente pelas *bochechas*, e superiormente pelo *paladar* ou *véu palatino*. Nela se acham como órgãos principais a *língua* e os *dentes*.

Após a *boca* vem a *faringe* e em seguida o *esôfago*, tubo que corre através do pescoço, atravessa o peito e desemboca no *estômago*. O estômago é imediatamente seguido pelo intestino, que segundo o seu volume se denomina *delgado* ou *grosso intestino*. A parte anterior do intestino delgado é o *duodeno* que comunica com o estômago por um orifício chamado *piloro*.

O intestino grosso, que segue ao intestino fino, divide-se em *ceco, cólon* e *reto,* que comunica com o exterior pelo *ânus*. Encontra-se ainda na bacia abdominal, como parte integrante do aparelho digestivo, três importantes órgãos: o *fígado,* o *pâncreas* e o *baço.*

O *fígado* é uma volumosa glândula de cor escura, achatada, colocada na face posterior do diafragma. Ele segrega a *bílis.* O *pâncreas,* que é uma glândula rósea, segrega o suco pancreático. O *baço,* que não possui canal excretor, exerce ainda uma função pouco conhecida.

Estes órgãos acima mencionados, a contar do estômago, acham-se na larga cavidade do abdome, envolvidos numa membrana serosa que se denomina peritônio.

Aparelho respiratório – Começa pelo nariz seguido das cavidades nasais, desemboca na faringe e comunica com a laringe, daí segue a traquéia, longo tubo constituído de anéis cartilaginosos, que corre junto ao esôfago, ao longo e à margem do pescoço; penetra na cavidade torácica e se divide em dois brônquios, os quais se introduzem nos respectivos pulmões. Os pulmões ocupam grande parte da cavidade torácica. Esta é internamente atapetada por uma membrana serosa chamada *pleura*, análoga ao peritônio da cavidade abdominal.

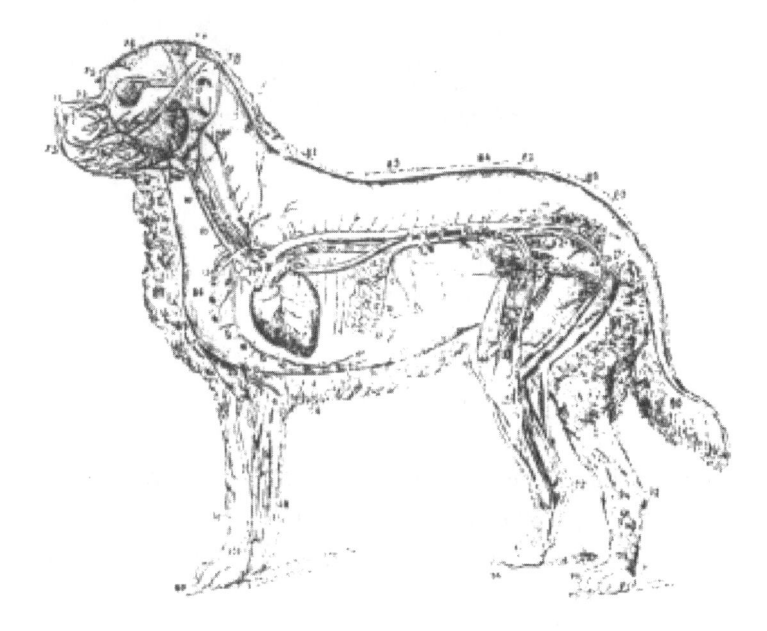

Fig. 145 – Aparelho Circulatório do cão

Aparelho urinário – O aparelho urinário é formado por dois órgãos colocados na região sublombar: os rins do qual faz parte o ureter, canal que leva a urina à *bexiga* – reservatório em que a urina se deposita até o momento da emissão pela *uretra*. A uretra atravessa o pelve junto ao esterno e percorre o pênis. A uretra da fêmea é mais curta que a do macho e desemboca no pavimento da vagina.

Aparelho genital – O aparelho genital difere na fêmea e no macho. O macho é constituído pelos dois testículos contidos dentro de um invólucro denominado escroto ou bolsa e o pênis, também chamado verga, coberto em sua parte anterior de um revestimento denominado prepúcio.

O pênis é percorrido em todo o seu comprimento pela uretra. Os órgãos genitais da fêmea são muito complicados e compreendem: ovários, oviduto, útero, vagina, vulva.

Aparelho circulatório – O aparelho circulatório compreende o coração, vasos sanguíneos e sistema linfático.

O coração é o órgão central da circulação, tem a forma cônica e é dividido em quatro cavidades, sendo as duas de cima chamadas aurículas e as de baixo ventrículos.

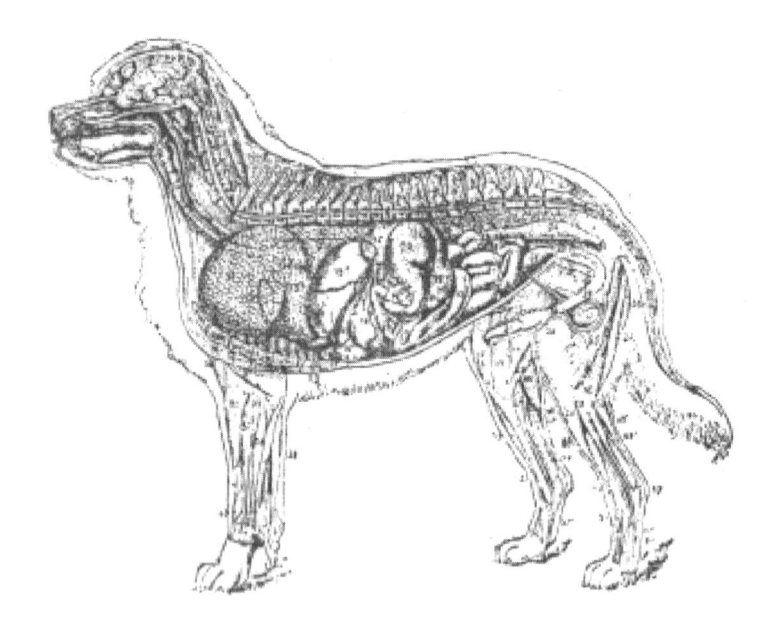

Fig. 146 – *Vísceras do cão*

O coração acha-se na entrada do peito, atrás dos pulmões e se encontra contido num saco membranoso denominado pericárdio. Do coração parte um sistema de vasos sanguíneos, as artérias, que distribuem o sangue por todo o corpo; as artérias, à proporção que se afastam do órgão central, tornam-se mais finas e numerosas. As veias fazem o trabalho inverso às artérias, levam de todas as partes do corpo o sangue ao coração. O sistema linfático é constituído numa disposição análoga à das veias e se compõe de vasos e gânglios linfáticos.

Aparelho nervoso – O aparelho nervoso, geralmente chamado sistema nervoso, compõe-se de duas partes, uma central e outra periférica. A parte central é constituída pelo encéfalo e medula espinhal. O encéfalo acha-se na cavidade do crânio e é formado pelo cérebro, cerebelo e da medula alongada, esta se liga com a medula espinhal que ocupa o canal raquidiano, constituído pelos anéis da coluna vertebral. Do cerebelo e da medula partem cordões ou nervos que se distribuem pelo corpo; são os nervos motores e os nervos sensitivos, que dão ao corpo a faculdade de se mover e que levam ao cérebro as sensações.

Aparelho dos sentidos – Os órgãos dos sentidos têm por missão receber as impressões do mundo externo e transmiti-las aos centros nervosos por meio de seus nervos.

Os sentidos são em número de cinco: tato, olfato, audição, visão e gosto.

Tato: Em toda parte da pele existem filetes nervosos, razão pela qual ela é sensível. Na pele, portanto, está a origem do tato; no cão as partes mais sensíveis são os lábios e as extremidades digitais. Quanto mais a pele é fina e destituída de pêlos, maior sensibilidade possui.

218

Olfato: Dada a importância que o olfato desempenha na vida dos cães em suas relações com o homem, vamos dar aqui uma descrição minuciosa, valendo-nos do estudo de L. Huychebaert[35].

O aparelho do olfato dos cães compõe-se de duas partes bem distintas, uma externa: o nariz, também chamado trufa e outra interna, que se prolonga das narinas à caixa craniana. O nariz não é senão o prolongamento móvel das fossas nasais. O nariz está enxertado sobre o lábio superior e a pele que o reveste é desprovida de pêlos, o que o torna muito sensível.

Em conseqüência da prega que se acha entre as duas narinas o nariz se torna assaz dilatável, o que lhe permite movimentos laterais e para o alto. A fenda lateral facilita-lhe ainda mais esta dilatação e extraordinária mobilidade.

Em vários tipos de cães, como nos buldogues, por exemplo, a prega que se acha entre as duas narinas se enterra muito profundamente formando o que se chama duplo nariz.

Quando o cão se acha em perfeita saúde, o nariz se apresenta flexível, frio e úmido. Esta umidade lhe é comunicada por grandes glândulas que se encontram nesta região sob a pele. Esta parte do nariz do cão é igualmente um órgão de tato, chegando os fisiologistas a dizer que o olfato não é mais que o tato dos odores.

É preciso, todavia, notar que este tato tem necessidade de ar para se efetuar, o que faz dizer que o aparelho de olfação não é senão um anexo do aparelho respiratório. Fazendo-se uma seção imediatamente atrás do nariz, nota-se uma disposição interior de dois condutos, o que obriga o ar inspirado a tomar diferentes direções.

A cartilagem do meio, que corresponde exatamente à prega mediana do nariz, separa todo o aparelho da olfação em duas seções absolutamente simétricas em toda sua extensão.

O cão, como os outros mamíferos, possui, então, por assim dizer, dois narizes, como possui dois olhos, duas orelhas.

Quando a corrente de ar penetra em cada nariz ela é dividida por uma saliência que aí se encontra, forçando-a a passar entre as pregas numerosas e muito finas que obstruem completamente o conduto nasal na parte média.

Transpondo uma passagem entre todas estas pregas, chamadas massa das cornetas, o ar inspirado se aquece como se ele atravessasse um radiador e as partículas odorantes, que se acham em suspensão nele, encontram-se então em condições mais favoráveis para a olfação quando se põem em contato com uma nova série de pregas que constituem as volutas etmoidais.

Os fisiologistas são acordes em afirmar que o ato da olfação se realiza quando o ar é expirado; ele se realiza quando o ar inspirado chega à região olfativa. As volutas etmoidais acham-se umefatas por um líquido próprio para fixar e dissolver as partículas odorantes que vêm assim tocar os nervos olfativos, escapando-se através das perfurações da lâmina em crivo do etmóide.

Eis, assim, descrito o mecanismo da olfação.

Praticamente reputa-se que tanto melhor é o olfato do cão quanto mais o seu focinho é longo e desenvolvido e as suas narinas mais abertas.

---

35. *Le Chien* – Phylologie, olfaction, mechanisme de l'odorat.

As raças do focinho curto e obtuso como o Carlin e o Dogue têm o olfato menos apurado.

Desta regra faz exceção os cães galgos que possuem um focinho comprido sendo no entanto medíocre o seu olfato.

Audição: O órgão da audição é o ouvido. O ouvido se divide em *interno, médio* e *externo.*

O ouvido externo constituído de uma cartilagem é comumente denominado orelha.

Na base desta acha-se uma cartilagem anular que forma o conduto auditivo externo no fundo do qual se encontra a membrana do tímpano.

O cão distingue a direção dos ruídos como bem o demonstra a orientação das suas orelhas; discerne os sons graves dos agudos, sendo algumas vezes impressionado pelos primeiros e indiferente aos segundos.

As entonações da voz humana ele as compreende perfeitamente e jamais confunde a voz com que amimamos com as entonações com que o ameaçamos. As vozes das criaturas da sua espécie ele as distingue bem como a dos outros animais.

Visão: os órgãos da visão são os olhos que compreende o *globo ocular* e seus anexos.

O *globo ocular,* aparelho essencial da visão, consta da *esclerótica,* membrana branca que envolve todo o olho, exceto a parte anterior ocupada pela *córnea.*

Sobre a face interna da esclerótica acha-se a *coróides,* sutilíssima membrana de cor escura, atapetada pela retina – expansão do nervo óptico, que recebe a impressão dos raios luminosos. Quando estes chegam à retina, atravessando a *córnea lúcida* ou *vítrea* do olho, a *pupila,* colocada no centro de uma membrana dita *íris,* restringe-se ou dilata-se, segundo a intensidade dos raios luminosos.

O globo ocular é protegido pelas pálpebras. As pálpebras que correm sobre os olhos, acham-se forradas por uma membrana mucosa denominada *conjuntiva,* mantidas sempre úmidas pelas lágrimas, líquido segregado pelo aparelho lacrimal.

Os movimentos dos olhos nas órbitas são efetuados sob a ação dos músculos oculares.

Gosto: O gosto é talvez o mais imperfeito dos sentidos do cão, a sua sede está na mucosa e em particular nas papilas da língua.

Exterior do cão (Exognósia): Tão grande é a importância da exognósia do cão para o perfeito julgamento das raças e para escolha dos indivíduos, que passaremos a estudar com alguns pormenores as regiões que maior importância apresentam neste ponto de vista.

Divide-se o corpo dos cães em três regiões principais e distintas: *cabeça, tronco e membros.*

Cabeça: A cabeça apresenta duas partes muito distintas: o crânio, que encerra o cérebro e o focinho, em cuja maxila superior estão os órgãos do olfato e na inferior a mandíbula.

Os crânios dos cães, à semelhança do dos homens, podem apresentar duas conformações bem distintas:

a) Crânio alongado, dolicocéfalo, que tem no galgo a sua conformação mais acentuadamente característica;

b) Crânio curto e redondo, braquicéfalo, de que o buldogue é um exemplo típico.

Ora, sabendo-se que da capacidade craniana depende, incontestavelmente, a inteligência do animal, na escolha de um cão devemos sempre prestar atenção à conformação da sua cabeça.

Nas raças de crânio alongado (dolicocéfalo) como o do Setter, por exemplo, devemos exigir que ele não se prolongue, planamente, mas que apresente uma ligeira convexidade.

Vemos assim compensada a estreiteza da caixa craniana pelo seu abobadado. Nos crânios curtos (braquicéfalos) notamos por vezes que se apresentam planos, mas neste caso, a largura compensa esta disposição.

De um modo geral, o que se tem em mira é, como bem preceitua o Dr. R. Bommier: "Seja qual for a raça em apreciação, estudemos a sua cabeça com a preocupação constante do volume cerebral".

Um cão de cabeça pequena, plana, diz o autor acima citado, "terá possivelmente assaz desenvolvidos seus instintos, será astuto, mas não inteligente, no sentido que queremos dar a esta palavra. Como inteligente compreendemos um cão suscetível de entender seu dono, servi-lo, perceber-lhe os desejos, um cão enfim de capacidade mental que lhe permita domar os instintos e receber uma educação tão vasta quanto possível, sem lerdeza, sem resistência instintiva; um cão, numa palavra, capaz de identificar-se em um tudo com o seu superior em hierarquia intelectual".

Há cães que se afastam dos dois padrões cranianos estudados.

Trata-se de exceções, como temos exemplo no maltês, de cabeça arredondada e a maioria das raças nanicas, animais positivamente degenerados se considerarmos os protótipos da espécie.

Numa relação muito íntima de dependência com a cabeça, encontram as maxilas.

Na maioria dos cães, as duas maxilas devem ter comprimento igual, quer dizer as maxilas superiores se justapõem de forma tão regular, que os dentes incisivos superiores coincidem com os inferiores da mandíbula, à maneira das lâminas duma tesoura quando se fecha.

Observa-se muitas vezes a não incidência das maxilas, determinando assim o defeito denominado prognatismo.

Este se diz superior ou inferior, no primeiro caso são os maxilares mais longos que a mandíbula e no segundo dá-se o inverso.

Os cinólogos ingleses denominam "overshot" o prognatismo superior e os franceses também reservam para o mesmo caso a palavra "begu"; ao prognatismo inferior os primeiros chamam "undershot", os segundos "grignard" e nós, em português, por empréstimo espanhol, dizemos "nhato" (ñato).

Precisamos não emprestar ao prognatismo uma exagerada importância, pois os prognatas dos maxilares superiores não são pouco freqüentes e nem por isto merecem uma extrema severidade no julgamento.

Se um ligeiro prognatismo patenteia-se em animais livres de qualquer outra tara e que ostentam característicos diferentes, mas de boa significação, pecar-se-ia por excesso se quiséssemos desclassificá-los em um julgamento.

O mais que seria justo fazer era depreciá-lo na proporção que as exigências do "Standard" determinassem na contagem dos pontos para esta parte do corpo.

Com o prognatismo da mandíbula quase outro tanto se pode dizer, mas para este caso podemos levar um tanto mais longe a severidade.

Todos sabemos que este tipo de prognata é sempre correlativo a um temperamento violento, verdade tão grande entre cães como entre indivíduos da espécie humana.

Das maxilas deveríamos, a seguir, falar na dentição, mas desta trataremos mais para diante com o necessário desenvolvimento.

O focinho do cão dispensa considerações especiais, mas sempre se exige que ele seja úmido e de narinas bem abertas. Anteriormente, na primeira parte deste capítulo, já tratamos suficientemente do olfato.

Da região da cabeça resta-nos falar das orelhas e olhos.

As orelhas dos cães variam muito na forma e posição, isto é, na maneira que se localizam na cabeça do animal.

Quanto à forma notamos orelhas chatas, compridas, em pé, caídas, triangulares ou arredondadas na ponta.

Os cães selvagens possuem todos orelhas triangulares e em pé. Os cães domésticos ora possuem estes característicos, como os cães de pastor, os lulus, ora caídas, como a maioria dos cães de caça.

Acredita-se com fundamento que quanto mais os cães domésticos se acham afastados dos cães selvagens, mais as orelhas são tombadas.

É preciso ainda levar em conta as funções que na domesticidade exercem os cães.

Os cães de caça que no seu ofício se valem do olfato, possuem orelhas perfeitamente deitadas, enquanto os cães de guarda de contínuo atentos aos ruídos, ao invés, têm sempre orelhas em pé, triangulares ou arredondadas na ponta.

Entre umas e outras ficam as orelhas semicaídas.

Em algumas raças, as orelhas estão situadas muito alto e em outras muito baixo, sendo que por colocação média se entende as orelhas plantadas no seguimento de uma reta que parta do prolongamento do focinho, passe pelo olho e morra na base da proeminência occipital.

A inserção acima desta linha considera-se alta e abaixo desta é o que se entende por colocação baixa.

Estes esclarecimentos são de grande importância na descrição dos característicos rácicos. Os olhos merecem especial atenção.

Estes órgãos, além das suas naturais funções, constituem um elemento de beleza, e assim devem ser vivos, inteligentes e brilhantes, colocados, não muito próximos da linha média do crânio, nem muito afastado dela, não devem estar à flor da cara e nem sempre fendidos. Em certas raças (Carlin e Buldogues) eles são, normalmente, um tanto aproximados do nariz.

A forma dos olhos, em geral, é amendoada, exceto em certas raças nanicas (Carlin, Toy-Spaniel), que é arredondada.

Certos cães, os dinamarqueses, os de pastor, costumam apresentar um olho de cada cor, sendo um deles azulados "vairon", dizem os franceses. As pupilas são sempre redondas.

Fig. 147 – *Disposição das orelhas em diversas raças caninas:* 1 – Buldogue francês. 2 – Cocker spaniel. 3 – Cão de pastor da Alsácia *ou* Deutsche Schaferhound. 4 – Dachshound. 5 – Fox-terrier pêlo de arame. 6 – Boston-terrier. 7 – Beagle. 8 – Sheepdog. 9 – Buldogue inglês. 10 – Cão de Santo Humberto *ou Bloodhound.* 11 – Pointer. 12 – Gordon setter.

O Dr. Bommier dá à cor dos olhos uma importância capital e apresenta argumentos seguros da sua tese.

Este cinólogo demonstra que a íris clara é positivamente um sinal de degenerescência e que a falta de pigmentação das pálpebras, com zonas calvas, "ladres" como dizem intraduzivelmente os franceses, ainda mais grave sinal constitui.

Fig. 148 – *Disposição das orelhas em diversas raças caninas: A –* Cão do Alasca *(Alaskan Malamute)*. B – Fox-hound inglês. *C –* Mastim. *D –* Collie *(smooth)*.

Esta falta de pigmentação, aliás, não constitui um defeito somente dos olhos, mas igualmente de outras regiões em que aparece (em geral nos sítios onde a pele é fina como no focinho e pálpebras, como já dissemos).

Tronco: Para melhor ser estudado, o tronco é apreciado por várias faces: a *superior* e a *inferior,* as *laterais* e a *anterior* e *posterior*.

51. Borzoi

52. Whippet

53. Greyhound italiano

54. Saluki

55. Deerhound

56. Greyhound

57. Otterhound

58. Lhasa Apso

59. King Charles Spaniel

60. Chow Chow

61. Rottweiler

62. Perdigueiro Griffon pêlo-de-arame

63. Kesshound

64. Smoyed

65. Elkhound

66. Black Elkhound

67. Spitz da Lapônia

68. Greenland Dog

Prancha 11

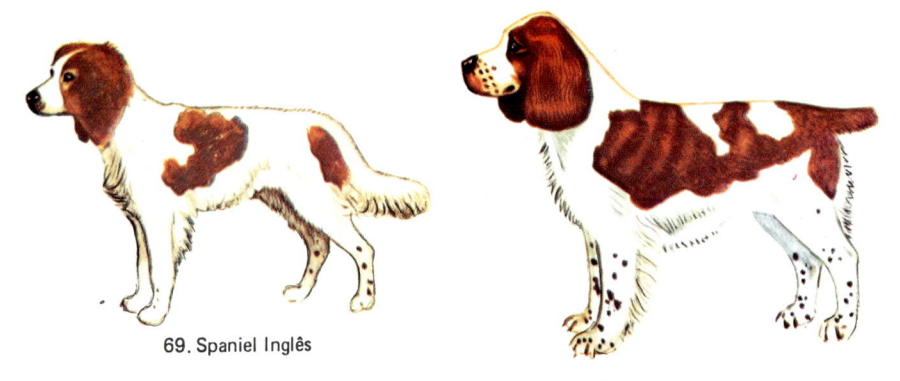

69. Spaniel Inglês

70. Welsh Springer Spaniel

71. Cavalier King Charles Spaniel

72. Clumber Spaniel

73. Chesapeake bay Retriever

74. Springer Spaniel Inglês

75. Husky Siberiano

76. Malamute do Alaska

77. Elkhound Sueco

78. Buhund Norueguês

79. Spitz Finlandês

80. Karelian Spitz

Prancha 13

81. Wolfhound Irlandês

82. Dachshund pêlo-liso

83. Basset hound

84. Dachshund pêlo-de-arame

85. Dachshund miniatura pêlo longo

86. Bernese Mountain Dog

87. Drever dinamarquês

Prancha 14

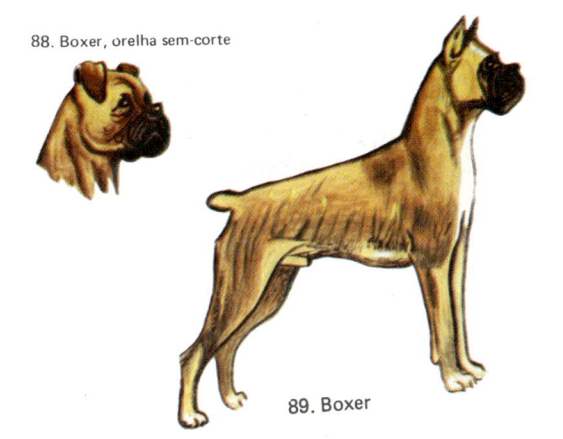

88. Boxer, orelha sem-corte

89. Boxer

90. Boston Terrier

91. Bulldog francês

92. Bulldog

93. Pug

94. Griffon Brabançon

Prancha 15

96. Cabeça de Collie pêlo curto

95. Collie pêlo longo

97. Cabeça de Collie — barbado

98. Cão pastor Shetland

99. Vasgota Spitz

100. Cocker Spaniel Alemão

101. Retriever Pêlo-enrolado

Na *face superior* notam-se: margem superior do pescoço (10); cernelha (11); dorso (12); rins ou lombo (13); garupa (14); raiz da cauda (15).

Na *face inferior* temos: região do esterno (37); ventre (38); bainha do pênis e pênis (39). São ainda dignas de nota nesta região as virilhas.

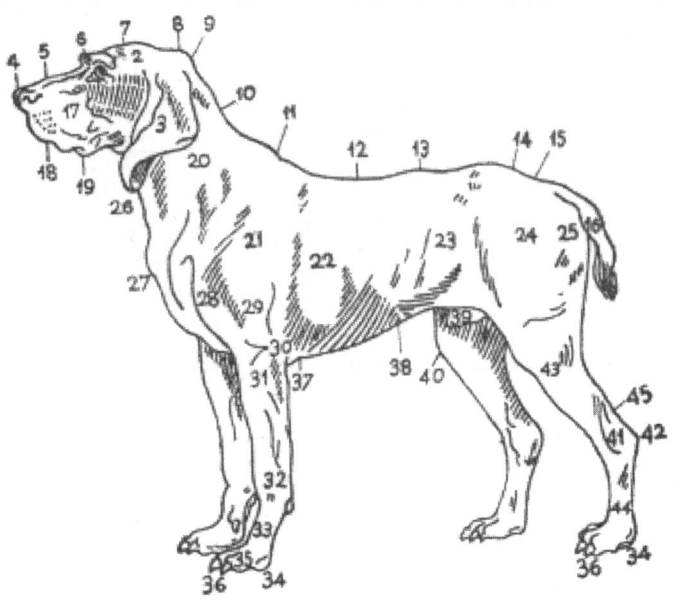

Fig. 149 – 1. *Olho e pálpebras;* 2. *Crânio:* 3. *Orelha;* 4. *Nariz:* 5. *Chanfro;* 6. *Depressão frontal* (stop); 7. *Fronte;* 8. *Protuberância occipital;* 9. *Nuca;* 10. *Margem superior do pescoço;* 11. *Cernelha;* 12. *Dorso;* 13. *Lombo ou rins;* 14. *Garupa;* 15. *Raiz da cauda;* 16. *Cauda;* 17. *Face;* 18. *Beiços ou lábios;* 19. *Comissura dos beiços;* 20. *Pescoço;* 21. *Espádua;* 22. *Tórax;* 23. *Flanco;* 24. *Anca;* 25. *Ponta da nádega;* 26. *Margem inferior do pescoço;* 27. *Ponta do peito;* 28. *Ponta do braço;* 29. *Braço;* 30. *Cotovelo;* 31. *Antebraço;* 32. *Carpo;* 33. *Metacarpo ou canela;* 34. *Planta do pé;* 35. *Dedos;* 36. *Unha;* 37. *Região do esterno;* 38. *Ventre;* 39. *Bainha do pênis;* 40. *Soldra;* 41. *Jarrete;* 42. *Ponta do jarrete;* 43. *Perna;* 44. *Metatarso;* 45. *Tendão de Aquiles.*

Na *face anterior* apresenta-se: margem inferior do pescoço (26); peito (27); notando-se ainda as axilas e a região inter-axilar.

Na *face posterior* vê-se: cauda (16); ânus, períneo e escroto.

Nas *faces laterais* temos o tórax (22); o flanco (23) e a anca (24).

O pescoço, além de musculoso, deve guardar uma justa proporção com o talhe dos cães. A papada é comum a certas raças (Bloodhound).

Quanto ao dorso, ele deve ser um tanto reto.

Constitui defeito o dorso selado.

O ventre não deve ser saliente, mas requer-se um peito largo, sinal de excelente função respiratória.

A região denominada peito, externamente constituída pela caixa torácica, abriga dois órgãos de máxima importância, o coração e os pulmões.

Da importância de qualquer destes órgãos quase é desnecessário falar, mas convém frisar bem o trabalho formidável dos pulmões, dadas certas particularidades fisiológicas do cão.

Sabem todos que o homem, por exemplo, transpira por meio de seus pulmões e sua pele internamente tapizada de glândulas sudoríparas.

A transpiração é o recurso de que dispõe o organismo para regularizar a temperatura normal do corpo.

Fig. 150 – *Defeito do dorso dos cães: dorso abaulado, à esquerda, dorso selado, à direita.*

Logo que por um esforço muscular, intensificamos as combustões internas, ou logo que a temperatura exterior seja demasiado alta e a transpiração ou melhor, a evaporação, que é um fenômeno físico, que absorve o calor, começa a sua faina para manter a temperatura normal do corpo.

Ora, o cão, que não tem poros na pele para transpirar, fica na contingência de utilizar exclusivamente os pulmões nesta indispensável função.

Compreende-se que se deve exigir sempre uma larga caixa torácica, sinal de um amplo reservatório do pulmão, especialmente em se tratando de cães destinados a trabalhos violentos como caça, etc.

A regra geral é exigir que o perímetro torácico exceda em 12 centímetros o seu talhe, para mais e nunca para menos, isto para animais destinados a trabalho que exija grandes esforços.

Exemplo: Se um cão tem um talhe de 62 cm, seu perímetro torácico deve ser 74 cm.[36]

---

36. Para tomar o talhe de um cão, o meio mais fácil e seguro será encostá-lo de perfil a uma parede, e quando o animal de pé tomar uma posição de perfeito aprumo, encosta-se um lápis à ponta da cernelha e dá-se um traço na parede. Medida a altura do traço ao solo, tem-se a medida certa da altura do cão.

Para se medir o perímetro torácico, usa-se tomar duas medidas, a primeira a um ou dois dedos atrás do cotovelo e ao nível de sua 8ª costela, aproximadamente junto à extremidade posterior do esterno, e a segunda medida, que nos mostra o comprimento, a profundidade do peito para trás, toma-se verificando a distância que separa a última costela (a 13ª) das ancas, distância que aproximadamente deve ser igual ao terço da longitude existente entre a ponta da omoplata e a ponta da anca.

De modo geral, diz-se que a caixa torácica deve ocupar 2/3 desta distância. Eis porque, nas medidas torácicas se encontram duas ordens de cifras, desta forma: 0,75 m = 0, 18. A primeira se refere ao perímetro propriamente dito, e a segunda à profundidade do peito.

A propósito do talhe do cão será bom anotar que Cornevin estabelece as seguintes medidas:

Talhe médio .... 0,42 m a 0,65 m

Talhe alto .... 0,66 m para cima

Talhe pequeno .... 0,25 m a 41m

Nanico .... 0,24 m para baixo

É preciso, entretanto, nestas medições levar em conta o estado de gordura.

A cauda dos cães é na sua maioria inclinada para o lado esquerdo, fato que Linneu deu importância primacial fazendo dele um dos caracteres da raça canina.

Cumpre notar que este característico não é duma justeza absoluta.

Basta observar algumas raças para se ver o canon do naturalista sueco tem numerosas exceções que ficaram evidentes quando fizemos as descrições das várias raças.

Quanto às pretendidas raças sem cauda temos de fazer mais largas considerações.

Propriamente falando não há raças caninas anuras, como a de certos gatos. Existem raças que nascem com o apêndice caudal encurtado. Entre outras são dignas de nota alguns cães de pastor.

A este propósito escreve um notável cinólogo[37]: "No tempo em que os lobos eram mais numerosos que hoje, os cães de pastor mantinham combates contínuos com estas feras e, assim, para não oferecer, como ofereciam, as orelhas e a cauda, um excelente lugar de pega, os pastores tinham por hábito cortar estes membros aos seus cães.

Em conseqüência de mutilações sucessivas realizadas numa mesma família, esta deformidade tornou-se hereditária".

Mas o fato verificado pelas experiências é que estas mutilações não são hereditárias e assim vemos em animais ditos sem cauda, como o cão de caça inglês *Bobtail,* nascerem duma mesma barrigada indivíduos caudatos e acaudatos.

Dechambre[38] diz que os cães que nascem sem cauda fornecem um exemplo de variação brusca muito comum nos próprios cães em que geralmente não se corta a cauda, como no Braco. É preciso saber, ajunta aquele zootecnista, que em certas raças caninas ditas sem cauda, esta qualidade tão procurada existe, a maior parte das vezes, devido a um golpe de bisturi dado habilmente pouco depois do nascimento.

Em resumo, as mutilações das orelhas e da cauda não se transmitem hereditariamente ou só se realizam muito excepcionalmente. Para se conseguir raças anuras propriamente ditas seria preciso conjugar indivíduos em que este fenômeno se apresentasse por mutação brusca.

Membros: Os membros se dizem anteriores, dianteiros ou torácicos, e posteriores ou pélvicos. Eis as regiões principais dos membros anteriores: a espádua (21); a ponta do peito ou do externo (27); ponta do braço (28); braço (29); cotovelo ou codilho (30); antebraço (31); carpo (32); metacarpo (33); planta do pé (34); dedos (35); unha (36).

É claro que estas três últimas regiões têm o mesmo nome nos membros posteriores. Vejamos os nomes das regiões dos membros pélvicos ou posteriores: ponta da nádega (25); soldra ou rótula (40); perna (43) e um pouco acima a coxa; jarrete (41); calcanhar (42); metatarso (44); tendão de Aquiles (45); e planta do pé, dedos e unhas (34, 35 e 36).

---

37. Eng. Gayot – *Le Chien,* Paris, 1867.

38. *Zootechnie Generale,* Paris, 1911.

Fig. 151 – *Vários tipos de caudas de cães; 1) Cão da Alsácia. 2) Dinamarquês. 3) Fox-terrier. 4) Setter. 5) Cocker Spaniel. 6) Bassê. 7) Loulou. 8) Pointer. 9) Scotch terrier. 10) Cão dos Esquimós. 11) Beagle. 12) Pug ou Carlin. 13) Greyhound. 14) Caniche. 15) American Fox-hound.*

Os membros cuja serventia é suportar e locomover o corpo devem ser musculosos e finos.

São muito dignos de nota os *aprumos*. Dá-se esta designação à direção que os membros tomam na sustentação do corpo.

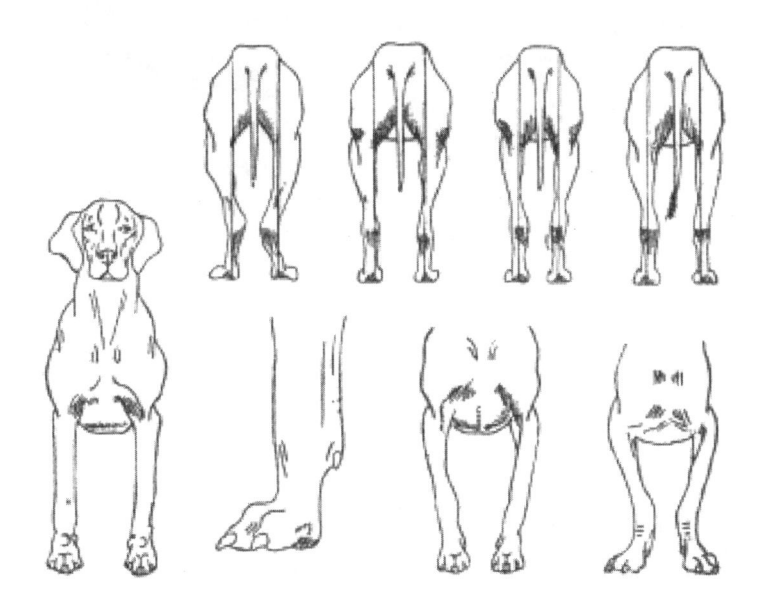

Fig. 152 – *Aprumos do cão. Em cima, da esquerda para a direita: 1°) jarretes muito fechados; 2°) jarretes muito abertos; 3°) jarretes fechados; 4°) aprumo normal. Ao lado, cão de aprumo normal, visto de frente. Em baixo: 1°) aprumo normal da pata vista de perfil; 2°) aprumo para dentro; 3°) aprumo para fora (cambaio).*

Pelas gravuras se vê o aprumo normal.

Os aprumos dos cães devem ser normais não somente por motivos estéticos, mas igualmente porque os maus aprumos obrigam os animais a esforços inúteis e são, por outro lado, mor parte das vezes, conseqüência do raquitismo.

Para os cães de caça e para os cães de corrida, os aprumos têm notável importância.

Ancas bem desenvolvidas, as *coxas* oblíquas e, portanto, longas e bem providas de musculatura, os *jarretes* caem a prumo na linha que parte da ponta da nádega, fortes, sem juntar-se, destacando-se bem o tendão e a proeminência do calcanhar.

As canelas (metacarpo) caem perpendicularmente ao plano do solo, sem sinais de unha perdida, salvo nas raças em que a sua presença é permitida.

A garupa muito plana como das mulas é sinal duma musculatura insuficiente naquela região; as coxas pouco musculosas; os jarretes demasiado retos ou demasiado separados; as canelas desviadas devem ser consideradas defeitos da ordem estética e dinâmica.

Notulamos, entretanto, que para os cães buldogues a estética do aprumo é diferente como se vê da gravura abaixo.

Fig. 153 – *Aprumo normal do buldogue*

O verdadeiro cinófilo, escrevi eu algures[39], deve eleger o bom entre o belo – Um animal "bem plantado" em sua base para uma boa marcha e fácil galope, um peito amplo, simbolizando vigor e resistência, um crânio de grande capacidade são já indicações preciosas.

Geralmente nos tratados sobre cães encontram-se estudos sobre esse assunto mas muito pouco se tem escrito a propósito de aprumos e quase nada em relação à andadura dos cães.

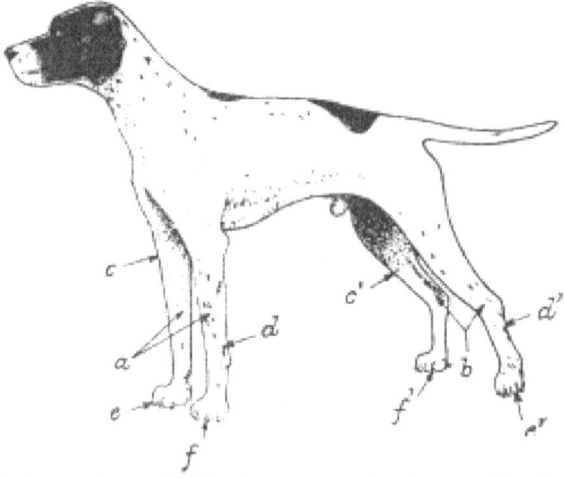

Fig. 154 – *Designação dos membros:* a-a' – *Bípede anterior ou peitoral, constituído pelas duas mãos.* b-b' – *Bípede posterior ou abdominal, formado pelos dois pés.* c-c' – *Bípede lateral direito, formado pela mão* c *e pelo pé* c'. d-d' – *Bípede lateral esquerdo, formado pela mão* d *e pelo pé* d'. e-è' – *Bípede diagonal, direito, formado pela mão direita* e *e pelo pé esquerdo* e. f-f' – *Bípede diagonal esquerdo, formado pela mão esquerda* f *e pé direito* f'.

39. "O Campo", março de 1940.

230

Assim sobre esse último assunto diremos que a andadura dos cães se assemelha à do cavalo, a saber:

Passo (fig. 155) em quatros tempos: três membros no solo e um levantado, ou seja o bípede esquerdo (d-d') e o pé direito (d) no solo, tendo a mão direita levantada.

Fig. 155 – *Passo*

Trote (fig. 156). Dois membros no solo e dois levantados em bípede diagonal.

Quer dizer que o cão no trote sustenta o corpo, sobre dois membros opostos, alternativamente, isto é direito anterior e esquerdo posterior, e direito posterior e esquerdo anterior.

Fig. 156 – *Trote*

Galope (figs. 157 e 158), em três tempos, e galope em dois tempos. Essa andadura é peculiar aos galgos e a certas raças inglesas. Os cães nesta andadura ganham terreno aos saltos; outros caminham, movendo dois membros conjuntamente ou ambos, daí a expressão usada pelos italianos de *ambio* que significa ambos.

Essa andadura é natural do camelo, da girafa; no cavalo é algumas vezes hereditária ou adquirida natural e espontaneamente, bem como entre os bovinos e cães.

Fig. 157 – *Galope em três tempos*

Consiste no movimento simultâneo dos bípedes laterais sucessivamente e em conjunto de ambos os bípedes.

Fig. 158 – *Galope em dois tempos*

Os dedos dos membros anteriores do cão são em número de cinco, o que por analogia se poderiam chamar auricular ou mínimo, anular, médio, índice e polegar, sendo que este é um tanto pequeno e não toca no chão.

Nos membros posteriores normalmente se encontram só quatro dedos, faltando o polegar.

Este fato está ligado à constituição esquelética do pé que conta quatro metatarsos perfeitos e um rudimentar.

Acontece no entanto que em algumas raças como os cães de pastor, o dogue dos Pirineus, o São Bernardo e muitas outras, os indivíduos apresentam desenvolvido ou rudimentar um quinto dedo nos membros posteriores.

Fig. 159 – *Andadura em conjunto ou de ambos os bípedes*

Os criadores e amadores franceses chamam *ergot* a este dedo suplementar. "Unha perdida", dizem os nossos amadores.

Posto que não constitua defeito, muitos criadores usam cortá-lo por desgracioso e inútil.

A planta ou sola dos pés do cão é guarnecida de uns lóbulos revestidos duma membrana com aparência de *chagrin,* aos quais se dá o nome de tubérculos e se distinguem em tubérculo do carpo (8), tubérculo plantar ou palmar (b) é tubérculo digital (c), como se vê na fig. 160. Em certas raças (Terra-Nova) os dedos são reunidos por uma membrana.

Pelagem: Completando a descrição do exterior do cão, resta uma ligeira nótula sobre a vestimenta ou pelagem.

Há cães de pêlo curto e de pêlo comprido. Nesta classe aparecem os de pêlo comprido e duro (griffons), pêlo comprido e flexível-ondulado (épagneuls), pêlo comprido frisado ou lanoso (caniches).

Há matizes de pelagens dos cães que são características da raça, outras nada mais representam que variações individuais sem o mínimo interesse. As primeiras devem merecer a melhor atenção.

É impossível dar a nomenclatura geral das pelagens dos cães, tantas são as suas variações, mas consignaremos o que de maior interesse oferece para a distinção das raças e sub-raças, segundo P. Dechambre[40].

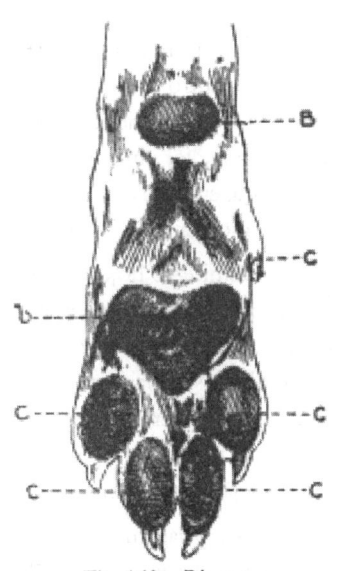

Fig. 160 – *Planta ou sola do pé do cão*

40. *Le Chien,* Paris, 1921.

Pelagem negra e negro com as extremidades fogo. Pelagem, branca, branco-mate, branco porcelana. Assim se chama o branco que oferece ligeiros reflexos azulados.

Pelagem rato ou cinza-escuro uniforme.

Pelagem fulva-claro, amarelo ou escuro com as mucosas pigmentadas.

Pelagem vermelha-clara,vermelha-cereja,vermelha-acaju.

Pelagem marrom.

Pelagem parda, cujas variações são muito extensas desde o cinza-claro, até o cinza-ardósia e o cinza-ferro.

Pelagem malhada formando largas placas brancas associadas a manchas de cor escura: malhado de amarelo-laranja, etc.

Note-se quando o branco se apresenta na pelagem do cão, é raro que esta cor também não se encontre na cauda e especialmente na ponta da mesma.

Pelagem araçá *(bringé)*, caracterizada por traços negros alongados, cortando um fundo pardo, marrom-claro ou amarelo.

Pelagem lobuna *(louvet)* ou ainda *gris de loup,* na qual os pêlos são claros na base e negros na extremidade, e onde as mucosas são negras.

Em relação à pelagem dos cães quero inserir aqui algumas notas genéticas que escreveu especialmente para este livro, o Prof. Raul Briquet Júnior, da E. N. M. V.

Várias são as raças de cães (Mason assinalou 182, em 39 países) e variadas são, também, as pelagens desses animais. Vários pares de genes estão em jogo (quinze, pelo menos, já foram estudados), afetando esse caráter. Cada um deles tem determinado efeito sobre o conjunto ou sobre determinadas partes. Uns reduzem, outros intensificam determinadas cores, estendem-nas ou restringem a área em que se encontram, inibem ou modificam a ação de um outro gene, etc., etc. Dentro dos quinze pares de genes já estudados, há várias mutações conhecidas, formando-se várias séries de alelos múltiplos. A pelagem do inter-relacionados. Um determinado aspecto pode ter um comportamento numa raça (por exemplo, ser dominante) e diferente em outra raça, em face de outros genes que estejam em jogo ou devido ao fato de ser causado por mecanismo genético diverso, embora o efeito externo seja o mesmo.

Admite-se hoje que as raças atuais de cães derivem de vários antepassados selvagens, domesticados independentemente em vários lugares (teoria polifilética da origem do cão). Essas formas selvagens têm um pelame próprio, cinza (claro ou escuro, com tons acastanhados), chamado *aguti*. Esse *aguti,* resulta do fato dos pêlos serem pretos ou marrom na base e terem uma banda amarela, laranja ou vermelho na extremidade. O conjunto é pois uma pelagem típica, acinzentada, com tonalidades mais escuras ou claras conforme a base seja preta ou castanha e a banda seja laranja ou avermelhada.

Essa pelagem aguti é dominante para as outras (uniformes ou coloridas), sendo entretanto, recessiva em alguns casos. Assim, no Griffon belga, por exemplo: há uma pelagem amarela uniforme, dominante sobre esse aguti. Trata-se de uma mutação dominante do aguti primitivo, em que os pêlos ficaram totalmente amarelos. Via de regra, porém, o aguti é dominante sobre outras pelagens, que dela derivaram por sucessivas mutações, geralmente recessivas, e com a qual formam uma série de alelos múltiplos. Outras vezes são mutações de outros genes, mas o aguti costuma comportar-se como epistático.

O albinismo (ausência total de pigmentos) é recessivo para presença de pigmentação (qualquer que ela seja). Não confundir o albino com o animal todo branco. Albino é o animal sem pigmento, de pêlo róseo e olhos vermelhos (o sangue é visto por transparência). O branco é a pelagem formada de pêlos brancos (poucos pigmentos, claros e dispersos pelo pêlo), mas a pele, os olhos, etc., são pigmentados. Comecemos, pois, com essa pelagem toda branca.

Há vários tipos de pelagem toda branca. No Terrier (Bull Terrier) e no buldogue francês, por exemplo, ocorre, sendo os olhos e o focinho coloridos. Essa pelagem é dominante nessas raças. No Spaniel há também uma pelagem toda branca, mas é recessiva. O branco dos cães pastores russos comporta-se como recessivo quando cruzado com cães coloridos, mas os dados não são bem conhecidos a esse respeito. Também é recessivo o branco dos cães pastores alemães, que se enquadram no tipo de animal todo branco, mas de olhos e focinho pigmentado.

Há, finalmente, um outro branco, de natureza bem diversa. É um branco que ocorre nos Collies, em cães noruegueses, etc. Trata-se de um gene semiletal dominante. Os animais homozigotos são todos brancos, olhos claros e surdos. Os heterozigotos podem ser amarelo muito claro, com manchas bem nítidas, coloridas ou esbatidas.

A pelagem malhada: É classificada, pelos americanos, em dois grupos: a) as com manchas brancas, distribuídas irregularmente e de tamanho variáveis, ditas *simples,* e as formadas de duas outras cores (sem branco), em que as malhas são dispostas numa certa área, definida e extensa (nas costas, no peito, etc.). No primeiro grupo temos vários tipos, como preto-branco, vermelho-branco, marrom-branco, e no segundo também preto e amarelo, castanho-vinhoso e amarelo, vermelho – cor de limão.

Pode o branco associar-se à pelagem bicolor, formando o tricolor, como ocorre nos Collies. É recessiva tal pelagem.

As pelagens bicolores são recessivas para as uniformes, com exceção dos casos de preto e amarelo uniformes recessivos, sobre as que são dominantes.

A pelagem malhada de branco pode ser dominante ou recessiva. Assim, o tipo malhado branco dos Collies, São Bernardo, etc. é recessivo. O tipo chamado arlequim ou salpicado (pequenas manchas brancas, irregulares, distribuídas alhures), que ocorre nos dinamarqueses, é dominante sobre a pelagem uniforme.

O tipo de malha chamado tigrado, em que o animal apresenta listras escuras verticais, é freqüente em raças como os dinamarqueses, etc., é recessivo para o preto uniforme dominante, mas domina o vermelho uniforme.

As manchas do tipo dalmaciano (cães dalmacianos), formada de bolinhas escuras espalhadas pelo corpo, é dominante sobre ausência dessa pelagem. O tipo cintado (holandês) é recessivo para pelagem uniforme.

As malhas brancas no pescoço (colar) e o nas patas, como ocorre em certas raças (São Bernardo, Collies), parece ser condicionada para um gene independente dos outros para malhas e é recessivo. Há modificações que restringem ou aumentam o seu efeito em área do corpo.

As *pelagens uniformes:* Há pelagens uniformes de várias cores: preto, amarelo, castanho, etc. Já falamos das totalmente brancas. Vejamos algo sobre as outras cores.

A pelagem preta uniforme é recessiva sobre outras cores uniformes bem como para a malhada, e para o aguti, da qual deriva em quase todas as raças. Há, porém, o preto dominante, que ocorre nos Spaniels, em cães noruegueses, nos Pointers, etc.

A cor chocolate deriva do preto dominante, sendo recessiva para ele.

O amarelo é dominante para várias cores uniformes e para malhas, como ocorre no Griffon, mas existe o amarelo recessivo, derivado de preto dominante, que é recessivo para ele.

O vermelho é, via de regra, recessivo (Spaniels, etc.) e é mutação derivada do preto dominante que ocorre nessa raça. Mas, no Dachshund, por exemplo, o vermelho é dominante sobre o preto. Também é dominante o vermelho do Terrier irlandês, sobre o preto e o amarelo, nessa raça.

As cores azul e limão, de certas raças, como Cocker Spaniels, Grão-dinamarquês, etc. são devidas a ação de um gene diluidor. Esse gene dilui a pelagem preta para azul e a pelagem vermelha para limão. A diluição tem, pois, um mecanismo genético independente dos genes para cores, propriamente, do mesmo modo que o gene para o preto nos Pointers não é o mesmo que determina essa cor em outras raças e do mesmo modo que o gene para amarelo é independente (outro par de alelos) do que determina pelagem preta.

As *pelagens compostas:* São aquelas em que ocorrem, misturados uniformemente, pêlos de uma cor e brancos. Quando há pretos e brancos, temos a cor azul quando vermelho e branco dá um tipo rosilho. Essa pelagem composta parece ser dominante.

Em animais com áreas claras, (brancas), ocorre muitas vezes o que os americanos chamam *ticking*. É o aparecimento de pêlos escuros espalhados pela zona branca. Tal fato é devido a um gene recessivo e está associado ao branco, pois não se verifica com outras cores.

ESTUDO DA DENTIÇÃO

Idade do cão

O estudo da dentição do cão como de algumas espécies domésticas, tem especial importância para o conhecimento aproximado da idade.

O cão adulto possui 42 dentes assim distribuídos:

Maxilar 20 dentes.

6 incisivos

2 caninos

12 molares.

Mandíbula 22 dentes.

    6 incisivos

    2 caninos

    14 molares.

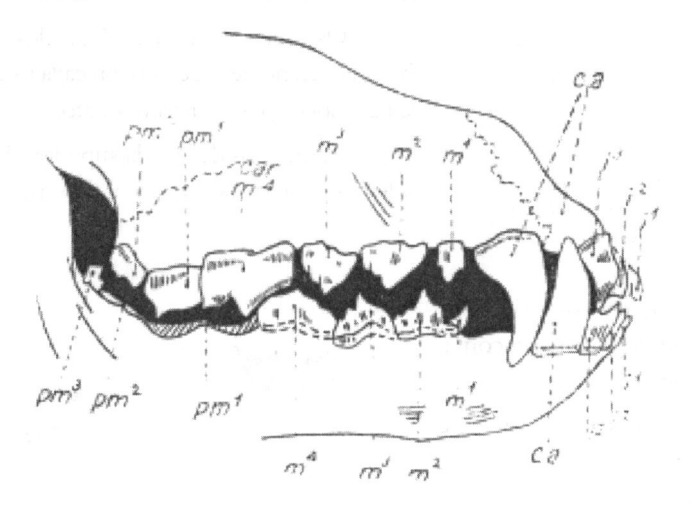

Fig. 161 – *Figura esquelética da dentadura do cão*

Para simplificar esta enumeração usam os zoologistas duma fórmula e esta é para os cães:

$$I = \frac{3}{3} \quad C = \frac{1}{1} \quad M = \frac{6}{7}$$

As letras I, C, M, significam incisivos, caninos, molares; o numerador indica o número de dentes da metade do maxilar, o denominador da metade da mandíbula.

Normalmente é esta a dentição dos cães, mas certas raças de focinho curto, como os dogues, o Carlin, o King-Charles, etc., apresentam uma redução dos dentes molares.

Os cães de pele nua, cães chineses, japoneses e outros, apresentam também um aparelho dentário assaz irregular e muitas vezes reduzido a alguns dentes.

Darwin, observando este fato, admite uma certa correlação entre o desenvolvimento do pêlos e dos dentes.

Os *dentes incisivos,* mais desenvolvidos no maxilar que na mandíbula, são em número de seis em cada maxila e se denominam como nos solípedes: *pinças, médios* e *cantos* ou *extremos,* conforme indica a figura 162.

Os incisivos de leite são pequenos, trilobados em sua extremidade e muito brancos. Os incisivos que os substituem, os definitivos, são brancos e apresentam em sua coroa três lóbulos que dão vaga semelhança com um trevo ou uma flor-de-lis.

Os incisivos do cão roçam-se uns com os outros pela extremidade, isto, junto à ação do uso, gasta pouco a pouco estes lóbulos que finalmente desaparecem.

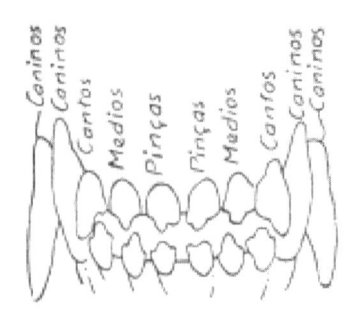

Fig. 162 – *Dentes incisivos do cão,vendo-se a adaptação dos caninos inferiores*

para se adaptarem os caninos inferiores quando o cão está com a boca fechada.

Estes dentes são longos e cônicos e um tanto recurvados de dentro para fora.

Os caninos de leite são fracos, porém os definitivos constituem a mais forte arma de ataque e defesa do cão.

Os molares, em número de 12 na arcada superior e 14 na inferior, são quase todos terminados por pontas; os da arcada de cima se adaptam sobre os da debaixo, da mesma maneira que uma lâmina de tesoura se fecha sobre a outra.

O quarto molar das arcadas superiores e o quinto das inferiores são muito mais volumosos que os demais e se designam sob o nome de carniceiros.

O primeiro molar de cada maxila é do tamanho dum incisivo, este molar não sofre a muda, é sempre um dente definitivo. Atrás do molar dito carniceiro existem dois menores que se chamam molares

Quando tal se dá, diz-se que os dentes rasaram-se ou nivelaram-se.

Os incisivos do leite, também chamados caducos, são menores e mais pontudos que os definitivos e jamais se opõem uns aos outros como estes.

Os caninos, também chamados presas ou colmilhos, são em número de dois em cada maxila e implantam-se nesta logo após os incisivos, antecedendo os molares.

Os caninos de arcada superior são um tanto afastados dos incisivos do canto, deixando assim um lugar

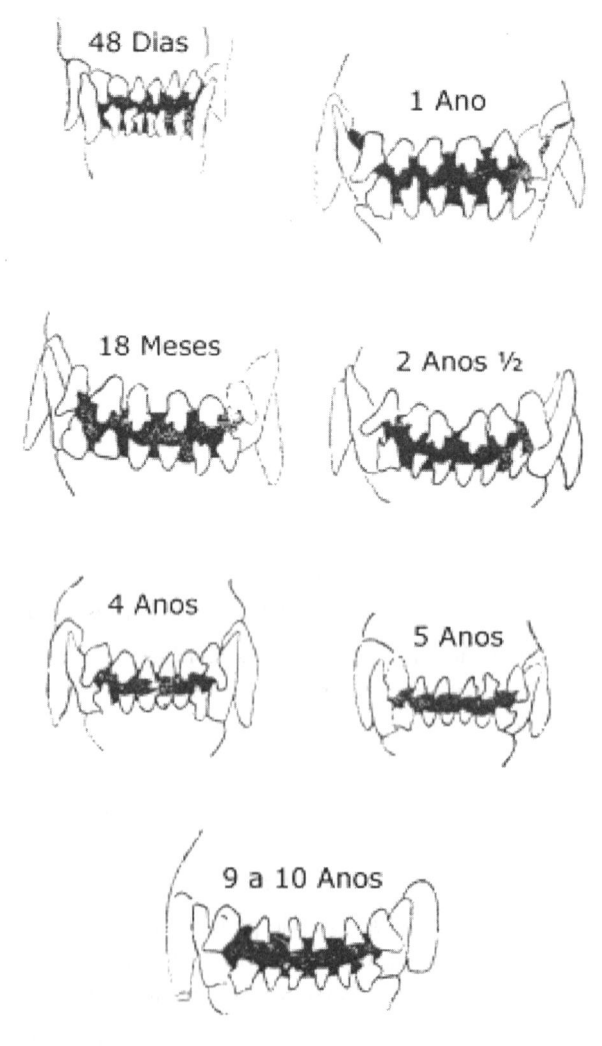

Fig. 163 – *A dentadura dos cães em várias fases da sua idade*

tuberculosos porque apresentam vários lóbulos. Estes dentes são utilizados pelo cão para esmagar as ervas verdes que às vezes comem e bem assim para esfarelar os ossos.

Os molares de leite, que são três, surgem da terceira à quinta semana depois do nascimento e na seguinte ordem: m4, m3, m2. O primeiro, m1, surge um pouco mais tarde, mais ou menos ao mesmo tempo que o quinto, aos quatro meses.

A data da erupção dos molares do adulto coincide pouco mais ou menos com a dos caninos e dos incisivos definitivos.

São os seguintes: (Para melhor compreensão, veja a figura 163).

Primeiro molar (m1) 4 meses;

Segundo molar (m2) 6 meses;

Terceiro molar (m3) 6 meses.

Quarto molar

5 meses a 5 ½ meses no maxilar superior;

6 meses no maxilar inferior (mandíbula).

Primeiro pré-molar (pm 1) 4 meses.

Segundo pré-molar (pm2)

5 a 6 meses no maxilar superior;

4 a 5 meses no maxilar inferior.

Terceiro pré-molar (pm3) 6 aos 7 meses.

Sinais fornecidos pelos dentes para o reconhecimento da idade dos cães: Pode-se determinar a idade do cão pelo estudo do seu aparelho dentário.

Para melhor estudar o assunto costumam os autores a estabelecer quatro períodos sucessivos:

1º) Período da erupção dos dentes de leite (incisivos e caninos);

2º) Período (muito curto) do rasamento e nivelamento destes dentes;

3º) Período da muda dos dentes;

4º) Período do rasamento ao nivelamento destes últimos dentes,

I. Período de erupção dos dentes de leite: O cão ao nascer tem os olhos e os condutos auditivos fechados; está portanto cego e surdo. Salvo algumas exceções, as maxilas são desprovidas de dentes.

Do décimo ao décimo-segundo dia entreabrem-se os olhos e o ouvido já começa a perceber os ruídos.

Os caninos e os incisivos começam a surgir do 20º ao 30º dia, segundo esta ordem:

Os caninos aos 21 dias;

Os cantos aos 25 dias:

Os médios aos 28 dias

As pinças aos 30 dias.

Com a idade de seis semanas, a arcada incisiva está completa.

II. Período do rasamento e nivelamento dos dentes de leite: O gasto é mais rápido na mandíbula que no maxilar e em cada arcada ele começa pelas *pinças* e prossegue mais tarde nos *médios* e nos *cantos*.

As *pinças* inferiores nivelam-se aos 2 ou 2 e meio meses; os *médios* inferiores aos 3 ou 3 e meio meses; os *cantos* inferiores aos 4 meses.

Durante este período os dentes afastam-se um dos outros e os do centros descarnam-se.

O primeiro molar (m1) que surge aos 4 meses, é sem dúvida, o melhor indício que se encontra para controlar a idade neste período.

III. Período da muda: Geralmente nos cães de tamanho médio dá-se a muda aos 4 meses para as *pinças* das duas maxilas. Os *médios* são mudados aos 4 meses e os *cantos* e *caninos,* um pouco mais tarde, para o 5º. mês.

Cumpre notar que a muda dos dentes está muito na dependência de certas condições individuais e rácicas. Os cães das raças grandes fazem a muda com mais regularidade e mais precocemente que os das pequenas raças, entretanto, dos 6 aos 7 meses, qualquer que seja a raça, tem a sua dentição completa, está, como se diz vulgarmente, com a "boca feita".

IV. Período do rasamento e nivelamento dos incisivos: Se a idade dos cães até este período, era fácil de determinar, de agora em diante vai-se tornando mais difícil.

Quando o cão tem um ano os incisivos estão brancos, lustrosos e virgens, quer dizer, inteiros.

Aos quinze meses as *pinças* inferiores começam a gastar-se.

Dos dezoito meses aos dois anos nivelam-se ou rasam-se as *pinças* inferiores (os lóbulos ditos flores-de-lis, ou trevo, estão gastos) e os *médios* começam a gastar-se.

Dos dois anos e meio aos três os *médios* inferiores nivelam-se, as *pinças* superiores apresentam os primeiros sinais de gasto.

Dos três anos e meio aos quatro as *pinças* superiores nivelam-se, os dentes começam a amarelecer.

Dos quatro aos cinco anos os *médios* superiores estão nivelados, acentua-se a coloração amarela dos dentes, sobretudo na base dos *caninos* e é freqüente encontrar estes cobertos de tártaro.

Aos cinco anos rasam-se todos os incisivos.

Depois desta idade vai-se acentuando o rasamento dos dentes.

Os *cantos* superiores e os caninos não se embotam senão depois dos seis anos e assim o seu gasto muito acentuado é um indício seguro de velhice.

Após este período, a idade não pode ser determinada senão aproximadamente; os dentes já não fornecem indicações apreciáveis e o animal está fora da idade, como se diz dos cavalos.

Há outros sinais que demonstram a velhice do cão e entre eles o embranquecimento dos pêlos nos animais mais ou menos escuros.

Pêlos brancos surgem na cabeça, em redor dos olhos e focinho; as unhas alongam-se e encurvam-se; as pontas dos dedos engrossam; as pontas dos jarretes criam calosidades. Alguns indivíduos tornam-se adiposos e geralmente estão predispostos ao eczema crônico que lhes depila o dorso, os rins e lhes deixa a pele espessa e um tanto verrugosa; outros ficam com os flancos escavados, o ventre baixo, os órgãos exteriores da geração caídos e flácidos; endurecem as articulações e os machos ao urinar não alçam mais a perna como é um gesto tão característico da espécie.

Alguns cães chegam a ficar perfeitamente desdentados.

Os dados aqui fornecidos para o reconhecimento da idade do cão pelos dentes sofrem modificações que é preciso notar.

O regime alimentar apresenta aí um papel preponderante. Os cães alimentados geralmente com ossos e os cães de luxo que consomem sopas e outros alimentos moles, claro que embora da mesma idade, apresentam modificações diferentes nos dentes.

Certos cães atingidos de braquignatismo, isto é, apresentando uma maxila (muitas vezes a superior) mais curta que a outra, resultando a não correspondência dos incisivos, têm por esta razão um menor desgaste dos dentes.

Os cães tornam-se adultos dos 10 aos 12 meses, e envelhecem entre 7 e 9 anos, mas vivem na média 15 anos. Alguns atingem aos 20 e são excepcionais os macróbios que chegam aos 25 anos. As raças pequenas têm a duração média da vida um pouco menor que as raças grandes.

Raiva dentária – Acontece algumas vezes, quando o cão faz a muda dos dentes, apresentar certos sintomas que alarmam os não experientes. O animal parece estar raivoso, baba, morde e avança para os objetos que lhe estão próximos.

Isto se dá porque os dentes que estão rompendo·desviam-se do seu verdadeiro caminho e vão de encontro aos dentes vizinhos, determinando dores excessivas, ligeira congestão cerebral, caracterizada por esta superexcitação.

O cão procura acalmar esta aflição mordendo as coisas.

Basta, às vezes, arrancar o dente de leite, cuja queda está retardada, para desaparece-rem estes sintomas.

Capítulo II
Reprodução

Escolha dos reprodutores: Na escolha dos reprodutores, quatro pontos devem merecer especial atenção: qualidade dos genitores, estado de saúde, parentesco ou melhor consangüinidade.

Qualidade dos genitores: Quando se trata de reprodução de animais da mesma raça e de certa classe, os *pedigrees* nos ministram as melhores seguranças.

Tratando-se, no entanto, de animais sem *pedigree,* cuja genealogia nos etnológicos perfeitos, quer dizer segundo os característicos da raça.

Para bem conhecê-los bastará o leitor consultar este *Manual* na parte referente à descrição das raças caninas.

Em se tratando de cães de luxo, a beleza dos reprodutores e seus característicos rácicos representam tudo, mas quando temos em vista o acasalamento de animais destinados à caça, guarda, polícia, etc. além dos caracteres físicos, devemos procurar-lhe as qualidades morais; além do belo exige-se o bom.

Os filhos, além de receberem dos pais o seu *cachet* físico, herdam-lhe as qualidades morais e assim quando acasalamos dois cães de excelente aptidão para caça, temos a certeza que os filhos serão caçadores, raro havendo exceções.

A cadela deverá ser tão perfeita quanto o cão e, sobretudo, robusta. Quando a fêmea apresenta um pequeno defeito, convém dar-lhe para padreador um animal perfeito naquele sentido, para que o defeito não se acentue.

Certos cães são dotados da faculdade de transmitir aos seus produtos os característicos que possuem, de maneira constante e acentuada, a estes animais chamamos "raçadores".

É preciso, no entanto, notar que os defeitos contrários não se anulam. Quando se une um macho de orelhas muito curtas a uma fêmea de orelhas compridas, os seus produtos não terão orelhas médias, mas uns apresentarão o tipo de orelha paterno e outros o materno.

Quando se trata de cruzamentos entre raças diferentes, é preciso ter em vista a desproporção do talhe.

Quando o macho tem um tamanho muito superior à fêmea (como dinamarqueses, dogues, pointers, em relação aos fox e aos bassês, etc.), quase sempre os filhos apresentam um volume exagerado para as vias genitais da fêmea, determinando partos laboriosos, distócicos, tendo, muitas vezes, como conseqüência a morte.

Além da desproporção de talhe, ainda devemos notar a similitude de conformação.

Certas raças de cabeças volumosas, como os buldogues, os pequineses, apresentam muitas vezes dificuldades no momento do parto, dificuldades estas que se acentuam, quando se acasala uma fêmea de cabeça comum com um macho cabeçudo, embora de talhe igual.

Estado de saúde: Pode um animal apresentar todas as boas qualidades apontadas e achar-se inapto para a reprodução momentânea ou definitiva, por seu estado de saúde.

Em primeiro lugar estão as moléstias, de fácil transmissão, num dos reprodutores, como a epilepsia, a coréia, o artritismo, o raquitismo, etc., depois as moléstias constitucionais, diatésicas, não contagiosas (eczema, diabetes, obesidade) que provam um temperamento especial que os filhos podem herdar.

Uma cadela portadora de hérnia inguinal não deve ser coberta. Esta hérnia é constituída por certos órgãos, entre os quais, muitas vezes, uma asa uterina escapada da cavidade abdominal.

Desenvolve-se um feto na parte deste útero, fora da sua posição natural, o parto não se faz normalmente e exige uma intervenção cirúrgica melindrosa.

As alterações da bacia, qualquer que seja a sua origem (fraturas antigas, raquitismo, etc.), em muitos casos, oferecem obstáculos sérios e até por vezes intransponíveis ao feto, e assim deve-se fazer uma exploração prévia da bacia, ou por exame direto, ou pela exploração digital interna, por via retal, antes de destinar a fêmea à cobertura.

No macho as contra-indicações são menos freqüentes, entretanto convém evitar os indivíduos portadores de moléstias hereditárias já aludidas e entre estas a hérnia umbilical.

Particular atenção devem merecer algumas afecções cutâneas parasitárias, que facilmente são transmitidas do macho à fêmea e vice-versa, durante o contato sexual.

Idade: A idade melhor para se entregarem os cães à reprodução é quando eles atingem aos dois anos. Muito antes, entretanto, dos 8 aos 10 meses mais ou menos, conforme a constituição do animal e o clima, os indivíduos da espécie canina estão aptos para a função reprodutora, porém os filhos que eles engendram são fracos e raro atingem a força e a beleza da raça.

Alguns autores estabelecem nestas cifras as épocas para a reprodução:

Cães pequenos .... de 1 ano a 1 ½

Cães de tamanho médio .... dos 18 meses aos 2 anos

Cães grandes .... de 2 anos a 2 ½

De um modo geral nenhuma cadela deve ser coberta antes da idade de um ano e meio, e somente no segundo cio. Nas raças de grande porte, a cobertura deve ser feita entre dois a três anos e meio, e nunca no primeiro cio! Geralmente uma cobertura é suficiente, mas aconselhamos uma segunda no espaço de 24 hs.

Antes do parto, principalmente em cães de canil ou cães que pisam na terra, lavar as mamas e a vulva com água quente para evitar infecções.

Quanto ao limite máximo de idade, para estas funções, é de 7 anos para as fêmeas e 8 para os machos; além desta idade já os produtores se podem ressentir da fraqueza dos genitores.

Não podemos dar a esta regra uma justeza absoluta, porque não são raras as exceções em que após este limite se obtém uma prole perfeita sob todos os pontos de vista.

Quando se queira obter produtos duma boa cadela já idosa, será então de boa prática uni-la a um cão novo, de três a cinco anos, semelhantemente se pratica quando se desejar a prole dum cão velhusco conjugando-o a uma cadela nova.

Enfim o que se deve evitar é o acasalamento de animais muito novos ou muito velhos e bem assim animais jovens com indivíduos já senis.

Parentesco ou melhor consangüinidade: Sempre que se acasalam indivíduos da mesma família, e, por isso, portadores do mesmo sangue, como pais com filhos, irmãos, irmãs e vice-versa, primos, etc., pratica-se a consangüinidade.

Este método de reprodução tem sido largamente usado em zootecnia para formação e melhoramento de raças animais, porém a sua prática demanda conhecimento e tato especiais.

Magno diz que a consangüinidade aumenta o poder de hereditariedade e assim facilita a transmissão das formas defeituosas, das moléstias e das qualidades existentes na família. Como se vê é uma arma de dois gumes: pode melhorar as qualidades quando estas existem e exaltar os defeitos acaso subsistentes.

Sempre que se tenha de praticá-la, convém fazê-lo com precauções. Admite-se que a união do pai com a filha e da mãe com o filho pode ser efetuada.

Uma cadela pode ser acasalada com o próprio irmão, se igual parentesco não existe já entre seus parentes, entretanto, esta prática não é tão recomendável como a precedente.

Os acasalamentos de irmão e da irmã germanos, isto é, do mesmo pai e mãe, são condenados.

Embora os produtos assim engendrados se apresentem com boas formas e qualidade, no espaço de duas a três gerações a raça se enfraquece.

Assiste-se, então, ao aparecimento de taras, defeitos e vícios, tais como surdez, perda de olfato, redução do talhe, alongamento de um dos maxilares, perturbações nervosas, predisposição para moléstias, especialmente a "doença dos cães novos", diminuição da fecundidade.

Grahan[41], conhecido criador de cães galgos, estabeleceu como regra fazer uma união consangüínea e duas estranhas sobre três, tendo obtido assim excelente resultado. É o que entre nós se chama *refrescamento do sangue.*

Enfim, pode usar-se das uniões consangüíneas sem abusar delas, tendo em vista o exposto e não esquecendo de introduzir sangue estranho duas vezes em cada três acasalamentos.

Cio ou colares: A fêmea do cão entra na idade púbere do oitavo ao décimo mês.

---

41. Citado por Douville, op. cit.

Este estado se traduz por modificações dos órgãos genitais e por mudanças bem sensíveis do caráter e hábito das fêmeas.

A vulva apresenta-se congestionada, tumefacta, volumosa, deixando escorrer um líquido mais ou menos abundante e cujo odor atrai os machos.

A fêmea neste estado apresenta-se mais afetuosa que ordinariamente, solicitando festas e carícias de seu dono.

Algumas vezes, as cadelas que pela primeira vez se acham neste estado, são acometidas duma pequena indisposição; desaparece o apetite, o nariz fica seco, o animal sente muita sede e procura um recanto para estar.

Dentro de um ou dois dias estes fenômenos desaparecem, entrando o animal em cio.

A duração do "aluamento", como o vulgo denomina este fenômeno, é na média de dez a quinze dias. Ele se repete de seis em seis meses.

Não é senão depois do sexto dia do aparecimento do cio que a cadela aceita as carícias do macho, antes disso ela se defende mordendo-o a cada tentativa.

Uma vez fecundada, desaparecem quase imediatamente estas manifestações. Muitas vezes o possuidor de uma cadela não deseja destiná-la à reprodução por qualquer motivo e neste caso preferiria abreviar o período do cio, para o que se recomenda o emprego dos brometos. Eis uma fórmula boa:

Brometo de potássio .... 2 g
Brometo de sódio .... 2 g
Brometo de amônio 1g
Água .... 150 g

Uma colher das de sobremesa ou de chá, conforme o talhe do animal, de três em três horas. A alimentação deve ser durante este tempo menos substancial e não copiosa.

Ligeiras aspersões de água fria no trem posterior também concorrem para o fim desejado e bem assim os purgativos.

Nenhuma prática destas, deixa de ser destituída de perigo para a saúde do animal.

Ao invés deste caso, em que se deseja diminuir o período do cio ou atenuá-lo nas fêmeas ninfomaníacas, muitas vezes se nos deparam cadelas de temperamento frígido e que desejamos estimulá-lo.

Outrora receitavam-se cantáridas, ergotina, arruda e outros violentos remédios cuja ação sobre o útero era passageira, ineficaz e perigosa.

Melhor será tonificar o animal com as seguintes pílulas:

Carbonato de ferro .... 5 centigramas
Genciana em pó.. 20 centigramas
Quina em pó .... 5 centigramas

Excipiente q. b. para uma pílula nº. 50. Dar 2 a 3 por dia. Pode-se também empregar o arsênico sob a forma de licor de Fowler.

Não se obtendo resultado pode recorrer-se então à seguinte injeção hipodérmica:

Cloridrato de ioimbina .... 5 miligramas
Água destilada....................................... 1 cent. cúbico

Uma injeção durante uns três a quatro dias.

Estes excitantes do aparelho reprodutor, podem igualmente ser empregados nos machos que deles careçam.

Há ainda a registrar um fenômeno ligado intimamente a este capítulo da vida genital da cadela e denominado *mania da maternidade*. As cadelas, após o cio, quando não fecundadas, apresentam sinais como se assim o estivessem.

As mamas desenvolvem-se de modo considerável e segregam leite, a mucosa vaginal avermelha-se, a vulva tumefaz-se, a fêmea move-se com dificuldade e procura com cuidados maternais o ninho para a sua imaginária prole. Basta um purgante ligeiro e umas 5 a 10 gotas de iodo num pires de leite dado durante alguns dias para que desapareçam tais sintomas.

Acasalamento e fecundação: Como já dissemos, do quinto ao oitavo dia do cio a cadela recebe com agrado o macho que a vai fecundar.

Geralmente bastará pô-los em sítio fechado e a sós, a fim de que realizem o ato.

Casos há em que é preciso intervir, já porque a cadela não recebe de bom ânimo o macho que lhe é destinado, já porque este, muito ardoroso, se esgota em tentativas infrutíferas. Em tais casos o dono da cadela a sujeitará e outra pessoa intervém a fim de ajustar o pênis do macho e facilitar assim a conjugação.

Muitas vezes não basta para a fecundação um só contato e é preciso reunir o casal vinte e quatro ou quarenta e oito horas depois.

O contato sexual do cão e sua fêmea é longo e doloroso, devido a constituição especial da verga do cão, que contém um osso oco[42] cuja cavidade dá passagem à uretra.

Em torno deste osso acham-se os tecidos eréteis dos quais um, o nó da verga, se incha desmesuradamente durante o coito e impede assim a disjunção dos dois animais. Nunca se deve separar bruscamente os animais assim jungidos e sim esperar que o façam espontaneamente.

Proceder de outra forma é desumano e perigoso para a vida dos animais. Se o macho foi retirado do canil para efetuar a cobertura é prudente, uma vez terminada essa, passar-lhe por todo corpo um pano umedecido com água e creolina, antes de juntá-lo aos demais. Esta medida tem por fim evitar que os seus companheiros, sentindo nele o cheiro da fêmea, o ataquem numa espécie de ciúme.

---

42. Este osso peniano encontra-se na maioria dos caninos e também no castor, foca e cetáceos.

A fêmea deve por sua vez ficar só e resguardada dos outros cães até terminar o cio.

O líquido seminal, introduzido pelo macho na vagina da fêmea, contém uma granquantidade de seres microscópios – os espermatozóides – que são os verdadeiros germes fecundantes; estes seres dotados de movimento, espalham-se no útero, na trompa de Falópio e encontrando o óvulo maduro, que se desprende do ovário, e vem para o útero, nele penetram completando assim a fecundação.

Fecundado o óvulo, o que se dá muitas horas após o coito, ele se prende à mucosa do útero e aí começa o seu desenvolvimento.

Cada óvulo dá nascimento a um só indivíduo, por este motivo veremos mais longe, ao tratarmos da superfecundação, como uma cadela pode ter filhos numa barrigada, pertencentes a machos diferentes.

Hereditariedade – Atavismo: A hereditariedade é um fenômeno fisiológico em virtude do qual os ascendentes transmitem a seus descendentes as propriedades que lhes pertenciam por um título qualquer (Sanson). Teoricamente, e segundo os dados da embriogenia, cada célula do novo ser contém a mesma quantidade da cromatina macho e fêmea, trazidos pelos pro-núcleos correspondentes (Dechambre).

Pela lei acima o filho devia receber igualmente de cada genitor as suas qualidades, mas na prática as coisas não se passam tão regularmente. Freqüentemente um dos reprodutores transmite mais acentuadamente que o outro os seus característicos; neste caso diz-se *hereditariedade preponderante unilateral.* Quando ambos os reprodutores derem ao novo ser caracteres que de ambos participem diz-se *hereditariedade bilateral,* que pode ser igual ou desigual.

Os caracteres hereditários transmitem-se por muito tempo (hereditariedade contínua), até que sem causa aparente surge um caráter há muito tempo desaparecido e se dá então o que se chama atavismo. O produto ostenta um caráter latente, que pertencia a um dos seus remotos ascendentes.

A hereditariedade não transmite simplesmente caracteres da raça, mas também suas taras, defeitos e enfermidades: *hereditariedade patológica.*

Daí a necessidade de conhecer os antecedentes e genealogia dos animais que se deseja acasalar. Deixamos estas notas quase como definição de palavras que o criador precisa conhecer, para a boa compreensão do que estamos tratando.

Impregnação materna ou telegonia: Com o nome de impregnação materna ou telegonia, designa-se a influência permanente e definitiva exercida pela primeira gestação sobre os produtos das gestações seguintes.

Uma das citações, quase clássica, é a da égua de lorde Morton, a qual foi fecundada por uma zebra dando nascimentos a híbridos.

Esta égua, fecundada três vezes por um garanhão árabe, deu nascimento a poldros que apresentavam zebruras nos membros e no dorso.

Douville cita o caso duma cadela de Artois fecundada a primeira vez por um mastim de olhos garços e, que, ligada mais tarde com um macho de sua raça, de olhos de cor normal, deu nascimento a um filho que tinha olhos garços.

O mesmo autor cita também o fato de uma cadela pelada, coberta por um Épagneul de que teve mestiços e mais tarde, acasalada por várias vezes a um cão também sem pêlo, dar nascimento, em cada barrigada, a um ou dois filhos peludos. Muitos outros fatos semelhantes são invocados a este propósito; mas em campos opostos, isto é, entre os que negam esta influência, também se aduzem fatos de fêmeas que, cobertas por indivíduos com caracteres dessemelhantes, não se ressentiram absolutamente desta influência em gestações posteriores com animais de característicos iguais aos seus.

É esta uma questão muito controvertida, em que, de um lado, os biologistas lhe negam a realidade e de outro os práticos a afirmam com provas que seriam indiscutíveis, se fossem feitas sob absoluto rigor científico e cercadas de precauções necessárias. As experiências feitas com critério científico, afim de provocar a telegonia, até que agora não conseguiram apurá-la. Dechambre[43] não se atreve, no entanto, a negar categoricamente o fenômeno, mas diz que ele, se existe, pode ser considerado excepcional e de manifestação tão rara, que não deve encher de preocupações os proprietários de cadelas igualitárias, que não se pejam em conceder favores a cães sem linhagem.

Entretanto, diante de experiências recentes de Cossar-Ewart (1901); Faltz-Fein e Ivanov (1913); Faelli (1901); Cousin (1904); E. Rabaud (1914); Frater (1919), citadas por E. Rabaud[44] podemos afirmar que este pretenso fenômeno não passa de crendice popular.

No caso de se surpreender um casal, de que não se deseja prole, no ato da cobrição, o que resta a fazer é separá-los sem espantá-los, ou ofendê-los, espargindo-os com um pouco de água fria.

Imediatamente submete-se a fêmea a uma injeção vaginal com a seguinte mistura:

Vinagre de mesa .... 1 copo
Água fervida .... 1 litro

A injeção se faz com uma seringa de jato possante, de forma que limpe tão profundamente possível as paredes da vagina. Pode-se também usar o permanganato. Permanganato, 1 grama; água fervida; 1 litro.

No caso de já se terem passado muitas horas do ato então será necessário, em lugar duma seringa, usar um irrigador com um tubo de borracha de 1 metro ou 1,50, munido duma cânula de dupla corrente que se introduzirá na vagina ou no útero, através do colo. Neste último caso melhor será intervir o veterinário.

Ainda há um recurso preventivo para este caso e todas às vezes que não se deseje aumentar a prole, ou se receie uma cobrição indesejável, é o *cadeado de castidade,* que se aplica nas cadelas no cio.

Este cadeado, que os franceses chamam "mascote", consiste como se vê nas figuras 164 e 165, numa correia que se passa na barriga da cadela e duma outra correia com as adaptações necessárias a resguardar as partes genitais da fêmea.

---

43. *Le Chien,* Paris, 1921.

44. *L´Héridité,* Paris, 1921.

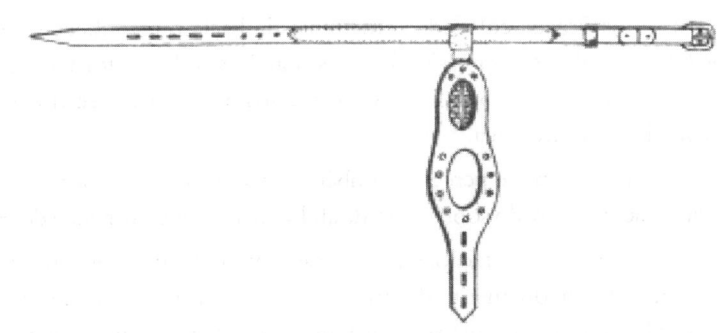

Fig. 164 – *Cadeado de castidade*

Aplica-se a correia maior imediatamente na frente das ancas, ficando o colchete ao alto sobre a coluna vertebral.

O furo dá passagem à cauda, e a parte provida de uma gradinha repousa em cima da vulva, de forma segura que não se possa deslocar.

Há uma crença popular de que os cães privados de relações sexuais "danam" ou ficam sujeitos a moléstias.

Esta objeção não é verdadeira, não passando duma crendice sem fundamento.

Gestação ou gravidez: Uma vez fecundada a cadela, termina o cio e começa a processar-se a gravidez, cuja duração média é de sessenta dias, porém às vezes antecipa-se, outras prolonga-se, oscilando entre a mínima de 58 e a máxima de 65 dias.

Estas oscilações dependem naturalmente da dificuldade de estabelecer com exatidão o momento preciso da fecundação do óvulo, que marca o início da gravidez.

Fig. 165 – *Cadeado na posição que fica quando aplicado*

Geralmente toma-se o dia do coito como a época inicial, mas, como não podemos saber o momento do encontro do espermatozoário com o óvulo, que se pode dar alguns dias após a cópula, daí provêm estas oscilações aparentes do período de gestação.

A raça não tem neste ponto nenhuma influência, porém se verifica que nas raças pequenas nunca passa de sessenta dias.

No primeiro mês nada indica a gestação, porém logo ao passar da quinta semana o ventre começa a avolumar-se, a cadela perde um pouco da sua jovialidade e mostra-se mais tranqüila que de ordinário.

Quando o número de fetos é vultoso, seis ou mais, o volume do ventre mostra-se já neste período bem acentuado.

Não se querendo dar importância ao volume do ventre, o que por vezes acarreta enganos, pode recorrer-se à palpação abdominal.

Esta procede-se na cadela mantida de pé, colocando-se o operador atrás e aplicando a mão em cada lado da parede abdominal, em baixo, apertando fortemente o conteúdo do ventre, explorando assim o abdome de baixo para cima ao longo da coluna vertebral.

Percebem-se os órgãos colocados em frente da bacia e reconhece-se facilmente a presença dos fetos que dão a impressão de massas globosas de contornos regulares. Para educar-se o tato nestas explorações, é conveniente apalpar uma fêmea não cheia ou um macho, percebendo-se a diferença.

Um ouvido educado pode perceber também o batimento do coração dos fetos, quer aplicando-se diretamente o ouvido sobre a parede abdominal, quer com auxílio do estetoscópio.

Ao atingir o termo da gestação, os sinais são então inequívocos, quer pelo volume do ventre, quer pelo desenvolvimento das mamas que começam a segregar um leite espesso, xaroposo, pardo, o *colostrum,* cuja presença anuncia o próximo nascimento da prole.

Neste mesmo tempo a vulva congestiona-se e lubrifica-se com um líquido grosso de aparência albuminosa.

Nesta data os práticos costumam a determinar de forma aproximada o número de cães que vão nascer, baseados na aparência das mamas. Estas, parece, se desenvolvem de conformidade com os convivas que vão nutrir, e se entumecem em número igual ao dos cães que vêm à luz.

Se este fato nem sempre é certo, as mais das vezes dá indicações precisas.

Cuidados que se devem dar às fêmeas em gestação: Durante o período da gravidez a cadela deve merecer alguns cuidados. O exercício regular, sob várias formas, segundo a aptidão de cada raça, é recomendável. Tratando-se de animais de caça poderá a cadela no primeiro mês ir à caçada mas sem ser submetida a um exercício excessivo.

Porém na quinta semana de gestação já não se devem levar as fêmeas pejadas à caça.

Qualquer que seja o exercício a que se submeta a cadela, sempre se evitarão os grandes e prolongados esforços e, sobretudo, os saltos. Os banhos devem ser abolidos neste período a fim de evitar resfriados.

Vigiar que durante um passeio a cadela não coma qualquer imundície, qualquer pedaço de carniça; no estado de gravidez estão estes animais muito expostos à intoxicação.

Na última semana de gestação, muito particularmente, os exercícios moderados são indispensáveis; eles predispõem a cachorra a um parto natural e fácil.

Por outro lado convém ministrar às cadelas cheias uma alimentação abundante e substancial durante todo o período da gestação.

Dechambre apresenta como exemplo de ração diária para este período e para uma cadela de 25 a 30 ks.:

> Legumes .... 350 g
> Pão.. 1 quilo
> Carne .... 500 g

Alimentos aquosos, leite, sopa de legumes e carne, que favoreçem à lactação, devem constituir a base alimentar da derradeira semana de gestação.

No primeiro mês deve dar-se a ração em dois repastos por dia, mas depois deste período convém distribuí-la por três vezes, afim de evitar a compressão dos órgãos abdominais e torácicos.

Uma boa alimentação neste período favorece evidentemente o feto e assim não deve ser regateada; é mesmo de útil prática ministrar fosfatos e carbonatos de cal junto à alimentação das cadelas, ou ao menos ossos tenros.

Eis uma fórmula:

Fosfato bicálcio oficinal .... 17 g

Ácido láctico oficinal .... 19 g

Água destilada .... 964 g

Quatro colheres das de café ao dia.

Conhecido criador recomenda: "Uma vez coberta a cadela, para ter uma ninhada forte, recomendamos dar, 4 ½ semanas depois do acasalamento, uma ampola de Aderogyl D3 – solução para uso oral, de manhã em jejum".

Três dias antes do nascimento da ninhada, outra ampola de Aderogyl D3 em jejum.

As cadelas que estiverem com vermes, *Ascaris,* convém desembaraçá-las deles, a fim de que não contaminem os filhos. Mesmo no período da gravidez pode-se dar-lhes o seguinte:

Santonina, 2 a 5 centigramas (conforme o tamanho do animal);

Para um papel. Dar pela manhã em jejum, uma semana após ao acasalamento e repetir três semanas antes do parto;

Três horas após ministrar-se um purgante de maná (30 g).

Sem inconveniente pode ministrar-se o Phenatol, na dose de uma pastilha por dia, sempre envolta num pouco de alimento que o animal engula de uma só vez.

Há um outro meio, talvez mais fácil, que é juntar diariamente à alimentação da cadela de 1 a 5 gramas (conforme o tamanho do animal) de fosfato ou lactato de estroncium.

Recomenda-se também passar no corpo da cadela uma escova ou uma esponja embebida na seguinte solução:

Ácido salicílico .... 10 g

Água quente .... 1 litro

Esta loção tem por fim destruir os embriões ou ovos de vermes que estiverem aderentes ao pêlo.

Anomalias da gestação: *Superfecundação:* Como dissemos (cf. Acasalamento e fecundação), cada óvulo dá nascimento a um só indivíduo e assim, quando uma cadela recebe mais de um cão num mesmo período de cio, pode dar nascimento a filhos de pais diferentes.

A este fenômeno chama-se *superfecundação.*

Dechambre cita o caso de éguas que, cobertas num mesmo dia por um cavalo e um jumento, deram nascimento a um poldro e a uma mula.

A *superfecundação* é, pois, o fenômeno de dois óvulos pertencentes ao mesmo período de evolução serem fecundados por machos diferentes. É preciso não confundir este fato com a *superfectação,* que seria a fecundação de dois óvulos não pertencentes a um mesmo período de ovulação. Fenômeno este contestado, pois faz supor, contrariamente ao que afirma a ciência, que a gestação não interrompe a ovulação e que os espermatozóides podem atravessar o útero contendo já um germe em evolução e ir fecundar um segundo ovo.

Gravidez extra-uterina e falsa gravidez: Poderíamos ainda citar como anomalias de gestação, a gravidez extra-uterina e a pseudo-gravidez. A gravidez extra-uterina dá-se raríssimas vezes na espécie canina e consiste no desenvolvimento do feto noutra parte que não o útero, geralmente a trompa de Falópio. O fato não tem grande importância prática, porque estas gestações não chegam a termo. O feto, não se podendo nutrir, morre no fim de um pequeno período de gestação.

A falsa gravidez, observada em cadelas, pode ser motivada por outras causas, mas geralmente é devida à *mola,* que é uma massa carnosa mais ou menos informe que se encontra no útero e devido a um embrião que não se desenvolveu.

Aborto: Por aborto entende-se a interrupção da gravidez e conseqüente expulsão do feto do útero antes de ter adquirido capacidade para viver.

Quando o feto nasce um pouco antes do que devia, mas em condições de viver, não há propriamente aborto e sim um *parto prematuro.*

O aborto não é muito freqüente nas cadelas, mas acontece às vezes, em conseqüência de traumatismo, um grande excitamento, uma forte comoção (medo), mudança rápida de tempo, excesso de frio, abundante ingestão de água demasiado fria, ministração de purgativos fortes, de certas substâncias medicamentosas (arruda, sabina), alguma moléstia da mãe ou do feto.

Sempre que o animal nasce antes de 45 dias de gravidez é o fato considerado como aborto.

Se o acidente se dá nos primeiros tempos da gravidez, passa despercebido, havendo apenas uma perda de sangue e de líquido sanguinolento pela vulva e mais nada.

O animal nada perde do seu aspecto habitual.

Quando se dá em avançado período de gravidez, então reveste-se o caso de um pouco mais de importância, convindo cercar a cadela dos cuidados que aconselhamos para as parturientes.

É aconselhável em caso de aborto, que a cadela não seja coberta na próxima época do cio.

Aborto provocado: Muitas vezes os donos de cadelas que foram cobertas por cães de ruas desejam fazê-las abortar. É uma prática reprovável devido ao perigo que oferece à fêmea pejada, sendo preferível deixar nascer os cãezinhos e deles depois desfazer-se.

Entretanto, posto que desaconselhe provocar o aborto, pelos riscos decorrentes, deixo aqui uma fórmula de pílulas abortivas:

Arruda em pó .... 2 g

Sabina em pó .... 2 g

Centeio espigado em pó .... 4 g

Aloés em pó .... 1 g

Para 30 pílulas. Dar três ao dia.

Parto: O parto é o fenômeno fisiológico que tem por efeito a expulsão para fora do útero dos produtos da fecundação aí encerrados até o seu completo desenvolvimento.

O parto pode ser normal ou anormal.

O parto normal ou natural é o que se realiza a seu termo sem nenhum obstáculo, nem por parte da mãe nem do feto.

Na cadela, geralmente, entre 58 e 60 dias, ele se anuncia pelos seguintes sintomas: a cachorra acha-se inquieta, vai e vem, deita-se, levanta-se, não encontra cômodo de forma alguma.

O ventre, proeminente, distendido, dificulta-lhe o andar, a vulva encontra-se tumefacta, vermelha e deixa escorrer um líquido viscoso destinado já a lubrificar as paredes da vagina e facilitar-lhe a passagem dos fetos.

As contrações do útero provocam cólicas, ditas *dores do parto,* que obrigam muitas vezes as cadelas a soltar pequenos gemidos.

Desde que começa a parturição, a cadela deita-se em arco de circo, com a ponta do focinho próximo à vulva e assim se conserva até a expulsão do último feto.

De vez em quando violentas contrações do útero e dos músculos abdominais enviam um dos fetos para a entrada da bacia.

Quando o produto encontra dificuldade em transpor o canal pelviano, estas contrações são mais enérgicas, e logo o feto aparece ao nível da vulva e é expulso.

A mãe corta o cordão umbilical com um golpe de dentes e com o nariz puxa para si o filho e o lambe.

Outras contrações, que se sucedem à saída dos cãezinhos, provocam a expulsão dos envelopes correspondentes (secundinas) que a cadela faz desaparecer, ingerindo-os.

A expulsão dos fetos faz-se quase sempre dois a dois, os que se correspondem nos dois cornos uterinos são lançados juntos.

Cada uma destas duplas expulsões é separada pela seguinte, por um período mais ou menos longo que pode atingir meia hora.

A duração total do parto varia com o número de fetos; ela pode atingir a quatro horas, mas, na média, processa-se em uma hora e meia a duas horas.

Nos partos normais não convém intervir e a própria presença de alguém é suficiente para perturbar a parturiente; verificado que as coisas correm normalmente, deixa-se o animal a sós.

Quando se trata de uma cadela primípara será bom espreitá-la sem ser visto, pois muitas vezes as cadelas têm o sestro de devorar os filhos à proporção que nascem.

Neste caso, logo que os cães vão nascendo, são apanhados e enxutos com um pano de linho ou flanela e postos longe da parturiente e, uma vez terminado o parto, depois de bem secos e limpos, põem-se então os pequeninos juntos da mãe para mamar, tendo passado o perigo.

Ainda algumas recomendações: na véspera do nascimento de cães, prepara-se o lugar onde a cadela deve ter os filhos, mostrando-o à futura mãe. Deve-se escolher lugar sossegado, se possível num canto, onde não haja passagem de pessoas. Nesta época a cadela torna-se muito sensível às pessoas estranhas, necessita de todo sossego, não sendo objeto para um "show". Só depois dos filhotes terem os olhos abertos convém mostrá-los a estranhos, pois já estão mais crescidos e a mãe mais compreensível para deixar mostrar a sua ninhada. Neste ponto muitos criadores erram, podendo até prejudicar o desenvolvimento dos cães novos.

Durante o parto, só pessoas que a cadela conhece bem devem ficar perto. Durante o trabalho do parto, que pode se prolongar por horas, recomendamos dar à vontade café forte bem açucarado. É um ótimo estimulante, dando mais força à cadela. No parto, que todo animal com saúde tem normalmente, não devemos intervir. Nascidos os filhotes, devemos deixar em paz a cadela, que vai lambendo os filhotes, enxugando-os. Se o parto for durante a noite ou à tarde, deve-se soltar a cadela no dia seguinte cedo para fazer suas necessidades e poder voltar calma para o ninho. Se ela não quiser se afastar dos filhos, deve-se levá-la para um lugar próximo onde possa se aliviar. Não se impressionar com as evacuações sangrentas, poucos dias depois voltarão ao normal. Convém dar à cadela uma colher de Leite de Magnésia de Philips, no dia seguinte ao parto, pois auxilia a regularizar os intestinos.

Parto anormal: Por motivos diversos, nem sempre o parto se realiza naturalmente. O caso mais simples é o das fêmeas enfraquecidas, magras, esgotadas, cuja matriz não possui força suficiente para a expulsão do feto.

As dores são raras, pouco intensas e de rápida duração.

Nestas circunstâncias convém tonificar o animal com bebidas estimulantes e reconstituintes: café ou chá preto, açucarados, aos quais se adiciona um pouco de aguardente ou conhaque. Bastam 100 a 200 gramas destas bebidas e duas a três colheres de café de aguardente ou conhaque, conforme o tamanho do animal.

Os banhos de assento, tépidos e repetidos de hora em hora, as injeções vaginais de água glicerinada, ou de óleo de oliveira, pequenas e suaves fricções no ventre são outros recursos vantajosos. Nos casos que estas medidas não produzam o efeito desejado, recorre-se então à seguinte poção:

(Conforme o tamanho do animal!)

Ergotina .... 1 a 2 g

Extrato de quina .... 3 g

Álcool .... 30 g

Xarope .... 100 g

Uma colher das de sobremesa de meia em meia hora.

Em lugar da poção poder-se-á usar injeções hipodérmicas de ergotina em solução de 1/10 ou 1/20 e na dose de 1 a 3 centímetros cúbicos, de 3 em 3 horas. Melhor ainda será a pituitrina, que se encontra em empolas tituladas nas farmácias e que se aplica numa injeção hipodérmica de ½ a 1 cent. cúbico.

Em veterinária homeopática é costume nestes casos recorrer ao *Aconitum,* mas há quem prefira a seguinte medição: *Pulsatila* e *Caulophyllum* alternadas em doses de 3 gotas em 2 colheres de água, cada meia hora. Caso a cadela se mostre muito abatida deve dar-se, cada 20 minutos, uma dose de *Cofféa* (3 gotas em 2 colheres de água).

Em casos de retenção da placenta, a medicação acima *(Pulsatila* e *Caulophyllum,* de hora em hora) é indicada.

É preciso notar que estas medicações destinadas a despertar as contrações uterinas só devem ser ministradas quando se trata da atonia daquele órgão e nunca devem ser usadas nos casos em que a expulsão do feto deixa de ser feita em virtude de estreitamento, deformação dos órgãos genitais da fêmea ou quando o feto apresenta um desenvolvimento superior ao calibre das vias por onde deve passar.

Estes são os casos que passamos a estudar.

Conforme resumimos acima, as distocias podem ser causadas pela mãe ou pelo filho.

Refere-se a primeira a um estado especial de estreiteza, má conformação das vias genitais, devido a tumores e estreitamentos por causas diversas e que constituem um obstáculo à saída do feto.

O segundo é devido ao demasiado desenvolvimento do feto, caso este que muitas vezes sucede quando a cadela só teve em gestação dois a três filhos, ou quando foi fecundada por um macho de tamanho superior ao seu.

Os cães de cabeça globosa, apresentando assim um volume irredutível pela sua estrutura, são responsabilizados por grande número de partos distorcidos.

No decorrer destes partos a cadela se esgota em esforços infrutíferos, as águas fetais escoam-se rapidamente, o útero se cola ao feto cuja mobilidade fica assim supressa.

A morte dos fetos é a conseqüência desse drama e em breve o ventre da cadela toma uma forma abalonada, e declara-se em seguida a febre puerperal.

Em qualquer dos casos referidos é preciso intervir urgentemente, chamando para isto um veterinário.

Mas quando por qualquer circunstância não seja possível recorrer-se a um homem da arte, não se deve deixar morrer a parturiente sem assistência.

Antes do mais procede-se à exploração das vias genitais externas.

O dedo índice ou médio, untados em vaselina ou azeite de oliveira, introduz-se com precaução na vagina e procura-se encontrar o feto, o que às vezes sucede. Neste caso, forçando docemente e progressivamente de cada lado da vulva procura-se fazer passar a cabeça ou qualquer outro órgão que se apresente. Este é então seguro e se puxa com cuidado até sua extração total.

Quando o feto está afastado da vulva utilizam-se pinças especiais.

A paciente é mantida de pé, o trem posterior levantado é colocado sobre a borda duma mesa, um ajudante preme as paredes abdominais de diante para trás e mantém assim o feto na entrada da bacia. Com ajuda da pinça segura-se a parte do feto que se apresenta, esta preensão deve ser o mais firme possível.

Nos casos da apresentação dos membros anteriores, procura-se fixar a pinça na maxila superior, sendo uma das hastes introduzida profundamente na cavidade bucal. A mandíbula é mais fraca e muitas vezes não resiste às trações.

É preciso operar com precaução a fim de não ofender a mucosa vaginal ou a uterina e assim guia-se a pinça com auxílio do dedo e não se faz nenhuma tração sem se assegurar, por meio do dedo, que a mucosa não está agarrada à pinça.

As trações não podem substituir os esforços da parturiente e sim completá-los, e, portanto, elas devem coincidir com contrações que a cadela fizer para expulsão do feto.

As trações são feitas não só diretamente, quer dizer no sentido do eixo da bacia, como ligeiramente oblíquas, à direita ou à esquerda, alternativamente. As injeções tépidas de água de grão de linho, ou de óleo de oliva auxiliam as manobras.

Convém ministrar à parturiente em tais casos um pouco de café ou melhor uma colher das de sopa de vinho tônico ou vinho do Porto.

Quando o excesso do volume do feto não é demasiado, este método dá resultados satisfatórios.

Em alguns casos a apresentação do feto não se faz pela cabeça e sim pela parte posterior, parando a sua expulsão devido ao volume da cabeça. A intervenção neste caso é mais fácil visto que a parte do feto já fora da vulva permite executar-se trações diretas, lentas, regulares, insistindo-se sobretudo em movimentos laterais.

Quando em qualquer destes casos, o método apontado não der resultados, não convém insistir porque é perigoso.

Urge então lançar mão aos dois últimos recursos, a embriotomia, quer dizer mutilação do feto ou a operação cesariana também chamada histerotomia.

Nestes casos só o veterinário pode intervir. A mutilação do feto (embriotomia) é uma operação delicada devida à estreiteza das vias onde se vai operar.

Se é a cabeça a primeira que se apresenta na entrada da bacia, agarra-se com uma pinça a maxila superior, e procura-se segurar com ajuda de pinças finas os dois membros anteriores.

Estando o feto assim seguro com uma pinça forte esmaga-se a cabeça. Termina o trabalho, operando trações por intermédio de uma pinça fixada no pescoço e das que mantêm os membros anteriores.

Caso a apresentação se faça pelos membros posteriores, põem-se estes o mais possível para fora, amputa-se toda a parte que passe do orifício vulvar, fixa-se a parte anterior por uma ou várias pinças e introduz-se pela cavidade torácica do feto uma pinça forte com a qual se esmaga a cabeça deste.

Quando o excesso de volume não é só da cabeça mas de todo o feto, procede-se a operação cesariana, que permite extrair o feto com o auxílio duma abertura feita na parede abdominal.

Trata-se duma operação melindrosa, possível de levar a bom termo quando se realiza a tempo, antes do útero estar infeccionado e de achar-se a cadela esgotada e febril.

Cuidados após o parto: Quando as coisas correm normalmente, deixa-se a cadela em absoluto repouso durante 24 horas, dentro de cujo período a sua nutrição será leite, mingau de tapioca, ovos frescos, farinha láctea em uma espécie de chocolate fino. Pode-se também dar caldos e um pouco de carne crua. O leite deverá receber um pouco de bicarbonato de soda, uma colher das de chá para um litro, na própria água convém pôr uma pitada deste mesmo sal.

Após o repouso das 24 horas procede-se uma limpeza no ninho, retirando-se os canitos e pondo-os em cima dum tapete ou saco dobrado, isto à vista da própria mãe.

Pondo-se os filhos em lugar que ela os não veja, fica sempre desconfiada de que lhes tiraram algum, e não raro se desassossega, raspa o ninho a procura do que supõe faltar.

Mudam-se os panos, papéis, sacos, tapetes, palhas de que se constituiu o ninho e assim se fará diariamente ou no mínimo de dois em dois dias.

Se a cadela teve um parto laborioso e está enfraquecida, deve-se-lhe ministrar um cordial, logo após os trabalhos da parturição. Um pouco de vinho do Porto, açúcar e canela estão sempre a mão para este fim.

Caso apresente prisão de ventre, o que muitas vezes sucede, ministra-se um purgativo suave, maná de 10 a 30 grs., no leite.

Tratando-se dum animal cujo parto exigiu uma intervenção cirúrgica, convém logo após dar-lhe uma injeção intra-uterina de água fervida e tépida com sal de cozinha (uma colher das de sopa para um litro) e em seguida a seguinte injeção:

Permanganato de potássio .... 1 grama
Água fervida .... 2 litros

Para estas lavagens emprega-se o irrigador com cânula de dupla corrente. Após; submete-se aos cuidados já indicados.

Quanto a acidentes e doenças que acometem as cadelas *post-partum,* consulte-se o capítulo "Doenças do aparelho gênito-urinário".

Capítulo III
Criação

Criação: O número dos cãezinhos que uma cadela dá à luz varia entre 2 a 14 na generalidade a barrigada é de 4 a 7. As primíparas e as cadelas velhas raramente dão à luz a mais de 4 filhos. Tanto maior é a ninhada quanto menores são os indivíduos.

Quando se trata duma cadela forte, bem alimentada, pode-se deixar criar até oito filhos, porém as fracas não se lhes devem confiar mais de quatro.

Não se pode dar regras para a escolha dos que se desejam manter, geralmente procuram-se os mais fortes, os que apresentam certas cores mais típicas da raça ou mais estimadas pelos criadores ou amadores, o sexo que mais se precisa naquele momento, etc. Geralmente deixam-se mais machos que fêmeas. A seleção nesta data é sempre difícil.

Que fazer dos demais cãezinhos da ninhada?

Sacrificá-los, como fazem algumas pessoas? Não.

Estes cãezinhos podem ser criados a mamadeira com leite de cabra ou de vaca, podem ser entregues a outra cadela, que tenha poucos filhos, podem ser confiados até a uma gata que os aceita com facilidade.

Quem possui uma cabra leiteira tem neste animal uma excelente ama de leite, quer para cãezinhos quer para outros animais.

Um amador ou simples possuidor de cães, que não dispuser destes recursos, ou adotará a mamadeira ou terá de destruir os animaizinhos. Uma colher das de chá com os bordos levantados pode substituir a mamadeira.

Fig. 166 – *Colher de bordas levantadas*

Na Inglaterra, onde a criação de cães se acha em grande adiantamento, existem quer mamadeiras especiais, quer criadeiras destinadas a cães órfãos, ou aos que, por qualquer circunstância, precisem ser alimentados artificialmente. Para alimentar os cãezinhos a mamadeira, o que sempre é difícil, mas não impossível, precisa-se operar com cuidados especiais velando pela mais perfeita higiene, devendo após cada mamada ser a mamadeira esterilizada, como se faz na amamentação das crianças.

Sendo o leite da vaca menos rico em gordura e matérias albuminóides deve de preferência ser usado o leite concentrado e não enfraquecê-lo ainda com a adição de água como recomendam alguns autores.

Eis aqui o quadro da composição do leite da cadela e do da vaca para confronto, segundo Monvoisin[45]:

	Densidade	Ext. Seco	Mat. Gordas	Mat. albuminóides	Açúcar	Sais
Leite de vaca	1.033	130	40	34	50	6
Leite de cadela	1.037	263	98	117	30	13,5

O leite condensado encontrado no comércio presta-se bem à alimentação dos cães, bem assim o leite em pó.

Possuindo-se uma cabra, preferentemente, ou uma vaca sadia, o leite pode ser dado cru logo após a ordenha, mas desconhecendo-se a procedência do leite, ou estando este já recolhido há algum tempo, é indispensável fervê-lo.

Durante as primeiras semanas dá-se de mamar de duas ou três em três horas, deixando os animais mamarem à vontade. Convém nestes primeiros dias misturar água de arroz ao leite na proporção de 1 de água para 3 de leite. Depois da segunda semana basta que mamem quatro vezes ao dia. Na época da desmama procede-se como abaixo diremos. Quase sempre no decurso da alimentação artificial surge a diarréia que deve ser logo tratada. Suspende-se imediatamente o leite e dá-se água de arroz até o reaparecimento normal das fezes.

Prepara-se a água de arroz da seguinte forma:

Em um litro de água fria põem-se 40 gramas de arroz bem lavado e leva-se ao fogo brando onde deve ferver 15 a 18 minutos.

Côa-se e deixa-se esfriar antes de misturar ao leite. Só se mistura ao leite no momento de usar, ao contrário poderá produzir fermentações que viriam prejudicar o lactante.

A água de cevada faz-se da mesma forma empregando 20 grs. de cevada para um litro de água e fervendo durante 30 minutos.

Logo que as fezes tenham a aparência normal começa-se a dar o leite misturado à água de arroz, em proporções iguais durante dois dias, depois de mais três dias põe-se três partes de leite e uma de água e enfim volta-se à alimentação láctea pura.

Os cuidados higiênicos com o leite e a mamadeira evitam a diarréia.

Caso os animaizinhos apresentem-se com prisão de ventre, em lugar de água de arroz, dá-se água de cevada.

Se os cãezinhos se apresentam fracos, retarda-se a desmama, engrossa-se o leite com uma gema de ovo e dá-se óleo de fígado de bacalhau.

_____

45. A. Monvoisin, *Le Lait*, Paris, 1920.

Cuidados a dispensar aos recém-nascidos: Os cãezinhos ao nascer trazem os olhos fechados e nada escutam, os seus membros são curtos e com esforços se arrastam em torno da mãe, procurando instintivamente mamar. A cadela, durante a primeira semana quase que se não afasta de perto da prole e se o faz, para qualquer necessidade, é rapidamente. Nesta idade, que só mamam e dormem, poucos cuidados requerem, mas ainda assim não se deve negligenciar a higiene e muito se recomenda fazer desinfecção do cordão umbilical, porta aberta a muitas infecções a que está sujeito o cão. Para isso mergulha-se o cordão umbilical em glicerina iodada e passa-se um algodão embebido ligeiramente da mesma substância na ferida do umbigo, isto diariamente. Caído o cordão continua-se assim a tratar da ferida até completa cicatrização, o que se dá geralmente do 10° ao 12° dia.

Já nesta data abrem-se as pálpebras, os ouvidos já percebem ruídos e os canitos começam a andar e a brincar.

Há uma observação a fazer sobre os cães que têm nariz chato e arrebitado como o pequinês, o buldogue, o japonês, etc.; os animais destas raças e outras semelhantes, definham por não poder mamar, ou porque no momento da sucção o nariz de encontro à teta da cadela não lhe permite respirar, ou porque o leite lhe suba ao nariz. No primeiro caso basta na ocasião em que mamar, que uma pessoa afaste com os dedos a mama, deixando livre o nariz e no segundo caso só há o recurso da alimentação artificial pela mamadeira ou por pequeninas colheres de leite dadas à boca.

Unha perdida – ergot – nas patas traseiras dos cães, devem ser removidas 4 dias após o seu nascimento, o que se faz com uma tesoura curva, de lâminas largas, previamente esterilizada.

Alimentação de cães novos: Quando os cãezinhos atingem a 3ª, ou a 4ª semanas começa a escassear o leite da mãe e assim se torna preciso dar-lhe pequenas rações de leite de vaca ou, melhor, de cabra.

Como não sabem ainda lamber, molha-se o dedo no leite e passa-se-lhe na boca e assim facilmente aprendem. Não é muito recomendável habituá-lo a beber focinhando-os num pires com leite, pois entrando o leite no nariz sufoca-os, obrigando-os a espirrar e tossir e menos facilmente aprendem. Melhor será proceder da maneira indicada por meio dos dedos molhados no leite.

Quando há muitos cães a alimentar com leite, convém dar a cada um, por sua vez, a ração, a fim de evitar que uns, mais glutões, bebam muito e outros quase nada; demais assim juntos, preocupados com o que vão comer, apressam-se e tornam-se vorazes, engolindo tudo às pressas; daí as indigestões e enterites.

O leite deve ser dado morno, pois o leite frio causa diarréia. A quantidade a dar por dia a um cão deve ser calculada: na quinta semana, ¼ de litro; na sexta, ½ litro ou mais, segundo o talhe, força, disposição e estado de saúde.

Para a quinta semana já os cãezinhos sabem perfeitamente beber o leite, que por diversas vezes ao dia lhes é distribuído, e, assim, é tempo de lhes variar a pitança, oferecendo-lhes papas de pão fervido no leite, com uma pitada de sal e um pouco de alho cru esmagado para evitar os vermes.

Sendo o alho um excelente vermífugo, impõe-se que a ele se habituem os cães desde cedo, do contrário, mais tarde, pode-se desagradar o gosto e recusar sempre todo o alimento que o contiver.

Em lugar de alho esmagado pode-se dar em infusão.

Põe-se a ferver 10 dentes grandes de alho, em três litros de água, em fogo brando, até reduzir-se a um litro; depois, côa-se e dá-se todas as manhãs uma colher das de café, isto logo após a idade de dez dias. Vide capítulo "Doenças dos cães e seu tratamento".

Para variar o *menu,* em lugar de papas de pão, pode-se usar também a farinha de aveia, de centeio, e a tapioca.

Para começar, dá-se uma vez ao dia, depois duas e até cinco, quer dizer, de três em três horas; exemplo: às 7, às 10, às 13, às 16 e às 19 horas. Estes repastos devem ser dados com pontualidade e entre uma e outra ração pode-se fornecer aos cãezinhos um pouco de leite morno; as papas também devem estar mornas quando lhes são oferecidas.

Para mantê-los sempre com apetite desde pela manhã, afasta-se deles a cadela e só após terem comido a ração é que ela voltará.

Assim eles terão menos fome e não esgotarão a cachorra e estão mais dispostos a aceitar a ração que se lhes oferece.

As primeiras papas serão finas e pouco a pouco se lhes vai aumentando a consistência.

Chegados os cães aos dois meses e meio é preciso habituá-los a comer carne e assim devemos fornecer-lhes de preferência coração de boi cru ou carne de cavalo, onde isto é possível. Dá-se em pequena ração suplementar, uma vez ao dia, esmagado em pilão, em consistência de pasta, numa porção nunca superior a 25 grs., aumentando-se 10 grs. por dia, cada semana.

O fígado não se presta tanto a estas primeiras rações, porque fermenta e produz gases fétidos.

Ao começar estas rações cárneas, vigia-se atentamente as dejeções dos cãezinhos. As primeiras vezes que um cão novo recebe a carne como ração, o seu estômago quase sempre não a digere e se vai encontrar intacta nas fezes. Neste caso não se aumentará a proporção da carne (coração de boi) enquanto for encontrada nos excrementos em estado natural, primeiramente vermelha, depois, cada vez mais escura e em menor quantidade até desaparecer.

Neste momento já o estômago do cão produz o suco necessário para digerir completamente a nutrição cárnea que lhe for fornecida.

Poder-se-á então dar uma ração de carne crua bem picada e três repastos de papas de leite, depois da idade de dois meses e meio a três meses dão-se quatro repastos por dia, dois de papas de leite, um de papa cozida (carne, pão e legumes) e uma de carne crua picada. O alho esmagado deve ser ajuntado a uma das rações.

A partir dos cinco meses, podem suprimir-se as papas de leite, dando apenas esse líquido como bebida, fornecendo-lhes então três refeições: a primeira de boa porção de carne crua (bem picada), fressuras, sempre em bom estado. Os outros dois repastos serão compostos de papas consistentes, bem cozidas e fornecidas mornas.

Esta última papa, que entra por dois terços da nutrição diária e total do cão, será bem cozida e ligeiramente salgada, encerrando sempre carne, legumes e cereais. A carne de boi ou de cavalo[46] pode ser substituída pelas diversas fressuras, cabeça de carneiro (uma ou duas vezes por semana, no máximo).

Quer as carnes, e muito especialmente as fressuras e cabeça de carneiro, devem ser bem lavadas e fervidas muito tempo.

Os legumes devem ser bem cozidos: couves, nabiças, vagens, abóboras, aipim, nabos, cenouras, etc. A batata inglesa não é aconselhada e a usá-la deve ser em forma de purê.

Entre os cereais, convém muito especialmente arroz, a aveia, a cevada. O milho, na forma do nosso clássico fubá de milho, só mais tarde deve entrar no arraçoamento. O trigo na forma de pão e de macarrão é recomendável. Encontra-se no comércio macarrão quebrado que é vendido em conta.

O peixe, sempre que for possível usá-lo, é um bom alimento assaz apreciado por quase todos os cães. Muitos cães gostam de frutos, que devem ser dados, à discrição, especialmente aos cães novos, pois é um meio de lhes fornecer açúcar facilmente assimilável, e vitaminas. O mel, onde é possível dispor dele, é um recurso alimentar que não tem o inconveniente do açúcar de cana.

A água que os cãezinhos devem beber será mantida sempre fresca e limpa e em lugar um tanto resguardado afim de que facilmente não seja maculada por imundícies. Sempre que esteja suja deve ser substituída. É de boa prática misturar à água, ora uma pitada de bicarbonato de soda, ora alguns grãos de sulfato de ferro.

Desmama: Depois da sexta semana começa a desmamar-se os cães da forma que atrás vimos mostrando.

Restam mais alguns conselhos.

Algumas cadelas, muito raras, desmamam os seus filhos naturalmente, vomitando o que comem para os filhos, os quais devoram esta pasta natural já impregnada dos sucos gástricos que lhes faltam ao seu estômago ainda novo.

Por outro lado, esquiva-se de aleitá-los, fugindo, rosnando, para adverti-los que é tempo de mudar de vida.

É o que se chama desmama natural.

Quando se possui uma cadela desta ordem deve-se-lhe dar alimentação copiosa e escolhida: carne crua bem finamente picada, pastas de cereais e legumes, tudo bem cozido. Neste período evita-se que a cadela coma ossos.

Estes casos são raros e mais geralmente é preciso intervir, não permitindo que a cadela se junte aos filhos senão três e depois duas vezes ao dia, deixando-os juntos durante a noite.

Mais tarde, juntam-se só à noite.

---

46. A carne de cavalo é muito usada na Europa, mas não entre nós.

Habituados como já se acham a comer, em breve deixarão de mamar, estando em geral perfeitamente desmamados aos 2 ½ ou 3 meses, continuando-se o regime alimentar a que nos referimos.

Terminada a desmama, vão-se variando as rações, com as substâncias citadas anteriormente, até entrar em definitivo nas rações dos adultos.

Para ajudar o desenvolvimento do esqueleto do cão pode-se, logo após a desmama, adicionar às papas um pouco de pó de ossos ou qualquer preparação fosfatada. O óleo de fígado de bacalhau é assaz recomendável neste período.

Aos cães fracos pode dar-se uma gema de ovo crua, que é um excelente alimento para os cães.

Cuidados e alimentação das cadelas que amamentam: As cadelas que amamentam devem ser bem alimentadas (vide capítulo "Alimentação") pondo sempre água fresca à sua disposição.

Um outro cuidado especial é livrá-la dos vermes que acaso hospedem, especialmente dos *Ascaris,* cujos ovos facilmente são ingeridos pelos filhos, como já dissemos.

A santonina pode ser dada na dose de 2 a 5 centigramas, pela manhã em jejum, uma vez por mês, e começar um pouco antes do parto e durante o aleitamento.

O Fenatol na dose de uma a duas pastilhas, envolta em um pouco de carne crua, diariamente, durante 6 a 8 dias, é de boa prática.

Quando a lactação da cadela persiste após a desmama, dá-se-lhe um purgativo de óleo de rícino na dose de 10 a 30 grs., segundo o tamanho do animal.

Higiene dos cães novos: Além dos primeiros cuidados de que já falamos, é preciso que os cãezinhos encontrem, no decorrer da sua infância, um meio propício ao seu desenvolvimento. A sua vida limita-se a comer, dormir e brincar. Os brinquedos da infância, corridas, lutas com os seus manos, são exercícios indispensáveis ao seu desenvolvimento físico.

Assim convém facilitar estas distrações que são agradáveis e úteis. Quando o canil não é espaçoso, necessário se torna trazê-los para um parque, quintal ou pomar, onde possam livremente entregar-se às folias infantis. Os exercícios ao ar livre são indispensáveis ao bom desenvolvimento destes animais.

Nada pior que manter os cães, quer novos, quer adultos em compartimentos fechados, casinholas ou lugares acanhados.

Quando não se pode obter um sítio em melhores condições cumpre levá-los a passeios afim de que respirem livremente e se agitem.

Durante os brinquedos os cães não se limitam a pulos e correrias mas ladram, no que não devem ser impedidos por mais desagradável que nos pareça tal música, pois constitui esta ginástica respiratória um excelente meio de desenvolvimento dos pulmões e músculos peitorais.

O salto a pequena altura é uma outra ginástica ótima a lhes dar sólidos e fortes jarretes. Nada de excessos dos saltos em grande altura que são prejudiciais aos cães novos.

Convém habituá-los desde pequenos ao ar livre, só lhes permitindo entrar na moradia do dono a título de distração e em curtos instantes. A vida ao ar livre é indispensável ao seu desenvolvimento e higiene.

O frio, quando não é excessivo, não lhes faz mal, embora o cão tanto goste dos lugares quentes. O que no entanto é prejudicial à sua saúde são os ventos e a umidade.

Os cães novos, especialmente, devem estar sempre resguardados destes dois perigos.

Aos cães de pequeno talhe, das raças ditas de luxo, não se podem aplicar *in totum* estas instruções, pois exigem mais meticulosos cuidados.

Logo após a idade de 2 ½ meses deve-se cuidar da toalete dos cãezinhos. Todas as manhãs será passada na sua pelagem uma pequena escova não muito dura, primeiramente em sentido contrário ao pêlo, arrepiando-o, e em seguida no sentido dele, acamando-o.

Com um pouco de algodão hidrófilo[47] lava-se o focinho e os olhos.

Os cães do pêlo duro devem ser penteados, diariamente, com um pente de metal de dentes largos e espaçosos.

Para os cães de pêlo curto, em lugar da escova pode-se empregar uma luva apropriada.

O banho, que é um dos primeiros cuidados higiênicos, apresenta inconveniência na infância dos cães até os sete meses.

É, portanto, preferível submetê-los aos banhos secos com um "schampoin" – pó que não necessita de água.

Há vários destes preparados no mercado francês como o Bain-Sec-Girard e o Jocksyde, mas na falta destes preparados pode-se usar, com bons resultados, o ácido-bórico em pó.

Com um cartucho cheio despeja-se copiosamente no corpo do cão e fricciona-se com as mãos de maneira que o pó penetre em toda parte. Deixa-se que o animal sacuda-se, em seguida passa-se uma escova macia. Basta um banho seco de 10 em 10 dias.

Entretanto, no tempo quente, se os cães gozam de perfeita saúde, depois do terceiro mês, podem tomar um banho sulfuroso morno (30 graus). Os banhos sulfurosos se preparam com uma grama de sulfureto de potassa para cada litro de água.

Para os cães de luxo será preferível usar o banho sulfuroso inodoro. Eis a fórmula:

Enxofre lavado .... 100 g

Subcarbonato de sódio pulverizado anidro .... 1.000 g

Cloreto de sódio .... 50 g

Água destilada quente .... 45 g

Mistura-se o pó e o subcarbonato, depois de peneirados, no almofariz, adiciona-se a água onde se dissolveu o cloreto de sódio e forma-se uma pasta que, após seca, toma uma forma granulada. Guarda-se em vidros de 200 grs. cada um. Cada um destes vidros dá para 4 banhos de 50 litros de água. Desejando pode juntar-se qualquer perfume. Estes

---

47. Não se devem usar esponjas que são focos de germes impossíveis de desinfetar.

banhos são menos enérgicos que os de sulfureto de potassa mas apresentam a vantagem de serem inodoros e não atacam as bacias ou banheiras.

Termina-se a toalete com uma lavagem da boca e dos dentes por meio duma pequena escova de dentes impregnada com bicarbonato de soda e pó de carvão, em partes iguais. Torna-se útil habituar os cães à limpeza dos dentes porque evitam-se as moléstias dentárias, a estomatite, causa do mau hálito tão desagradável nos cães de luxo.

Para livrar os cãezinhos das pulgas é preferível catá-los e empregar inseticidas, mas pode-se, no entanto, quando estas sejam numerosas, usar a seguinte loção:

Pó de píretro .... 5 g

Álcool desnaturado .... 60 g

Cristais de soda .... 20 g

Água .... 200 g

O pó de píretro fresco dá bons resultados e, ainda acima de tudo, e de preferência absoluta, deve usar-se o timbó em pó já existente no comércio.

Pulveriza-se com ele o cão, ou insufla-se o pó por meio dum folezinho especial, ou ainda com auxílio de escova apropriada munida na parte de cima dum receptáculo para o pó que sairá pelos furos feitos na parte onde se acham os pêlos da escova.

O píretro não mata, apenas entorpece as pulgas e, assim, faz-se esta operação em cima dum papel, lançando-se depois as pulgas numa solução de água e Cruzol ou Creolina adrede preparada em qualquer vasilha (vide capítulo "Higiene").

O timbó mata e por isso dispensa tal operação.

Não encerraremos este capítulo sem aludirmos à terrível moléstia dos cães novos, a "maladie" dos franceses que tantas vítimas faz entre os cães de fina raça.

Entre nós, observa o Prof. Fritz Schmidt[48], é esta moléstia menos comum que na Europa.

Muitas são as práticas desarrazoadas que se preconizam para evitar este mal, desde a extirpação dum pretendido verme, que devia existir sob o freio da língua, até o pedaço de enxofre posto na água. Na Europa recomendava-se outrora exercer de tempos em tempos uma pressão no ânus do cão, de diante para trás, forçando-se assim umas glândulas aí existentes e a expulsão dum líquido acinzentado e de mau cheiro.

Esta prática, embora destituída de perigo, não tem a mínima influência sobre a moléstia.

Para o uso das vacinas leia no capítulo sobre doenças a parte referente a doenças dos cães novos.

O uso de purgativos, também recomendados para este fim, ao contrário, é francamente prejudicial e podem mesmo, quando não determinar a moléstia, ao menos predispor o animal a contraí-la.

48. "Contribuição para uma Patologia Veterinária do Rio Grande do Sul", *in* "Egatea", junho de 1924.

Assim, pois, os cuidados com a moléstia, que em capítulo especial trataremos, cifram-se em:

a) evitar os purgantes, e só usar em casos necessários, purgativos brandos como o maná;

b) alimentar convenientemente os cães, robustecendo-os, dar-lhes vida higiênica e ao ar livre, tonificá-los com óleo de fígado de bacalhau;

c) usar dos banhos parcimoniosamente e com as precauções já indicadas.

É durante os primeiros tempos de vida dos cães que se usa, em algumas raças, cortar as orelhas, encurtar a cauda, castrá-los e cortar-lhes os *ergots*. Em capítulo especial trataremos destas pequenas operações.

CAPÍTULO IV
ALIMENTAÇÃO

Alimentação: O cão, de carnívoro que era em seu estado selvagem, tornou-se, através de tão longa domesticação, um verdadeiro onívoro. A sua alimentação, portanto, deve constar de alimentos animais e vegetais. Vejamos a longa lista dos alimentos que mais convêm ao cão doméstico.

Alimentos vegetais: Em primeiro lugar, devido ao papel saliente que desempenham, citaremos as farinhas de milho, as farinhas grosseiras de arroz, os detritos deste cereal, de aveia, do centeio e da soja.

Os feijões diversos, nabos, cenouras, aipim, beterrabas, batata doce, abóboras, são outros tantos produtos vegetais a que se pode lançar mão para alimentar estes animais.

A batata inglesa, no entanto, é mal digerida e somente em forma de purê deve ser ministrada. As tortas oleaginosas também são mal digeridas e assimiladas, emagrecendo sensivelmente os cães com elas alimentados conforme experiências efetuadas por Dechambre[49].

Várias plantas hortícolas como couves, vagens, nabiças, são aceitas quando incorporadas às sopas e papas.

O pão de trigo, de milho, de cevada e de centeio constituem um excelente alimento de mantença e quando junto a ele se incorpora a carne tem-se uma ração completa. O pão de trigo é caro, o do centeio quando usado durante muito tempo determina enterites[50]; o pão de cevada, um tanto laxativo, e o pão de milho, quando associados, são os mais recomendáveis. As frutas são muito bem aceitas pelos cães e devem ser fornecidas, especialmente no período do crescimento.

Alimentos de origem animal: A carne de todos os animais é aceita pelos cães, mas a sua escolha está subordinada ao preço por que pode ser obtida em cada região. Na França, e onde existe a hipofagia, preferem a do cavalo, não só por ser a mais barata como pelo seu poder nutritivo e manifesta preferência que lhe dão os cães. Todos os miúdos (tripas, fígado, coração, bofe, etc.) são com muito agrado consumidos pelo cão. Nas regiões onde se cria o carneiro é costume destinar as cabeças destes animais para alimento do cão, cozinhando-a bem, afim de evitar a propagação da solitária (*Multiceps multiceps*), cuja larva (*Crenurus cerebralis*) se aloja no cérebro do carneiro produzindo a moléstia denominada torneio.

---

49. *Le Chien,* Paris, 1921.
50. Douville, *Traité Prat. d'Hyg. et d'Elev.*

A carne é o alimento que melhor convém ao cão e a crença de que o seu uso determina doenças é desarrazoada. É certo que a alimentação cárnea exclusiva conduz a pletora – com o cortejo habitual das afecções cutâneas, do artritismo, da obesidade, etc. As carnes em mau estado, tantas vezes entregues ao consumo dos cães, são grandemente prejudiciais e causam intoxicações as mais das vezes mortais.

As farinhas de carne, as carnes defumadas, as farinhas de peixe, sebos e enfim restos dos derretimentos de sebos (torresmos) podem, sob várias formas, constituir uma alimentação conveniente.

Na Europa os estabelecimentos industriais que fundem o sebo aproveitam os resíduos (torresmos) e entregam ao comércio que o aproveita na confecção dum pão que chamam *creton* e que por ser muito rico em matérias azotadas (55%) e gorduras (23%), constituem um bem barato alimento quando associados a outros produtos como farinhas de cereais, com o que se preparam sopas muito apreciadas pelos cães.

O sangue fresco ou seco constitui um rico alimento.

O leite integral ou desnatado e bem assim os demais produtos de leiteria são outros tantos recursos alimentares.

No comércio existem biscoitos para cães, de várias procedências, sendo o mais conhecido o *Spratts-Patent* de origem inglesa, constituído de carne de cavalo e polpa de beterraba, com os quais se fazem sopas, bastando diluí-los em água fervente.

Atualmente se encontra no Brasil, especialmente nos grandes centros, uma ração já preparada, o Karnol, empregada com êxito, especialmente, quando habituamos os cães a comê-lo, desde cedo, isto é, depois dos dois meses e meio de idade.

Arraçoamento dos cães: Diz Dechambre: "A quantidade de alimentos a ministrar a um cão não está ordinariamente determinada por nenhuma regra precisa".

Disso resulta que muitos cães são superalimentados e tornam-se gordos, preguiçosos e grandemente predispostos às afecções cutâneas; outros são parcimoniosamente nutridos, bem que sujeitos a trabalhos penosos, e se apresentam magros, oferecendo assim um terreno favorável à evolução das moléstias e a invasão dos parasitos.

Para evitar tais escolhos nocivos à saúde do animal é útil poder regrar a alimentação segundo os dados análogos que conduzem o arraçoamento das outras espécies domésticas. Criadores atentos têm determinado aproximadamente a quantidade de alimentos a distribuir. É comum a seguinte regra: um cão do peso médio de 25 quilos consome por dia, em ração de mantença, um quilo de alimentos misturados: pão, legumes e carne.

Outra regra informa que um cão de peso médio, nutrido de porção igual de pão e carne, ingere num mês uma quantidade igual a seu peso. A maior parte dos observadores têm aliás, verificado o fato essencial que, em relação ao seu peso, os cães pequenos consomem mais que os grandes[51].

---

51. Segundo certos cinólogos, um cão novo em crescimento consome alimentos em peso que varia do décimo-segundo ao vigésimo do próprio peso.

É uma lei geral para todas as espécies, mas que o cão, pela grande variação de peso que na espécie se encontra, oferece uma prova surpreendente. Mais longe faremos uma aplicação que não deixará a menor dúvida sobre a necessidade de lidar com estes dados no cálculo do arraçoamento dum cão.

Um ensaio muito louvável para determinar a ração dum cão é devido a Richard, veterinário de Paris, que se utilizou em 1895 de fatores de arraçoamento, permitindo calcular a ração de mantença e de trabalho. Estes fatores são reproduzidos no quadro abaixo. Servem para multiplicar o peso do cão, expresso em quilogramas, afim de obter em gramas as quantidades de pão e carne necessárias ao animal.

Fatores de arraçoamento (segundo Richard)

RAÇÕES	GRANDE TALHE		TAMANHO MÉDIO		PEQUENO TALHE	
	Pão	Carne	Pão	Carne	Pão	Carne
De mantença	18	0	22,75	0	27	0
Para trabalho muito fraco	18	2,5	22,75	3	27	3,5
Para trabalho moderado	18	5	22,75	6	27	7
Para trabalho forte e contínuo	22,05	9	28,05	11,4	34	13,07

Dois exemplos bastam para mostrar o mecanismo simples destes fatores de arraçoamento.

1º.) Ração de um cão São Bernardo, que pesa 65 quilos, considerado como cão de guarda, submetido a um trabalho moderado:

Os fatores para cães de grande talhe desta categoria são 18 para pão e 5 para carne; isto dá para um cão de 65 quilos:

Pão:	18	X	65	=	1.170 gramas
Carne:	5	X	65	=	325 gramas

2º.) Ração dum cão de caça em pleno trabalho, pesando 30 quilos:

Os fatores para talhe médio e trabalho forte são 28,05 para pão e 11,04 para carne. Isto dá para um cão de 30 quilos:

Pão:	28,5 X	30	=	855 gramas
Carne:	11,40 X	30	=	342 gramas

Richard, com quem tive a satisfação de trabalhar outrora neste assunto, estabeleceu fatores distintos segundo os pesos dos cães. Ele reconhecia que as necessidades dos pequenos animais são comparativamente a seu peso, superiores às dos grandes e que era necessário, portanto, determinar sua ração com uma cifra mais forte.

É assim que, para mantença, por exemplo, a cifra média 22,75 se abaixa a 18 para os cães grandes e se eleva a 27 para os pequenos.

O método Richard prestou-me notáveis serviços durante vários anos, ele é simples e preciso. Necessita, entretanto, na prática, algumas substituições a fim de poder combinar outras rações que não a carne e o pão, mas esta dificuldade é fácil de vencer.

Pareceu-me, todavia, possível tratar do arraçoamento do cão pelo método análogo ao aplicável às grandes espécies domésticas, calculando as necessidades nutrizes em unidades nutritivas e em calorias para mantença e produção. Estas necessidades são expressas por quantidades de matérias azotadas gordas e hidrocarbonadas que devem ser fornecidas pelos ementos da ração. Elas têm sido calculadas sobre as bases dos métodos das rações proporcionais às superfícies corporais.

Os resultados acham-se postos nas tabelas das págs. 269 e 271 que encerram as quantidades de princípios nutritivos necessários aos cães, segundo uma escala de pesos correspondentes aos casos essenciais da prática.

Verificar-se-á facilmente que as quantidades assim determinadas não são diretamente proporcionais aos pesos; bastará para isto comparar as necessidades dum cão de 30 quilos às dum de 60; ver-se-á que elas não estão entre si na relação de 1 para 2, ou melhor as dum cão de 10 quilos e dum cão de 50 quilos se afastam muito sensivelmente da relação de 1 para 5.

Há sem dúvida nestas tabelas, que publico pela primeira vez, imperfeições que a aplicação direta evidenciará, mas a correção será fácil, uma vez que se deseja adotar o princípio.

Para facilitar o uso, dou, mais adiante, uma tabela do teor em princípios digestivos dos principais alimentos que entram ordinariamente na ração do cão.

O valor alimentar dum produto ou duma ração se exprime em unidades *nutritivas* ou em *calorias*.

O teor em *unidades nutritivas* é obtido da maneira seguinte:

Necessidades nutritivas do cão (segundo Dechambre)

		M. azotadas	Gorduras	H. de carbono	Unidades	Calorias
5 Quilogr.	Mantença	18,15	4,95	99,	128	525
	Trabalho fraco	23,10	5,61	112,20	148	605
	Trabalho moderado	29,7	6,6	125,4	170	695
	Trabalho forte	33,	8,25	165,	216	886
10 Quilogr.	Mantença	30,25	8,25	165,	213	875
	Trabalho fraco	38,5	9,35	187,	246	1.010
	Trabalho moderado	49,5	11,	209,	282	1.160
	Trabalho forte	55,	13,75	275,	360	1.477
15 Quilogr.	Mantença	36,3	9,90	198,	256	1.050
	Trabalho fraco	46,2	11,22	224,4	295	1.210
	Trabalho moderado	59,4	13,2	250,8	340	1.390
	Trabalho forte	66,	16,5	330,	432	1.772
20 Quilogr.	Mantença	44,55	12,15	243,	314	1.288
	Trabalho fraco	56,70	13,77	275,4	362	1.485
	Trabalho moderado	72,9	16,2	307,8	416	1.706
	Trabalho forte	81	20,25	405,	530	2.175
27 Quilogr.	Mantença	55,	15,	300,	388	1.590
	Trabalho fraco	70,	17,	340,	477	1.834
	Trabalho moderado	90,	20,	380,	514	2.107
	Trabalho forte	100,	25	500,	655	2.685
40 Quilogr.	Mantença	71,5	19,5	390,	504	2.068
	Trabalho fraco	91,	22,1	442,	581	2.385
	Trabalho moderado	117,	26,	494,	668	2.740
	Trabalho forte	130,	32,5	650,	850	3.490
50 Quilogr.	Mantença	82,5	22,5	450,	582	2.385
	Trabalho fraco	105,	25,5	510,	671	2.750
	Trabalho moderado	135,	30,	570,	771	3.160
	Trabalho forte	150,	37,5	750,	982	4.028
60 Quilogr.	Mantença	92,5	25,5	510,	658	2.700
	Trabalho fraco	119,	28,9	578,	760	3.118
	Trabalho moderado	153,	34,	646,	873	3.580
	Trabalho forte	170,	42,5	850,	1.113	4.565
70 Quilogr.	Mantença	123,75	33,75	675,	873	3.580
	Trabalho fraco	157,5	38,25	765,	1.006	4.127
	Trabalho moderado	202,5	45,	855,	1.156	4.740
	Trabalho forte	225,	56,25	1.125,	1.473	6.042

Teor em princípios digestivos de alguns alimentos (segundo a tabela de Wolff)

(Para 100 gramas de alimento designado)

Designação de alimentos	Matéria azotada	Matéria gorda	Matérias hidrocarb.	Unidades Nutritivas	Calorias
Farinha de carne	65,7	12,7	0,3	96,5	395
Sangue dessecado	59,5	1,5	1,3	64,4	264
Sangue Fresco	18,6	0,20	0,20	19,2	78
Carne fresca	18,5	10,25	0,20	19,2	78
Pão de "cretons"	55,7	23,5	0,20	112,1	400
Pão de trigo	6,64	0,43	52,36	60	241
Leite de vaca	3,2	3,6	5	16,8	69
Arroz	6,9	0,3	72,7	80,25	330
Beterraba	1	0,06	7 a 10	8 a 11	32 a 44
Topinambor	1,4	0,12	16,4	18,1	74
Cenoura	1	0,13	11,4	12,7	52
Batata Inglesa	1,6	0,08	21	22,8	93
Nabo	0,7	0,08	5,2	6	24
Farinha de leguminosas	21	2,8	55,4	82,9	340
Farinha de peixe	44,1	10,3	55,4	68,8	282

Matérias azotadas mais matérias gordas multiplicadas pelo coeficiente 2,2 mais matérias hidrocarbonadas.

Exemplos: Teor em unidades nutritivas do arroz, segundo a tabela:

$$6,9 + (0,3 \text{ X } 2,2) + 72, 7 = 80,26$$

Sabendo que uma unidade nutritiva corresponde a 4,1 calorias, tem-se o teor em calorias multiplicando por 4,1 o número total das unidades. No exemplo escolhido isto dá: 8,26 X 4,1 = 329 calorias.

Os exemplos mostram a marcha a seguir para o cálculo duma ração. Seja um cão de 50 quilos submisso a um trabalho forte. As necessidades nutritivas registradas na tabela são:

Proteína 150

Gorduras 37,50

Hidratos de carbono 750

Seja um total de 980 unidades nutritivas e de 4.000 calorias.

Estas necessidades são largamente satisfeitas por:

Pão .... 1.200 g

Carne .... 500 g

que fornecem com efeito 4.070 calorias ou sejam 992 unidades nutritivas.

O problema inverso apresenta-se muitas vezes: uma ração sendo dada determinar se ela é suficiente e se corresponde bem às necessidades do cão que a recebe,

Seja a ração:

Pão .... 850 g

Carne .... 300 g

destinada a um cão de 25 a 27 quilos.

A tabela dá, para as exigências nutritivas dum cão deste peso, em trabalho moderado:

Proteína 90

Gorduras 20

Hidratos de carbone 380

fornecendo, no total, 514 unidades nutritivas ou 2.100 calorias.

A ração contém 2.865 calorias, ela é então muito rica e não será mantida senão para um período de trabalho muito forte (2.685 calorias) reduzir-se-á então, diminuindo a carne e um pouco de pão para chegar a:

Pão .... 650 g

Carne .... 200 g

ração suficiente, pois que fornecerá cerca de 2.180 calorias.

Tomemos um último exemplo, relativo ao mesmo cão.

Qual é o valor alimentar da seguinte ração:

Arroz .... 400 g

Pão de cretons .... 175 g

As cifras do quadro dos princípios digestivos permitem os seguintes cálculos:

	Proteína	Gordura	Hidr.de carb.
Arroz (400grs.)	28	0,12	292
Pão de cretons (175grs.)	98	42,	−
Total	126	42,12	292

Teor em unidades nutritivas:

$$126 + (42,12 \times 2,2) + 292 = 511 \text{ unidades}$$

Teor em calorias:

$$511 \times 4,1 = 2.095 \text{ calorias}$$

Estes resultados, estando inteiramente nas vizinhanças das exigências teóricas, a ração deve ser considerada como suficiente.

Exemplos de rações: 1º.) Para cães adultos de 25 a 30 quilos, submetidos a um trabalho moderado:

Pão	650grs.	Pão	350 g
Carne	350 grs.	Arroz	60 g
Legumes	250 grs.	Detritos de carne,	
		fressuras	200 g
		Legumes	250 g

2º.) Ração duma cadela amamentando (mesmo peso):

Pão	1.500 g
Carne	500 g
Legumes	450 g
Leite	1 litro

3º.) Ração para uma cadela (mesmo peso), a partir da 3ª. ou 4ª. semana após ser coberta:

Pão	1.000 g
Carne	500 g
Legumes	350 g

Até aqui o Prof. Dechambre, que expôs o método muito simples de Richard e o seu próprio método.

Qualquer um dos dois métodos de calcular as rações podem ser facilmente seguidos, bastando prestar atenção às explicações que ficaram feitas, mas para os leitores que não se queiram dar ao trabalho de calcular, aqui deixamos mais os seguintes tipos de rações, determinadas por Megnin, que, embora não sejam tão precisas como as estabelecidas pelos métodos anteriores, podem prestar serviços na prática:

A – Para cães de grande talhe (S. Bernardo, Dogues, Dinamarqueses, Policiais, Terra-Nova, etc.):

Pão .... 1 k.

Carne .... 400 a 500 g

Arroz e legumes .... 250 g

B – Para cães de caça de tamanho grande (Setters, Pointer, Bracos)

Pão .... 750 g

Carne .... 300 a 350 g

Arroz e legumes .... 200 g

C – Para cães de caça de pequeno talhe:

Pão .... 500 g

Carne .... 200 a 250 g

Arroz e legumes .... 150 g

D – Para Fox-terriers do mesmo talhe:

Pão .... 300 g

Carne .... 125 a 150 g

Arroz e legumes .... 100 g

E – Para cães de raça de talhe pequeno

Pão .... 100 a 150 g

Carne .... 50 a 100 g

Arroz e legumes .... 50 a 100 g

Nada têm estas cifras de absoluto, porém são fornecidas como indicações na falta de outros dados e por isso insistimos, especialmente com os criadores, para que adotem os métodos acima expostos da alimentação racional, única que pode conduzir a resultados seguros.

Estes cálculos de rações, estabelecidos na Europa, não mencionam um recurso alimentar de grande valia e preço mais baixo que entre nós, pode substituir o pão de trigo; referimo-nos ao fubá de milho, tão apreciado pelos cães na forma de angu.

Cem gramas de fubá de milho equivalem mais ou menos a cem gramas de pão de trigo; o primeiro fornece 362 calorias e o segundo 367.

A carne-seca, onde for conseguida por baixo preço, presta-se ao preparo de boas rações, aproveitando-se a água em que se aferventa para fazer o angu.

O sal deve entrar nas rações do cão mas sem excesso, do contrário causa-lhe perturbações gastrintestinais especialmente nos cães novos e de pequeno talhe. A alimentação canina deve ser salgada na mesma proporção que a humana.

Prática do arraçoamento: Conhecendo-se já as exigências alimentares do cão, resta esclarecer o modo de lhe ministrar as rações.

A regularidade dos repastos faz parte da boa higiene alimentar e assim devemos distribuir as rações em horas certas e em número sempre igual.

Para os cães jovens logo após a desmama, já deixamos dito o suficiente no capítulo "Criação" e assim só nos ocuparemos do cão adulto.

A ração do cão adulto pode ser distribuída uma só vez em vinte e quatro horas, mas a maior parte dos criadores acham que melhor será distribuir a ração por duas vezes, com o maior espaço de tempo possível, por exemplo: 11 horas da manhã e 6 horas da tarde. A primeira refeição deve ser mais ligeira e a segunda mais substancial, que servirá morna, um pouco abaixo de 37 graus, não fria e jamais quente; as rações muito quentes prejudicam grandemente o olfato dos cães, o que é sério defeito para os animais de caça.

Os alimentos variados entretêm o apetite e, assim, na medida do possível, devem-se proporcionar rações diferentes dentro das normas apontadas.

O cão come sempre com apetite e deve desconfiar-se da saúde daqueles que ficam muito tempo amuados diante da tigela ou que comem vagarosamente e sem prazer.

Água limpa e fresca deve sempre estar ao dispor do animal.

Convém ainda, como último esclarecimento, notar que os dados atrás fornecidos para rações não são duma aplicação matemática e o criador ou amador deve sempre observar os seus hóspedes e conhecer-lhes as disposições individuais. Para determinados indivíduos as quantidades prescritas bastarão, mas para outros ficarão aquém das suas exigências orgânicas e, portanto, não se regateará o que lhes falta afim de tê-los fortes e sadios.

Os cães de luxo, de raças delicadas, são extremamente niquentos em matéria de alimentação e os seus repastos, além de variados e escolhidos, devem ser dados duas vezes ao dia (para adultos, 7 meses para cima).

Estes repastos de preferência serão constituídos de carne crua, bife de grelha, carne cozida, passada na máquina, ou bem picada, peixe cozido ou frito, frango, canja, macarrão, arroz, biscoitos pouco açucarados, pouco legume, de preferência vagens macias, raramente couve, nabo (não lhes convém nem a batata nem a cenoura), purê de ervilhas ou de lentilhas. De carne não deve ser dada mais de umas 35 a 50 gramas por dia, conforme o tamanho do cãozinho. Frutas, as que o animal apreciar. Na água fresca deve adicionar-se, de tempos em tempos, uma pitada de bicarbonato de soda.

Em relação à higiene é sempre útil recomendar, qualquer que seja a raça e o porte do animal, a máxima limpeza das vasilhas, sempre perfeitamente lavadas após as refeições.

A mudança do regime alimentar, sempre que se o tenha de fazer, deve ser realizada gradativamente; as variações bruscas dão causa às diarréias.

Procurar enfim regular a alimentação conforme as exigências dos animais, nem superalimentando-os, nem enfraquecendo-os com um regime deficitário.

276

Capítulo V
Alojamento de Cães

Alojamento de cães: A habitação dos cães divide-se em duas classes: casinholas e canis.

Antes de tratarmos, circunstanciadamente, de cada um destes tipos de "per si", diremos dos preceitos gerais que devem presidir a sua localização.

A habitação dos cães deve ser localizada em lugar seco; os lugares úmidos são-lhes prejudiciais.

A sua orientação, que na Europa, Hemisfério Norte, é dirigida para este e sudeste, deve entre nós olhar para o norte e suas variantes, nordeste e noroeste, afim de evitar os ventos frios que aqui sopram do sul maiormente.

O material geralmente empregado é a madeira, o tijolo, a pedra e cal e cimento armado. O cimento armado, posto que mais frio que o tijolo, é menos higroscópico que ele, convindo bem para o nosso clima.

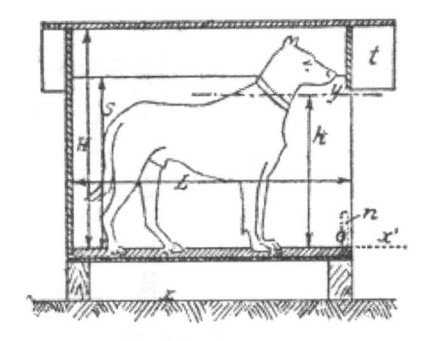

Fig. 167 – *Corte longitudinal de uma casinhola de cão, indicando as dimensões conforme o talhe do cão*

Casinholas: As casinholas dos cães afetam diferentíssimas formas, desde um simples barril e um chalezinho mais ou menos luxuoso, e suas dimensões claro é que variam de conformidade com o talhe do hóspede.

Ringelmann[52] estabelece as seguintes medidas interiores:

Talhe do cão medido à espádua (h) 1

Comprimento da casinhola .... 1.8 h

Largura da casinhola 1.4h

        desde a cumeeira 1.4h

        desde o frechal 1.1h

Largura da abertura de entrada .... 0.5 a 0.65 h

Vejamos, portanto, as variáveis dimensões das casinholas, de conformidade com o talhe dos cães:

---

52. *Logements des Animaux,* vol. 4, Paris, 1922.

Talhe do cão, medido a espádua (h, fig. 196)	55	60	65	70
Casinhola:				
Comprimento (L)	100	100	125	130
Largura	80	85	80	100
Altura desde a cumeeira (H)	80	85	90	100
Altura desde o frechal (S)	60	65	70	80
Abertura da entrada:				
Altura	57	62	67	72
Largura	30	35	40	45

A entrada deve achar-se sobre o centro da casinhola, sua altura (fig. 167) deve passar cerca de dois centímetros o talhe do cão, a fim de evitar que ele roce a cernelha.

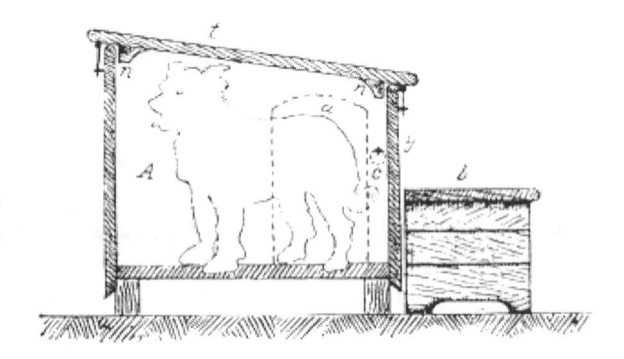

Fig. 168 – *Corte longitudinal duma casa de cão, mostrando a altura da porta*

Convém que o teto seja prolongado o mais possível para a frente, a fim de proteger a entrada da chuva e cuja parte inferior pode receber uma prancha (indicada pela linha pontilhada *n)* e que lhe servirá de leito.

O soalho x (fig. 167) deve achar-se a 0,15 ou 0,20 cm. acima do solo *x.*

A casinhola, no tempo frio, pode receber uma liteira de palhas ou capim seco e convém, para facilitar aí a limpeza, que o teto seja *móvel,* conforme o da casinhola (fig. 169).

Estas casinholas são geralmente destinadas aos cães de guarda, que aí vivem acorrentados durante o dia, sendo soltos à noite.

Pessoas há, como já testemunhamos, que mantêm um cão noite e dia acorrentado. Não podemos saber para que se possui um animal em tais condições a não ser pelo prazer sádico de o torturar em eterno cativeiro. Se por uma circunstância eventual e transitória formos obrigados a ter um animal em tais condições, devemos, no mínimo, dar-lhe liberdade, meia hora pela manhã e meia hora à tarde, a fim de fazer um pouco de exercício e se acostumar a satisfazer suas necessidades longe do casebre, a fim de não transformar o local numa esterqueira. A corrente nunca deve ter menos de 1 ½ a 2 metros.

Sempre que seja possível, pode adotar-se o dispositivo aqui figurado (fig. 170) e que permite ao cão ter um pouco mais de movimento.

Canil: Chama-se canil o local em que os cães se acham encerrados. Há canis para equipagens de caça e canis para criação. Os canis podem ser desmontáveis ou fixos, construídos de madeira, tijolos, pedra e cal ou cimento armado.

Já vimos que a exposição mais conveniente é o norte, nordeste ou noroeste. O terreno deve ser seco e um tanto inclinado, de forma a dar escoamento às águas. Indispensável se torna que árvores sombreiem o canil, ou lhes resguardando do sol, ou evitando que exale tanto o cheiro "sui generis" que sempre se desprende de tais instalações, que por este motivo necessitam estar afastadas de outras moradias.

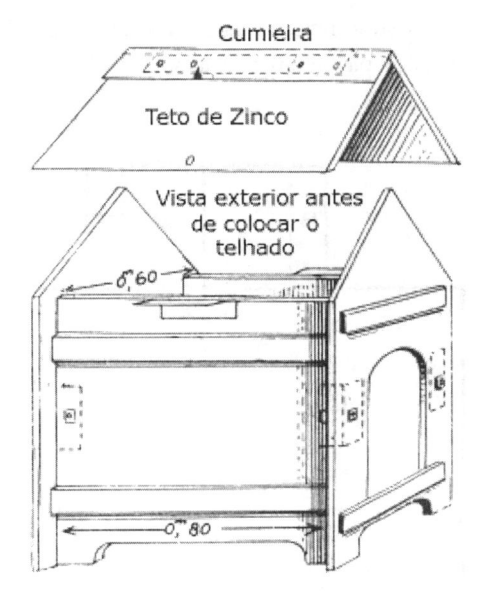

Fig, 169 – *Casinhola de teto móvel*

Fig. 170 – *Dispositivo especial para que a corrente permita maior movimento ao cão*

Canil fixo: Eis a disposição interior e exterior dum canil fixo.

A área do canil será calçada com lajes unidas e coladas com cimento, ligeiramente abauladas no centro e inclinada em cada lado para um canal periférico. As lajes ou paralelepípedos são preferíveis ao cimento, porque, se em conseqüência do abatimento do subsolo, produzirem-se brechas, estas mais facilmente são reparadas que as largas superfícies cimentadas. O projeto dum canil simples e econômico comporta, segundo Leseble, 2 canis cada um, de 4 metros de comprimento sobre 4 metros de largo e 2 ninhos para cães, medindo cada um 2 metros de largo sobre outro tanto de alto, que com um metro mais da cumeeira dá a toda peça 3 metros de altura.

A superfície do canil, nele compreendido o corredor, que deve isolar os cães dos animais de passagem por aí, será de 48 metros quadrados (fig. 171).

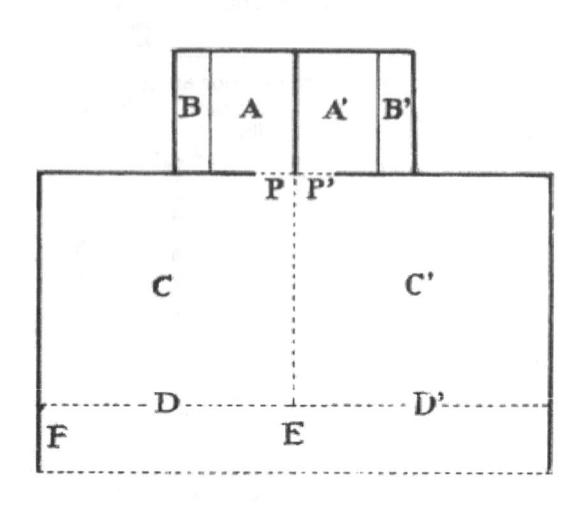

Fig. 171 – *Planta de um canil*

Esta concepção refere-se ao canil propriamente dito, excluindo-se os seus anexos, como despensa, cozinha, banheiro etc.

Os ninhos serão construídos de tijolos tomados com cimento e rebocados com este mesmo material até a altura de um metro a partir do solo, para tornar fácil as lavagens e desinfecções. Melhor seria a construção desta peça em cimento armado. O teto pode ser feito de tijolos ou de telhas, mas não convém o zinco por esquentar demasiado. Existe no comércio, sob nomes diversos, material muito próprio para estes telhados, geralmente fabricados de asfalto natural e substâncias isolantes.

Em meio do arcabouço do teto, a cavaleiro dos dois ninhos, abrir-se-á um buraco de aeração comum aos dois ninhos. Pode-se provir estes respiradouros de uma janelinha que permita estabelecer ou interromper a ventilação à vontade.

Estes ninhos terão uma elevação de 5 a 6 centímetros acima do solo do canil e um declive favorável ao escoamento das águas; seu solo será como o do canil, lajeado, ou com paralelepípedos colocados com cimento ou todo cimentado.

O tamanho a dar a estes ninhos está naturalmente em relação ao número de animais que vai alojar e assim se calculará, dando para cada indivíduo 1,60 a 2 metros quadrados, antes mais que menos.

No que concerne à disposição interior dos ninhos, basta ter em vista que os animais no canil quase que outra coisa não fazem senão dormir.

Colocam-se, portanto, bancos, em redor do alojamento, exceto na vizinhança da porta.

Estes bancos, que servem de cama, serão de madeira, com a espessura de 25 milímetros e com a disposição que o desenho aqui junto mostra (fig. 172).

As dimensões serão 2 metros de comprimento sobre 80 centímetros a 1 metro de largura e na altura, de 30 centímetros do solo.

As pranchas destes bancos devem ser unidas, para que os cães não se machuquem metendo as unhas nos interstícios.

O banco é provido na frente duma peça de madeira que forma o rebordo (AA) e impede assim que os cães caiam ou que escorregue a palha que, às vezes, aí é posta como cama.

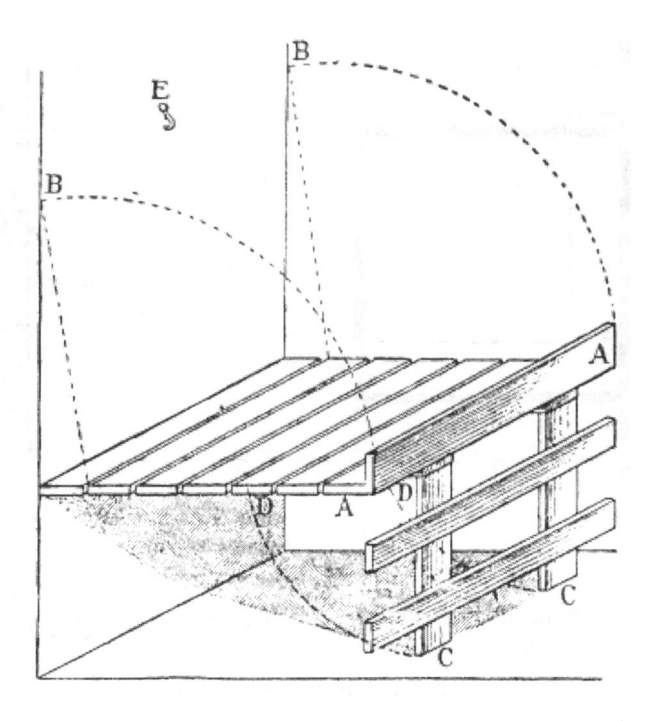

Fig. 172 – *Banco para o interior do canil*

Este rebordo, que tem 8 a 10 centímetros de alto, é muitas vezes debruado com zinco a fim de proteger as mamas das cadelas de pequeno talhe, como bassês, etc.

Dois pés, reforçados por barras transversais, mantêm o banco armado e firme (CC).

Estes pés são unidos ao banco por dobradiças, permitindo se dobrar em *DD* contra o banco, que por sua vez se levanta contra o muro em AB. O rebordo do banco evita que este se encoste muito à parede e permite assim que ao levantá-lo, caso exista aí palha da cama, não precise ser esta retirada.

Fixado ao muro, em *E,* existe um gancho destinado a prender o banco levantado.

Cada ninho terá uma porta de madeira ou ferro, abrindo para o canil e fechando-se por meio de um trinco ou tramela.

As faces laterais do recinto dos canis serão constituídas por muros de tijolos ou de cimento, com 2 metros de alto, exceto a parte da frente que será provida de grade de arame com 2 metros de altura; grade igual servirá para a divisão interior entre um e outro alojamento, como mostra a planta (fig. 171) nas linhas pontilhadas. Nas grades que dão acesso direto para o recinto do canil existem as portas *DD.* Como se vê na planta aludida, existe um corredor que isola os cães do contato dos outros animais e pessoas que aí passam; esta segunda grade é também de arame e da mesma altura. Este corredor deve ter um metro de largo.

A tela de arame para estas grades convém ser mais forte que a comum. Existe no comércio as denominadas cercas "Page" que muito se prestam para esse fim.

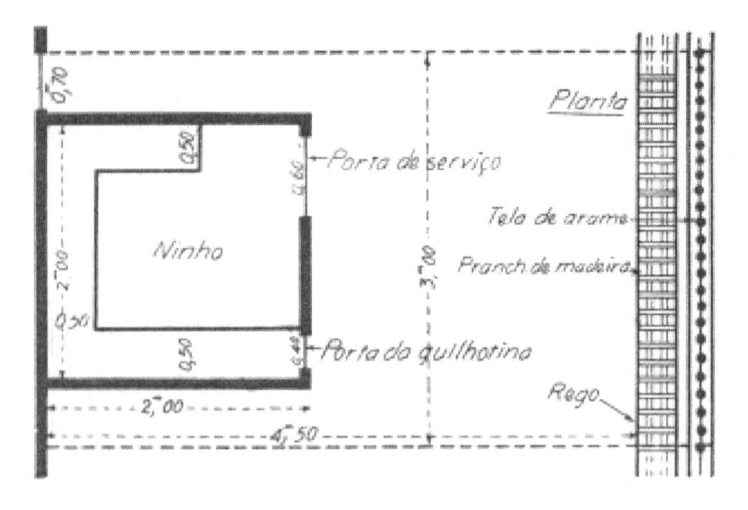

Fig. 173 – *Planta de um canil*

Quando se trata de canis grandes, de criação ou equipagem numerosa de caça, aconselha-se dar as mesmas disposições aqui descritas mas necessário se torna aditar a elas anexos como canis de criação, cozinha, despensa, sala de banho e penso.

A par do canil fixo que acabamos de descrever, damos desenhos esclarecedores de tipos desmontáveis, muito dignos de recomendação, especialmente sob o ponto de vista higiênico.

A figura 174 mostra a planta dum pequeno canil desmontável, de construção retangular, metade fechado e metade exposto.

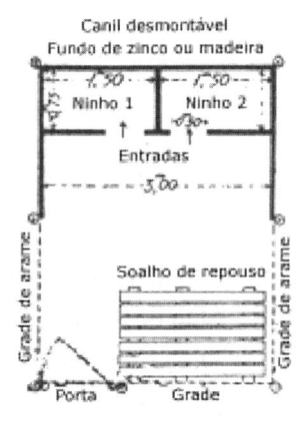

Fig. 174 – *Canil desmontável*

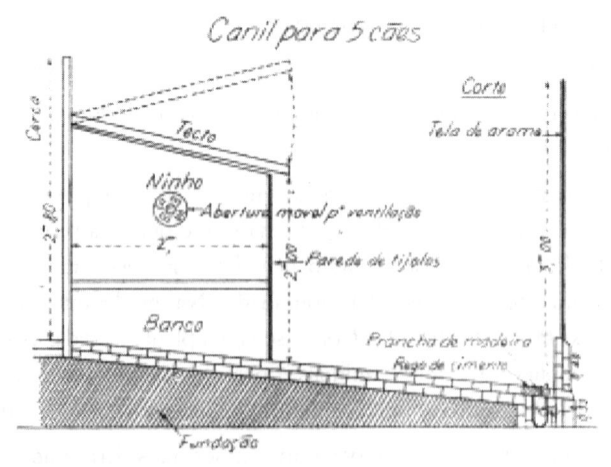

Fig. 175 – *Canil para cinco cães*

282

Fig. 176 – *Casinholas de cimento armado*

Compõe-se de seis partes distintas, ligadas por dobradiças de encaixe; os dois moirões de trás e os dois da frente, os dois lados, os dois telhados, tudo de pinho, os caixilhos em caibros de 5 x 7 cm. O fundo é feito com tábuas de encaixe. Os lados não são inteiramente fechados, só uma parte perto do ninho é fechada, o resto é coberto com tela de arame de largas malhas, bem como a frente.

A figura 175 mostra um tipo de casa para cinco cães, o qual pode ser construído de cimento armado, tijolo ou ainda de madeira desmontável.

Os desenhos, melhor que qualquer descrição, dão idéia dos tipos de canis que se podem construir. Quando na propriedade se encontra um muro pode-se aproveitá-lo para a construção dum canil. Vide ainda dois tipos de casinholas nas figuras 176 e 177.

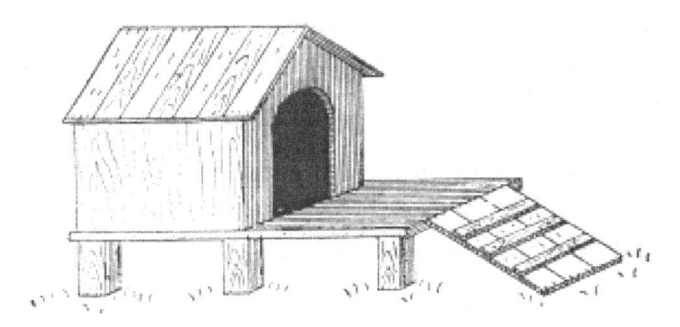

Fig. 177 – *Bom tipo de casinhola para um cachorro*

Pátio e parque: Um canil, por modesto que seja, deve possuir um parque ou, no mínimo, um pátio onde os cães possam fazer alguns exercícios e se distrair um pouco. Este pátio deve ser de preferência cimentado ou asfaltado. Quando é possível ter-se um parque arrelvado melhor ainda.

TERCEIRA PARTE

Capítulo I
Inteligência do Cão – Trabalhos que nos Podem Prestar

As nossas mais comezinhas observações cotidianas evidenciam a cada passo o alto grau de inteligência do cão.

É certo que a lenda, a história e a anedota entretecem narrações que são positivamente exageradas, mas a par destes excessos há fatos verídicos que testemunharam ser o cão o animal doméstico mais bem aquinhoado em faculdades intelectivas.

Entre exageros pitorescos cita-se a história de Sauer, cão da Ilha de Skye, aclamado rei de Drontheim, o qual possuía a sabedoria de três homens e ao ladrar dizia uma palavra e latia duas.

Parece que este cão caminhava para a perfeição sonhada por Aurelien Scholl que prognosticava no prefácio da obra do Barão de Vaux, *Notre Ami le Chien,* que os "cães se instruem cada vez mais e dentro de quatrocentos ou quinhentos anos falarão".

Longe nos levaria a enumeração de fatos, registrados pela observação, os quais nos dão o ensejo de verificar a memória, o raciocínio e outros matizes da inteligência canina.

Eis uma história que M. Goodhehere, de Birmingham, contou a Romanes:

"Meu amigo James Canning conhecia um pequeno cão mestiço que logo que se lhe dava um pêni ou um meio pêni, tomava-o na boca, corria à padaria, saltava a meia porta de entrada, agitava a campainha até que chegasse o padeiro e lhe desse uma bolacha ou um biscoito em troca da moeda. Quando não possuía senão meio pêni contentava-se com um biscoito, porém quando levava um pêni exigia um bolo. Um dia o padeiro, impacientado pela freqüência destas visitas, tomou o pêni, sem nada lhe dar em troca, mas o cão não deixou que por outra vez tal sucedesse e pôs a peça em terra, não permitindo fosse ela apanhada sem que lhe dessem o respectivo doce".

A "Revue Scientifique" conta o seguinte caso, citado por Larbaletrier:

Um grande proprietário, possuía um cão chamado "Garçon". Estava de tal modo ensinado que quando o seu dono mandava procurar um criado (ele possuía muitos criados) o cão o tomava pelo pano do casaco, ou da calça e o conduzia à presença do dono.

Quando lhe diziam: "Não deixe sair este senhor" ele atravessava-se na porta e a pessoa não saía, a menos que se expusesse às dentadas do cão. À mesa serviam-lhe os pratos na natural sucessão e, assim habituado, se lhe davam a carne antes da sopa, ele recusava comer enquanto não lhe dessem sopa.

Quando seu dono pedia as botinas, os chinelos, etc., trazia-os sem engano, provando portanto que conhecia a significação de cada palavra da linguagem.

O cão, devido a inteligência que demonstra, tem sido um grande auxiliar do homem, especialmente na guarda da casa, dos rebanhos e um insubstituível colaborador na caça.

Alargando os seus préstimos o cão tem tomado parte nas guerras e auxiliado o homem na polícia contra os malfeitores.

Se nas lidas encontramos neste animal um agente de trabalho, nos brinquedos e folguedos achamos um amigo sempre pronto a nos deleitar.

Cão de polícia ou de guerra, de guarda ou de pastor, caçador ou artista de circo, operário, animal de tiro, de companhia ou distração, o cão se mostra sempre à altura de sua missão e desempenha-a com garbo, inteligência e docilidade.

Aqui deixamos transcrito o seguinte artigo do Sr. A. M. de Azevedo, o qual apareceu no número de março de 1911 da "Brotéria":

"POR QUE NÃO HÁ DE O NOSSO POVO APROVEITAR MELHOR OS CÃES?

As qualidades verdadeiramente excepcionais de instinto e fidelidade, que distinguem os cães dos outros animais domésticos, fizeram-nos em todas as épocas da história o animal preferido do homem, aparecendo sempre ao lado dele, desde as românticas páginas de Tobias, como o seu mais fiel e constante auxiliar.

Os seus serviços, como animal de guarda e de caça, são bem conhecidos, nem há por que repeti-los aqui, principalmente depois que escreveram tantos admiradores desse companheiro simpático do homem.

Há porém outra categoria de serviços que nem todos conhecem, e que convém não ignorar, pela importância que podem ter na economia doméstica do nosso povo.

Refiro-me aos trabalhos de que eles se mostraram capazes na guerra mundial, principalmente como animais de carga e tração. A idéia de os mobilizar e utilizar para fins bélicos não é nova, pois antigamente foram já empregados como animais de combate, aparecendo pela primeira vez nas guerras persas e gregas. Semelhante costume prevaleceu durante muitos séculos, mas atualmente não só se teria como selvagem, senão ainda como ridículo e inútil, dados os meios defensivos de que dispõe a atual tática militar. Julgou-se, por isso, mais acertado e proveitoso orientar os serviços destes animais noutro sentido mais prático, aproveitando-lhes as admiráveis qualidades. Os resultados têm mostrado que não foi desacertada a nova orientação, e os serviços dos cães tornaram-se mais numerosos e de valor, não só como sentinela e explorador das avançadas do exército, mas sobretudo como auxiliar da cruz vermelha e como trator de metralhadoras e munições. Os primeiros ensaios neste sentido devem-se à Bélgica, que em 1865 apresentou os primeiros modelos de cães sanitários, nas exposições caninas de Ostende e Spa. Depressa lhe seguiram o exemplo a França e Alemanha, contando já esta última em 1880, mais de 45.000 cães militarizados. Nos Estados Unidos existe também, desde alguns anos a esta parte, um serviço constante de correios para o Alasca feito por cães, que percorrem diariamente uns 53 a 60 quilômetros, demorando no trajeto, uns 30 dias.

A nova orientação foi continuamente ganhando terreno e atualmente o seu emprego para fins militares e econômicos pode dizer-se que é geral, principalmente nos Países Baixos. O cão está destinado a ser, não só nesses países, mas noutros muitos, o simpático alívio dos mutilados da guerra e o auxiliar valioso dos comerciantes ambulantes de retalhos, assim como uma fonte de riqueza para as pessoas menos afortunadas.

E por que não há de acontecer outro tanto em Portugal onde os cães levam uma vida a bem dizer ociosa, podendo, com um pouco de trabalho, trazer tanto lucro?"

Com o fim de contribuir a essa empresa, procurei sintetizar aqui algumas idéias que encontro publicadas na *Revue Scientifique*, de agosto de 1918, acerca da educação do cão para o trabalho. Antes de falar sobre a sua educação especial para trabalho, convirá lembrar alguns pontos relativos à anatomia e resistência fisiológica. Estes conhecimentos servirão a obviar a que muita gente cuide, como cuidavam a princípio os belgas, que ajaezar um cão se reduz mais ou menos a aparelhá-lo como um cavalo de tiro, com elegantes coalheiras e tirantes macios sobre o corpo. A constituição física das duas espécies zoológicas é muito diferente, e a coalheira que no cavalo cai admiravelmente, no cão fica muito mal, ferindo-o rapidamente. Nos eqüídeos a omoplata, formando uma longa saliência como em cornija e descendo muito abaixo das vértebras do pescoço, que vai para o alto, tem uma posição quase horizontal, achatando-se facilmente contra a borda inferior da coalheira durante a tração e comprimindo fortemente a traquéia-artéria. Para obviar a este inconveniente, pensou-se em substituir a coalheira pelo peitoral flexível, mas isto não evita as desvantagens que vamos apontar para os tirantes aplicados imediatamente sobre o corpo ao modo dos cavalos. Com efeito, os tirantes, ao estenderem-se pela tração dobram o peitoral, comprimindo fortemente a caixa torácica do animal. Ora, o cão não tem, como o cavalo, ossada forte e músculos potentes, em virtude dos quais possa sem grande dificuldade continuar a respirar. A sua constituição física, menos resistente, cede depressa, e em breve começará a arquejar.

Como remediar este inconveniente? Um dos sistemas mais práticos consiste num peitoral de armação metálica forte e almofadada, composta de dois meios-círculos de alumínio, perpendiculares entre si. O primeiro passa diante do peito levando francalotes de prender aos tirantes, e o outro cai sobre os ombros do animal sustentando o anterior no seu lugar. Um único arco que passasse pelos ombros e segurasse, afastadas as duas extremidades do peitoral de couro, faria quase idêntico serviço.

Os varais impedem também muito a tendência natural do cão a ondear quando caminha. Por esta razão, muitos belgas e alemães costumam atrelar os cães debaixo do carro, mas, tem o inconveniente de tirar a direção material ao veículo sendo mister pôr-se o homem entre os varais. É preferível, em vez disso, servir-se de uma lança articulada que, passando sobre o dorso do cão, se vá unir à parte superior do peitoral no plano vertical, para que o cão se possa assentar e deitar, e de outra que lhe permita mover-se lateralmente. Este sistema de timão pode mesmo suprir os tirantes separados sem prejuízo do rendimento de trabalho, pois cães jungidos às metralhadoras por esta forma chegaram a percorrer 50 quilômetros num dia, sem fadiga maior.

O que levamos dito dos cães de tração, aplica-se também aos cães de carga aparelhados não de albarda cilhada, mas de uma armação metálica debaixo da albarda que impeça o achatamento do tórax e a compressão do ventre. Essa armação em virtude da sua forma e sem necessidade de cilha, segura-se por si, permitindo assim ao cão carregar com 10 a 12 quilos da cada vez.

Um cão de estatura média é capaz de suportar a pé quedo o peso de um homem durante alguns minutos, e dois cães jungidos e albardados podem-no transportar a centenas de metros sem grande dano das polpas das patas que resistem bem, mesmo em terreno pedregoso. Para as tornar mais resistentes costumam usar uma pomada feita de sebo e negro de fumo. Aqui temos pois como se ajaezam e preparam os cães de trabalho; resta apenas agora dizer alguma coisa sobre a sua educação, o que requer do educador muita paciência e tino prático.

O princípio fundamental desta educação está em obrigar o cão a caminhar para diante, apesar das relutâncias que possa oferecer. Isto requer naturalmente uma tenacidade serena e por sua vez uns punhos fortes, pois no princípio terá que lutar com o horror causado pelo carro ou pela albarda. Convém contudo não bater no animal, senão forçá-lo materialmente a dar alguns passos diante do carro, acariciando-o depois. A segunda vez obrigue-se a andar um espaço maior seguindo sempre o método da coação e recompensa. Depois de algum tempo, veremos que o cão principia a tomar gosto na nova ocupação, manifestando até certa tendência em caminhar depressa... Procure-se que ordinariamente não ande mais de 5 quilômetros por hora, proporcionando-lhe um descanso de 2 a 3 minutos cada meia hora. Para o guiar usam-se os mesmos métodos dos eqüídeos, educando-se da mesma forma com sinais e vozes determinadas.

Enquanto à qualidade dos cães de trabalho, preferem-se sempre os machos, sendo boa raça para tração dos carros os cães de pastor, não faltando os das raças especiais de Groelândia, Alasca, Kamtchatka, e dos alões, mastins, dogues e lapões.

Em Portugal são boas as raças chamadas da Serra da Estrela, de Castro laboeiro e os rafeiros alentejanos. Em geral os cães de trabalho nunca devem ter menos de 0,55 de cernelha, pois os demasiado pequenos cansam-se depressa por causa dos muitos passos que têm de dar. Um cão de estatura média pode carrear de ordinário um peso de 60 quilos num carro de igual peso à distância média de 35 quilômetros. O que convém, é ter cuidado de os deixar descansar cada meia hora uns 2 a 3 minutos, para poderem tomar alento e até mais vezes se for necessário. As parelhas são ainda mais proveitosas que o simples cão, pois a experiência mostra que se um só é capaz de fornecer 50 kg de trabalho, uma parelha fornecerá 98, e três, 120 quilos. Para terminar, devemos notar que se o trabalho tiver de ser freqüente, convém nunca diminuir a ração diária de umas 450 grs. de carne e 1 quilo de pão, principalmente se houver de trabalhar durante muitas horas ao dia.

Outros serviços que nos podem prestar os cães: Há muitas vezes necessidade de pequenos motores de pouca força para bater a nata da manteiga, mover corta-raízes e outros serviços leves, que feitos à mão se tornam dispendiosos, e não merecem contudo a compra de um motor mecânico qualquer.

A água fornece soluções fáceis do problema. Por sua falta eis aqui uma das mais usadas a aplicar.

A roda motora é formada de duas rodas paralelas montadas sobre o mesmo eixo, solidárias entre si e cujas cambas são reunidas por um soalho constituindo um cilindro oco ou tambor.

O desenho junto mostra claramente essa disposição.

É no interior desse cilindro que se introduz o cão que deve servir de motor.

Corre ele sobre o soalho do tambor que, obedecendo a gravidade, recua ao passo que avança o cão ficando este, em conseqüência do peso, sempre na parte inferior.

Assim se estabelece uma rotação contínua que se pode transmitir por correias ou cordas, aos aparelhos a mover.

Como é o peso que atua é fácil compreender que o cão-motor deverá ser escolhido e as dimensões do tambor calculadas na proporção do trabalho a fornecer.

Não há nisso novidade alguma.

Quem é que não ouviu falar dos cães de "tournebroche"?

Fig. 178 – *Roda movida por um cão*

Mas é coisa ainda interessante e que pode prestar muitos serviços.

Ainda poderíamos citar outros préstimos, mas já no domínio das coisas quase pitorescas, como certo cão que pescava para o convento de franciscanos da cidade de Etampes, na França.

Possuíam estes frades um cão Barbet que usava o seguinte estratagema: entrava na água do mar e fingia-se morto. Isto à beira mar. Os siris afoitavam-se e se metiam através do pêlo.

Quando o cão julgava que já tinha boa carga deles agarrados, saía da água e corria para a cozinha do convento onde o cozinheiro dava um jeito no cão.

Certa vez o pescador afogou-se, mas os franciscanos que o consideravam pela celebridade que dava ao convento, erigiram-lhe um monumento.

Quem conta esta história é o Dr. Mery, grande cinólogo e que parodiando o *Cave canem* (cuidado com o cão) gravado numa residência da cidade de Pompéia, mandou esculpir na sua porta *Cave hominem* (cuidado com o homem).

Devido a fineza de seu olfato, o cão tem sido empregado em vários serviços.

O mais velho e conhecido é como descobridor das trufas, que, como se sabe, nascem sob a terra.

O caçador de trufas, amestrado e seguido pelo dono vai para as terras, à procura daquela petisqueira. Vai de nariz rente ao solo farejando e onde pára e cava aí jazem trufas.

Atualmente existe na Central de gás de Utrech (Suíça) uma equipe de cães amestrados para localizar a fuga do gás.

Uma senhora de Kiel (Alemanha) ensinou seu cão Rex, pastor alemão, a acompanhar o marido em seus passeios de automóvel.

O acompanhante não vai apenas para passear, mas para vigiar o esposo que quando ingere bebidas alcoólicas, Rex, pelo olfato, conhece e não permite que em tal estado meta-se no volante para guiar o carro.

No Rio Grande do Sul, em Itaqui, certo criador, treinou determinado cão para localizar as furnas e ocos de árvores onde se abrigam e refugiam os morcegos.

Por este meio facilmente descobriu 13 casas daqueles quirópteros.

Estas são as últimas utilizações do olfato canino, pois as outras, já de há muito são conhecidas.

Capítulo II
O "Coursing" e a Corrida de Cães

O "coursing", como simplesmente lhe chamam os ingleses, não é, como a primeira vista se pode imaginar, um esporte originariamente britânico.

As corridas de cães nasceram na Gália e já no século II o historiador grego Arrien, compunha um *Tratado de Caça,* que era ao mesmo tempo, um perfeito manual de *coursing.*

Durante a Idade Média e no século XVI gozou este esporte na França um prestígio brilhante, sendo o divertimento de escolha dos barões sombrios daquele escuro período histórico.

Com Luís XIII, diz um historiador, parece que os Bourbons não tiveram o mesmo gosto pelo *coursing* que seus antecessores e daí a decadência da corrida dos lebreiros na França. Esporte de aristocratas, o *coursing* exigia as boas graças das figuras centrais da farândula dourada da nobreza, astros de trajetória forçada em derredor da figura do rei, sol deste sistemazinho planetário.

Assim se explica facilmente a decadência do esporte dos lebreiros na França uma vez que por ele se desinteressasse o rei, como se desinteressou.

Os ingleses, ao contrário, desde o tempo de Henrique VIII, afeiçoaram-se a estas interessantes competições esportivas e ganharam uma incontestável autoridade na matéria. A França, a revezes, tentou reimportar o *coursing* sem resultado até que em 1910 se fundou, sob a presidência do Duque de Noailles, o *Greyhound Club de França,* que conseguiu realizar suas *saisons* esportivas anuais com êxito que bem mostra o interesse que atualmente se nota por este elegante passatempo.

Que é o "coursing"? O *coursing* nada mais é que uma competição de corrida entre cães corredores, especialmente galgos e a lebre. É a luta entre a velocidade dos lebréus e a inegável ligeireza da lebre, que é quase sempre vencida, por seus competidores, muito mais fortes.

A luta seria interessantíssima se não terminasse pelo espetáculo cruel da morte do pequeno roedor, que lança mão de todos os recursos que lhe deu a natureza para defender a vida, cansando os cães em rápidas mudanças de direção. É comoventemente emocionante a corrida pânica do inofensivo animal, acossado e perseguido por dois cães, um dos quais numa formidável dentada lhe arrancará a vida que a todo transe procura defender com este instinto sempre desperto em todo ser vivente. Dois cães designados pela sorte entre os demais concorrentes, vão correr a lebre. Devidamente paramentados com uma coleira de tricô de cor diferente uma da outra, geralmente uma branca e outra vermelha, os dois concorrentes são trazidos pelo "slipper" para o campo, com correntes automáticas que se desprendem no momento preciso.

290

Repentinamente lança-se a lebre, os cães ao percebê-la investem furiosos: o "slipper" os contêm alguns segundos, enquanto a lebre ganha uma distância de 100 metros mais ou menos e então desprendem-se os cães. Estes, com um impulso de loucos, lançam-se ardorosamente ao encalço da fugitiva.

Aí se desenrola a grande luta da velocidade e da destreza. Os cães devem mostrar então a sua arte de contraminar as astúcias e os golpes de agilidade da sua vítima.

Para bem julgar as peripécias rapidíssimas desta competição, há um juiz que a cavalo acompanha os trâmites da contenda e avalia assim a capacidade dos cães, o talento com que cada um resolve rápido um problema de destreza. Cada peripécia, cada defesa da lebre e os conseqüentes recursos que o cão emprega merecem designações especiais que constituem a terminologia do esporte e que vale um ponto, um e meio, dois, três ou nada. A própria maneira com que o cão pega a lebre é avaliada em pontos, segundo as circunstâncias. Aí é que está a ciência deste esporte, e sobre estas mil bagatelas há o pretexto infalível para as discussões infindáveis, as questiúnculas dos aficionados, bolhas, bobices, bobagens, como sucede entre nós com estes intoleráveis amadores de futebol, que discutem semanas inteiras sobre o talento do calcanhar do Sinistrinha ou qualquer outro marmanjo de pé mais ou menos talentudo.

Corrida de cães ou "coursing" camuflado: Na França, em boa hora, para mostrar a sensibilidade francesa, a Sociedade Protetora dos Animais conseguiu interditar a corrida de lebres de carne e osso e então inventou o *course au leurre,* que é uma lebre empalhada movida por mecanismo especial.

Se não oferece o mesmo interesse que o legítimo *coursing,* nem por isto deixa de ser um espetáculo curioso e distraído, tendo sobre o outro a superioridade de ser uma festa e não cena de sangue. A lebre do *course au leurre* é realmente uma lebre empalhada, a qual, acionada mecanicamente, por um engenhoso aparelho, dispara na frente dos cães, sem que estes a possam alcançar, porque um operador, que da cabina acompanha a carreira, regula a velocidade do "leurre", de forma a mantê-lo a alguma distância dos seus perseguidores. O fim do percurso é determinado por uma linha que deve ser atingida pelos lebreiros. No momento em que o lebréu dianteiro atinge esta linha, o operador, por uma manobra especial, faz a lebre camuflada desaparecer num alçapão como um diabinho teatral.

O cão que primeiro atingir a citada linha é o vencedor.

Este gênero de corridas tem despertado um notável entusiasmo em toda parte, sendo que na Inglaterra, em tal empreendimento, já em 1927 se havia empenhado um capital de 5.567.250 libras[53].

Estas corridas têm organização idêntica às dos cavalos, oferecendo como aquelas um grande interesse esportivo.

Fazem-se sobre os cães as mesmas apostas como no turfe com a diferença de que não existem os tribofes, porque os cães correm levados pelo instinto da caça.

---

53. Telegrama de Londres, no "O Globo", 5 de dezembro de 1927.

Neste particular tem o público a segurança que perderá pelos acasos do jogo, mas não será furtado pela velhacaria do homem.

As corridas de cães no Brasil: Várias tentativas malogradas já se têm verificado entre nós, quer aqui no Rio de Janeiro, quer em São Paulo.

Há tempos uma grande empresa obteve da Prefeitura a autorização para construir um cinódromo.

O receio de que este esporte viesse prejudicar o turfe, levantou protestos dos interessados, que chegaram à ingenuidade de recordar os benefícios que tal esporte presta à criação do cavalo puro sangue inglês, esquecidos de que esta raça de animais só tem préstimo para o referido esporte.

Outrora, quando se pensava que o puro sangue inglês pudesse servir para a formação de animais para a remonta e outros trabalhos, justificava-se tal argumento, mas hoje, que já não se lê por esta cartilha, percebe-se a falta de uma razão de certo peso.

Capítulo III
Educação e Adestramento dos Cães

Devido a inteligência amoldável dos cães são eles destinados a variadíssimos misteres para cada um dos quais é necessário um ensino especial.

Além do ensino, do seu mister, que podemos chamar técnico, o cão deve receber uma educação apropriada à sua condição.

O cão de luxo e distração, que representa entre as raças caninas a aristocracia da espécie, vadios sem outra aptidão senão a de alegrar seu dono e distribuir amabilidades, é o que exige uma educação mais refinada.

O adestramento tem por fim desenvolver as disposições naturais do indivíduo, para que melhor seja ele adaptado a um destino certo. Facilitado por qualidades herdadas, o treino tem como resultados preciosos habituar o animal à obediência, ensinar-lhe a oportuna execução de uma ordem dada, fazer dele um guarda fiel, um defensor corajoso, hábil caçador, ou simplesmente um companheiro agradável. Obediência sem temor, eis o ideal do adestramento. Consegue-se isso pela aplicação de métodos racionais, variáveis consoantes o fim desejado.

Falaremos do assunto de um modo geral e depois especializaremos. O adestramento deve começar cedo, antes da idade de um ano, uma vez que o animalzito esteja robusto suficientemente para suportar qualquer fadiga e constrangimento.

Segundo Pierre Saint Laurent, autor de uma interessante obra denominada *"Chiens de defense et chiens de garde"* o treinador para ser perfeito, há de ser guiado pelos seguintes princípios e máximas:

1º.) Saber conquistar a confiança do cão que deverá ser muito dedicado ao dono.

2º.) Ganhar essa confiança, dando o próprio dono a ração ao animal, saindo com ele e não permitindo que qualquer outra pessoa o acaricie.

3º.) A recompensa deve seguir logo após a execução da ordem dada.

4º.) Bem mais ainda, a punição não deve ser aplicada se não no justo momento em que o animal pratica a falta, convindo que o castigo seja proporcional à gravidade da falta. Em caso algum ela deve ser aplicada quando o adestrador tenha perdido a calma, da qual ele jamais se deve apartar.

5º.) Ser pródigo de recompensas e pouco amigo de punições. A doçura dará sempre melhores frutos que a brutalidade. Entretanto, toda e qualquer desobediência e revolta deve ser punida. Um cão espancado torna-se timorato e seu adestramento pode ficar comprometido.

6º.) Não passar à lição seguinte sem que a precedente esteja perfeitamente sabida. Rever sempre o que já foi ensinado.

7º.) Nunca terminar uma lição, em seguida a um ato de desobediência mas, pelo contrário, continuá-la, terminando-a por um exercício conhecido. Isso dará ao cão a lembrança de uma recompensa.

8º.) A voz de comando deve ser sempre enérgica não dando lugar a confusões.

9º.) Se o cão não atender à chamada, não se vá nunca até onde ele se encontre mas o obrigue a aproximar-se. Não fazer nunca com que o animalzito se aproxime em troca de gulodices, quando se tenha de castigá-lo. Isto é um erro grave.

No começo do adestramento dever-se-á cuidar muito do cão, sob o ponto de vista físico. Procurar-se-á evitar, ao mesmo tempo, principalmente em se tratando de cães de caça em suas primeiras sortidas, que ele não cometa faltas graves que possam comprometer de uma vez para sempre o resultado de longos esforços. Um prudente adestrador saberá como agir para evitar tais insucessos.

O adestramento pode ser muito facilitado pelas aptidões naturais do animal, convindo também ir buscar os aprendizes em raças e mesmo em famílias conhecidas por suas qualidades hereditárias.

O conhecimento do valor dos ascendentes servirá muito utilmente para fixar a escolha do adestrador sobre tal assunto.

A faculdade de agarrar a caça é hereditária. O cão que desde muito novo e como que por instinto não agarra a caça, deve ser posto à margem; jamais será um caçador. Essa faculdade é como que natural nos animais de boa raça. O costume que existe naturalmente em todo cachorrinho novo para levar ao dono os objetos miúdos que encontra deve ser aperfeiçoado por uma educação e um adestramento próprios. As lições hão de ser freqüentes e curtas, convindo que se faça com que os animaizinhos só carreguem coisas moles.

Adestramento dos cães de mostra, também chamados perdigueiros: Neste particular transcreveremos o que a tal propósito se encontra no livro do Sr. J. Valdez, decalcado nos ensinamentos de André de Lesse[54].

Há dois métodos a seguir para o ensino dos cães de mostra: o inglês e o francês. No primeiro, o cão busca, mostra, mas não traz a caça. No segundo, todas estas fases são executadas. O sistema inglês exige por isso o concurso de outros cães e esse papel é desempenhado pelos *retrievers,* evitando-se por este modo, segundo é sua opinião, que os seus cães de raça estraguem o olfato, segurando e trazendo as peças abatidas. Por esta razão o sistema francês seria mau para os cães de boa qualidade e é assim que hoje se adota um sistema misto, tendo tanto quanto é possível, equilibradas as vantagens e inconvenientes dum e outro. É este sistema de *preparação,* executado em casa e em passeio e a outra *prática* feita no terreno da caça. Iremos estudar cada uma de per si.

---

54. *Chasse, Elevage, Pieeage,* Paris, 1905.

Primeira fase: Como dissemos é a fase de preparação, podendo ser feita em casa e em passeio.

Quando deveremos principiar o ensino do cão de mostra?

Qual é a idade preferível? Segundo a maioria dos autores a melhor idade é dos 6 a 7 meses, com esta idade, "as primeiras lições devem ser dadas num recinto bem fechado e melhor será na casa onde o cão nascer". Como dissemos, no princípio, o educador deve graduar a educação de modo a poder colher resultados úteis, isto é, partir do simples para o complexo, nunca esquecendo que o essencial é exigir uma obediência pronta e passiva, "mas uma obediência inteligente e não uma obediência receosa".

Deste modo, o educador principiará por chamar o cão para si, dizendo-lhe *aqui!* seguindo esta palavra com o nome que lhe tiver dado, ou então somente *aqui!*

Estas primeiras lições devem ser executadas à hora da alimentação, afim de se recompensar o animal, depois do ensino, com a gamela das sopas. Sempre a essa hora ou suas proximidades é que o ensino deve ser feito, mas, caso não possa ser é conveniente recompensar os exercícios bem executados, dando ao cão um pedaço de pão ou qualquer gulodice.

Quando o animal executar já facilmente o exercício, deve-se então chamá-lo a qualquer hora, castigando-o se não o fizer com rapidez, acariciando-o se o fizer bem e com prontidão.

Se o animal se mostrar renitente, poder-se-á prender à coleira uma corda que o educador segurará, imprimindo-lhe safanões mais ou menos intensos até a execução, sempre, é claro, precedidos do respectivo chamamento.

É raro o animal que não aprende logo às primeiras lições e que, sendo chamado após elas, não vá ter com o dono, mas, alguns há muitos rebeldes e para esses os castigos estão indicados, regulando o educador a sua oportunidade e intensidade.

A seguir e juntamente dever-se-á ensinar o cão a buscar, a procurar. Para isso o educador, ainda durante as refeições, esconderá com a direção precisa, dizendo: *busca, busca!* acompanhando-o nas suas pesquisas e fingindo também procurar. Se for bem sucedido dar-lhe-á a gulodice, devendo acariciá-lo, pois nada o consolará e lhe dará tanta confiança, como umas festas amigáveis, recompensadoras. No caso de insucesso não se deverá deixar que abandone o local, obrigando-o a procurar novamente.

Por motivo algum se deixará que ele procure inutilmente, ou se fingirá esconder qualquer objeto pois esses fatos só trarão inconvenientes sérios.

O animal inteligente bem depressa tomará amor a estes exercícios e será para ele um divertimento executá-los muitas vezes. Ele mesmo por sua vez procurará provocá-los, e, em cumpri-los, será duma rapidez extraordinária. Convirá então regularizar essa impetuosidade, ensinando-o a ser moderado, na perspectiva de caça, e assim dir-lhe-á: *cuidado!* ou *pára!,* seguindo depois as palavras *busca, busca!* intercaladas de altos, conforme convenha para a compreensão do que se deseja dele. Será talvez conveniente nas primeiras lições fazer uso duma corda presa à coleira, com o fim de imobilizá-lo à voz de *cuidado! alto!* ou *pára!* e ao mesmo tempo moderar a impetuosidade com que ele se lançará sobre a gulodice que servir para experiência, impedindo até que a devore imediatamente, pois tal fato só trará de futuro péssimos hábitos para a caça.

Quando o cão executar a busca ou procura com facilidade e bem, ensinar-se-á *a trazer à mão,* havendo cães que o farão naturalmente, não sendo necessário senão corrigi-los de alguns defeitos insignificantes.

É talvez esta a parte mais difícil da educação primordial, exigindo, conforme o animal, grandes branduras ou excessivos rigores.

Em regra geral os educadores só conseguem alguma coisa por meio do castigo e é esta a parte onde geralmente o chicote tem grande aplicação.

Esta parte da educação não é consecutiva, devendo começar cedo. Outrossim não deve ser feita em lições muito grandes, mas antes muito repetidas e curtas. Com este fim o educador deixará de vez em quando, e propositadamente, cair qualquer objeto que não seja duro nem muito pesado e ordenará ao cão que o busque, intimando-o depois a que lho traga. Geralmente estas experiências fazem-se com um objeto de madeira da forma de um alter a que os franceses chamam *billot de dressage.* Muito leve, com cerca de 600 gramas de peso o cão pode facilmente segurá-lo principalmente pela parte média, delgada, obrigando-o assim, logo de princípio, a segurar os objetos pelo meio e não pelo extremo. Pode em vez disto usar-se de uma luva cheia de serradura ou de penas.

Se o cão, em vez de apanhar e trazer o objeto o deixa ou brinca com ele, o educador ordenar-lhe-á que se sente, dizendo-lhe: *sente-se!* para o que o obrigará, fazendo pressão sobre o seu terço posterior com a mão esquerda e levantando-lhe a cabeça com a direita.

Em seguida levar-lhe-á o objeto à boca dizendo-lhe: *segura!* ou *pega!* Se o deixar cair, castiga-lo-á batendo-lhe com uma vara ou chicote, repetindo tantas vezes a lição até que ele a cumpra obrigando-o mesmo a abrir a boca e colocando nela o respectivo objeto durante alguns segundos sem que ele o estrague.

Depois pede-se-lhe: *dê cá!* ou então *largue!* tirando-lhe o objeto docemente.

Estas lições serão tantas vezes repetidas, pois só assim se conseguirá qualquer resultado, variando as experiências, aumentando as distâncias, etc., etc. conforme os progressos obtidos e os resultados a colher.

Por isso a primeira coisa a fazer com este fim é substituir os objetos por uma pele de coelho cheia de estopa e os exercícios que o cão tem que executar são: 1º abrir bem a boca para poder segurar o objeto maior; 2º, segurar bem a pele pelo meio; 3º, segurá-la quando, em vez de estopa, é esta substituída por maior peso.

Tudo isto se consegue com paciência e progressividade, empregando-se os meios brandos ou ásperos conforme o critério do educador.

Seguidamente a pele será substituída por um pombo vivo ou mesmo por um coelho.

Ao mesmo tempo que se vai ensinando em casa deve o educador sair com ele todos os dias. Isto obrigará a movimentar o cão, o que é altamente conveniente, pois não só permite que ele faça na rua as suas necessidades corporais como serve para o habituar a obedecer-lhe, mesmo em plena liberdade.

Com este fim o educador principiará por lhe dar passeios curtos e, quando o cão se afastar, chama-lo-á, convindo às primeiras saídas não ser muito ríspido, pois naturalmente o animal, muito novo, ao apanhar-se em pleno campo, o que quer é brincar. Deve o educador porém moderar esses ímpetos, de modo a conseguir que o cão o acompanhe e o grande preceito será que ele o siga e não o preceda. Para isso ordenar-lhe-á que vá para trás de si. Nos primeiros tempos poder-se-á fazer uso duma corda ou corrente que impedirá que ele se afaste e no decurso das lições, com o critério preciso, o educador castigará quando julgue necessário, recompensando sempre os atos bem praticados. Quando o educador conhecer que o cão está apto para prosseguir na educação, praticará no campo tudo quanto executou em casa, usando ainda do mesmo modo – o pão, a pele de coelho, etc., e empregará a mesma terminologia. À medida que os seus progressos se tornem nítidos, substituirá o pão e a pele de coelho por caça morta e variada, que esconderá nas moitas, restolhos, muros e montículos de pedra, etc., e de distância em distância.

Solto o cão, ordenar-lhe-á que busque, e acompanhando-o verificará se ele segue ou não boa pista e, se seguir, impedirá que se lance sobre o achado, ordenando-lhe moderação: *cuidado! alto!* ou *pára!* e só à voz de *agarra!* ou *segura!* lhe será permitido fazê-lo. Convém também variar mandando-o sentar, etc. e sobretudo exigir que traga à mão o achado. O fato da substituição do pão pela caça morta tem a dupla vantagem de educá-lo para a caça e evitar que tenha repugnância pelas peças abatidas.

Ir buscar à água: Pode acontecer nas variadas circunstâncias de caça que a peça abatida caia na água ou mesmo ali se encontre. Daqui resulta a necessidade do cão ser ensinado a ir buscá-la.

Para esse efeito o melhor será escolher um dia quente e o educador, acompanhado do cão ainda em jejum e com fome, levará consigo bocados de pão, ou gulodices para lançar à água. Convém que o terreno onde se manobrar tenha a inclinação precisa para o animal se molhar gradualmente e não de um modo abrupto. Alguns autores aconselham acompanhar o cão que se quer ensinar, dum outro já ensinado, ficando o 1º. como testemunha, enquanto o outro vai buscar à água o que ali se lançar.

Outros preferem que seja o próprio educando quem ali vá e para isso vão lançando pedaços de pão a pouco e pouco e aumentando, conforme os resultados, as distâncias, de modo a inspirar-lhe confiança. É raro o animal que assim não aprende logo e não entre depois resolutamente na água, não sendo para aconselhar nunca nem dá bons resultados, o agarrar-se no cão pela pele do pescoço e lançá-lo de chofre na água.

Como complemento desta educação preparatória é conveniente de vez em quando fazer ouvir ao animal algumas detonações, para o preparar para os tiros a valer, pois de outro modo não conseguirá entrar na fase propriamente de aplicação, sem causarmos uma surpresa ao educando que naturalmente fugirá desorientado.

Parece que a hora mais conveniente para isso é a do repasto, devendo o educador disparar alguns tiros próximo do animal. Assim conseguirá sem surpresa habituá-lo ao ruído das detonações.

Segunda fase: É, como vimos, a parte prática do ensino do perdigueiro, a aplicação sobre o terreno da caça das regras e princípios ensinados na primeira fase. Nesta altura o cão deve ter 10 a 18 meses de idade, não devendo, antes desta época, levá-lo para o campo. É preciso também escolher época própria para o ensino.

Transportado o cão para o campo, escolher-se-á em primeiro lugar uma planície e, soltando-se, ele principiará naturalmente por correr atrás de tudo quanto encontrar, como pardais, perdizes, etc., não poupando mesmo as galinhas.

Está no critério do educador o fazer-lhe compreender que erra, usando para isso de todos os meios que achar convenientes, nada havendo taxativo sobre tal.

O primeiro ensino no campo, é o da procura da caça. Para isso o cão tem que bater o terreno e é então que o educador exercerá sobre o seu educando uma grande autoridade. O ensino deve ser feito de preferência num terreno não muito extenso e fechado. O essencial, para bater bem um terreno, consiste em farejá-lo bem, e para isso o educador obrigará o cão a percorrê-lo no sentido do vento, fazendo tantos ângulos quantos julgue convenientes. Deste modo, se por acaso houver caça no trajeto, o cão há de necessariamente encontrá-la. Se o terreno for vasto, adotar-se-á a *procura cruzada* à direita e à esquerda. Com este fim o educador entra com o cão pelo lado sul do terreno, supondo que o vento sopra do lado do norte, e indica-lhe com o braço esquerdo a direção oeste para onde marchará. Chegando ali cruza, indicando com a mão direita a direção leste para onde vai, voltando depois novamente a oeste e assim sucessivamente, caminhando sempre para o norte mas obliquamente. Deste modo o terreno será batido. Com estes exercícios dever-se-á empregar tanto quanto possível os sinais em vez de palavras e é óbvia a razão disto. Nas primeiras lições deste gênero, o educador acompanhará o cão, mas depois ficará no extremo do campo, onde ordenará e vigiará o seu trabalho.

Não será conveniente impor, diz Lesse, a cães de boa raça e grande faro o suplício de uma busca rigorosa. Com efeito há indivíduos que têm o sentimento da caça a grandes distâncias. O mesmo autor aconselha que numa busca demorada o cão deve caçar de focinho alto, porque toma melhor o vento. Quando este soprar do lado da caça ele tem o sentimento dela pelo cheiro que lhe envia o corpo da mesma *(pista do corpo),* não se dando isso com o que caça de focinho baixo, que fareja *(pista de pé).*

Por aqui se vê que há vantagem em não permitir ao cão que fareje de focinho muito baixo e o mesmo autor aconselha um método devido a Robinson, que consiste em colocar por baixo da mandíbula, um bocado de madeira sólida, presa do lado por meio de uma coleira de couro ao pescoço e do outro por meio dum cordão passando por detrás dos caninos. Deste modo a madeira salientando-se do mandibular impede o cão de aproximar o nariz do solo.

A mostra: A mostra ou espera, "l'arrêt" dos franceses, é sem dúvida alguma a aptidão mais importante do perdigueiro. Embora exista naturalmente, tem ela que ser aperfeiçoada pela educação e esta é variável com os métodos de caça, raças e terrenos.

Assim, há quem prefira o cão que estaca e há quem prefira o cão que persegue a caça.

No entender de Lesse, o melhor será chegar a um meio-termo, para que o cão bem ensinado possa tirar partido duma ou outra qualidade, conforme a caça se possa conservar debaixo do seu faro ou se escape a essa ação. Se o cão for receoso é preciso encorajá-lo e falar-lhe, se pelo contrário ele for afoito, é preciso evitar que se lance desabridamente sobre a caça, quando ela se levanta.

Da mesma maneira se deve impedir que o cão, quando ande a farejar, se adiante muito, principalmente quando sejam as perdizes que aí se vai caçar.

Ensinar a deitar: Compreende-se a vantagem de tal atitude.

Em primeiro lugar tudo quanto o cão executar por ordem do educador é um indício de obediência, condição essencial para o bom resultado a colher, e em segundo lugar o cão, deitando-se, ocupa uma posição excelente em certas situações da caça. O educador ordenará: *deite-se* ou então: *terra,* obrigando o cão a estender-se com o focinho entre as mãos. Haverá toda a vantagem em ordenar este exercício por gesto e não por palavras, podendo levantar-se um dos braços para este fim como aconselha Lesse. Os ingleses adotam esta postura como atitude de mostra, e chamam-na *Down.*

Para nós esta atitude é muito conveniente para os cães nervosos, a fim de mantê-los seguros antes de os mandar procurar.

Caça com dois cães: Se em vez de um cão, quisermos caçar com dois simultane-amente, as buscas deverão ser feitas em cruzado, partindo uma para a direita e outra para a esquerda e voltando ao lugar da partida cada um por seu lado.

Com dois cães torna-se indispensável o *down* (deitar) porque o que achou primeiro a caça, mostra e espera e o outro, mesmo sem saber de que natureza é, tem por dever, deitar-se. Antes de passar a outro assunto direi como Lesse: "que o ensino deriva da prática, onde a paciência e a vontade são as bases. Aqueles que querem caminhar rapida-mente, preparam indivíduos defeituosos.

Assim é na realidade.

Nada na vida obra de salto. Na natureza, como em tudo, o progresso, a graduação, é que conseguem dar indivíduos ou formas perfeitas. Que o leitor ajuíze e siga estes con-selhos, porque certamente criará, no grande animal que é o cão, um companheiro dedica-do e um obediente passivo.

Um caçador brasileiro, do Estado do Paraná, aduziu a estes ensinamentos as seguin-tes observações[55]:

1ª. Lição: "Em primeiro lugar vamos apenas recomendar aos senhores amadores de caça que lecionem seus cães sempre antes das refeições e sempre que eles se acharem com bom apetite. Quando se ensina um perdigueiro nunca se deve fazer uso do chicote. O castigo deve ser puxões nas orelhas e no couro do pescoço, porque o perdigueiro ensinado a chicote, toda vez que se ralha, ele com medo da chibata urina. Deve-se em primeiro lugar ensinar até que ele compreenda perfeitamente as palavras *aqui* – para chamá-lo; *abaixo* – para que se deite; *boca* – para que abocanhe e finalmente *deixe* – para que desista do que está fazendo.

Uma vez compreendidas estas quatro palavras, têm-se meio caminho andado para o bom ensino de um perdigueiro. Depois de se ter a certeza de que estas palavras estejam perfeitamente compreendidas, então passa-se a uma segunda lição que consiste no seguinte:

---

55. "Chácaras e Quintais", 1918.

2ª. Lição: Faz-se uma bolinha de pano como aquela que serve para os meninos jogarem o bete, e à maneira de brinquedos com o cão, joga-se a bola a uma pequena distância e de rastros pelo solo. A bolinha naturalmente rola correndo e o cão instintivamente vai-lhe ao encalço, abocanhando-a logo que a alcança.

Então o educador deve chamar brandamente o cão, obrigando-o com meiguice a depor-lhe nas mãos a bola e depois de acariciá-lo e fazer-lhe festas, renova a brincadeira arremessando mais longe a bola. Seguem-se por muitos dias estes exercícios, sendo que a bola deve ser arremessada cada vez mais longe, gradualmente.

Em poucos dias, com este exercício, o cão toma gosto pela brincadeira e fica completamente ensinado ao que se diz trazer *à mão.*

3ª. Lição: Consiste esta em fazer o educando apto para seguir os rastros ou pistas, e é mais difícil de ser compreendida pelos cães, pelo que se deve exercitar muitas e amiudadas vezes, a fim de gravar-se perfeitamente na memória do cão pela maneira que damos a seguir. Com a mesma bolinha acima descrita, depois de bem untada com manteiga ou banha de galinha, ata-se à ponta de um barbante e depois de obrigar o cão a deitar, ordenando – *abaixo,* vai-se puxando a bola de rastros, pelo chão, indo-se esconder a pequena distância. Após isto volta-se aonde está o cão e ordena-se o seguimento pela palavra – *busca.* É claro que o cão ainda não conhece o alcance desta nova ordem, porém como se acha habilitado a seguir a bola, espera uma ordem para pôr-se ao seu encalço. Logo pois que se ordena, mostra-se o *arrastado* por onde foi a bolinha e coadjuvando-se o animal nestas pesquisas acompanha-se o mesmo obrigando-o por palavras a seguir o rastro da manteiga ou gordura deixado pela bola.

Esta terceira lição deve-se também repeti-la três ou quatro vezes ao dia e continuar por muitos dias gradativamente, cada vez complicando mais as voltas do rastro, e o esconderijo, sendo que por fim se deverá até enterrar a bola e obrigar animado o cão até que fique muito hábil em todos os seus exercícios.

Cada vez que o cão sair-se bem de suas lições e cumprir corretamente as nossas ordens devemos acariciá-lo, dando-lhe alguma gulodice com que se regale, ou alisando-lhe o pêlo de modo que se faça perceber que nos achamos satisfeitos com a sua aplicação.

4ª. Lição: Esta lição importa em fazer o cão *amarrar,* isto é, repetir o que atrás já explicamos, porém com a, diferença que não se admitirá que o cão abocanhe sem que ouça ordem de – *boca.* Para isso é necessário que se repita o processo da terceira lição e logo que a bolinha esteja achada pelo cão ordena-se – *abaixo* – acostumando-o a descobrir a presa e deitar-se esperando o dono. Logo que ele esteja assim habituado, então dir-se-á depois que ele estiver por algum tempo deitado – *boca* – e ele então saltará imediatamente, abocanhando a bolinha.

É pois esta quarta lição a mais importante, podendo-se depois dela, levar o cão para o campo imediatamente. Alguns caçadores usam ainda depois desta lição fazer o exame de suficiência dos seus educandos, experimentando-os com animais domésticos tais como: coelhos, lebres, galinhas, etc.

Outra coisa que se deve fazer é habituar os cães a ouvirem detonações de armas de fogo para que quando sejam aplicados à caça não se amedrontem com os estampidos.

Finalmente, e para que o amador possa submeter o seu cão a um exame final de aptidão, é mister levá-lo ao campo. No intuito de ensinar o modo de estrear um cão aprendiz resta-nos apenas fantasiar uma caçada, na qual o leitor nos acompanhará mentalmente e irá tomando as devidas instruções.

A caçada: São cinco horas da manhã!...é necessário que nos levantemos a fim de ir ao campo estrear o nosso cão aprendiz. Temos pois preso à coleira do perdigueiro um comprido cordel pelo qual o levamos puxando (fig. 179).

Espingarda ao ombro, bolsa a tiracolo, rede de caça às costas e, finalmente, cão puxado, eis-nos a caminho do campo no firme propósito de que o nosso *educando* saia aprovado, se não com distinção, ao menos plenamente, do seu exame de aptidão.

Fig. 179 – *"Preso à coleira do perdigueiro um comprido cordel pelo qual o levamos."*

E assim conjeturando pelo caminho, temos chegado ao campo ao romper do dia e vamos sendo um pouco apoquentado pelo nosso cão que, com a alegria que lhe produz a vista do campo, começa por dar-nos fortes puxões pela corda, tentando assim ficar em plena liberdade.

Se tivermos a inexperiência de soltá-lo ficaremos logrados porque, em se apanhando solto, desandaria em intermináveis *escaramuças* de um para outro lado, não se preocupando com o seu dever de cão de caçador. Porém, nós não o soltamos e vamos caminhando vagarosamente a fim de dar tempo a que o cão vá tomando faro. Naturalmente esta situação não há de demorar muito, porque logo que atravessamos alguma pista ele nos dará sinal agitando a cauda com ansiedade em sinal de alegria.

Então, sem largarmos a corda, iremos seguindo-o e animando-o com palavras até que o perdigueiro, pelo seu desassossego, dê-nos o sinal de que a ave está próxima (fig.180).

Por essa ocasião notamos que os pêlos do seu dorso que até então se conservavam lisos, eriçam-se, a cauda retesa-se, e o animal começa a seguir com tal precaução que seus passos ficam como que vacilantes.

Devemos ir afagando-o com, palavras e impedindo por uns *psius*... de vez em quando, para que ele não salte de repente, atropelando assim a ave desastradamente.

Fig. 180 – *"Até que o perdigueiro dê sinal de que a ave está próxima".*

Deste modo e seguindo passo a passo conseguiremos chegar até onde a ave (perdiz ou codorna) se ache amoitada.

Então notaremos que o perdigueiro estaca repentinamente, esgazeia os olhos como querendo escrutar por entre o capim e ver assim a caça, fica alheio a tudo, parecendo achar-se sugestionado muitas vezes conserva-se por tempo indeterminado com uma ou duas patas no ar. Olha o dono com completa indecisão como para pedir um parecer sobre a maneira de atacar; finalmente não sabendo mais o que fazer e não querendo que a caça lhe escape, deita-se ao comprido com toda a cautela, como se vê pela figura 181.

Quando chegarmos a isto lançamos a ponta do cordel ao chão e engatilhamos a espingarda alçamo-la em pontaria e vamos com o joelho impelindo o cão para frente.

Fig, 181 – *"Deita-se ao comprido com toda cautela"*.

Se por acaso o cão se mostrar ansioso depois de ter *amarrado,* então é sinal de que a ave perseguida mudou de lugar caminhando mais para frente, e para evitar que o cão a persiga rapidamente, devemos tomar o cuidado de ir pisando a ponta do cordel até que de novo o perdigueiro *amarre.*

A perdiz assim perseguida vagarosamente salta logo pela frente se elevando em um vôo alto ereto.

É prudente nessa ocasião, para maior segurança do tiro, deixá-la encastelar no ar depois do que o caçador que a leva em pontaria, manda-lhe com o tiro uma carga de chumbo fino, que se não for errada há de naturalmente obrigá-la a vir à terra.

O cão ao ouvir o estampido do tiro e ver a ave cair-lhe à frente mostra-se sobremaneira ansioso, sendo necessário acalmá-lo, segurando-o, depois do que solta-se-o e manda-se buscar a ave morta a qual ele nos deve trazer *à mão.* Feito isto afagamos com brandura o nosso perdigueiro pelo seu feito e o incitamos a procurar outra, o que ele fará garbosamente.

Entretanto, como nos achamos, nesse momento emocionados e satisfeitos, pelo brilhante feito do nosso aprendiz e pela beleza do tiro que fizemos, vamos recolhendo a primeira perdiz à rede, depois de nos ter deliciado em vê-la morta, e examinar a *chumbada* que apanhou. E enquanto o cão descansa da comoção pela qual passou, vamos enrolar um cigarro que depois de aceso fumaremos em largas baforadas, contemplando assim o campo com verdadeiro prazer agreste, prazer este que quem o não conhece jamais o poderá imaginar.

Adestramento dos cães de defesa e de guarda: Vamos adaptar o trabalho *"Le Dressage Pratique et Utile du Chien de Defense et du Chien de Garde",* de A. Malric e Paul Megnin, que consideramos um dos melhores neste sentido.

Generalidades: *Regras gerais:* Antes de empreender o adestramento dum cão é preciso estudar-lhe a estrutura, o temperamento, o caráter, a inteligência e suas disposições particulares.

Cada cão possui uma individualidade própria. Daí cada cão exigir uma modalidade no seu adestramento.

O adestramento não dá bons resultados se não for começado e acabado pela mesma pessoa.

As qualidades que um adestrador precisa possuir são: doçura, paciência, firmeza, perseverança.

O adestrador deve obter do seu cão uma "obediência ativa", um trabalho executado alegremente e de boa vontade e não uma "obediência passiva".

Deve-se fazer-se obedecer sem se fazer temer. Suas ordens e seus gestos não devem jamais paralisar nem espantar o cão. O cão ensinado não deve ser escravo obediente, mas um companheiro fiel que trabalha com vontade.

Com os cães moles é preciso ser perseverante, com os violentos calmo, com todos afável, doce, brando.

O adestrador deve esforçar-se em captar a confiança do cão e torná-lo afeiçoado a si.

Instrumentos de adestramento: Os únicos instrumentos de adestramento autorizados são:

1º.) Uma coleira de couro, de anel e não de forca.

2º.) A corrente de condução deve ser curta, 60 centímetros.

3º.) A corrente de adestramento é maior, 1 metro e 75 centímetros mais ou menos.

4º.) A corda de adestramento tem o comprimento de 20 a 25 metros.

5º.) Um açamo.

É absolutamente inútil servir-se de coleiras de força, mesmo de pontas rombas, etc.

Ordens a empregar: *Seu lugar:* Para fazer o cão entrar na casinhola ou se colocar no seu banco ordena-se: *seu lugar.*

Aqui: Para chamar o cão a nossa presença, ordenamos: *aqui.*

Vamos: Para se pôr em marcha, quando temos o cão preso à corrente dizemos: *vamos.*

Atrás: Para que o cão marche acompanhando-nos a retaguarda diremos: *atrás.*

Alto: Quando estamos marchando junto ao cão diremos a fim de que pare: *alto.*

Sente-se: Para que o cão se sente ordenar: *sente-se.*

Deite-se: Para o fazer deitar ordena-se: *deite-se.*

Quieto: Para manter o cão na posição que desejamos, ordena-se: *quieto.*

Silêncio: Para fazer calar um cão que ladra ordenar: *silêncio.*

Atenção: Para atrair ou excitar a atenção do cão manda-se: *atenção.*

Pega: Para fazer o cão atacar ou mandá-lo ao ataque incita-se: *pega.*

X Alto: Para fazer cessar o ataque grita-se X (nome do cão) *alto.*

Não empregar esta ordenação *alto* para os cães de guarda, cujo mister seja vigiar quintais mas que aí se mantenham sempre presos.

Para suster o ataque destes, é preciso puxar vigorosamente pela corrente no momento em que ele abre a boca para agarrar novamente a vítima, se o cão não quer deixar a presa dobra-se a extremidade da cauda e aperta-se fortemente, a dor obriga-o a largar.

X Alto, de pé: Quando inoportunamente o cão se lança sobre alguém ordena-se X (nome do cão) *alto, de pé.*

A mim, pega: Quando o adestrador é atacado por qualquer um, a fim de provocar a intervenção do cão de modo a ensiná-lo a defender seu dono, ordena-se: *a mim, pega.* A primeira parte desta ordenação é destinada na prática a chamar o cão que se ache acaso momentaneamente afastado do dono, imprevistamente atacado.

Busca e pega: Para fazer bater um terreno, explorá-lo e ir ao alcance de um indivíduo oculto, ou fugindo dissimuladamente ordena-se: *busca e pega.*

Conselhos práticos: Para os exercícios de procura e ataque, faz-se preceder à ordenação o nome do cão e indica-se com o braço a direção determinada.

Habituar o cão, no curso dos diferentes exercícios, a não se distrair com imundícies que encontre, ou iscas que possa achar no percurso.

Com este fim, espalha-se no caminho a percorrer, pedaços de carne fortemente apimentados ou polvilhados com aloés. O melhor ainda será pôr estas iscas em armadilhas que desarmem e lhe batam ou machuquem levemente o nariz.

Insistir particularmente nas chamadas; o cão deve, em todas as circunstâncias, vir alegremente ao primeiro apelo *aqui,* precedido do seu nome.

Só faltam ao apelo os cães insuficientemente treinados ou que tenham sido brutalizados.

Quando se vê um cão fugir, cada vez que crê ter agido mal, pode afirmar-se que foi mal adestrado e espancado.

Um cão cujo adestramento for mal dirigido é um cão perdido.

Não esquecer que, no momento de ser ensinado, é preciso sempre reconduzi-lo ao lugar em que estava para obedecer a ordem do adestrador.

Não lhe dar alimento antes da sessão de adestramento.

É preciso dar tempo a que o animal assimile o que aprender.

Recompensas: Não brincar com o cão que ensinar. Se ele satisfaz as exigências acaricia-se, empregando palavras de aplauso: *bonito, bravo.*

A recompensa não deve jamais se fazer esperar; é preciso dar a entender ao cão que ele a mereceu.

O cão é muito sensível à voz do seu dono, e reconhece-lhe perfeitamente as inflexões.

As recompensas serão: cumprimentos (palavras de animação), *bonito, bravo,* carícias, gulodices, passeios em liberdade.

As recompensas serão prodigalizadas após terminada a lição.

Punição: Domar não é adestrar. Brutalizar não é punir. A brutalidade é um sinal de fraqueza e incapacidade dum adestrador.

Não bater no cão. No adestramento não se usa senão de paciência e de doçura.

A reprimenda deve seguir imediatamente à falta. É preferível não punir a punir tardiamente, pois neste caso o cão ignorará por que foi punido.

As punições a empregar são:

1º.) Reprimenda com palavras de entonação forte.

2º.) Prisão na corrente.

3º.) A posição *deitado* durante certo tempo.

Os corretivos que podem ser permitidos a um adestrador são:

1º.) Um tapa nas nádegas, jamais noutra parte do *corpo.*

Pontapés, bengaladas, socos, podem ter até conseqüências mortais.

2º.) Uma ligeira sacudidela na coleira do alto para baixo, e nunca de baixo para cima, o que pode acarretar laringites traumáticas.

Um homem irritável e violento não pode nunca ser adestrador.

Adestramento do cão de defesa: 1º.) *Marcha acorrentada:* Prender o cão com a corrente curta e caminhar ordenando: *vamos,* sem se preocupar com ele. Quando ele se cansar em ser puxado, caminhará. O cão deve seguir atrás do dono, não lhe passando a frente.

Permite-se no máximo que só o pescoço do animal se projete à frente do dono.

2º.) *Parar:* Na voz de *alto* o cão deve parar imediatamente, e o adestrador retém o cão afim de impedi-lo passar para a frente do dono, hábito que é preciso evitar.

3º.) *Vir ao adestrador:* O cão tendo como corrente a corda do adestrador, é mandado a uma direção; no começo faz-se conduzir por um ajudante até o fim da corda, depois convida-se a voltar, dizendo *aqui,* mostrando-lhe uma gulodice. Puxar docemente a corda sem se inquietar que ele venha de rastro.

4º.) *Quieto:* O cão estando parado ordenar: *quieto,* e impedir o cão de deixar o lugar em que se acha.

Se o cão abandona o local, o adestrador recoloca-o no lugar e ordena: *quieto.*

5º.) *Sentar-se* (Colocar o cão diante de si, de pé): Põe-se a mão esquerda na goela e a direita no rim. Simultaneamente levanta-se a mão esquerda e faz-se um esforço com a direita dizendo: *sente-se.*

Se o cão não senta corretamente, exerce-se uma pressão com o braço direito acima do jarrete; colocar o cão convenientemente.

Tirar as mãos e ordenar: *quieto.*

Tira-se o braço direito e repete-se: *sente-se.*

Afastar-se um pouco, mantendo-se em frente ao cão, o braço direito sempre levantado, repetindo-se: *sente-se.*

Afastar-se progressivamente em todo o comprimento do laço de adestramento.

Renovar a lição até o animal executá-la com perfeição nas sessões seguintes, usando a corda.

6º.) *Deitar-se:* Faz-se o cão sentar-se.

Tomam-se as duas patas dianteiras com a mão esquerda, a mão direita sobre o pescoço. Colocar as duas patas estendidas no chão e fazer pressão sobre o pescoço, (em caso de necessidade sobre o dorso) ordenando-lhe deitar-se.

Afasta-se um pouco, sempre em frente ao animal, elevando e baixando o braço direito repetindo: *deite-se.* Afastar-se progressivamente em toda a extensão do laço de adestramento. Renovar a lição, em seguida com ajuda da corda.

Chamar o cão ordenando: *X aqui.*

7º.) *Chamada:* Enviar o cão em uma direção qualquer até o fim da corda. Ordenando parar dizendo: *alto, quieto,* chamá-lo em seguida: *aqui.*

O cão chegando, o adestrador acaricia-o.

Se o cão recusa vir, dá-se ligeiras sacudidelas no laço repetindo: *X aqui.*

No caso em que o cão abandone o lugar em que se ordena ficar, um ajudante o conduz novamente ao local e põe o cão em posição deitado ou ainda faz passar a corda em um anel fixado ao solo no local em que se deseja manter o cão e o adestrador, mantendo a corda a longa distância, puxa-a de maneira a conduzir o cão ao local em que ele persiste em deixar.

8º.) *Acompanhamento a pé:* Já vimos como se ensina um cão a seguir. Quando o cão está ensinado da forma que no começo falamos, e segue-nos sem esforço, abandona-se o laço e ele insensivelmente caminha como foi ensinado.

Cometendo ainda algumas faltas torna-se a usar o laço, até corrigi-lo.

9º.) *Recusa de comida:* É preciso habituar o cão à recusa de alimentos dados por estranhos. Ao marchar o cão encontra no caminho uma gulodice e logo ao farejá-la ordenamos: *não toque.* Se o cão faz menção de abocá-la ralha-se fortemente e dá-se-lhe um tapa.

Deixa-se o cão num local (de pé, sentado ou deitado) e o adestrador se afasta e o ajudante deixa a gulodice a seu alcance, se ele tenta pegá-la volta-se correndo, ralha-se e repete-se o tapa. Pode usar-se, como dissemos até armadilhas, etc.

10º.) *Saltar:* Coloca-se no campo um pequeno obstáculo, à altura conveniente.

Traz-se o cão e ordena-se *hop.* Ajuda-se, se necessário, o animal a transpor o obstáculo, levantando-o pela pele do pescoço e o trem posterior.

Variam-se os obstáculos, aumentando-se gradativamente a altura. Ensinar em seguida a saltar em largura.

11º.) *Ladrar quando lhe ordenam:* Senta-se o cão e imita-se os seus latidos ordenando: *ladra.*

12º.) *Habituá-los aos tiros:* Marchar, fazendo o cão caminhar junto, preso ao laço.

Fazer outra pessoa atirar longe do cão. Acalmá-lo, acariciá-lo. Fazer atirar aproximando insensivelmente, acalmando-o e acariciando-o sempre. Nunca se deve atirar perto do ouvido do cão.

13º.) *Ensiná-lo a morder:* O cão mantido no laço pelo adestrador é acuado em um ângulo, obriga-se então a avançar para a pessoa que se acha vestida com o costume apropriado. Ordena-se *pega*. Se o cão mostra desejo de morder deixa-se o laço a fim de que ele avance e segure o inimigo.

Em caso contrário este o instiga e belisca a fim de enfurecê-lo. Não insistir muito tempo seguido neste ensino. Logo que o cão se mostra cansado, cessa-se a lição, pois neste estado, com a língua de fora, poderá ao morder o homem ferir a própria língua.

A pessoa que se presta a este serviço não deve machucar o cão, especialmente no nariz.

14º.) *Ataque:* Fazer o ajudante correr e ir ao encalço dele açulando o cão com os gritos de *pega*. Excitar o cão com voz e gestos.

O ajudante incitará também o animal com gestos e ameaças. Ensiná-lo a morder de preferência as pernas pelo lado de trás.

15º.) *Cessar o ataque:* Deixando o cão prosseguir o ataque, afastar-se progressivamente sem cessar de incitá-lo. Pôr tenso o cordão. Cruzar-se com o ajudante e ordenar *pega,* excitando o cão.

16º.) *Guardar um objeto:* Fazer o cão deitar diante de um objeto, afastando-se em seguida não cessando de ordenar: *deite-se.* Fazer vir o ajudante que tenta apoderar-se do objeto e ordenar: *pega.*

Excitar o cão. Fazer o ajudante afastar-se e ordenar: *alto,* ou *quieto,* se o cão tenta perseguir o ajudante.

Recomeçar e se afastar progressivamente até estar completamente fora das vistas do cão, de forma que não estando mais sob o olhar do dono ele continue a guardar o objeto que lhe foi confiado.

17º.) *Procura de um indivíduo oculto:* Faz-se que o homem do ataque fique dissimulado, escondido. Conduzir o cão sob a corda em sua direção, ordenando: *busca, pega.*

Quando o adestrador se acha suficientemente perto do homem do ataque excita o cão ordenando-se: *pega, pega.*

Aumentar progressivamente a distância na qual o adestrador lança o cão sobre o homem.

O adestramento de exploração e a descoberta seguida de ataque é dos mais importantes, tanto mais ela é praticada mais a iniciativa do cão se desenvolve.

18º.) *Condução dum prisioneiro:* Faz-se marchar o homem de ataque ao lado do adestrador, o cão segue, livre e não se afasta do grupo, no começo do adestramento manter o cão no laço.

Desde que o homem do ataque procura escapar-se lançar sobre ele o cão incitando-o ao ataque.

O cão chegará, após algumas lições, a atacar sem ordenação, à menor menção de fuga.

19º.) *Batida de um terreno:* O cão estando na corda de adestramento, indica-se a direção e ordena-se: *busca.* Quando ele percorre 25 a 30 metros naquela direção com auxílio da corda faz-se parar e ordena-se de novo, *busca,* indicando-lhe outra direção. Renovar o exercício em toda a extensão do terreno de maneira que o cão vá da direita para a esquerda e da esquerda para a direita, em ziguezague.

Aumentam-se progressivamente as dificuldades do terreno, variando-se os obstáculos e finalmente na extremidade do trajeto, colocar o homem de ataque que o cão deverá atacar à recomendação de: *busca, pega.*

Notas: O cão de defesa, muito útil aos particulares, é precioso auxiliar para os agentes de polícia.

Os cães destinados a este mister devem ser mantidos isolados, deixando-os em repouso absoluto todo o dia (quando trabalham à noite).

Quando o cão sair a passeio deve ir açamado. No serviço deve ser desaçamado.

Adestramento do cão de guarda: O cão de guarda não necessita de nenhum ensino especial na maioria dos casos.

É bom manter no entanto os seguintes cuidados:

O cão não deve conhecer senão as pessoas da casa, e quem o trata. À noite ele é solto na dependência ou local que é preciso guardar.

Convém, como ensino, mandar excitá-lo por pessoa estranha, pelo meio da noite, afim de conservá-lo desperto e atento e não se abandonar ao sono que os momentos calmos e silenciosos da madrugada provocam.

Ensino do cão de gado: "Pelo título se vê que este cão é destinado à guarda de rebanhos ou do gado, auxiliando o pastor, evitando que os animais à sua guarda invadam as propriedades defesas e preservando-os dos ataques das feras.

Tem por isso que satisfazer a umas certas condições um cão desta natureza, devendo ser dócil, corajoso e muito obediente.

O ensino dum cão de gado demanda muito tempo, e muita paciência, sendo em regra aplicados os mesmos princípios que ao cão de mostra. Devem estes cães ser ensinados bem cedo, parecendo que a idade mais conveniente é a dos seis a nove meses.

Assim, quando eles estiverem nessa idade, devem ser conduzidos com o rebanho e então o pastor irá, pelos processos conhecidos, ensinando-os a parar, a virem à mão, a irem a um determinado ponto, a deitarem-se, etc. Se de bem cedo o cão acompanhar o rebanho, é natural que aprenda rapidamente tudo o que se deseja dele.

Afora estas atitudes gerais, o pastor ensinar-lhe-á tudo quanto julgue indispensável para o fim em vista e sobretudo manterá sempre uma grande autoridade sobre o seu companheiro, não lhe desculpando faltas nocivas ao bom desempenho da sua missão. Há cães que se lançam sobre os rebanhos e mordem os animais. Devem ser rigorosamente castigados. O cão de gado tem que ser habituado logo de princípio a respeitar os animais confiados à sua guarda e o pastor procurará energicamente punir o infrator. Um cão de gado desempenha junto ao rebanho importante missão e principalmente se o rebanho é grande. Nessas condições, posto à frente do mesmo, dirige a sua marcha; no pasto vai a um e outro lado; para impedir que algum animal saia do terreno a isso destinado; pode em certas condições ir buscar uma peça do rebanho e trazê-la à pastagem; deve, à aproximação do lobo ou do ladrão, advertir o pastor por meio de ladridos.

Tudo isto é difícil de ensinar, tendo cada pastor o seu processo. Há contudo umas certas regras a observar as quais iremos expor.

Para dirigir a marcha dum rebanho, o cão, supondo já sabidas as atitudes gerais, a que é obediente, deve ser mandado para a frente e lados tantas vezes quantas sejam precisas, ordenando-lhe o pastor que volte ou fique no seu posto, conforme lhe parecer. Assim, o cão irá a pouco e pouco habituando-se a seguir num determinado ponto e, quando se torne preciso, será fácil ao pastor o exigir-lhe.

Desse modo, se algumas cabeças saírem do percurso seguido, se o rebanho caminhar mais rapidamente do que seja necessário, o pastor facilmente corrigirá, ordenando ao seu companheiro que o faça. As vozes a empregar não têm nada de absoluta.

Cada indivíduo usará delas conforme lhe parecer. Assim poderá indicar o local, apontando-o dizendo: "ali cão", etc. Para habituá-lo a ir a um ponto pode se lançar uma pedra; para o fazer voltar pode-se-lhe ordenar: "volta" ou "aqui", etc.

Para ensinar um cão a ir buscar uma peça do rebanho principiar-se-á por lhe meter dentro da boca uma das orelhas dum desses animais, ordenando-lhe: *traz aqui* ou *segura*. Repetir-se-á este exercício tantas vezes quantas sejam precisas; é raro que em pouco tempo ele não o faça seguramente. Este processo é vantajoso para o pastor quando deseja agarrar uma certa cabeça do rebanho. Em vez da orelha o cão pode segurar um animal por uma perna, não sendo porém de grande conveniência.

Para ensinar um cão a ladrar, basta ordinariamente açulá-lo e não há ninguém que o não saiba fazer. Com o fim de obrigar a ladrar, à aproximação de alguém ou de qualquer animal, o pastor açula-lo-á sempre que o fato se dê, mantendo-o logo em respeito quando julgar conveniente. Deste modo conseguirá que o cão ladre sempre quando isso aconteça e terá sobre ele o império de o mandar calar, ordenando-lhe só nesse momento.

São estes os princípios gerais a seguir, não havendo nada de taxativo sobre o assunto, pois cada pastor e cada terra usará de meios diversos conseguindo resultados idênticos". – J. Valdez.

Educação do cão de luxo: O cão de luxo, hóspede permanente de nosso lar e com quem diariamente convivemos, só nos pode ser totalmente agradável quando tenha recebido uma conveniente educação.

Se o cão, como animal de luxo, é um companheiro, este tanto mais agradável será quanto melhor se portar.

Um cãozinho que a propósito de tudo ladra e mesmo sem propósito algum também ladra, que urina nos móveis e tapetes, quando não faz coisa pior, que festeja sem cessar as visitas da casa, querendo à viva força trepar no colo, que arranha os tapetes e escava os assentos das cadeiras, não é um companheiro, é um demônio familiar que em casa vive para nos atormentar.

O cão de luxo deve, pois, ter boas maneiras como compete a um animal que vive, quase sempre, em ambiente de elegância, bom gosto e educação.

A primeira coisa que lhe convém ensinar é a limpeza. Cães há que instintivamente compreendem onde devem fazer suas necessidades. Outros não.

Neste caso leva-se o totó seguro pela pele do pescoço, até o local do seu "crime" e aí faz-se que ele cheire, sem focinhar o animal e aplica-se-lhe uma pequena lambada nas nádegas, gritando-se mais que batendo.

Coloca-se ele então no terreno da casa ou no caixão de areia que lhe é destinado, mostrando-o. O animal facilmente aprende.

Os cães gostam, à maneira dos gatos de coçar as unhas nos estofos, tapetes, etc. Logo que o vermos cometendo tal vandalismo, ralharemos, dando ligeiros petelecos e aumentaremos os nossos ralhos e trocaremos os petelecos por lambadas se ele persiste no defeito.

Sabe-se o gosto que têm os cães em nos festejar e o desejo de chegar o focinho perto do nosso rosto. Para isto eles estão sempre dispostos a pular no colo, a se encarapitar nos nossos braços.

É um péssimo costume por tornar o cão realmente caceteador, querendo a toda hora trepar-nos pelas pernas, importunando as nossas visitas, patinhando-lhe os vestidos.

Assim quando o cão nos festejar sem levantar as patas devemos amimá-lo, mas logo que faça menção de nos trepar nas pernas, ralharemos e impediremos de levar avante o seu propósito, dizendo-lhe: *para baixo*. Reincidindo, além do ralho, dá-se-lhe uns tapas no focinho ou melhor nas patas.

Para desabituar o cão a se refestelar nas cadeiras, poltronas, etc., da casa o melhor é destinar para ele uma determinada cadeira, onde poremos um pano ou ligeiro acolchoado.

Sempre que ele se aninhar noutro local, basta fazê-lo sair daí colocando-o na cadeira que lhe for destinada.

Além da educação, cujos mais elementares princípios já tivemos ocasião de falar, o cão de luxo deve possuir algumas habilidades como sentar-se, pôr-se de pé, andar com dois pés, saltar, etc.

Eis o modo de ensinar estas pequeninas habilidades, segundo Valdez.

Principiaremos pois por ensiná-lo a *pôr-se em pé*. Entre os dois a três meses é que devem começar os primeiros ensaios. Primeiramente erguê-lo-emos, encostado a uma parede e segurando-o pelas mãos, de modo a ficar assim equilibrado. Depois agarrando um bolinho ou pão, mostramos-lhe e, apoiando-o pelas mãos, colocamos o bolo à altura da cabeça, elevando-o tanto mais acima, quanto nos parecer necessário para o fazer conservar de pé. Às primeiras lições o animal procurará sentar-se.

Devemos logo de princípio impedir que o faça, sendo as exigências porém graduais e bem assim os castigos.

É também preciso que estas lições sejam feitas pouco antes da hora das refeições, para que o bolo ou pão lhe desperte o apetite, obrigando-o a fazer o que desejarmos.

Em poucas lições o animal ficará sozinho encostado à parede, convindo em seguida exercitá-lo a ficar de pé sem esse apoio e após ensinar-lhe a marchar nessa atitude. Com este fim a negaça com o bolo, em vez de ser feita junto dele e acima da cabeça, é feita uns dois passos à sua frente.

Estando de pé, a tendência é para se lançar ao chão e ir a *quatro* buscar o bolo, que esconderemos se ele assim praticar, dando-lhe ao mesmo tempo alguns piparotes ou safanões, conforme a altura do ensino.

Dando-lhe a ordem *"em* pé", obrigá-lo-emos a tomar essa atitude e, tomada esta chamá-lo-emos:

— Venha aqui, F...

E, ao mesmo tempo, pomos o bolo adiante.

Se recusar a andar, alguém, por detrás, deve obrigá-lo a dar alguns passos. Geralmente, com vários exercícios e paciência, consegue-se que o cão, tome com extrema facilidade a atitude de pé e marche do mesmo modo com um certo aprumo e ligeireza.

Há algumas habilidades que os cães inteligentes executam com uma certa facilidade e que são um espanto e um prazer para a petizada. Uma é a de segurar um pau, uma vara leve, em guisa de espingarda, "segure a arma", dir-lhe-á o educador, e ao mesmo tempo coloca-lhe na mão direita, a *pseudo* arma, que ele segurará altivamente, se aquele o mantiver imóvel pela ação dum bolo, que no fim será o prêmio do seu grandioso feito. Outra é a de colocar no focinho do cão, sobre o nariz, um quadrado de açúcar, ou um bombom, que ele conservará durante um certo tempo, até se lhe dar ordem de o comer. Sentado o cão, coloca-se a gulodice sobre o nariz, para o que se segura o focinho e se lhe diz imperiosamente: – "atenção".

Se o exercício for mal executado, por negligência ou má vontade, uns safanões corrigirão o infrator.

Ainda outra habilidade é ensiná-lo a *saltar*. Com este fim colocamos o cão diante de nós e, cruzando as mãos à sua frente, dir-lhe-emos: "salta". Se não compreender, alguém à frente dele segurará um bolo, ou então colocaremos este sobre uma cadeira.

Deste modo compreenderá e tantas vezes o exercício feito, desempenhará o que se deseja dele escutando à voz somente. Devemos então substituir as mãos por obstáculos, podendo fazê-lo saltar um arco, divertimento bonito, e de grande efeito.

Além destes exercícios outros há ainda a ensinar.

Tais são os de *deitar, buscar, procurar* e *trazer à mão*. Todos eles já nós vimos como ensinam, quando nos referimos ao perdigueiro. Acrescentaremos aqui, que estes exercícios, além de agradáveis, são de utilidade prática pois pode habituar-se um cão a transportar um cesto ou qualquer objeto, dum ponto para outro, guardando-o como nenhuma criatura o faria. Toda gente tem visto estes cães irem ao açougue, às lojas, buscar os gêneros, cujo dinheiro ou bilhete vai dentro da cesta.

Parecendo difícil à primeira vista, é contudo bem fácil habituar-se o cão a executar exercícios desta ordem, contando que se sigam as regras sabidas, se gradue o ensino, tendo sempre em atenção, que qualquer que seja o fim a que vise o educador tem que ser paciente, enérgico e, sobretudo, muito justo. Deve também procurar regularizar o ensino, executando-o tanto quanto possível a horas certas e em tempos iguais. Da metodização do ensino e da sua regularidade, nascerá a rapidez do mesmo e a confiança no educando que compreenderá bem o que se deseja dele. Além disso, todos estes exercícios executados regularmente, constituem uma pequena ginástica bem útil aos cães domésticos, de luxo e terão uma vantagem altamente higiênica se atendermos que estes cães têm vida sedentária e geralmente, alimentam-se muito de substâncias impróprias. Bem executados regularizarão o apetite e a digestão, desembaraçarão o ventre, impedirão a obesidade, tão vulgar nos cães de luxo e que os tornam feios, pesados e deselegantes.

Capítulo IV
As Moléstias do Cão em Relação à Espécie Humana

Exagera-se sempre, demasiadamente, o possível perigo das moléstias que o cão pode transmitir às pessoas que com ele convive.

Embora este perigo exista, longe está do que contam os pantófobos e os inimigos da raça canina. A *raiva* encabeça a lista dos falados perigos. Como se sabe, a raiva não aparece espontaneamente e, assim, havendo os cuidados necessários, difícil se torna a propagação da moléstia, em via mesma de desaparecimento nos países em que existe um serviço perfeito de vacinação e apanha de cães errantes.

Os cães que vivem fora do contato com os cães errantes estão livres da moléstia que aparece unicamente quando o cão for mordido por outro animal raivoso. Hodiernamente existe a vacinação anti-rábica que evita a terrível enfermidade nos cães. Consulte-se o que escrevemos sobre a raiva no capítulo referente às moléstias infecciosas.

Quanto à *tuberculose,* não existe nenhum caso positivo em que o cão tenha transmitido a moléstia ao homem, geralmente a vítima é o cão que contrai a enfermidade de seu dono.

O *Echinococcus granulosus,* outrora chamado *Taenia echinococcus,* que não mede mais de 5 milímetros de comprimento e não possui senão 3 a 4 segmentos, é causador de uma terrível enfermidade humana: o *cisto hidático* ou equinococose. O cão somente pode albergar estas tênias quando ingere vísceras de coelho, carneiro, boi, etc., que não tenham sido previamente cozidas. Ora, tendo-se o cuidado de não dar fressuras ao cão, senão cozidas, esta tênia é perfeitamente evitável.

O cisto hidático é, no Brasil, uma raridade, exceto no Rio Grande do Sul, onde tem surgido alguns casos devido naturalmente ao hábito de ministrar aos cães as vísceras dos animais sem uma boa cozedura.

Esta tênia vive no cão e seus ovos são expulsos como os excrementos. Como estas dejeções podem contaminar as águas, levando assim para as hortaliças os ovos da tênia, fica explicada a forma como pode o homem ingerir estes ovos.

Como se vê o próprio mecanismo da contaminação não é fácil, bastando afastar o cão dos campos cultivados das hortas e das coleções de água.

O cão pode também transmitir ao homem uma tênia, o *Dipylidium caninum,* por vezes encontrada nas crianças. Para que a transmissão se efetue é necessário que se engula a pulga dos cães, visto nesta se achar a forma larvar da referida tênia. Somente as crianças de tenra idade poderão na sua inconsciência apanhar no chão alimentos maculados e se contaminar.

Quanto aos demais vermes somente em casos excepcionais podem ser transmitidos, sendo os casos existentes na literatura médica apontados como raridades.

A *tinha tonsurante,* determinada pelo *Microsporum felinum,* pode determinar a tinha humana e bem assim a do gato, mais freqüentemente atacado desta moléstia.

Certas úlceras humanas e caninas *(leishmaniose)* de difícil cicatrização, podem ser devidas à presença dum parasito animal, um protozoário flagelado, a leishmania.

Segundo estudos do Dr. H. de B. Aragão[56], os agentes veiculadores da doença não são, como se supunha, moscas, mosquitos, percevejos ou carrapatos, mas sim insetos psicodídeos hematófagos do gênero *Phlebotomus.* Se estes hematófagos são os veiculadores do mal, o cão está provado que é o depositário do parasito. Nestes casos os cães que apresentem úlceras rebeldes são suspeitos e devem ser isolados do homem e resguardado dos *Phlebotomus* até a cura completa pelo tártaro emético (método de Gaspar Viana, do Instituto Oswaldo Cruz). Por outro lado, um indivíduo portador de úlcera suspeita não se deverá deixar lamber por cães, como é repugnante costume. O cão desta forma se torna um depositário do parasito.

A *sarna sarcoptídea* dos cães é transmissível ao homem, determinando uma sarna benigna que cede com um sarnífugo qualquer.

Realmente, as moléstias que os cães podem transmitir ao homem não inspiram o pavor que alguns lhe emprestam, o que não impede que se tenha a maior cautela e se observem as boas normas de higiene prescritas neste *Manual* no capítulo relativo às moléstias, à higiene e alojamento dos cães.

Há pessoas que no desejo de retribuir as carícias dos cães, os beijam e deixam ser por eles beijados, ou melhor lambidos, o que é reprovável, por anti-higiênico. Deixar outrossim que o cão participe do mesmo leito é também inconveniente. Uma outra prática repugnante e perigosa é deixar que os cães lambam feridas na suposição de que elas assim facilmente cicatrizam. Isto é no entanto uma crendice antiqüíssima. No lendário Egito, onde o cão era reverenciado como um Deus, esta prática tinha um lugar de relevo na medicina das moléstias externas. Esculápio, que os gregos divinizaram, dizem as tradições históricas, andava sempre acompanhado de um cão e duma cabra, servindo-se da língua daquele para curar as feridas e do leite desta para as "doenças do peito".

É, portanto, uma crendice velha com raízes no passado, mas nojenta e que oferece perigos. A língua do cão, maculada por imundícies, pode ser veículo de germes perniciosos.

---

56. "Mem. do Instituto Oswaldo Cruz", vol. II, fasc. 11, 1927.

Capítulo V
Saúde e Doença

O cão em estado de saúde apresenta-se alegre, vivo, festeiro como é de sua natureza afetuosa.

O seu latido é claro, seu pêlo vivo, flexível, suas dejeções não são nem demasiado duras nem líquidas, a primeira forma indica constipação e a segunda diarréia.

O apetite no entanto é muito irregular nos cães e assim não lhe podemos ligar excessiva importância.

O nariz do cão mantém-se ordinariamente frio e úmido, quando se mostra quente e seco é quase sempre sinal de doença. Esta regra mui raramente sofre exceções. Consignemos alguns dados sobre a temperatura e pulsação dos cães.

Temperatura: Para se tomar a temperatura dos cães usa-se o termômetro comumente empregado em medicina humana.

Introduz-se no ânus do animal com um movimento de rotação.

A temperatura retal normal do cão é no mínimo 37°,5 e na média 38°,5 e na máxima 39°. Acima disso o animal está febril.

Os cães de pêlos longos, mantidos em iguais condições dos de pêlo curto, na época do calor, acusam sempre 7 a 8 décimos mais.

A temperatura da manhã é geralmente mais baixa (mínima diária) que a das 5 da tarde (máxima diária).

Conforme a elevação da temperatura classifica-se a febre:

Ligeira	39° – 40°
Média alta	40° – 41°
Alta	41° – 42°
Muito alta	mais de 42°

Pulsação: Geralmente se toma a pulsação dos cães na artéria femural.

Pode-se ainda, como recurso secundário, valer-se da artéria safena interna no meio da perna, e da artéria braquial.

A freqüência do pulso e o número de pulsações por minuto praticando facilmente se percebem e se contam.

Elas são para os cães:

Novos .... 110 a 120 por minuto

Adultos .... 90 a 100 por minuto

Velhos .... 70 a 80 por minuto

Um pulso que dê 120 a 150 pulsações indica uma enfermidade grave.

A doença é considerada como um desvio do estado normal. Para conhecer este desvio é necessário um exame minucioso feito por um veterinário.

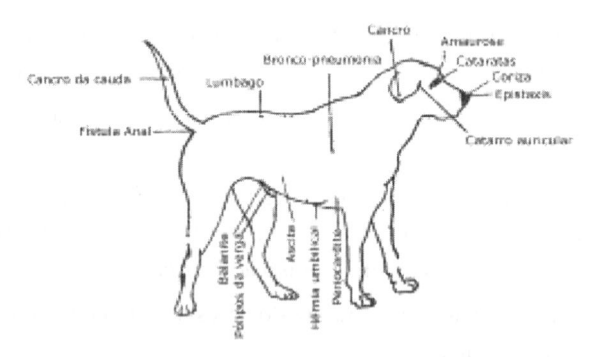

Fig. 182 – *Sede das principais doenças dos cães*

Nos casos mais simples pode um observador notar as mudanças de hábito do animal, que se torna triste, inapetente, mole, focinho quente.

O quadro sintomático varia com as enfermidades, e, é, então, necessário palpar, auscultar, percutir, explorar o pulso, valer-se do termômetro e outros instrumentos para descobrir-se a causa da doença.

Os sintomas das várias enfermidades acham-se descritos no capítulo referente às moléstias.

Veja na figura 182 a sede das principais moléstias caninas.

Medicamentos e a maneira de administrá-los: As preparações farmacêuticas caninas são semelhantes às da farmacopéia humana. Passaremos em revista notando a maneira de ministrá-las.

Beberagens: São medicamentos de natureza líquida, resultante de infusões, decocções, etc., de plantas. Raramente os cães a aceitam de motu próprio, quando assim não acontece é necessário ministrá-las à força. Eis como se procede:

O cão de porte elevado será mantido no corpo e na cabeça por um ou mais ajudantes; os cães pequenos serão colocados no colo.

É então mantido o focinho com a mão direita, afastam-se, com os dedos da esquerda, os lábios do animal, na parte correspondente à comissura (chamada canto da

316

boca) enquanto outra pessoa levará a colher contendo o remédio líquido, na fenda produzida por esse afastamento, pela qual o despejará em pequenas quantidades (fig. 183).

Durante este ato de administração do remédio, a boca do animal manter-se-á fechada, mercê dos dedos da mão, que contém o focinho, pois se não tiver esse cuidado o remédio escorrerá para fora.

À medida que o líquido é despejado na fenda labial, cai na boca, passa daí o espaço que existe atrás do último dente queixal e corre, pela faringe, para o esôfago, etc. (fig. 184).

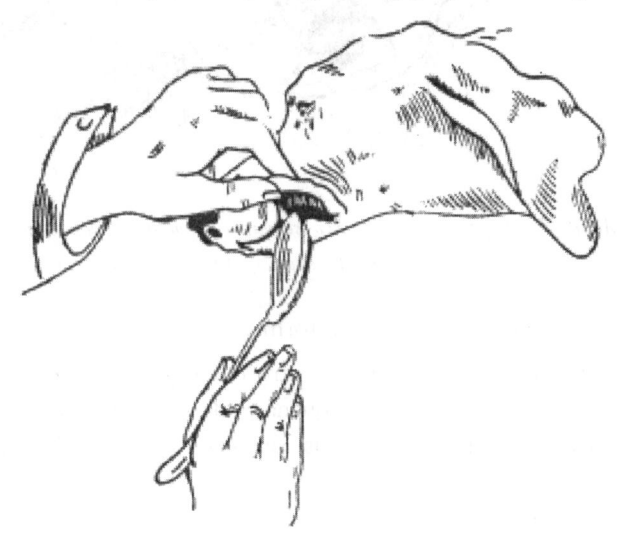

Fig. 183 – Boa maneira de ministrar beberagem a um cão.

Despejada uma dose de remédio na fenda labial, só deverá ser despejada outra porção depois de ter o cão engolido a primeira, o que é indicado pelo movimento de subida e descida da parte interior da garganta.

E assim, aos poucos sempre com cuidado, se conseguirá administrar a este animal toda e qualquer espécie de beberagem.

Costuma-se também usar de uma pequena seringa de borracha lançando o líquido na goela do cão, pelo canto labial.

Há ainda a sonda esofagiana, que é um tubo flexível de borracha, que se introduz na goela e lentamente daí à faringe e desta ao esôfago. Na parte superior aplica-se um funil onde se lança o líquido.

As poções, xaropes e qualquer outras substâncias aquosas podem ser dadas pelas mesmas formas. As figuras 185 e 186 mostram a maneira de abrir a boca dos cães para exame.

Pílulas, cápsulas, bolos, pós, grânulos: Estas substâncias medicamentosas devem ser dadas envolvidas com um alimento que o cão aprecie, carne, mel, um pouco de manteiga, em bocados pequenos que o cão engula de uma vez. No caso de ser obrigado a dar-lhe à força, senta-se o animal sobre as próprias pernas, sendo assim mantido por um ajudante, e outra pessoa abre-lhe a boca e deixa cair a pílula bem na base da língua, o cão num movimento automático a engole.

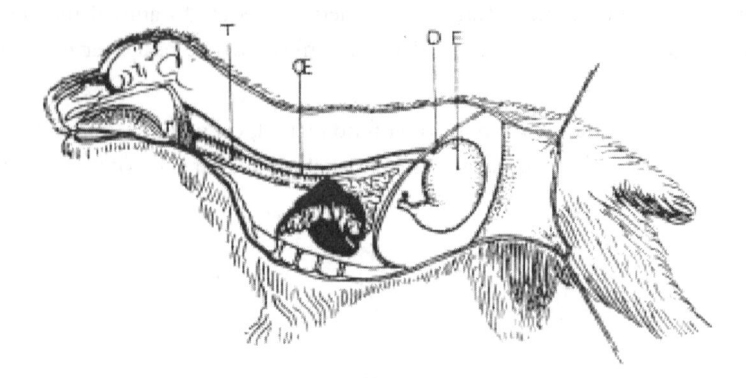

Fig. 184 – *Mostrando o trajeto do líquido para o estômago e o caminho vedado para a traquéia.* T, *traquéia, trajeto anormal e perigoso; D, diafragma; E, estômago; OE, esôfago, conduto da bebida ao estômago.*

As cápsulas são dadas da mesma forma.

Os pós podem ser ministrados dentro das cápsulas ou envolvidos como acima dissemos. Quando é em quantidade pequena pode ser posto debaixo da língua do cão, tendo-se o cuidado de manter por um instante a boca do animal fechada.

Fig. 185 – *Modo simples de abrir a boca a um cão.*

Fig. 186 – *Modo de abrir a boca com auxílio de dois cadarços.*

Biscoitos: São bons meios de ministrar remédios aos cães. Os biscoitos são aceitos sempre com prazer. Boa fórmula de propinar vermífugos aos cãezinhos.

Purgantes: Os purgantes, geralmente sob forma líquida, são dados pela maneira já descrita. Note-se que devem ser dados sempre que for possível, pela manhã em jejum. Somente após o efeito é que se deve dar alimentos.

Cataplasmas: São papas espessas feitas com farinhas e líquidos. Quando são preparadas de farinha de mostarda chamam-se *sinapismos*. Os sinapismos levam duas partes de farinha de mostarda e uma de água fria. A água quente e o vinagre destroem o princípio ativo da mostarda.

Há diversas cataplasmas que se fazem de preferência com água quente e se aplicam nas regiões inflamadas, abscessos em formação. Nestas cataplasmas podem-se adicionar adstringentes, anti-sépticos ou anestésicos.

Para aplicação destas papas é necessário raspar os pêlos da região e a fim de mantê-las no local torna-se preciso aplicar ataduras, sustendo o penso (fig. 187).

Em lugar dos sinapismos podem-se também aplicar fricções sinapizadas, di-luindo a farinha de mostarda em maior quantidade de água, formando uma papa líquida que se passa sob a garganta, pele da barriga, etc.

Fig. 187 – *Maneira de manter uma cataplasma ou um sinapismo.*

Clisteres: Os clisteres são líquidos que se introduzem no intestino grosso por via retal e por meio de seringas de borracha ou irrigadores.

Têm por fim aliviar o intestino dos excrementos aí acumulados, ministrar substâncias medicamentosas ou alimentícias, quando o doente se ache impossibilitado de receber estas substâncias pela boca. Quando se usar os clisteres com o fim terapêutico ou alimentar é necessário primeiro fazer uma lavagem de evacuação.

É preferível usar sempre os irrigadores de ágata. As lavagens simples, evacuantes, podem ser usadas com água pura, previamente fervida e morna. Convém juntar a esta lavagem um pouco de glicerina, ou usar-se uma decocção de malva ou de linhaça.

Eis uma fórmula de lavagem emoliente

Grãos de linho .... 20 g
Flores de malva .... 20 g
Água .... 1 litro

Fervem-se os grãos de linho; as flores de malva são submetidas à infusão, juntando depois tudo. Côa-se em pano limpo e usa-se. A quantidade de líquido a empregar deve ser de 250 gramas nos cães de tamanho regular e nos grandes não mais de ½ litro.

Fig. 188 – *Maneira de dar um clister ou lavagem intestinal em cão.*

Quando se quer usar uma lavagem purgativa junta-se à fórmula acima umas 40 grs. de sulfato de soda, ou 4 gramas de aloés.

Clisteres alimentares: Eis uma boa fórmula para um clister alimentício: uma xícara de leite, uma colher das de sopa de peptona, uma gema de ovo e umas 4 gotas de laudanum.

O irrigador para qualquer que seja a lavagem não deve ser colocado alto.

A lavagem convém ser dada lentamente. Para introduzir a cânula no ânus do cão, faz-se um movimento de rotação, convindo até untá-la com vaselina (fig. 188).

Colírios: São medicamentos destinados aos olhos, podendo ser em líquido, pomada ou pó. Afastam-se as pálpebras com os dedos e deixam-se cair as gotas com o auxílio de um conta-gotas.

Quando o colírio é em pó coloca-se este em um cartão meio curvado, abrem-se as pálpebras e sopra-se de forma a cair dentro dos olhos.

Vesicatórios: São aplicações externas feitas com substâncias irritantes destinadas a obter acumulação de serosidade e formação de bolhas.

É necessário proteger com boas ligaduras a parte em que se põe o medicamento e até, em muitos casos, açamar os cães a fim de que eles não mordam ou arranhem o local.

Fricções: Podem ser secas ou líquidas. São secas quando se faz uso da mão, da luva ou da escova, desacompanhada de qualquer medicação. As fricções secas são recomendadas nas entorses, contusões, lesões articulares, etc. Devem ser feitas com energia e na direção da corrente circulatória. Sempre que se deseje ativar a circulação do sangue, é uma prática útil. Quando é necessário se dar uma fricção enérgica melhor será fazê-lo com um pouco de vaselina.

As fricções feitas com líquidos ou pomada têm sempre por fim facilitar a absorção dos medicamentos aí contidos. Geralmente praticam-se estas fricções por longo tempo, pondo os medicamentos aos bocados. Tratando-se de substâncias rubefacientes ou irritantes, óleo de croton, etc., as fricções devem ser rápidas.

Fig. 189 – *Para fazer uma injeção: 1º.) Objetos e pensos mais indispensáveis para a operação; 2º.) Depois de se ter aspirado pela seringa o líquido a injetar, tira-se o ar fazendo o líquido ir até a ponta da agulha; 3º.) Tipo de seringas, agulhas e ampolas. 4º. e 5º.) Injetando no flanco e na nádega. Em primeiro lugar passa-se tintura de iodo no local em que se deseja fazer a injeção, puxa-se a massa muscular e enterra-se a agulha obliquamente num só golpe, calcando após o pistão da seringa lentamente; 6º.) Terminada a injeção passa-se novamente o algodão ligeiramente úmido de tintura de iodo.*

Injeções hipodérmicas e endovenosas: As injeções hipodérmicas são de grande utilidade na medicina veterinária. Os lugares preferidos para se aplicar esta injeção, são: a parte interna da coxa, o flanco, a nádega ou pescoço. Esterilizam-se previamente a seringa e a agulha; aspira-se da empola o medicamento, retira-se o ar da seringa para depois enterrar a agulha na parte escolhida como se vê na gravura. Este local deve estar já desinfetado de preferência com um pouco de tintura de iodo. Em seguida faz-se uma pequena massagem. A dose a injetar varia com o medicamento.

Injeções endovenosas: As injeções endovenosas são feitas de preferência na veia safena externa que atravessa transversal e visivelmente o jarrete do lado externo.

Podem também ser feitas na veia jugular.

Esta injeção exige um pouco de prática para ser efetuada. Os soros em geral devem ser de preferência ministrados por via endovenosa. Fazem-se estas injeções com seringas de grande capacidade ou utilizam-se as próprias cânulas que acompanham as empolas de soros.

Por via endovenosa se injetam os soros artificiais em doses que variam de 100 a 500 grs., segundo o tamanho dos animais.

Estes soros são de recomendável emprego nos casos de hemorragia e sempre que se precisar suster as forças do coração, desintoxicar o organismo, em casos de moléstias infecciosas graves, nas afecções digestivas, respiratórias e renais, na icterícia grave, etc.

Fig. 190 – *Onde de preferência devem ser aplicadas as injeções: hipodérmicas ou subcutâneas (oval quadriculada no pescoço) intramuscular (lugares pontuados nas espáduas e nas nádegas) endovenosas (nas veias safena externa* (1) *safena interna* (2) *radial* (3) *jugular* (4).

Aplicação de sedenhos: Para provocar a supuração é costume em medicina canina, usar o sedenho. Sempre que se deseja um revulsivo enérgico ou melhor, um derivativo, lança-se mão a este recurso. Nos animais esgotados, e nas enfermidades séticas, é desaconselhada esta prática.

Para aplicar um sedenho açama-se o animal, deita-se ele em cima duma mesa ou mesmo de pé. Pega-se a pele da nuca e puxa-se de maneira a formar uma prega a qual se atravessa de lado a lado com um só golpe de uma agulha apropriada a este fim, chamada agulha de sedenho. Esta agulha, como as de coser, leva uma mecha a qual fica no local por onde passou a agulha, tendo-se o cuidado de fazer um laço em cada ponta. É claro que antes se tem o cuidado de raspar os pêlos do lugar e passar um pouco de álcool para desinfetar a região.

Quando a supuração que se deseja estabelecer se realiza imperfeitamente pode-se recorrer a qualquer irritante como a tintura de aloés, etc.

Estabelecida a secreção esta dura 10 a 15 dias, o que as mais das vezes é suficiente. Julgando-se ainda necessário a derivação recorre-se aos irritantes acima referidos. Durante o período supurativo é recomendável a máxima higiene. Nem sempre a supuração se processa regularmente e assim convém favorecê-la com pressões freqüentes em toda a extensão do seu trajeto. A mecha deve ser igualmente limpa uma vez ao dia, por trações exercidas em suas extremidades dum lado para o outro facilitando, portanto, a saída do pus.

322

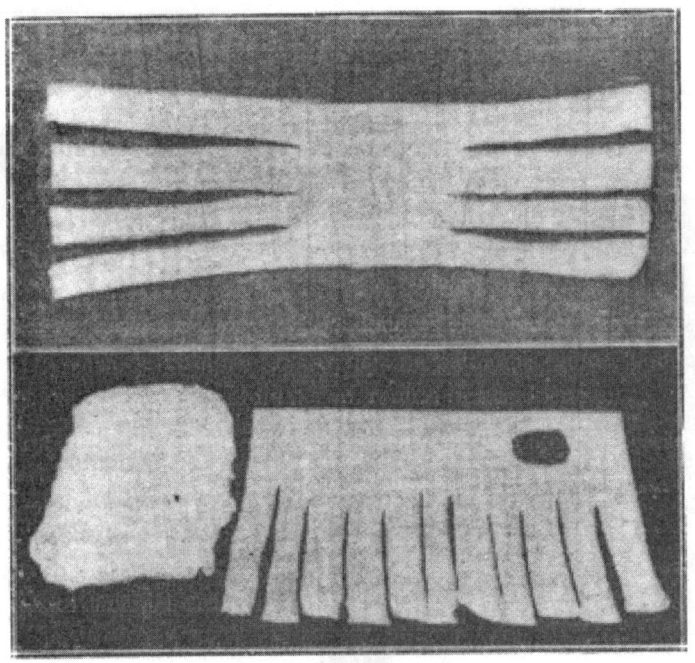

Fig. 191 – *Ligaduras e pensos*

Estes cuidados evitam os abscessos que podem sobrevir. Além dos abscessos podem surgir outras complicações, como infiltrações purulentas, gangrenas, etc.

Pensos e ligaduras: Denominam-se pensos as medicações e os objetos destinados aos curativos, como as ligaduras e aparelhos.

Segundo os fins, podemos classificar estes pensos em: contensivos, suspensivos, compressivos, etc.

Para tais fins usa-se o seguinte material: fios de linho, algodão em rama, em pasta, hidrófilo, iodoformado, etc., disposto em bolas, chumaços, mechas, etc.

Usa-se ainda o colódio, a cera, etc. As ligaduras são feitas em tiras de 3 a 4 cm. de largura, geralmente. Quando se fazem as ligaduras não se deve exagerar a sua compressão porque impede a circulação do sangue e daí advém graves conseqüências.

As ligaduras afetam formas diversas adaptáveis às regiões em que se aplicam. As gravuras aqui incertas mostram a sua disposição (figs. 192, 193 e 194).

Fig. 192 – *Diversos tipos de ligaduras*

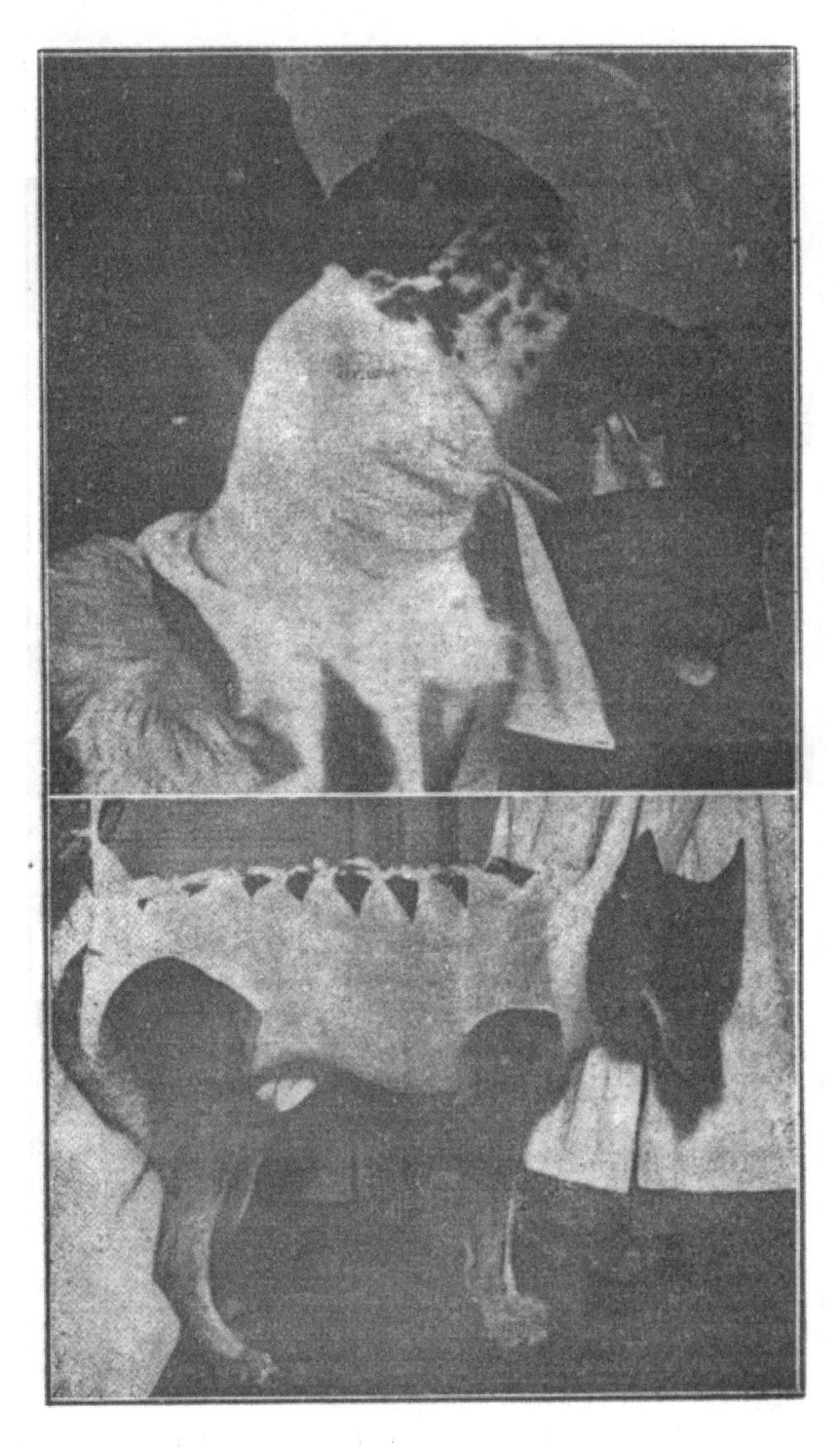

Fig. 193 – *Outros tipos de ligaduras*

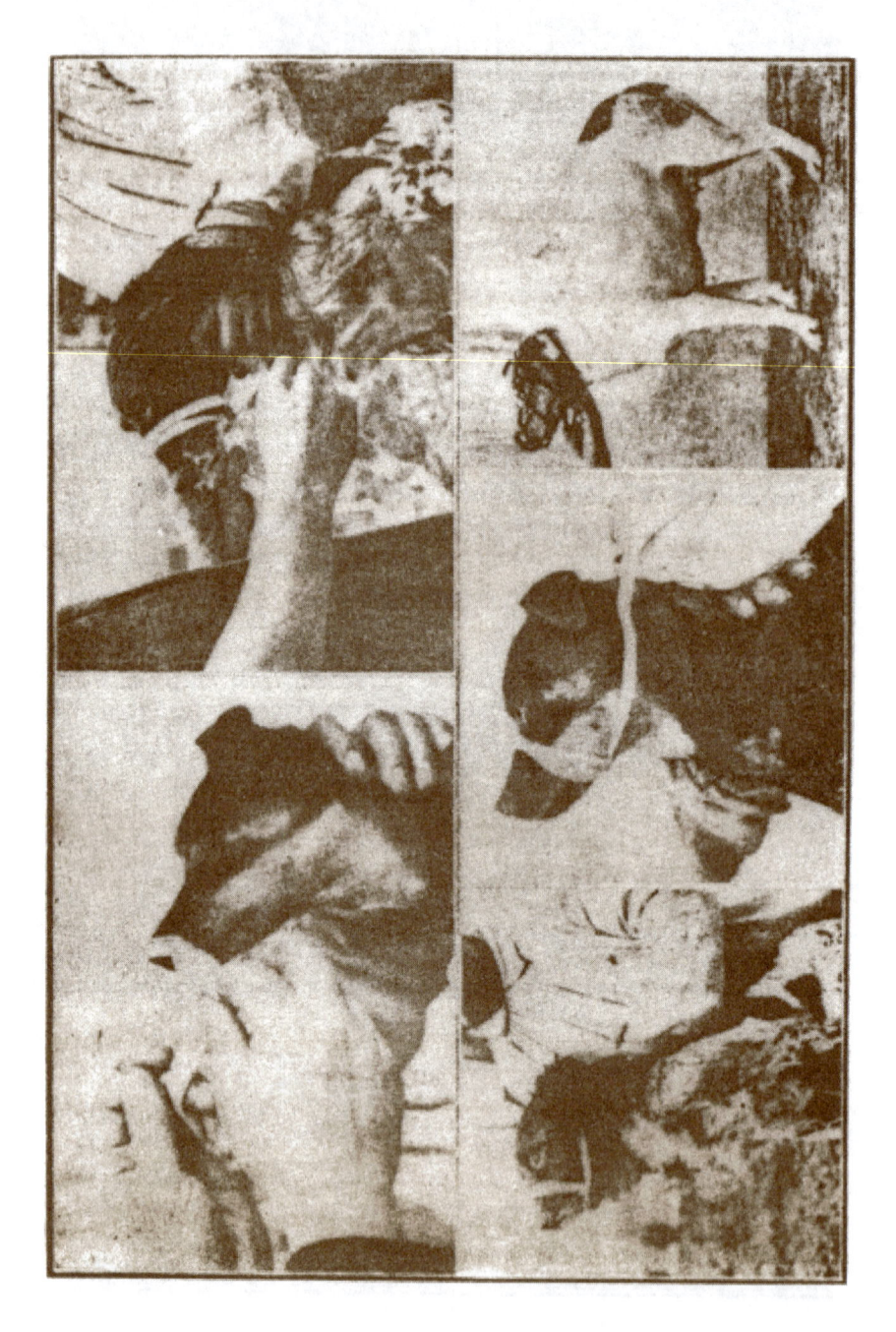

Fig. 194 – *Maneiras de açamar um cão*

Capítulo VI
Medicamentos Mais Usados na Medicina Canina

Ácido pícrico (Uso externo): Solução 1 por 100 em aplicações nas queimaduras e feridas.

Ácido bórico (Uso externo): Anti-séptico e cicatrizante. Lavagens dos olhos, 2 por 1000 Solução 4 por 100 lavagens de feridas. Banhos secos.

Água oxigenada: De conhecido emprego.

Água sedativa (Uso externo):

Água	1.000 g
Álcool canforado	10g
Amoníaco comum	60g
Cloreto de sódio	60 g

Agita-se antes de usar. Aplica-se em fricções em casos de traumatismo.

Álcool de 90°. (Uso externo): Desinfecção de instrumentos, preparo de soluções, etc.

Aguardente canforada (Uso externo):

Cânfora	100g
Álcool de 60°	3.900 g

Usa-se em fricções.

Anti-sépticos e desinfetantes de uso externo: Para a desinfecção geral usam-se vários desinfetantes e desodorantes, como a Creolina, Cruzol, etc. São bons desinfetantes externos o permanganato de potassa, sublimado, sulfato de cobre, o de ferro e o de zinco.

A mistura dos anti-sépticos reforça mais o seu poder, eis uma excelente solução anti-séptica:

Sulfato de cobre	50 g
Sulfato de ferro	50 g
Formol a 40%.	500 g

Dissolver a quente o sulfato de ferro e o sulfato de cobre em 500 grs. de água destilada e juntar por fim o formol.

Nas desinfecções das feridas usa-se mais geralmente o líquido Dakin, a água oxigenada, a água fenicada, etc. Eis algumas boas fórmulas:

Tintura de iodo-iodurada

Iodo	10 g
Iodeto de potassa	3 g
Álcool de 95°.	90 g

Não se altera e serve para preparar a água iodada.

Clorofórmio iodado

Iodo	1 g
Clorofórmio ou éter	20 g

Para feridas sensíveis.

Glicerina iodada

Tintura de iodo	10 g
Glicerina	40 g

Pó anti-séptico

Permanganato de potassa pulverizado	1 g
Ácido bórico pulverizado	3 g

Feridas de mau caráter, fístulas.

Pomada

Peróxido de zinco	10 g
Vaselina ou vaselina-lanolina	100 g

Feridas. Afecções cutâneas. Queimaduras.

Pomada de sulfanilamida.
Pomada de penicilina.
Feridas em geral.

Apomorfina (Cloridrato): Vomitivo enérgico usado em injeções hipodérmicas. É sempre útil ter a mão em casos de envenenamentos. Injeções de 5 miligramas a 1 centgr. em cão pequeno; nos cães grandes 1 a 5 centgr.

Ácido acético (Uso externo): Em solução a 7%. Aplica-se quente em fricções contra as cólicas. Misturado ao gesso faz-se uma pasta para usar nas mamas das cadelas a fim de deter o leite.

Amônio (Uso externo): Útil contra as mordeduras de marimbondos, abelhas, escorpiões, etc.

Banho sulfuroso: Eis uma fórmula de banho sulfuroso, segundo o Codex francês:

Sulfureto de potassa .... 20 g

Água .... 40 g

Dissolve-se e põe-se numa garrafa bem fechada. Serve para um banho em 20 litros de água.

Antes de submeter os cães aos banhos sulfurosos são eles lavados com água e sabão. Contra a sarna e outras afecções cutâneas.

Bicarbonato de soda (Uso interno): Para ativar a secreção biliar e urinária. Laxativo muito fraco.

Bálsamo analgésico (Uso externo):

Gaiacol cristalizado .... 5 g

Mentol cristalizado .... 50 centg

Clorofórmio puro .... 5 g

Salicilato de metila .... 5 g

Essência de casca de zimbro .... 1 g

Bálsamo tranqüilo .... 35 g

Lanolina .... 50 g

Esta fórmula dá excelentes resultados contra as dores articulares, artrites, reumatismo, entorses, contusões, dores musculares, esforços dos tendões, distensões ligamentosas.

Carbonato de cal (Uso interno): Para neutralizar os ácidos em caso de envenenamentos com estas substâncias. Uso externo. Emulsionado com azeite é empregado nas queimaduras.

Carvão vegetal em pó (Uso interno): Contra os envenenamentos de fósforo, arsênico e estricnina.

Calomelanos (Uso interno): Cloreto de mercúrio. Pó branco, insolúvel. Excelente purgativo colagogo e desinfetante intestinal, antelmíntico.

Dosagem: 1 a 3 centgrs. como colagogo. 5 a 50 centgrs. como purgativo. Eis um bom purgante para um cão adulto:

Calomelanos .... 20 centg

Ruibarbo .... 5 centg

Xarope simples .... 400 g

Uma colher de hora em hora até o efeito.

Creolina, Cruzol, Creosil: São excelentes desinfetantes e sarnífugos, inseticidas.

Euquínino (Uso interno): Para combater a febre na dose de 1 centgr. em 1 papel com açúcar. Não tem gosto mau.

Extrato de Saturno (Uso externo): Eis como se prepara a água branca, muito usada em contusões, torções, inflamações, feridas:

Extrato de Saturno 20g
Água ordinária .... 980 g

Farinha de mostarda (Uso externo): Para confecção de sinapismos.

Farinha de linhaça (Uso externo): Usada em cataplasmas emolientes, calmantes e anti-sépticas. Neste último caso adiciona-se um pouco de solução de sulfato de cobre.

Fluído Cooper: De recomendável emprego na sarna canina.

Grãos de linho (Uso interno): Decocções mucilaginosas 10 g por litro como laxante, temperante e diurético.

Em lavagens intestinais 40 a 60 g por litro, emoliente.

Glicerina (Uso externo): Utiliza-se para amaciar a pele, crostas, etc. Emprega-se nas lavagens intestinais na proporção de 5 a 10 por 100.

Ipecacuanha (Uso interno): Vomitivo. Dissolver o pó no leite ou água morna na dose de 50 centg 2 g conforme o tamanho do cão. Se no espaço de 10 minutos não fizer efeito, repetir a dose.

Enxofre (Flor de enxofre): Externamente é parasiticida, especialmente acaricida, sendo a base da pomada de Helmerich. Internamente, em pequenas doses (20 centgrs. a 1 gr.), tônico estimulante do apetite e expectorante; em doses maiores, 10 a 30 g, purgativo. Antídoto dos envenenamentos pelos sais de chumbo.

Nos eczemas e outras dermatoses obtém-se bons resultados combinando o uso interno e externo do enxofre. Na forma coloidal pode ainda ser usado em injeções subcutâneas, intramusculares e endovenosas.

Licor de Fowler:

Anidrido arsenioso 10g
Bicarbonato de potássio .... 20 g
Tintura de alfazema .... 30 cc
Água destilada q.s. .... 1.000 cc

Em gotas, de 1 a 8 por dia. Estimulante geral das funções animais. Dá-se num pires de leite, a começar da dose mínima, aumentando diariamente uma gota até ao máximo de 8, voltando-se novamente a uma gota e assim sucessivamente, durante 15 dias. Descansar 10 dias e continuar mais uma vez.

Magnésia calcinada (Uso interno): Pó branco, ótimo antídoto do ácido arsenioso e outros ácidos. Purgante suave. Eis uma boa fórmula contra a acidez e dispepsia dos cães:

Carbonato de cálcio	2 g
Hidrocarbonato de magnésia	1 g
Bicarbonato de soda	1 g

Para um papel.

Dar 1 papel após às refeições.

Enteroviofórmio – Para diarréia 3 vezes ao dia, melhorando basta 2 vezes, durante mais 2 dias.

Nitrato de prata (Uso externo): Em solução de 5 por 100 usa-se nas cauterizações.

Óleo de fígado de bacalhau (Uso interno): Alimento fortificante, usado para robustecer os cães no período do crescimento, nas convalescenças. Pode-se adicionar iodo: 1 g de tintura para 1 litro de óleo.

Óleo de rícino (Uso interno): Bom purgativo para os cães. *Doses:* 15 a 50 g dado pela manhã em jejum. Adicionam-se 10 gotas de valerianato de mentol para evitar seja vomitado. Para os cães pequenos bastam 5 gotas.

Óleo de quenopódio (Uso interno): Excelente antelmíntico, especialmente contra áscaris e ancilóstomos e tricuris. Doses de 5 a 25 gotas em óleo de rícino. A dose máxima não deve passar de ½ cm cúbico. Calcula-se geralmente 0,1 cc por quilo de peso do animal.

Óleo canforado em empolas para injeções subcutâneas: O óleo deve ser titulado a 10 por 100. Pode-se usar em injeções de 1 cc duas a três vezes por dia e mais segundo conselho veterinário. Uma dose de 6 g pode matar um cão.

Pomada de Helmerich: Eis a fórmula da pomada de Helmerich modificada por R. Cerbelaud:

Flor de enxofre não lavado	100 g
Sabão preto	100 g
Lanolina anidra	45 g
Benzoato de benzile	25 g
Cresilol	30 g
Vaselina amarela	300 g

A pomada de Helmerich é de emprego clássico na sarna dos cães, mas esta modificação dá-lhe o máximo poder acaricida, conservando-se muito tempo e dispensando a lavagem que é costume dar-se antes de aplicá-la.

Tetracloreto de carbono (Uso interno): Excelente antelmíntico especialmente contra ascarídeos e ancilóstomos. Doses: Nos cães novos ¼ de cm cúbico numa colher das de chá. Em geral pode dar-se 3 a 4 gotas por quilo.

Timbó: O pó de timbó pode ser empregado no combate às pulgas no corpo do cão. Pulverizar o animal uma vez por semana.

Para os carrapatos fazer o extrato de timbó da seguinte forma:

Pó de timbó .... 500 g
Acetona comercial .... 2 litros

Deixar em maceração durante dois dias em garrafa bem fechada. No momento de usar toma-se 1 parte desse extrato de timbó em acetona e se mistura com 9 partes de álcool de 45 graus e então aplica-se com uma esponja ou com pulverizador. O carrapato não cai mas dentro de 24 horas estará morto.

Para fazer a pomada procede-se assim:

Tomam-se 200 gramas de raízes de timbó[57] secas e deixam-se em contato com 1 kg de benzol, ou de tetracloreto de carbono. Conserva-se esta mistura em frasco fechado, de boca larga, durante 3 dias no mínimo. Depois junta-se isso a 10 kg de banha, ou graxa, ou óleo Diesel ou mesmo ao óleo de caroço de algodão.

Esta pomada, ou líquido para embrocação, serve para a sarna rebelde, pira, causada pelo *Demodex folliculorum*.

Soro antiofídico: Os caçadores devem ter este soro sempre à mão, quer para uso próprio, quer para os cães. Vide capítulo "Doença dos Cães e seu Tratamento" (Intoxicações).

Vaselina (Uso externo): Veículo de pomadas. É usado para suavizar a pele e remover as crostas das feridas.

---

57. Com 4 % de rotenona, isto é cujo estrato mate guarus em 5-10 minutos.

Capítulo VII
Alguns Esclarecimentos Úteis*

Luís Hermanny Filho

Andar com o cão na rua solto é errado e perigoso. Leve-o sempre na guia ao seu lado esquerdo.

O "standard" oficial da raça é o guia único, é a lei básica pela qual o criador consciente tem de se orientar na sua criação.

Conhecer e interpretar o "standard" do seu cão é ajuda valiosa para que o dono possa compreender melhor a classificação que ele venha a receber do juiz.

Nas exposições, o rinque aonde são julgados os cães.é o campo mais propício para podermos nos instruir, ou melhor, tirar mais proveito para o nosso conhecimento do Standard.

O objetivo mais importante das exposições caninas é proporcionar maior conhecimento do cão, esclarecendo-nos sobre aquilo que precisamos procurar corrigir para assim podermos atingir o objetivo visado, que é o de criar exemplares que mais se aproximem da perfeição.

Para isso deve haver o conhecimento, o julgamento, a paciência, a honestidade e a indispensável energia, que são as exigências fundamentais para se conseguir sucesso.

Pelo regulamento das exposições, as raças caninas são classificadas em 6 grupos:

Grupo I – Cães de caça e tiro: Bracco de Japma – Cocker Spaniel Americano – Cocker Spaniel Inglês – Field Spaniel – Griffon – Pointer – Pointer Alemão de pêlo duro – Pointer Alemão de pêlo liso – Pointer Português – Retriever de Chesapeack – Retriever dourado – Retriever do labrador – Retriever de pêlo encaracolado – Retriever de pêlo liso – Setter Gordon – Setter Inglês – Setter Irlandês – Spaniel d'água Americano – Spaniel d'água Irlandês – Spaniel Bretão – Spaniel de Clumber – Spaniel Sussex – Springer Spaniel – Weimaraner – Welsh Springer Spaniel.

Grupo II – Cães de caça e presa: Basenji – Bassethound – Beagle – Bloodhound – Borboi – Coonhound – Dachshund pêlo de arame – Dachsund pêlo liso – Dachsund pêlo longo – Deerhound – Elkhound – Foxhound Americano – Foxhound Inglês – Galgo do Afganistão – Greyhound – Harrier – Irish Walfhound – Otterhound – Rhodesian Ridgeback – Saluki – Veadeiro Brasileiro – Whippet.

---

* Por solicitação minha, escreveu este capítulo, o conhecido cinólogo e cinófilo Luís Hermany Filho, "gentleman" e autor de trabalhos apreciáveis e úteis.

Grupo III – Cães de guarda e utilidade: Bernesiano – Border Collie – Bouvier de Flandres – Boxer – Briard – Bull Mastiff – Cão dos Pirineus – Collie de pêlo curto – Collie de pêlo longo – Dogue Alemão – Dobermann – Esquimó – Fila Brasileiro – Husky Siberiano – Komondor – Kuvasz – Malamute – Mastiff – Pastor Alemão – Pastor Belga, Goenendal – Pastor Belga, Malinois – Pastor Belga, Tervueren – Pastor Inglês – Pastor de Shetland – Pulik – Rottweiler – Samoieda – São Bernardo – Schnauzer Gigante – Terra-Nova – Welsh Corgi Cardigan – Welsh Corgi Pombroke.

Grupo IV – Cães Terriers: Airedale Terrier – Australian Terrier – Bedlington Terrier – Border Terrier – Boston Terrier – Bull Terrier – Cairn Terrier – Dandie Dinmont Terrier – Fox Terrier pêlo duro – Fox Terrier pêlo liso – Irish Terrier – Kerry Blue Terrier – Lakeland Terrier – Lhasa Apso – Manchester Terrier – Norwich Terrier – Schnauzer Miniatura – Schnauzer Standard – Sealyham Terrier – Skye Terrier – Staffordshire Terrier – Terrier Brasileiro – Terrier Escocês – Toy Manchester Terrier – Yorkshire Terrier – Welsh Terrier – West Higland – White Terrier – Wheaten Terrier.

Grupo V – Cães de luxo: Affenpinscher – Chihuahua de pêlo curto – Chihuahua de pêlo longo – Galgo Italiano – Griffon de Bruxelas – Lulu da Pomerânia – Maltês – Papillon – Pelado Mexicano – Pequinês – Pinscher Miniatura – Poodle Anão – Pug – Spaniel Japonês – Toy Spaniel Inglês.

Grupo VI – Cães de companhia: Buldogue Francês – Buldogue Inglês – Chow-Chow – Dálmata – Guaió – Keeshound – Poodle pequeno – Poodle médio – Poodle grande – Schipperke.

Os animais deverão apresentar-se para inspeção veterinária, a qual será gratuita, na hora estipulada pela superintendência da exposição.

Não será permitida a apresentação de cães que sofram de moléstias infecto-contagiosas ou parasitárias, bem como cegos, surdos, castrados, monorquídicos e criptorquídicos.

Será também vedada a apresentação de cadelas em cio ou em adiantado estado de gestação, ou em pleno aleitamento.

Quando se verificar qualquer recusa de admissão, o médico veterinário dará conhecimento, por escrito, ao superintendente da exposição, das razões que motivaram sua decisão.

Da recusa de admissão do médico veterinário não poderá haver recursos, nem tampouco direito à restituição das taxas pagas.

Os animais que não se apresentarem na hora estipulada, não poderão entrar no recinto da exposição, perdendo direito à restituição da importância paga pela inscrição.

Cada animal deverá comparecer munido de coleira e de guia apropriada. Seu condutor terá livre ingresso no recinto da exposição.

O local de estacionamento, a permanência, a contenção dos animais, bem como a licença para a sua retirada do recinto da exposição, serão atribuições exclusivas da superintendência.

Os cães inscritos só poderão exibir-se com os troféus, as fitas e as medalhas por eles ganhas, fora dos rinques de julgamento.

Os proprietários serão responsáveis pelos danos e estragos causados por seus animais, devendo serem as vítimas indenizadas pelos prejuízos sofridos.

Os expositores deverão acompanhar a chamada para a pista, comparecendo com a máxima presteza. O Expositor que não atender a chamada, perderá direito ao julgamento, sem direito à restituição das taxas pagas.

É proibida a apresentação a pista de julgamento, perante os juízes, dos animais com medalhas, fitas ou troféus conquistados em exposições anteriores, assim como a apresentação do animal com guia solta, enquanto estiver sendo julgado, salvo se o contrário lhe for determinado pelo juiz.

O catálogo das exposições fornece, para orientação dos visitantes, o nome dos juízes e julgam que lhes estarão afetos, a lista de todos os cães inscritos com os seus respectivos nomes, assim como os nomes dos seus criadores e proprietários. Ao preencher o formulário de inscrição, o expositor, ou quem no ato o representa, sujeita-se aos termos do regulamento.

O título de Campeão ou Campeã, representa a classificação máxima que o cão pode alcançar em competição com cães de sua raça; confere ao animal o direito de usá-lo anteposto ao nome. É uma distinção que vale por um sinal de qualidade.

O título de Campeão é concedido ao cão com Pedigree registrado e que em qualquer classe tenha obtido a classificação de 1º. lugar – Excelente, Medalha de Ouro – em três exposições.

Em toda exposição os cães inscritos são divididos ordenadamente em raças e cada raça (com separação de sexo) é, por sua vez, dividida em 6 classes: *Filhotes* – para cães de 4 a 6 meses; *Novíssimos* – para cães de 7 a 12 meses; *Júnior* – para cães de 13 a 24 meses; *Sênior* – para cães acima de 24 meses; *Campeões* – para cães possuidores do título de Campeão; *Grandes Campeões* – para cães possuidores do título de Grande Campeão.

As classes *Novíssimos* e *Juniors* serão, para efeitos de julgamento, obrigatoriamente subdivididas em duas subclasses: A e B, respectivamente de 6 a 9 meses e 10 a 12 meses, para os novíssimos, e 13 a 18 meses e 19 a 24 meses para os juniores, quando tiverem mais de cinco animais em cada uma das subclasses.

Além das classes oficiais enumeradas, haverá, quando do interesse do clube promotor, mais as seguintes: a) *Duplas;* b) *Equipe* (mínimo de quatro cães); *Grupo de Criação* (mínimo de cinco cães obrigatoriamente inscritos pelo criador, independentes de propriedade).

São considerados de porte pequeno as seguintes raças: Cocker Spaniel Americano, Cocker Spaniel Inglês, Field Spaniel, Spaniel Bretão, Spaniel de Clumber, Spaniel Sussex, Springer Spaniel, Welsh Springer Spaniel, do I Grupo; Bassê hound, Beagle, Daschund pêlo de arame, Daschund pêlo liso, Daschund pêlo longo, do II Grupo; Welsh Corgi Cardigan e Welsh Corgi Pembrok, do III Grupo; todos os animais do IV Grupo, com única exclusão do Airedale Terrier; todos os cães do V Grupo; Buldogue francês, guaió, poodle pequeno schipperke, do VI Grupo.

Serão considerados de porte grande as demais raças constantes da especificação acima.

A critério do juiz serão conferidas aos animais que se apresentarem no ringue de julgamento, as seguintes qualificações: medalhas douradas, prateadas e bronzeadas.

A concessão do Certificado de Aptidão ao Título de Campeão (C. A. C.) e Certificado de Reserva (R. C. A.. C.) é feita para o cão que tenha obtido a classificação Excelente

– Medalha de Ouro, quando de porte pequeno com idade superior a dez meses e quando de porte grande com idade superior a dezoito meses.

O melhor cão de cada raça, classificado em 1º. Lugar, Excelente, Medalha de Ouro, concorrerá à classificação que posteriormente se fará para o "Melhor no respectivo grupo".

De cada um dos seis grupos e da categoria "Miscelânia" tirar-se-á o melhor animal para a escolha final de Melhor Cão da Exposição.

O prêmio "Melhor Cão da Criação Nacional", instituído em 1946, é conferido ao melhor exemplar nascido e criado no Brasil.

Nas exposições caninas atua como o homem do dia – o juiz da exposição. Cabe ao juiz, e só a ele, as respectivas classificações dos cães, que na pista desfilam perante ele. As suas decisões pelo regulamento das exposições caninas são irrecorríveis.

O juiz, na ocasião do julgamento, é o único investido do direito de julgar e conceder a classificação que, no seu critério, achar que o cão deve merecer no momento em que se apresenta a ele. São tantos os fatores que entram em jogo, pró e contra o cão, no momento do seu julgamento, que só ao juiz cabe, pelo exame feito em cada animal apresentado, fazer o julgamento certo e daí dar as justas classificações.

Descontentes que se julgam prejudicados com o resultado do julgamento, devem se dirigir por escrito ao presidente do respectivo clube, no prazo de 24 horas após o encerramento da exposição.

Nas exposições, pela classificação dada pelo juiz ao cão, e da súmula do julgamento, é que podemos saber as qualidades e os defeitos do cão. São, pois, as exposições que nos oferecem a única oportunidade de vermos um conjunto de vários exemplares da raça, e assim, "in loco", fazermos comparações.

É de máxima importância que os expositores apresentem seus cães perante o juiz bem treinados e preparados.

Esse preparo requer bastante trabalho e exige parte do nosso tempo, tira-nos da nossa comodidade, demanda paciência, amor ao nosso cão, que por si nada pode fazer, dependendo tudo só da consciência do seu dono.

Precisamos nos convencer de que a vantagem deste preparo é grande, mas é a única oportunidade que se nos oferece de obter para o nosso cão a melhor classificação possível.

O mais essencial é apresentar o seu cão corretamente na guia, ao entrar na pista.

É o mínimo que se pode exigir de um expositor que de fato se interessa pelo seu cão, isto é, apresentá-lo como mandam as regras das exposições.

Recomendamos: – Entrar na pista com o cão ao seu lado esquerdo. Guia presa na coleira apertada, de maneira que o cão não possa soltar-se. Coleiras de cães de grande porte devem ser de estrangulamento e providas de guia curta e forte.

Acostume o seu cão ao exame da boca. Extraia o tártaro dos dentes. Dê banho com um bom xampu na véspera da exposição. Nunca no dia! Se é de pelagem branca, ponha na água um pouco de anil.

O uso de corantes, giz ou qualquer outra substância, desclassifica o cão. As unhas devem ser cortadas pelo menos três dias antes. Se sangrar, passar iodo, porém nunca na véspera nem na manhã da exposição.

No dia da exposição levante-se mais cedo e leve o seu cão para o passeio de asseio, permitindo-lhe assim fazer as suas necessidades fisiológicas antes de entrar no local da exposição, evitando então situações desagradáveis.

Nada mais chocante do que vermos cães sujando os gramados e os passeios dos clubes que, graças à gentileza dos seus diretores, cedem as suas sedes para as exposições.

A exposição canina é uma competição esportiva como qualquer outra. Nela se apresentam várias forças, e a que mais se impõe pela sua superioridade, é a vencedora. Nesse esporte, são animais – cães – que enfrentam outros cães.

Desde que um expositor inscreve o seu animal para um certame é porque o júri lhe merece confiança e acatamento.

Aos detratores dos juízes recomendamos, pois, dedicarem mais tempo à criação de bons cães para, com qualidade, poderem enfrentar qualidade.

Essas insinuações, verdadeiras acusações ao caráter dos juízes, não são dignas do esporte canino. Tomemos o exemplo do cão, animal irracional que é o modelo da lealdade e da sinceridade!

QUARTA PARTE

Capítulo I
Doenças dos Cães e seus Tratamentos

Doenças do aparelho digestivo: O aparelho digestivo é o longo canal que vai da boca ao ânus, servindo para a ingestão, digestão, absorção e eliminação dos alimentos. O cão é particularmente sujeito às perturbações do aparelho digestivo. Vejamos as principais doenças.

Estomatite: É uma inflamação da mucosa bucal, devida a causas várias, especialmente a ingestão de líquidos muito quentes ou irritantes, presença de tártaro dentário, papilomas bucais (verrugas), pneumoenterite, etc.

O animal tem dificuldade de comer, a mastigação é dolorosa, saliva abundante. O doente exala um odor fétido e como absorve a saliva e os detritos da mucosa não raro se intoxica sobrevindo uma gastrenterite (inflamação do estômago e intestinos).

O tratamento consiste em dar-lhe alimentação líquida: sopas, leite, caldos. A boca deve ser lavada várias vezes ao dia com água fervida e salgada, as feridas devem ser pinceladas com água oxigenada, misturada com três partes de água. Se as lesões forem profundas passa-se iodo.

Quando a causa é o tártaro dos dentes, preciso será levar o cão ao veterinário para extraí-lo.

Nos cães predispostos é preciso raspar o tártaro, ao menos duas vezes ao ano.

Nas estomatites de origem microbiana será recomendável usar o seguinte colutório:

Penicilina	100.000 unid.
Resorcina	1 g
Soro fisiológico	15 cc
Glicerina	15 cc

Em medicina homeopática usa-se, com vantagem *Kali chloricum,* três doses ao dia. Cada dose de 3 gotas em 2 colheres de água.

Cárie dentária: A cárie dentária é mais comum do que se pensa. Ela é a causa das fístulas dentárias.

É preciso em tais casos fazer a extração dos dentes.

Verrugas ou tumores bucais: Sempre que se apresentam estas verrugas bucais, que têm o aspecto de couve-flor, convém tratá-las imediatamente. Tomando grande desenvolvimento não é mais possível curar.

Como tratamento interno dá-se:

Magnésia calcinada de 50 centg a 3 gramas de manhã em jejum e água de cal. Eis como se faz a água de cal:

> Cal extinta .... 25 g
> Água .... 1 litro

Uma colher de sobremesa a três colheres das de sopa num pouco de leite após as refeições. Este tratamento é suficiente em casos benignos.

Pode-se nos mais rebeldes usar novo arsenobenzol, 10 a 30 centigramas, conforme o tamanho do animal, em 5 a 10 cm cúbicos de água bidestilada em injeções intravenosas.

Com quatro injeções espaçadas, 5 dias uma da outra, obtém-se cura completa.

Parotidite: É a inflamação das glândulas salivares, que se acham colocadas atrás da orelha, perto do ângulo do maxilar inferior. Esta parotidite, de origem infecciosa, determinada sobretudo por *Streptococcus,* assemelha-se muito à caxumba humana. Prietsch demonstrou a sua transmissão de uma criança a um cão.

Na inflamação das glândulas salivares a região submaxilar e a da garganta, apresentam-se empastadas, tumefatas e, por vezes, até edematosas. O animal perde o apetite, fica febril e tem a boca seca. A aparição da moléstia é rápida, bem como o seu curso, 5 a 6 dias, quando não sobrevém supuração.

O tratamento consiste em passar, na região a seguinte pomada:

> Cânfora .... 15 g
> Extrato de beladona .... 10 g
> Vaselina .... 75 g

No caso de abscesso é indispensável puncioná-lo logo ao começo e injetar diariamente na cavidade água fervida salgada e pincelar com iodo.

Como precaução, logo que se revela a doença, para evitar a supuração, é de bom alvitre purgar o animal e aplicar injeções endovenosas de colargol a 1 por 100. Como higiene lavar a cavidade bucal com soluções anti-sépticas. Evitar os resfriados. Isolar os doentes para evitar o contágio.

Faringite: A faringite traduz-se pela dificuldade de deglutição, sensibilidade na região da garganta e, nos casos graves, tosse e febre.

Em presença de acentuados sinais de faringite é sempre prudente pensar na existência da raiva e neste caso abster-se do exame da cavidade faringiana.

As faringites menos graves curam-se facilmente com auxílio de repetidas fricções de iodo, nos lados da parte externa da garganta.

Fazer o cão aspirar o vapor de flores de sabugueiro (30 g de flores para um litro de água fervendo). Convém usar o colutório antimicrobiano indicado para a estomatite.

Indigestão estomacal: É motivada pela momentânea parada da digestão estomacal, muito comum nos cães glutões que engolem sem mastigar.

O tratamento consiste em provocar o vômito. Provoca-se o vômito mecanicamente fazendo uma pressão forte sobre a base da língua com o cabo duma colher, por exemplo.

Não surtindo efeito este meio, o que é raro, pode empregar-se a ipeca na dose de 50 centg a 2 g. e 50 conforme o talhe do cão, misturada no leite ou na água morna. Pode usar-se também apomorfina em injeções subcutâneas de 5 miligramas a 3 centigramas em solução a 1%. Melhor será injetar por via muscular hormônio post-hipofisário que reativará o peristaltismo intestinal. Depois deixa-se o doente durante 24 a 48 horas, em regime líquido, caldo de legumes e leite com ¼ de água de Vichy, de Vais, Saint-Jean ou mesmo com um pouco de bicarbonato de soda, ou melhor fermentos lácteos pó de lactose: uma colher das de sopa, diariamente, durante 30 dias.

Os homeopatas aconselham *Antimonium tartaricum*[58]. Uma gota, numa colher de água, de hora em hora.

Gastrenterite: A inflamação da mucosa do estômago e do intestino, muito freqüente no cão, apresenta-se sob duas formas: a aguda e a crônica.

A gastrenterite aguda não é muitas vezes senão uma manifestação da doença dos cães novos (cinomose).

Os sintomas apresentados pelos doentes variam sensivelmente, segundo predomina a gastrite ou a enterite.

O doente apresenta-se triste, abatido, inapetente, febril. Tem muita sede, especialmente, quando predomina a gastrite.

Ele sente prazer em se deitar nos lugares frescos, sobre lajedo, em toda parte em que possa botar a sua parede abdominal em contato com uma superfície fresca ou fria.

Além destes sinais aparecem vômitos depois dos repastos (vômitos alimentares) ou fora dos repastos (vômitos biliosos, albuminosos).

Os vômitos coincidem muitas vezes, ao começo, com a constipação sucedendo depois de alguns dias a diarréia.

Quando a diarréia surge aos primeiros dias é sinal de que predomina a enterite.

O primeiro cuidado com o doente em tais casos é a dieta, que deve ser láctea e até hídrica (água potável) nos casos muito agudos.

O leite mesmo convém ser misturado com metade de água de Vais ou Vichy.

Como medicação recomenda-se ministrar diariamente, às colheres, 30 a 50 cc de cozimento de sementes de linhaça, adicionando-se a cada colher uma gota de lisoforme.

Faz-se o cozimento de linhaça pondo-se na água fervendo duas colheres de sementes e retirando logo a seguir do fogo.

Contra os vômitos dá-se uma solução de citrato de soda a 2%, uma colher antes de tomar o alimento.

---

58. Sempre que aludir aos medicamentos homeopáticos são da 3ª. dinamização decimal, salvo indicação.

Persistindo os vômitos, dá-se:

Xarope de cloral .... 25 g

Infusão de tília 75g

Uma colher das de café ou sopa de 2 em 2 horas. Para combater a diarréia emprega-se com êxito:

Ácido láctico .... 4 g

Subnitrato de bismuto .... 4 g

Xarope de marmelo.. 50 g

Água destilada.. 150 g

Dar por colheres de sobremesa ou de sopa 3 a 4 vezes ao dia, entre as refeições.

Quando desaparecem os vômitos e a diarréia, mantém-se a dieta, e, pouco a pouco, volta-se à alimentação habitual.

A gastrenterite crônica é a conseqüência o mais das vezes de uma aguda.

O doente apresenta quase exclusivamente perturbações digestivas: apetite irregular, hálito fétido, vômitos. Certos doentes apresentam o apetite depravado: comem terra, madeira e até seus excrementos.

Se a diarréia persiste, deve dar-se:

Ácido clorídrico oficinal .... 2 g

Água destilada.. 200 g

Uma colher das de café ou de sopa após cada refeição.

Pode usar-se nas diarréias mais rebeldes 5 a 10 centigramas de benzonaftol em uma colher de leite.

É indispensável estabelecer um regime alimentar constituído por alimentos de fácil digestão, papas de farinha de aveia, de maisena, arroz, leite, caldo de legumes, sopas de leite.

Nas gastrites e gastrenterites crônicas N. Sanchez recomenda cloreto de morfina em injeções de 1 a 5 miligramas, repetidos com intervalos de 6 a 8 dias.

Nas enterites, com diarréia, os homeopatas empregam quase sempre a seguinte medicação: 1º. dia *Aconitum* e 2º. dia *Arsenicum* alternado com *Veratrum album*. Quatro doses ao dia de 3 gotas em 2 colheres de água.

Gastrenterite hemorrágica: Outrora conhecida por tifo e mais modernamente por moléstia de Stuttgard. Doença de etiologia duvidosa, tida por alguns como causada por um vírus, talvez uma forma particular do vírus de Carré.

Os sintomas são muito típicos, porque além de abatimento profundo, febre elevada (40°-41°), sonolência, tremores musculares, inapetência, sede viva, vômitos alimentares com bile e mais tarde com sangue, há ao começo constipação e pouco depois sobrevém uma diarréia, profusa, sanguinolenta e fétida. O ventre mostra-se doloroso à palpação, da boca sai um hálito desagradável que se sente ao longe. Aparecem no decurso da moléstia úlceras na boca, que se tornam confluentes e sangrentas.

Derivam da boca fios de baba sangrenta. A duração da moléstia é de 8 a 10 dias, mas nos casos graves dá-se a morte do 4º. ao 5º. dia. A mortalidade é de 60 a 70%. Raros casos crônicos.

Recorrer ao tratamento indicado para a gastrenterite, podendo preferir no entanto esta fórmula que acalma o vômito, desinfeta o intestino e refreia a diarréia.

Salol .... 20 a 50 centg

Salicilato de bismuto .... 10 a 30 centg

Pós de Dower .... 3 a 10 centg

Para 1 papel. Três ao dia.

No estado de depressão, empregam-se injeções intramusculares de óleo canforado, cafeína, etc.

As hemorragias gastro-intestinais tratam-se com soro hemostático, coagulantes injetáveis, ou então, pela seguinte fórmula:

Extrato de centeio espigado .... 1 g

Tanino 2g

Água ou xarope simples .... 300 cc

Uma colher das de chá a uma das de sopa, 3 a 4 vezes ao dia.

Durante a convalescença, a nutrição dos enfermos será cuidada o mais possível e consistirá de sopas mucilaginosas, leite etc., administrando-se-lhe fortificantes. É aconselhável deixar os convalescentes repousar em lugar calmo e arejado.

Lavar a cavidade bucal com solução de tripaflavina a 1 por 1.000, ou água oxigenada a 1/3.

Constipação: Os cães velhos, os alimentados irracionalmente, os cães de luxo a que é costume dar doces, bolos e outras gulodices açucaradas, bem como os que não têm bom funcionamento hepático, são muito sujeitos à constipação intestinal.

Quando o regime alimentar é desarrazoado basta estabelecer um regime conveniente para desaparecer o mal.

Quando a mudança de regime não der resultado, pode recorrer-se ao óleo de oliva que se dá umas três ou quatro vezes ao dia por colher de sobremesa ou sopa, ou, melhor, a seguinte receita:

Flor de enxofre lavado .... } ana 25 gramas
Cremor de tártaro ....

Meia colher das de chá, à noite.

Em caso de insucesso recorrem-se às lavagens de óleo de vaselina, uma colher das de sopa para um copo de água morna (10 a 150 centímetros cúbicos de água) três vezes ao dia, isto combinado com um purgativo de óleo de rícino de 10 a 30 gramas.

Exercícios.

Os comprimidos de Imbaci, do Inst. Vital Brasil, dão bons resultados, corrigindo as funções do aparelho digestivo.

Para constipação, em geral chamada prisão de ventre, usa-se em medicina homeopática *Nux vomica* e quando não se obtém resultado *Natricum muriaticum* e *Magnésia muriática*, cada duas horas, alternadamente cada dose de 3 gotas em duas colheres de água.

Icterícia: A icterícia, que acompanha quase sempre as doenças do fígado, caracteriza-se pela coloração amarela dos tecidos, sendo facilmente notada ao nível das mucosas aparentes, boca, olhos, etc. Os doentes emagrecem.

Cumpre notar que embora ocorra, nas doenças hepáticas, pode também ser causada pela leptospirose, – doença de Weil, grave infecção transmissível ao homem. (*V.leptospirose).*

Como as causas são múltiplas e o desfecho quase sempre fatal deve-se procurar imediatamente o veterinário.

Ascite (barriga d´água): A ascite é uma doença motivada pelo acúmulo de líquido seroso na cavidade do peritônio. Causas diversas, inclusive a tuberculose.

Quando a ascite não é de origem tuberculosa, o que se verifica com uma injeto-reação de tuberculina, pode tentar-se a reabsorção do líquido, ministrando diuréticos. A punção abdominal, seguida ou não de uma injeção de soluto iodo-iodurado, não passa de paliativo.

Combater a causa; afecções cardíacas, hepáticas, pulmonares, etc., que só o veterinário poderá determinar.

Martelet diz que *China,* da medicina homeopática, é remédio poderoso para o caso. Doses ministradas cada 6 horas. Cada dose de 4 gotas em três colheres de água.

Vermes intestinais: De todos os animais domésticos, o cão é aquele em cujos intestinos se encontram vermes com mais freqüência.

Krabbe, que teve ensejo de examinar 500 cães, verificou que em cada 100 animais 67 eram portadores de vermes.

Schone, autor de minucioso estudo sobre helmintoses, dá estas notas interessantes, em relação à freqüência dos vermes nos cães por ele examinados: Cães de caça 53 por 100 estavam infestados; cães de açougue 67 por 100; cães de guarda 40 por 100; de atrelagem 72 por 100; cães de pastor 57 por 100; cães de luxo 80 por 100.

Os vermes intestinais que parasitam o cão são numerosos, mas nós só trataremos dos mais comuns.

Tênias: A tênia é um hóspede predileto do cão. Conhecem-se várias espécies de tênias caninas, sendo as mais comuns entre nós segundo Lauro Travassos: *Taenia hydatigena, Tenia multiceps, Echinococcus granulosus, Diplylidium caninum.*

As tênias são vermes chatos, segmentados em pevides ou anéis, mais ou menos numerosos.

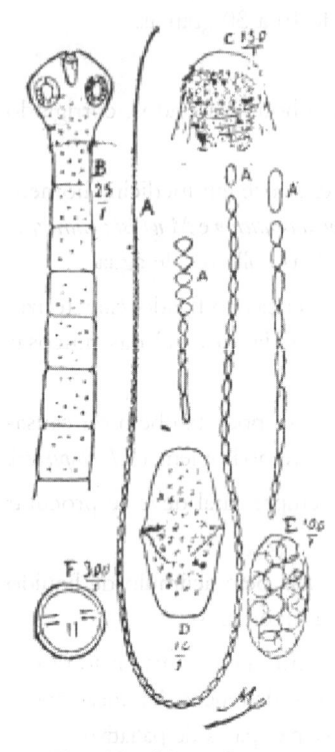

Fig. 195 – *Vermes do cão (Dvpvlidium caninum)*

Estes vermes têm duas fases bem características: a de larva e a de verme adulto, aquela sob a forma cística na intimidade dos tecidos ou dos órgãos e esta na cavidade dos intestinos.

As tênias adultas do cão produzem ovos que ingeridos por um animal de outra espécie (coelhos, porcos, carneiros, etc.) se transformam em larvas das quais surgem os parasitos adultos uma vez que penetrem no aparelho digestivo do cão. Há a registrar uma exceção: a tênia *D. caninum,* cujos ovos são expelidos com as fezes e ingeridos pelas pulgas, larvas de pulgas principalmente. Fazem a evolução nestes insetos transformando-se em cisticercóides que se localizam na cavidade geral do inseto adulto. O cão contamina-se quando ingere as pulgas adultas, fato que acontece igualmente com os gatos e, acidentalmente, com o homem.

Assim vemos que uma tênia no curso de sua evolução infesta dois animais diferentes:

1º.) sob a forma adulta, o cão;

2º.) em forma de larva (cujo hospedeiro varia de conformidade com a espécie de tênia).

Eis um quadro das várias tênias do cão especificando o hospedeiro da forma larvária e as moléstias que determinam:

FORMA ADULTA	FORMA LARVÁRIA ESPÉCIES AFETADAS	MOLÉSTIAS DETERMINADAS PELA FORMA LARVÁRIA
Taenia hydatigena	*Cysticercus tenuicollis* (Ruminantes e porcos)	*Cistecercose do peritônio tenuicose*
Tenia multiceps	*Coenurus cerebralis* (carneiro)	*Cenurose cerebral (rodeio)*
Echinococcus granulosus	*Echinococos (cisto hidático)*[59] (boi, porco, carneiro, cabra e outros animais domésticos e o próprio homem)	*Equinococose, cistos hidáticos*
Dipylidium caninum	*Cryptocystis trichodectes* (piolho e pulga do cão e do homem)	

59. A forma larvar apresenta-se sob duas variedades: *unilocularis* e *multilocularis* (equinococose e hidatidose).

Por estas notas ligeiras compreende-se facilmente que o cão ingerindo os miúdos do porco, carneiro, coelho, etc., facilmente adquire a tênia e que esta é evitável uma vez que não se dê miúdos crus aos cães.

Quanto ao *Dipylidium caninum* que se transmite por meio de pulgas e piolhos ingeridos pelos cães, basta uma boa higiene para destruir estes intermediários. Em relação aos sintomas que apresentam os doentes, difícil é descrevê-los por serem muito variados.

Dum modo geral diremos que as alterações mais sensíveis se apresentam por fenômenos digestivos, alteração de nutrição e fenômenos nervosos.

Na generalidade o cão infestado não apresenta perturbações graves de saúde senão quando os parasitos que alberga tornam-se numerosos.

Embora assim seja, convém sempre desembaraçar destes parasitos os intestinos dos cães, já porque podem vir a perturbar-lhes a saúde, já porque convém evitar as moléstias que as larvas das tênias determinam no carneiro, no boi, no coelho, etc., e no próprio homem, como o terrível cisto hidático, aliás raríssimo entre nós, exceto no Rio Grande do Sul onde o seu índice já é inquietante.

Fig. 196 – *Echinococcus granulosos* (muito aumentado)

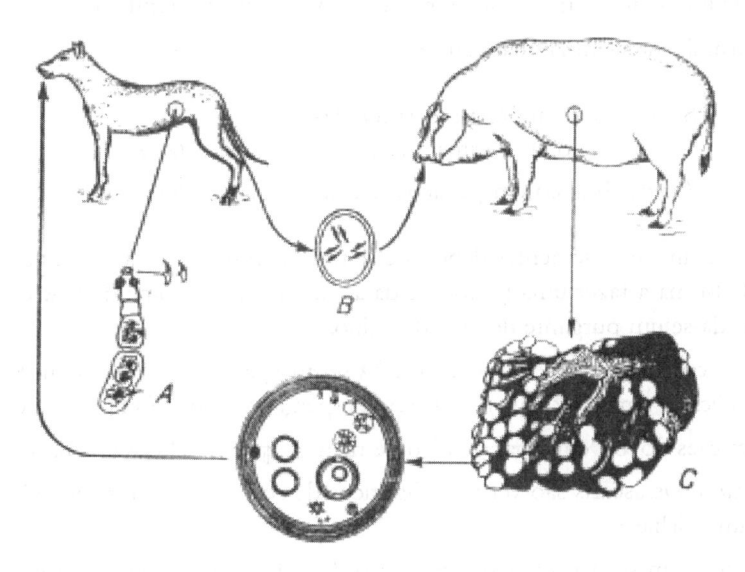

Fig. 197 – *Ciclo do* Echinococcus granulosus, *helminto causador da equinococose, ou cisto hidático. O verme adulto vive no intestino do cão, gato, etc.* (A) *e mede apenas 3-5 mm. Os ovos* (B) *são expelidos com as fezes; ingeridos pelos hospedadores intermediários (porco, boi, carneiro, homem, etc.) transformam-se em cistos hidáticos ou equinococos no fígado* (C), *pulmão, etc. produzindo lesões graves e morte. O diagnóstico de cisto hidático é feito pelo método de Bordet-Gengou, intradermo-reação, etc. O cão, etc., adquire o parasito pela ingestão de fígado cru e infestado* (C). *(Quadro organizado pelos Drs. César Pinto e Jayme de Almeida).*

Tratamento: – Os tenífugos mais usados são: bromidrato de arecolina, o feto macho, clorofórmio, calomelanos, camala, pevide de abóbora e tetracloreto de carbono.

Para se tratar dum animal infestado de tênia começa-se por deixá-lo durante 24 horas em jejum ou em dieta láctea. Na manhã seguinte, ministra-se um tenífugo que deve ser de preferência bromidrato de arecolina. Administram-se três gotas por quilo de peso vivo duma solução cafeinada e cloroformada de bromidrato de arecolina a 6%. Repetir o tratamento dez dias mais tarde.

Pós de camala 50 centg a 4 g

Misturar no leite ou numa bola de manteiga pois a camada é purgativa ou:

Tintura de camala a 1/5 .... 15 g

Xarope simples .... 50 g

Leite fresco .... 60 g

Dar de uma só vez.

O tetracloreto de carbono pode empregar-se nos cães novos na dose de ¼ de cm cúbico, numa colher das de chá de água. Para os cães adultos empregam-se 3 decigramas por quilo. É indispensável que esta droga seja pura (Merck).

Pevides de abóbora – Bom vermífugo, especialmente tenífugo.

Fórmula para um animal adulto:

Sementes de abóboras desprovidas
    do episperma .... 60 g

Açúcar branco em pedaços .... 60 g

Esmagam-se as sementes depois de se tirar o episperma (casca) juntamente com o açúcar, de forma a fazer uma pasta e se dá ao animal que a come de boa vontade. Após três horas dá-se um purgante de óleo de rícino.

A aplicação deste remédio ao animal faz-se em jejum de 15 horas ou melhor, purgando antes de aplicar o remédio o que não dispensa o purgativo após três horas do vermífugo.

Em cães novos, em lugar de óleo de rícino, é preferível o maná na dose de 10 g.

Áscaris: Os áscaris são vermes cilíndricos de corpo mais ou menos filiforme que o povo chama bichas.

Encontram-se parasitando o intestino delgado e vias biliares dos cães, no Brasil, duas espécies: *Toxocara canis* e *Toxascaris leonina*.

A infestação se faz por via digestiva, sobretudo por meio de água. Os vermes adultos põem ovos, que eliminados no solo, aí se desenvolvem.

Os ovos ingeridos pelos cães reproduzem o verme adulto no intestino.

Os cãezinhos de mama contaminam-se ao mamar, quando a cadela que aleita é portadora de vermes, porque os ovos que ela elimina facilmente se aderem às mamas, face interna das coxas, ventre, donde são ingeridos pelos canitos.

Os animais portadores destes vermes apresentam perturbações digestivas, emagrecimento, apetite irregular e prurido anal, o que obriga a arrastarem o ânus no chão de uma forma muito curiosa.

Às vezes o acúmulo dos vermes é tal que causa oclusão intestinal, de outras vezes a irritação intestinal é de tal forma que o animal é preso de crises epileptiformes.

Enfim, os áscaris, que se prendem aos intestinos pelas suas extremidades bucais, fazem feridas na mucosa o que acarreta não raro infecções. Muitas gastrenterites daí se originam.

Os cãezinhos infestados de áscaris enfraquecem e nunca atingem ao desenvolvimento normal.

O tratamento mais conveniente é dar vermífugos aos cães novos logo a partir da desmama até a idade de 1 ano:

Óleo de quenopódio	16 gotas
Essência de terebintina	21 gotas
Essência de anis	16 gotas
Óleo de rícino	15 g
Óleo de oliva	10 g

Aquecer ligeiramente, para um adulto.

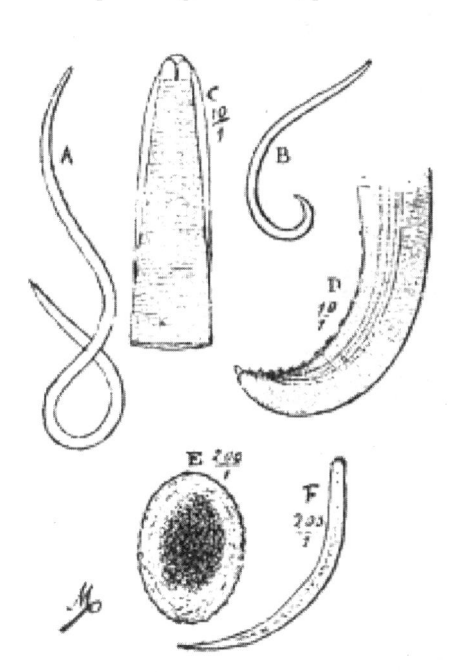

Fig. 198 – *Ascáride do cão* (Toxocara canis). *A, fêmea; B, macho; C, Cabeça; D, cauda do macho; E, ovo aumentado* 200 *diâmetros.*

Para cães de menos de seis semanas: 2 g em 4 g de leite; de seis a oito semanas, 4 g, repetindo-se a dose uma hora depois. Para raças pequenas reduzir à metade e mesmo a ¼.

Administrar o vermífugo sempre em jejum.

No caso de gastrenterite e no curso da doença dos cães novos é contra indicado o óleo de quenopódio. Por isso melhor será usar o tetracloreto de etileno, o melhor de todos os ascaricidas. Usa-se na dose de 0,2 cc por quilo de peso vivo e de uma só vez. Repete-se o tratamento 8 dias depois e ainda mais uma vez, outros 8 dias depois. O tratamento só pode ser empregado nos cãezinhos com mais de 25 dias de nascidos.

Pode-se empregar também o vermífugo Fox, conforme a indicação da bula, especialmente nos cães novos.

O melhor para evitar os vermes é ter todos os cuidados higiênicos, inclusive ministrar vermífugos, às cadelas pejadas.

Também para evitar os vermes nos cães novos é muito conveniente dar-lhes, a partir de 10 dias de nascidos, a seguinte infusão:

Põe-se a ferver 10 dentes de alho em três litros de água, em fogo brando até reduzir-se a um litro, côa-se e dá-se todas as manhãs uma colher das de café, a cada cãozinho.

Para os cães adultos, pode dar-se também:

Santonina .... 2 a 10 cg

Calomelanos .... 2 a 20 cg

Lactose .... 4 g

Para 4 doses. Dadas em jejum com intervalos de ½ horas cada uma. Duas ou três horas após a última dose dá-se um purgante: 30 g de óleo de rícino ou maná.

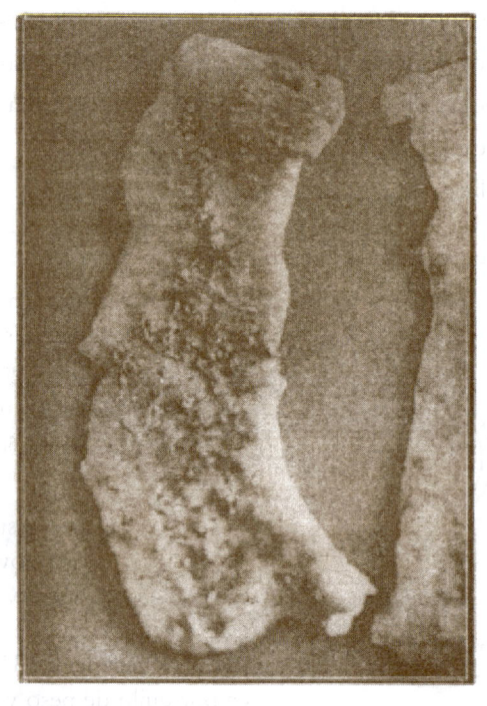

Fig. 199 – *Intestino do cão repleto de ancilóstomos (Foto cedida pelo Prof. Schmitdt)*

Os homeopatas receitam *Ipeca* e *Santonina* de 1ª. Durante 3 dias dar 3 doses de *Ipeca* (3 gotas em 2 colheres de água) e a seguir, do quarto dia em diante *Santonina,* três doses por dia, durante quatro a cinco dias.

Ancilostomose: A ancilostomose é uma enfermidade motivada pela presença de vermes nematódios, denominados *Ancylostoma caninum* e *A. brasiliense*[60] no intestino delgado dos cães.

---

60. Este verme, aliás, parasito do homem, pois é agente duma dermatose humana conhecida pelo nome de *larva migrans,* vulgarmente cobreiro, é bem freqüente nos lugares contaminados por cães e gatos (jardim, praias, etc.).

Os ancilóstomos, que se fixam à mucosa intestinal do cão, nutrem-se de sangue e daí o estado de anemia em que se apresentam os animais infestados (fig. 199).Este é um dos sintomas mais característicos desta enfermidade. O exame das fezes dos animais ao microscópio mostra os ovos dos nematódios, ovos estes pouco diferentes dos do ancilóstomo que parasita o homem[61].

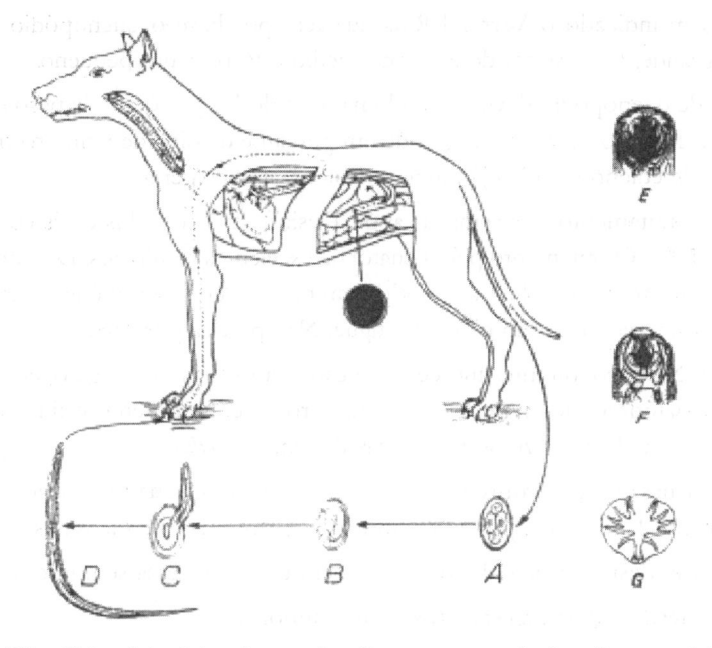

Fig. 200 – *Ciclo evolutivo do* Ancylostoma brasiliense, *verme causador da ancilostomose. A doença ataca os cães e gatos; o* A. Brasiliense *também infesta o homem e é um dos responsáveis pela* larva migrans. *Os parasitos adultos vivem no intestino delgado. Os ovos* (A) *são expelidos com as fezes e evoluem no solo dando larvas* (B, C). *Estas, no fim de 7 dias, tornam-se infestantes* (D); *penetram na pele do animal, atingem o coração, emigram para os pulmões, alcançam a traquéia e a cavidade bucal de onde são deglutidas; localizam-se definitivamente no intestino delgado. Remoção diária das fezes e esterilização dos canis, etc., com água fervendo, como profilaxia. (Quadro organizado pelos Drs. César Pinto e Jayme de Almeida).*

Os animais infestam-se com estes vermes por dois caminhos: a boca, ingerindo águas maculadas por ovos da espécie e a pele por onde as larvas penetram.

Os cães além da anemia apresentam-se tristes, pêlo arrepiado, qualquer exercício os cansa, o apetite torna-se depravado, comem terra (geofagia).

Por vezes verifica-se um corrimento muco-sanguinolento do nariz. Há algumas vezes hemorragias pelo nariz[62].

---

61. O método mais simples para o prático é o de Haroldo Maciel: "Emulsionar as fezes num cálice afunilado com um pouco de água (200 a 300 cc), repousar um minuto para deposição das partículas de fezes não dissolvidas; passagem do líquido sobrenadante para outro cálice afunilado, por simples transvasamento; sedimentação durante 30 minutos, esvaziamento do cálice, só conservando o sedimento e mais ou menos 2 a 3 cc do líquido restante; depositar 4 a 5 gotas de sedimento emulsionado em uma lâmina e examiná-la ao microscópio, depois cobri-la com lamínula".

62. O Dr. Fritz Schmitz, na "Egatea", nº. 3, 1924, p. 252, informa que jamais observou, no Brasil, esta hemorragia nasal tão constante no decurso da ancilostomose na Europa.

Constatada a doença devem isolar-se os cães atingidos e suspeitos, e fazer repetidas desinfecções no canil com água salgada, fenicada ou creolinada (5%).

Como tratamento usa-se o óleo de quenopódio, o tetracloreto de carbono e o tetracloreto de etileno, como indicamos na cura dos ascarídeos.

É também indicado o Vermiol Rios que tem por base o quenopódio – 1 vidro para um cão grande, ½ para um de tamanho médio e ¼ para um pequeno.

O óleo de quenopódio deve ser usado na dose de 1 g por quilo de peso do animal. Jamais exceder desta dose, sempre seguir de um purgante de óleo de rícino na média 30 g O tetracloreto de etileno em cães já muito anêmicos oferece perigo.

Repetir o tratamento três semanas após. Desinfetar o solo dos canis com creolina em solução de 10%. O tratamento pelo Fenatol dá excelentes resultados. Dar uma pastilha diariamente a um cão novo e duas aos adultos, animais de tamanho médio. Dar a pastilha envolta em carne para que o cão não a mastigue. Não precisa purgante.

Tricurose: No ceco, ou intestino cego do cão, como aliás no do gato, encontram-se uns vermes nematódeos, de cerca de um centímetro de comprimento e finos como fios de cabelo, são os *Trichuris vulpis,* outrora chamados *trichocephalus.*

Estes vermes comportam-se como os ascarídeos, mas a sua infestação quase sempre é mais benigna. Entretanto, por vezes, apresentam sintomas idênticos aos da ascariose.

A evolução deste verme é direta, quer dizer que se processa sem intermediário.

O cão infesta-se pela ingestão dos ovos embrionados.

Tratamento: O mesmo que o aconselhado para a ancilostomose. *Espiropterose:* Doença determinada por um verme nematódeo pequeno, 40 a 55 milímetros de comprido o macho, a fêmea com 60 a 80 milímetros, o qual se localiza, geralmente, no esôfago ou no estômago dos cães, podendo ser encontrado também na artéria aorta, nos brônquios ou no tecido pulmonar, provocando neste último caso uma broncopneumonia mortal.

O parasito, que a ciência denomina *Spirocerca lupi,* provoca tumores naqueles órgãos.

Luís Picollo já teve ensejo de verificar sua existência em São Paulo[63].

O verme é veiculado por baratas, besouro, tatuzinho que se infestam com as fezes dos cães parasitados pelo verme.

Os sintomas são pouco definidos, notando-se por vezes perturbações digestivas, vômitos, diarréia, etc.

A cura é mais que problemática.

No caso de se chegar a diagnosticar esta parasitose, o que cumpre é isolar os doentes; pôr os sãos em local cimentado, onde não seja possível a vida dos besouros hospedeiros. Desinfetar o solo com soluto de sulfato de ferro a 5%.

Dirofilariose – Vide doenças do aparelho circulatório.

---

63. "O Biológico", fevereiro, 1935.

Capítulo II
Doenças do Aparelho Respiratório

Afecções das cavidades nasais: Duas são as mais freqüentes: a coriza e o epistaxe.

A coriza é uma inflamação da mucosa das cavidades nasais e não tem importância clínica, mas que se deve cuidar para não ficar crônica.

Basta submeter o doente a fumigações com sabugueiro, malva e instilar algumas gotas de óleo gomenolado na abertura do nariz para desaparecer o mal. A coriza crônica, difícil de curar, é as mais das vezes debelada com pulverizações de uma solução de adrenalina a 1%. A coriza às vezes denuncia parasitos nas cavidades nasais (vide Linguátulas).

Epistaxe (corrimento de sangue pelo nariz): Não raro é um sintoma de linguátulas, ancilostomose ou lesões cardíacas.

Remover a causa. Para os casos banais de traumatismo etc. fazem-se injeções ou pulverizações de água oxigenada diluída ao quarto ou antipirina em soluções de 10%. Nos casos graves recorrem-se às injeções hipodérmicas de ergontina em solução de 1 por 20 e na dose de 15 a 30 centigramas.

Linguátulas: São uns parasitos que se desenvolvem nas cavidades nasais dos cães, geralmente na bolsa do ineato médio. Estes parasitos só se encontram nos cães que comem vísceras de ovelhas ou de outros herbívoros.

No começo da evolução dos parasitos os animais nada sentem, porém mais tarde acusam comichões no nariz, espirram, há mesmo um corrimento mucoso e quase sempre hemorragia nasal (fig. 201).

O tratamento consiste em injetar no nariz uma solução fraca de vinagre, ou insuflar nele um pó esternutatório, a fim do cão expelir o parasito. Estes meios quase não dão resultados. Quando assim acontece no fim de sua evolução o parasito é um dia expelido. Nos casos raros, em que os linguátulas, provoquem sinais alarmantes, seria preciso recorrer à trepanação das cavidades nasais, operação que só um cirurgião hábil poderá executar.

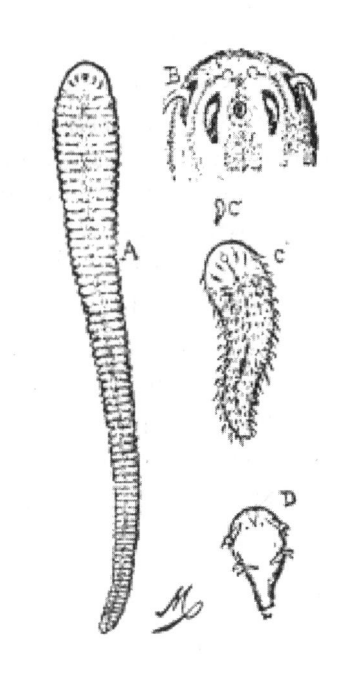

Fig. 201 – *Linguátulas do cão: A, adulto; B, cabeça aumentada; C, ninfa tamanho natural; C', ninfa aumentada; D, embrião muito aumentado.*

Laringite: Bem comum nos cães e quase sempre motivada pelo frio, mudança rápida de temperatura. O sintoma mais flagrante é a tosse seca contínua, que chega a provocar vômito ou um muco não catarral que o animal não sabe expelir. Dificuldade de deglutição. Pode a doença confundir-se com bronquite. Há nos casos mais graves febre e falta de apetite. Há uma forma crupal que conduz à morte por asfixia.

Pincelar a garganta com o seguinte colutório:

Sulfanilamida .... 60 cm

Borato de soda .... 30 cm

Glicerina .... 30 g

Em lugar de sufanilamida pode usar a resorcina na mesma dosagem.

Manter o animal resguardado do frio e do ar.

Os homeopatas recomendam o emprego do *Aconitum,* logo ao primeiro dia, de 2 em 2 horas, uma gota, uma colher de água e depois *Spongia,* cada 3 horas, em doses de 3 gotas em duas colheres de água.

Bronquites (broncopneumonias): A inflamação, da mucosa dos brônquios é muito comum nos cães.

É freqüentemente causada pelos resfriamentos. Pode distinguir-se duas formas.

Bronquite aguda simples: O doente apresenta-se triste, inapetente e com calafrios, mas o que principalmente caracteriza a bronquite é a aparição da tosse seca e mais tarde forte. Do nariz escorre um muco purulento que se resseca formando crostas que dificultam a respiração. A respiração acelera-se 20 a 30 movimentos por minuto (a normal é 10 a 12). A febre é pouco intensa – 39° a 39°,5.

Tratamento: Manter o doente ao abrigo dos resfriados.

Fazer fumigações com folhas de eucaliptos (um punhado) e algumas gotas de óleo gomenolado nas narinas.

Para acalmar a tosse: xarope de codeína, 3 a 4 vezes por dia em colheres das de café ou sobremesa, segundo o talhe do cão.

No caso de haver muito catarro e dispnéia dá-se durante alguns dias um expectorante:

Quermes mineral .... 50 cg a 5 g

Julepo gomoso .... 100 cg a 200 g

Três a quatro colheres (das de café, sobremesa ou sopa) por dia.

Bronquite capilar, Broncopneumonia: Quando a inflamação atinge aos pequenos brônquios e suas divisões terminais, há a bronquite capilar sempre complicada com a inflamação do tecido pulmonar.

O doente mostra-se inapetente, com febre alta (40°,5 a 41°); forte aceleração respiratória, 60 a 70 movimentos respiratórios por minuto.

102. Toy Terrier Inglês

103. Chihuahua

104. Schipperke

105. Staffordshire Bull Terrier

106. Staffordshire, orelha sem-corte

107. Bull Terrier

108. Manchester Terrier

.109. Komondor

110. Bedlington Terrier

111. Kuvasaz

112. Cão dos Pirineus

113. Afgan Hound

114. Old English Sheepdog

Prancha 18

115. Schnauzer Standard sal e pimenta

116. Schnauzer gigante preto

117. Blue Terrier

118. Fox Terrier pêlo-de-arame

119. Terrier Irlandês

120. Airedale Terrier

121. Welsch Terrier

122. Lakeland Terrier

Prancha 19

123. Spaniel Japonês

124. Shih Tzui

125. Papillon

126. Poodle

127. Spaniel Tibetano

128. Lulu da Pomerânia

129. Dandie Dinmont Terrier

130. Puli

131. Yorkshire Terrier

132. West Highland White Terrier

133. Fox-Terrier pêlo-liso

134. Border Terrier

135. Sealybam Terrier

136. Schnauzer miniatura

137. Sussex Spaniel

138. Cocker Spaniel Inglês

139. Cocker Spaniel americano

140. Field Spaniel

141. Terrier Escocês

142. Skye Terrier

143. Dachshund pêlo-longo

144. Cairn Terrier

145. Maltês

146. Pequinês

Prancha 23

147. Poodle miniatura

149. Toy Poodle

148. Terrier norueguês

150. Affenpinscher

152. Silky Terrier

151. Spitz Norueguês

153. Cardigan Welsh Corgi

154. Pembroke Welsh Corgi

Tosse freqüente acompanhada de mucosidade abundante pelo nariz. Dispnéia. O doente respira pela boca (fig. 202).

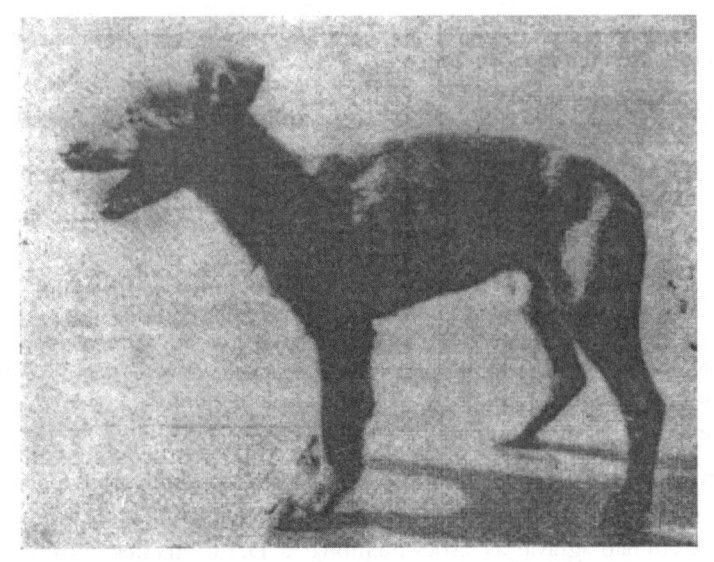

Fig. 202 – *Cão atacado de bronco pneumonia, com a boca aberta para poder respirar mais facilmente.*

Tratamento: Pela manhã e à noite aplica-se uma cataplasma de farinha de mostarda em um pouco de água morna nos dois lados do peito (deixar 20 minutos).

Quatro colheres ao dia das de café ou sopa, conforme tamanho do animal da seguinte mistura de xaropes, em partes iguais; xarope de terpina, id. de codeína, id. de Dessessartz, id. de tolu.

Sulfanilamida na dose de 0, 12 g por quilo, até o máximo de 4,5 gr, ou penicilina.

Fazer as fumigações já indicadas na bronquite aguda simples. Depor algumas gotas de óleo gomenolado nas narinas.

Manter as forças do doente com injeções subcutâneas de óleo canforado (1 a 3 cc) pela manhã e à noite.

Dar como alimentação leite açucarado, café com uma colher das de café de aguardente, carne crua, suco de carne.

Os homeopatas usam *Phosphorus* e *Antimonium* alternados.

Diante dos resultados da penicilina não se deve tentar outra medicina.

Pneumonia: As pneumonias andam quase sempre associadas à inflamação dos brônquios e ambas têm a mesma causa. Raramente surge a pneumonia só. Tratando-se de uma doença de prognóstico sombrio convém atalhá-la, com medicação segura como hoje já se tem na penicilina.

Os casos complicados, já tardiamente tratados, exigem a presença de um veterinário e inútil seria sobre eles estender-nos.

Bronquite crônica. Enfisema pulmonar: A bronquite crônica é quase sempre a conseqüência das inflamações agudas sucessivas da mucosa dos brônquios.

Quando a bronquite coincide com um estado geral mau, magreza, emaciação muscular é preciso suspeitar da tuberculose.

Para acalmar a tosse e parar as secreções deve usar-se:

Terpina .... 3 g

Xarope de diacódio .... 50 g

Água destilada .... 200 g

Álcool .... Q. S.

Duas a três colheres das de café ou de sopa conforme o talhe do animal por dia. Completa-se o tratamento ministrando-se regularmente licor de Fowler 2 a 10 gotas por dia, enxofre lavado 30 cg a 2 g por dia e bicarbonato de soda 50 cg a 2 g por dia.

O enfisema pulmonar é a conseqüência da tosse prolongada, ele não se diferencia da bronquite senão pela ausência das secreções brônquicas. Não se deve pensar na cura mas somente em não agravar as lesões pulmonares. Dar calmantes opiados. Pôr o animal sob cuidados dum veterinário.

Pleurisia: A inflamação da pleura é freqüente nos cães, ela pode ser aguda ou crônica.

Os sintomas da pleurisia são os seguintes: tristeza, febre, sensibilidade mais ou menos viva nas paredes lombais.

Esta sensibilidade anormal é fácil de evidenciá-la pela simples apalpação dos espaços entre as costelas, ela é às vezes tão forte que o cão limita voluntariamente os movimentos da cavidade torácica que parece quase imóvel no curso da inspiração e da expiração.

Após 24 a 48 horas forma-se na pleura um exsudato mais ou menos abundante; ao mesmo tempo que aparece o líquido a sensibilidade diminui.

A presença do exsudato põe o animal como que sufocado, a respiração é rápida, curta e discordante, quer dizer do flanco e das costelas que, na respiração normal, se faz no mesmo sentido, no caso da pleurisia se faz no sentido inverso; o flanco cava-se quando se levantam as costelas e inversamente.

A percussão do tórax produz um som abafado.

Tratamento: Cataplasmas sinapizadas, fricção de pomada estibiada, mantida com uma pasta de algodão e ligaduras a fim de que o animal não lamba o remédio.

Pode-se igualmente friccionar o tórax com: essência de terebintina, 60 g; essência de mostarda, 5 gotas; álcool, 50 g.

Empregar diuréticos: bicarbonato de soda 50 cg a 2 g por dia com leite; infusão de digitales açucarada a 1% em três colheres das de café ou sopa por dia.

Se estes meios não derem resultado, é necessária a intervenção dum veterinário para fazer uma punção na pleura afim de dar escoamento ao líquido. Os cães atacados de pleurisia aguda ou crônica devem ser tidos como suspeitos de tuberculose.

Capítulo III
Doenças do Aparelho Circulatório

Periocardite, endocardite, miocardite, etc.: As doenças do coração, a afecção das artérias e das veias, diz Douville, de freqüente ocorrência na patologia canina, podem apresentar uma sintomatologia que as faz confundir com muitas outras doenças.

Assim, somente o veterinário será capaz de intervir com uma medicação apropriada.

Anemia: É um estado mórbido motivado pela diminuição da massa do sangue ou de alguns de seus elementos.

A doença denuncia-se pela palidez das mucosas, fraqueza, fraqueza causada por pequenos esforços; apetite diminuído, irregular, e digestão difícil. Desconfiar da ancilostomose.

Tratamento: Boa higiene. Superalimentação. Regime misto: carne crua, extrato de carne, leite.

Estimular o apetite com estomáquicos:

> Tintura de quina .... 20 g
> Tintura de cola .... 20 g
> Arseniato de sódio .... 5 cc
> Vinho fino Q.S. para ½ litro

Uma colher das de café ou sobremesa antes das refeições.

Alternar medicações ferruginosas e arsenicais da seguinte forma, numa semana:

> Lactato de ferro .... 2 g
> Xarope genciana .... 250 cc

Uma colher das de café ou de sopa pela manhã.

Na semana seguinte:

> Arrenal .... 30 cg
> Xarope simples .... 200 cc

Uma colher das de café ou de sopa pela manhã.

Para os cães novos empregar o óleo de fígado de bacalhau, uma colher das de café ou sobremesa por dia.

Nos animais profundamente anêmicos usar injeções de água salgada (ou Hemotonine ½ cc cada dois dias).

Dirofilariose: os cães que habitam as regiões quentes do mundo estão sujeitos a uma doença parasitária causada pela *Dirofilaria immitis,* helminto que vive, especialmente, no coração direito e artéria pulmonar destes animais, bem como dos gatos e carnívoros selvagens.

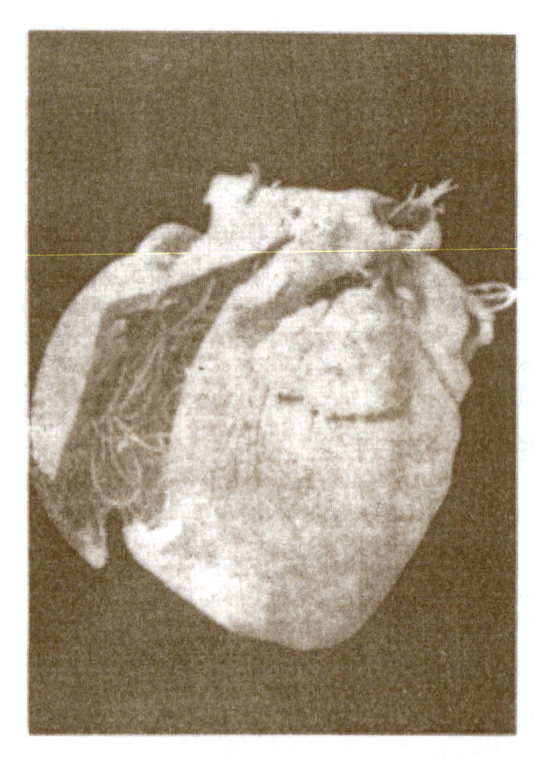

Fig. 203 – *Coração de cão; um caso de filariose canina,* (Dirofilaxia immitis). *Seg. Travassos.*

Conquanto sejam pouco apreciáveis os sinais clínicos, na maioria dos casos, por vezes o mal se revela por tosse seca, respiração ofegante, emagrecimento, inapetência, ascite edema, hemorragia nasal; no estado mais avançado nota-se emissão de urinas sangrentas, febre, fotofobia, ataques epileptiformes e por fim irregularidade cardíaca, tendo como desfecho a morte por asfixia.

Pela necrópsia depara-se-nos um enorme número de dirofilárias nas cavidades do coração direito e artéria pulmonar.

Nos casos pouco apreciáveis clinicamente o exame microscópico do sangue revela os embriões do verme.

Jaime Lins de Almeida empregou com êxito o soluto de *Antimosan veterinário,* de Bayer, em injeções endovenosas para tratamento da seguinte forma: No 1º. dia, 2 cc; no 4º. dia, 2,5 cc; no 7º. dia, 2,5 cc; no 10º. dia, 3 cc; no 13º. dia, 5 cc Depois do 13º. dia, injetar cada 5 dias 5 cc até que o total das injeções atinja a 40 cc.

Também recomendam alguns veterinários injeções musculares, diárias, de fuadina, de O, 1 aO, 15 g por quilo de peso do animal, até exame negativo do sangue.

Como profilaxia deve-se combater certos mosquitos veiculadores do parasito, como *Stegomya aegypi,* o *Culex quinquefasciatuas* e o *Aedes taeniorhyinchus,* todos comuns entre nós.

Segundo Noé, citado por César Pinto, o carrapato *Rhipicephalus sanguineus,* tão comum aos cães, é também transmissor desta helmintose.

Capítulo IV
Doenças do Sistema Nervoso

Congestão cerebral: A congestão cerebral é devida às doenças infecciosas, especialmente a cinomose (doença dos cães novos). A insolação também é causa freqüente desta moléstia.

O cachorro vítima da congestão fica excitado, gane e se debate.

Se ação persiste os fenômenos de excitação dão lugar à coma e depressão, sobrevindo a paralisia, muitas vezes.

Quando há hemorragia grave a vítima cai como que fulminada.

Tratamento: É necessário, nos casos comuns de insolação, pôr o animal ao abrigo dos raios do sol, num lugar fresco e fazer abluções de água fria na cabeça.

Quando o animal se apresenta em estado comatoso é preciso sangrá-lo (secciona-se a orelha em caso de urgência) e estimula-se o coração com uma injeção de cafeína.

Nos casos de hemorragia cerebral, de tratamento ilusório, usa-se o iodeto de potássio para ativar a reabsorção dos coágulos.

Iodeto de potássio	10 g
Xarope de cascas de laranjas amargas	50 g
Água destilada	150 g

Duas colheres das de café ou de sopa um dia sobre dois.

Coréia: A coréia, também chamada paralisia rítmica, é uma afecção convulsiva freqüente nos cães e de natureza tóxico-infecciosa. Os cães atacados de cinomose (moléstia dos cães novos) são muitas vezes vítima desta enfermidade.

Primeiramente são os doentes atingidos de paraplegia (paralisia dos quartos) depois as convulsões aparecem, de outras vezes aparecem as manifestações em conjunto. As regiões atingidas são sede de sacudidelas ordinariamente rítmicas. Em regra a coréia é de evolução lenta e marcha crônica.

Tratamento: Submeter os doentes a uma alimentação abundante e alíbil, muita carne, em parte crua, tônicos, óleo de fígado de bacalhau. Dar vitamina B em doses fortes. Deixá-los em liberdade, permitindo-lhes passear ao sol, sem fatigá-los. Evitar os lugares frios e úmidos.

Desde o aparecimento das perturbações paralíticas dos membros posteriores, deve passar-se na região dorso-lombar um revulsivo (pomada estibiada).

Para agir contra as lesões dos centros nervosos, prescreve-se:

Iodeto de potássio ou de sódio .... 1 a 10 g

Arseniato de soda .... 1a 5 cg

Xarope de cascas de laranjas amarelas .... 100 a 200 cc

Uma colher das de café por dia durante 10 dias. Descansar 10 dias e recomeçar mais uma vez.

Cloreto ou lactato de cálcio .... 1 a 5 g

Água destilada ou xarope simples .... 100 a 200 cc

Duas a quatro colheres das de café ou sobremesa por dia.

Se estes meios não surtirem efeito, empreguem-se injeções de estricnina: como se acha indicado para a paralisia.

Em medicina homeopática é usada, em casos de coréia, o *Arsenicum alba,* tintura mãe, 5 gotas pela manhã e à tarde, em 3 ou 4 colheres de água.

Meningites: A inflamação das membranas que envolvem a substância nervosa do encéfalo e da medula constitui uma entidade mórbida denominada meningite. Quando a inflamação afeta somente as envolturas do encéfalo denomina-se meningite encefálica, caso se localize nas envolturas da medula, meningite espinal e quando afeta estas membranas em toda sua extensão, meningite cérebroespinal.

As meningites podem ser provocadas por traumatismos cranianos, por insolação, por parasitos dos centros nervosos, pela extensão às meninges duma supuração do ouvido ou do olho.

Observa-se, sobretudo, como afecção secundária no curso das moléstias infecciosas, principalmente de cinomose (doença dos cães novos).

Os seus sintomas são análogos aos da congestão cerebral.

Tratamento: Instalar o animal em lugar obscuro e sossegado. Nutri-lo só com alimentos líquidos, caldos, leite, dado por colher.

Combater a congestão pela refrigeração do crânio, pela sangria, ministrando-se também um purgativo (5 a 50 cg. de calomelanos, 5 a 50 grs. de óleo de rícino ou de maná). Empregar a penicilina como um anti-infeccioso geral.

Acalmar a excitação com:

Brometo de potássio ou de sódio .... 1 a 5 g

Xarope de cascas de laranjas amargas .... 100 a 200 cc

ou

Sulfonal .... 1 a 5 g

Xarope de groselha .... 110 a 220 cc

Duas ou três vezes ao dia uma colher das de café ou sopa. Combater o estado de coma com infusões de café ou chá fracamente alcoolizados, com injeções de cafeína ou éter. Combater a constipação do ventre com lavagens, e em caso de retenção de urinas esvaziar a bexiga por meio da sonda. Pode também extrair-se o líquido céfalo-raquideano acumulado nas meningites, praticando-se a trepanação, trabalho cirúrgico que só pode ser executado por hábil veterinário.

Epilepsia: É uma doença crônica, caracterizada por ataques convulsivos e perda súbita do conhecimento e da sensibilidade.

Distingue-se a *epilepsia essencial,* sem causa conhecida e independente de qualquer lesão do sistema nervoso, da *epilepsia secundária,* provocada por causas diversas.

A epilepsia essencial é rara nos cães como nos demais animais domésticos. A crise epiléptica ou epileptiforme manifesta-se seja sob forma de epilepsia parcial ou epilepsia geral. Na epilepsia parcial a crise aparece sempre bruscamente, o animal se fixa imóvel, pestaneja, os olhos dançam nas órbitas, os músculos dos lábios e da face são agitados por tremuras, a cabeça é mantida alta ou de lado, há mastigação com ou sem salivação. O doente faz algumas vezes vários passos para trás ou para o lado, mas não há queda ao chão.

Na forma generalizada as contrações invadem todo o corpo, há movimentos convulsivos de mastigação, com esgares e ranger de dentes e salivação, o doente cambaleia e cai ao chão com os músculos contraídos. No chão os estremecimentos musculares são mais intensos, a inconsciência e a insensibilidade são completas. Muitas vezes há expulsão involuntária de urinas e de fezes. A duração dos acessos varia de 25 a 30 segundos a 15 ou 20 minutos. O animal levanta-se atordoado e mais ou menos abatido.

Ora os ataques são freqüentes, 8 a 10 num dia, ou espaçados de alguns dias ou de mês a mês.

Na epilepsia essencial as crises são sempre muito espaçadas.

Quando um cão apresenta estes ataques, sabendo-se da raridade da epilepsia essencial, deve-se olhar logo estas manifestações como sintoma de algum mal: ascáride, enterite, sarna dos ouvidos, intoxicações, cinomose (moléstias dos cães novos) e então a medicação será feita de conformidade com o mal.

Na epilepsia essencial, as mais das vezes hereditária e sem cura, recorrem-se aos calmantes:

Brometo de potassium .... 50 cg a 5 g
Brometo de sodium .... 25 cg a 2,50 g
Brometo de stroncium... 20 cg a 2,50 g
Xarope de cascas de laranjas amargas
    ou água destilada.................................. 10 a 400 cc.

Durante uma semana, 1 colher das de café ou de sopa nas refeições (2 a 3 vezes num dia). Na semana seguinte 3 a 5 colheres por dia; na 3ª. semana descanso e regime de alimentação sem sal. Em seguida recomeçar a medicação.

Brumoral e Luminaletas de Bayer.

Eclampsia: É uma moléstia própria do período que segue a gestação das fêmeas; ela aparece do 2º. ao 6º. dia após o parto, e às vezes, muito tardiamente, 20 a 50 dias depois do parto e rarissimamente antes do parto.

A eclampsia apresenta-se sob a forma de acessos mais ou menos numerosos seguido de período de calma.

Começa o ataque pela aceleração da respiração e da circulação rapidamente seguido de contrações clônicas e tônicas de certos grupos de músculos. O doente cai ao chão, com os membros rígidos, contraídos e apresenta estremeções violentos. A duração destes ataques varia de 1 a 24 horas, com períodos de calma. O doente não perde as suas faculdades intelectivas, reconhece o dono e o festeja com batidelas de cauda.

A crise pode terminar pela morte se não se socorrer em tempo; a cura é fácil de obter.

Tratamento: Coloca-se o doente em local calmo e dá-se-lhe 3 a 4 colheres das de café ou de sopa, segundo o talhe, do seguinte remédio:

> Xarope de éter(Cordex)
> Água de flor de laranja } partes iguais
> ou xarope de cloral.

Dá-se-lhe também lavagens intestinais com água fisiológica a 7%, com cloral, depois de se ter esvaziado o reto com uma lavagem de evacuação. Sobrevêm alguns ataques porém cada vez mais curtos até desaparecerem.

Mantém-se o doente em regime lácteo durante alguns dias após a desaparição da crise.

O tratamento de escolha, entretanto, é feito com injeções endovenosas de levulato de cálcio. A sangria, na falta de outro medicamento, é muito recomendável. Luminaletas.

Os homeopatas receitam para a eclampsia *Cuprum arsenicosum* e *Belladona* alternados, cada 20 minutos. Dose: 3 gotas em 2 colheres de água.

Gestação nervosa, gestação imaginária, falsa gestação: Sob estas denominações designa-se um estado especial freqüente nas cadelas que após o cio, quer se tenham acasalado ou não, apresentam a maior parte dos sinais da gestação normal, e mais tarde, no termo regular, uma série de manifestações que fazem crer num próximo parto. A cadela, que apresenta um ventre volumoso, aos sessenta dias, se isola, prepara o ninho e aí fica de 24 a 48 horas.

O fenômeno termina por um corrimento sanguíneo. Para suprimir a lactação da cadela, é conveniente dar-lhe um purgativo de óleo de rícino e lavar diariamente as tetas com uma solução de alúmen de 3 a 4%.

Convulsões: São freqüentes especialmente nos cães novos. Elas podem ser motivadas por causas diversas como: vermes intestinais, cinomose, congestões, intoxicações, etc. O tratamento assim fica na dependência da causa. Há também convulsões ditas *essenciais* sem causa apreciável e outras devidas a uma alimentação desprovida de vitaminas (avitaminose).

Para combater os sintomas convém pôr o doente em lugar de pouca luz e sossegado, onde se lhe fornece alimentos e bebidas. Afastada a suposição da raiva, ministram-se calmantes indicados para a epilepsia e eclampsia. Verificada a causa original faz-se o tratamento adequado, não dispensando o óleo de fígado de bacalhau.

Paralisias: A paralisia não constitui uma entidade patológica especial mas apresenta-se sempre como sintoma de afecções de órgãos diversos ou enfermidades gerais, verminoses, indigestões, nefrites, etc.

A perda da sensibilidade e da motilidade de uma ou várias regiões do corpo constitui um característico essencial da paralisia.

Conforme as regiões afetadas, a paralisia recebe denominações especiais, assim a paralisia dos músculos da cara chama-se *paralisia facial,* a dos músculos da língua *glossoplegia,* se afeta uma só das extremidades posteriores chama-se *paraplegia,* se interessa às extremidades do mesmo lado denomina-se *hemiplegia,* se um só membro *monoplegia,* se os quatro membros *diplegia.*

A paralisia não surge nunca como enfermidade essencial, estando sempre na dependência de várias moléstias no decorrer de cuja evolução se apresenta.

As fermentações anormais, que se produzem no intestino durante a evolução de certas afecções deste órgão, dão lugar a toxinas microbianas que arrastadas para a corrente circulatória, vão exercer sua ação sobre os centros nervosos, determinando paralisias. As paralisias sintomáticas que surgem no decorrer da cinomose (doença dos cães novos) e as da raiva não têm outro mecanismo, ambas são determinadas pela intoxicação dos centros nervosos.

Os traumatismos exercidos sobre os ossos da caixa craniana ou do estojo medular também produzem paralisias, quando ocorre compressão sobre a substância nervosa.

O quadro sintomológico da paralisia depende principalmente dos órgãos afetados.

Quando a paralisia manifesta-se no curso de alguma enfermidade, o diagnóstico não oferece dificuldade não assim quando ela se apresenta sem causa aparente. A dificuldade dos movimentos com que a paralisia geralmente se inicia pode fazer crer num reumatismo.

Tratamento: Desde o momento em que se iniciam os fenômenos paralíticos, convém ministrar-se ao animal tônicos nervinos, independentes do tratamento destinado a combater a enfermidade primitiva.

As injeções de estricnina são neste caso insubstituíveis:

Sulfato de estricnina .... 5 milig

Água destilada.. 10 cc

Desta solução se começa a injetar num cão de tamanho médio 1 cc diário, no quarto dia aumenta-se a dose para 2 continuando-se assim até se injetar 4 por dia.

As correntes elétricas, numa sessão diária, aumentando a intensidade da corrente e do tempo de aplicação, dão bons resultados.

Se há paresia intestinal, aplica-se um reóforo da pilha na boca do animal e outro no ânus, produzindo-se instantaneamente evacuações fecais.

Nos casos de paraplegia são muito indicadas as fricções estimulantes ao largo da coluna vertebral com um bálsamo nervino. Massagens. Vitamina B.

Capítulo V
Doenças do Aparelho Gênito-Urinário

Balanite: É uma inflamação do pênis muito freqüente e destituída de perigo quando curada em tempo. O sintoma é um corrimento que surge na extremidade da bainha do pênis e que o cão constantemente lambe.

Aplica-se, por meio de uma seringa de borracha, uma injeção na bainha do pênis com uma solução de permanganato de potassa (1 grama para 1 litro de água fervida e tépida). Uma vez ao dia. Também dá resultado lavar o pênis desnudado com água pura previamente fervida e aplicar uma pomada de penicilina durante alguns dias.

Fimose e parafimose: A fimose, quando é congênita, consiste no estreitamento da bainha do pênis que não permite a saída deste.

Obtém-se a cura mediante uma operação cirúrgica: a circuncisão. Quando ela é motivada por inflamação do membro combate-se com banhos dum cozimento de dormideira, e, no caso de não ceder, opera-se.

A parafimose é um acidente do acasalamento, e consiste no estrangulamento do pênis na parte da glande que não o deixa penetrar na bainha. Unta-se a parte com vaselina boricada e tenta-se a sua redução.

Não sendo possível recorre-se aos banhos emolientes (cozimento de dormideira), não sendo ainda possível chama-se o veterinário, que mediante uma pequena incisão remediará o mal.

Prolapso da vagina: O prolapso da vagina é sempre conseqüente ao ato de acasalamento.

Consiste no aparecimento de uma parte da vagina ao nível da vulva, sob a forma de uma mucela vermelha.

Pratica-se a redução, isto é, reintroduz-se a parte saliente, banhando-se previamente com um líquido adstringente (solução de alúmen 4 g para um litro, ou uma decocção de casca de carvalho).Para facilitar o trabalho da redução, unta-se com um pouco de vaselina. Para impedir o fenômeno é quase sempre necessário fazer uma sutura com dois pontos nos lábios da vulva. Durante dois ou três dias dão-se injeções vaginais com as substâncias citadas. No fim de oito dias cortam-se os pontos da sutura.

Prolapso do útero: No caso do prolapso do útero, queda da matriz, diz o povo, sempre em conseqüência de partos laboriosos, sobretudo quando o feto é extraído a força, é necessário intervir com urgência.

O sintoma é a saída do útero invaginado pela vulva, apresentando-se sob a forma de um tumor ovóide ou cilíndrico, vermelho, tumefato e sangrento. Coloca-se, neste caso, a cadela em local limpo e chama-se um veterinário. Este, ou mesmo uma pessoa jeitosa, lavará esta massa protaída, com água boricada quente após secá-la, untá-la com vaselina boricada praticará a redução, isto é, irá aos poucos forçando a entrada do órgão protraído. Aplicações de compressas de água quente de 40° a 45° facilitam também este trabalho.

Em terapêutica homeopática é costume usar *Stannum* ou *Sepia* numa dose de 3 gotas em 2 colheres de água, cada 12 horas.

Vulvite e vaginite: As vulvites e as vaginites notam-se pelo estado vermelho vivo da vulva. A vulva e a vagina apresentam-se inflamadas.

O medicamento de escolha são as injeções vaginais, meio litro de cada vez, de um decoto de 3 cabeças de papoulas e um punhado de raízes de malva, que se fervem durante 20 minutos em 2 litros de água, filtra-se em algodão hidrófilo e a seguir nele se adicionam:

Borato de soda .... 25 g

Sal marinho .... 10 g

Pomadas de sulfanilamida ou de penicilina são ainda mais indicadas.

Nitri acidum da homeopatia, uma dose cada 12 horas. Dose de 3 gotas em uma colher de água.

Metrite: Assim se denomina a inflamação do útero. Ela pode ser aguda ou crônica. A forma aguda sobrevém 24 a 48 horas após o parto e se anuncia por febre alta e calafrios. Pouco tempo depois surge um corrimento vulvar sanguinolento, de cheiro repugnante.

O animal, que se apresenta abatido e recusa toda a alimentação, tem o ventre doloroso.

A morte dá-se entre um a dois dias. Se a temperatura vem abaixo da normal é quase certa a morte da doente.

O tratamento consiste na desinfecção do útero por meio de uma abundante irrigação de água salgada tépida (uma colher de sopa de sal em 1 litro de água) seguida logo de outra irrigação de água iodada (tintura de iodo 1 colher das de sobremesa, iodeto de potassa 2 g, água fervida tépida 1 litro). Estas lavagens são difíceis e até, por vezes, impraticáveis.

Como anti-infeccioso geral do organismo, usar a penicilina.

É preciso suster as forças da doente com injeções de óleo canforado ou de soro fisiológico e com colheradas de uma infusão de café forte com um pouco de aguardente (1 colher das de chá).

As metrites crônicas são difíceis de curar, mas combatem-se com irrigações anti-sépticas: permanganato (1 por 3.000).

Como medicação homeopática usa-se duas gotas de *Belladona* cada 6 horas. Em caso de hemorragias (metrorragias) usam os homeopatas, com vantagem, *Hydratis,* em tintura mãe. Dose: 10 gotas cada quarto de hora.

Cistite: É uma inflamação da bexiga. O seu principal sintoma é a freqüência com que o animal urina, sendo escasso o líquido emitido, muitas vezes apenas algumas gotas. O animal mostra-se inquieto, inapetente e não raro febril, bebendo água continuamente.

Para tratamento interno ministram-se beberagens mucilaginosas, como cozimento de grãos de linho que se alcaliniza com 2 g de bicarbonato de soda para 100 cc de decoção.

Pode dar-se em lugar da receita acima:

Bicarbonato de soda	10 g
Salol	3 g
Infusão de sândalo	150 g
Xarope simples	300 cc

Uma colher das de sobremesa de 2 em 2 horas.

Regime lácteo. Águas minerais: Vichy, São Lourenço.

Sempre que possível desinfecções da bexiga com azul de metileno ou penicilina.

Usam os homeopatas o seguinte tratamento: Uma gota de *Aconitum* em duas colheres de água, cada 15 minutos. Passada a crise dá-se, de hora em hora, uma dose de *Cantharis* (3 gotas em uma colher de água) e mais tarde *Uva ursi* duas vezes ao dia consolidará a cura. Dose: 3 gotas em 2 colheres de água.

Nefrite: Denomina-se nefrite a inflamação do rim. É vulgarmente chamada "dor de cadeiras". Várias são as causas, mas geralmente ela surge no curso das moléstias infecciosas ou é causada por intoxicações.

Os seus sintomas são os seguintes: O animal mostra-se abatido, febril, inapetente e com sinais inequívocos de cólicas violentas, dorso em arco.

Qualquer pressão sobre a região lombar provoca uma reação por parte do animal. A marcha é penosa, os animais "arrastam os membros", a sede intensa e o pulso freqüente, urina rara.

Quase sempre há dispnéia e edema das extremidades.

Aplicam-se compressas úmidas e quentes nos rins. Como anti-séptico renal uroformina (25 a 50 cg em 24 horas). Para manter as forças, injeções de óleo canforado, ½ a 2 cm cúbicos, pela manhã e à noite.

Regime lácteo exclusivo. Repouso.

A congestão do rim é passível desta mesma terapêutica, bastando repouso e regime lácteo para combatê-la.

Os que seguem os princípios terapêuticos de Hahnemann usam para a nefrite *Aconitum* e *Cantharis* alternados, cada 2 horas e após 3 dias alternam *Arsenicum alb* e *Phosphorus.* Doses: 3 gotas em 2 colheres de água. Quando o animal estiver livre da crise, ainda convém empregar *Plumbus,* uma dose por dia para consolidar a cura.

Urinas sangrentas (hematúria): A emissão de urinas sangrentas não constitui uma doença, mas é o sintoma de várias afecções e doenças.

Pode ser determinada por uma congestão de rim, de bexiga, nefrite, cálculos, pancadas sobre o trem posterior do animal, piroplasmose (peste de botar sangue ou nambiuvu como é conhecida no interior do nosso país). Veja as enfermidades citadas.

Eclampsias: Vide Doenças do Sistema Nervoso.

CAPÍTULO VI
DOENÇAS DA PELE

Doenças não parasitárias: *Eczema:* É uma dermatose muito comum aos cães, atingindo geralmente os indivíduos que passaram da idade adulta. Sobre a natureza e origem desta afecção, apesar das múltiplas hipóteses, nada se sabe ao certo.

Apresentam-se vários tipos clínicos de eczemas que estudaremos separadamente.

Eczemas impetiginoso ou impigem dos cães: Sobre a superfície da pele aparecem pequenas pústulas isoladas ou confluentes que dão saída a um pus amarelo esverdeado que aglutina os pêlos em crostas amareladas.

Fig. 204 – *Cão atacado de eczema generalizado.*

Eczema rubrum: Manifesta-se por uma vermelhidão e tumefação da pele em uma zona mais ou menos extensa de região lombar. Causa isto prurido, o que obriga o animal a coçar-se com violência, aumentando assim as feridas em extensão e profundidade.

Eczema úmido: Apresenta-se em qualquer região, porém é mais comum começar na cabeça, pescoço e dorso. Inicia-se geralmente em um só foco que aumenta de extensão. Surgem às vezes novos focos que confluem um com os outros. A superfície deste eczema está sempre banhada dum líquido corrosivo que destrói o pêlo, a epiderme e a própria pele.

Eczema escamoso ou farináceo: O característico deste eczema são as suas escamas epidérmicas numerosas que se desprendem quando o animal se coça, enfarinhando-o.

Tratamento: O tratamento de cada uma destas formas é distinto. O eczema rubrum e o úmido exigem idênticos processos de cura.

Tosa-se o pêlo das partes afetadas, lavam-se estas com uma solução de permanganato de potassa (1/100) e tocam-se estas mesmas partes com uma solução mais forte do mesmo remédio (25/100).

Como tratamento interno: quatro comprimidos de lactobacilina em duas doses misturadas com uma colher das de chá de bicarbonato de soda, após cada refeição.

Dá também bons resultados lavar a parte afetada com água fenicada (1 por 100 ou 1 por 200), enxugar bem com algodão e polvilhá-la com enxofre ou então com a seguinte mistura:

Amido .... 75 g
Óxido de zinco 25g

O eczema impetiginoso exige uma limpeza da pele mais rigorosa de forma a remover as crostas e obrigar o pus a sair das pequenas pústulas. Desinfetar depois a pele ou com a solução fenicada acima indicada ou água oxigenada diluída 1/3 e depois passa-se glicerina iodada.

Nos eczemas secos, escamosos, lavam-se as partes afetadas com uma solução de salicilato de soda a 5 por 100.

A seguinte pomada é recomendável:

Alcatrão da Noruega .... 5 g
Ácido salicílico .... 2 g
Banha .... 100 g

Uma alimentação nutritiva, sadia, abundante, tendo como base a carne; banhos sulforosos, auxiliam grandemente a cura destas dermatoses.

Para o eczema das pálpebras costumam receitar:

Ácido salicílico .... 50 cg
Óxido de zinco 4g
Amido puro .... 4 g
Vaselina pura .... 10 g

Fig. 205 – O *mesmo depois de curado.*

Qualquer que seja o eczema convém começar o tratamento por um purgativo: maná (30 grs.). Fazer em seguida uma mudança de regime alimentar. Se se abusa da carne diminui-se este alimento e dão-se legumes e farináceos e se a ração se ressente da falta de carne aumenta-se a ração desta.

Deve-se também como medicação interna ministrar um pouco de licor de Fowler 5 a 10 gotas por dia. Começa-se com uma gota e vai-se aumentando até 10, voltando-se então novamente a uma gota e assim por diante.

Depois de 15 dias faz-se uma pausa de 10 dias para recomeçar.

Dá excelentes resultados a aplicação diária de uma injeção de metilarseniato de soda, 3 a 5 centg em 1 cc de água destilada. Ultimamente têm-se ministrado aos cães eczematosos a vitamina B2 e vitamina H ou K, entrando assim estas dermatoses no rol das avitaminoses.

A água fenicada e o enxofre em pó aplicados na maneira que acima nos referimos dão bons resultados em todos os casos de eczema, quer ele seja agudo ou crônico.

Eczema interdigital: Por vezes o eczema localiza-se entre os dedos dos pés, causando manqueira e até a queda da unha.

Manter o pé numa solução de permanganato de potassa a 1 por 1.000, quente. Enxuto o pé aplica-se a seguinte pomada (Cadiot et Breton):

Ácido salicílico .... 5 g

Óxido de zinco .... 5 g

Resorcina .... 2 ½ g

Vaselina .... 100 g

Quando a inflamação houver desaparecido suprimem-se os banhos e a pomada e cobre-se a parte doente com colódio salicilado.

Fig. 206 – *Forma furunculosa generalizada da acne (Cadeac).*

Obtém-se bons resultados com aplicação duma solução de azul de metileno resorsinado, 3 vezes por dia durante 8 dias.

Para todas as afecções eczematosas os homeopatas aconselham *Antimonium tart.* Duas doses ao dia, pela manhã e à noite. Doses: 3 gotas em 2 colheres de água. Se não der resultado alterne *Sulphur* e *Dulcamara* e externamente lave com infuso de *bardana,* 2 vezes na semana, secando logo a seguir.

Cancro da cauda: Dá-se esta designação a uma manifestação eczematosa que aparece na extremidade da cauda. Com o prurido o cão coça-se provocando hemorragia.

O tratamento deve visar a supressão do prurido e para isso usa-se pomada de resorcina a 5% e cloridrato de cocaína a 5%.

Um penso especial, uma espécie de estojo protege a cauda. Tratamento interno semelhante ao do eczema.

Acne: É esta enfermidade caracterizada pela inflamação das glândulas sebáceas ou dos folículos pilo-sebáceos. Acha-se quase sempre associada à acne demodeciea, que é indispensável combater.

Aparecem ao começo umas pápulas que se transformam em pequenas pústulas do tamanho duma lentilha ou um pouco maior. O conteúdo destas pústulas desseca-se e formam-se crostas e que acabam por acarretar a queda do pêlo.

O prurido obriga o animal a coçar-se e determina as escoriações que provocam muitas vezes infecções secundárias.

Há uma forma de acne que apresenta verdadeiros furúnculos do tamanho de um feijão ou de uma avelã (fig. 206).

A doença é provocada muitas vezes por atrito de açamo, da coleira ou pela tosagem do pêlo.

O tratamento consiste primeiramente em remover estas causas.

Depois lavam-se as partes afetadas com água morna e sabão e desinfeta-se a pele (abrindo as pústulas se houver) com uma solução anti-séptica quente e em seguida passa-se:

> Ácido salicílico 20g
> Lanolina 50g

Usar internamente licor de Fowler – Penicilina em injeções.

Pitiriases: também chamado dartro farinhoso, confunde-se com o eczema muitas vezes. O tegumento apresenta-se coberto de abundantes películas brancas. A comichão não é forte. A pele fica seca, endurece pouco a pouco e com o tempo toma uma cor escura.

Mesmo tratamento interno que o do eczema.

Aplicar banhos alcalinos:

> Bicarbonato de soda .... 10 a 30 g
> Água .... 6 a 20 litros.

Alopecia: assim se chama a queda do pêlo que pode ter causas diversas.

Quando ela não é determinada pela tinha, sarna, eczema, lava-se a parte depilada e passa-se um pouco de querosene, ou, melhor, a seguinte preparação:

Álcool de 90° .... 100 cc

Cloral... 50 g

Tintura de cantáridas .... 10 cc

Água Q. S. para 1 litro.

Injeções de vitamina PP, diariamente durante várias semanas.

b) Doenças parasitárias: *Sarna:* Vulgarmente chamada, pira, lepra. Reconhecem-se dois tipos de sarna canina[64] determinada por agentes específicos diferentes.

Estas sarnas são denominadas: sarcoptídea[65] e otodética.

Sarna sarcoptídea: Os agentes desta sarna são o *Sarcoptes scabiei,* var. *canis* e *Notoedres cati.*

O primeiro destes parasitos apresenta grande afinidade com o *Sarcoptes scabiei* var. *hominis,* agente da sarna humana. Por esta razão se explica a relativa facilidade com que o cão contagia o homem.

Em relação ao *Notoederes cati,* parasito específico da sarna do gato é este, segundo Leblois, muito freqüente nos cães.

O gato é sempre o responsável por esta transmissão, sendo entretanto, de notar que o S. *scabiei,* parasito comum aos cães jamais se encontra nos gatos.

Os sintomas da sarna sarcoptínica não são dos mais fáceis de discenir diante de outras manifestações cutâneas, que apresentam aspectos muito semelhantes.

Demais, ela apresenta modalidades diferentes segundo se trate de cães adultos ou novos.

De uma forma muito concisa pode dizer-se que a forma típica de sarna sarcoptínica nos adultos apresenta calvescência irregular com crostas escuras e planas sobre a cabeça, pernas dianteiras, pescoço e região ântero-inferior do tórax.

A fêmea do *Sarcoptes* cava galerias na epiderme do animal afim de aí depositar os ovos e ao mesmo tempo mergulha o seu rosto de quando em quando, na derme, sugando o líquido de que se alimenta.

Sendo sua saliva tóxica, como a dos demais parasitos, causa o prurido que tanto incomoda e denuncia os cães sarnosos.

Está averiguado que é pela tarde e no decorrer da noite que os ácaros mais sugam a vítima e assim se explica o fato dos cães se coçarem mais pela tarde e no decorrer da noite, a ponto de não conciliarem o sono.

A comichão é regra, especialmente na sarna dos adultos, mas certos cães, já enfraquecidos pela doença e pela idade, não se coçam com freqüência e não demonstram tanta violência ao se coçarem.

---

64. Cingindo-nos à classificação do Ch. Leblois, não incluímos no grupo das sarnas a *acne demodécica,* até então dita demodécica ou folicular, da qual trataremos mais adiante, sob aquele nome.

65. Outrora dizia-se sarcóptica, mas o Prof. Leblois, diante do fato de ser o cão parasitado quer pelo *Sarcoptes scabiei,* quer pelo *Notoedres cati,* propõe a designação de sarna sarcoptínica, ou sarcoptídea, isto é, sarna determinada pelas duas espécies de ácaros da família dos sarcoptídeos.

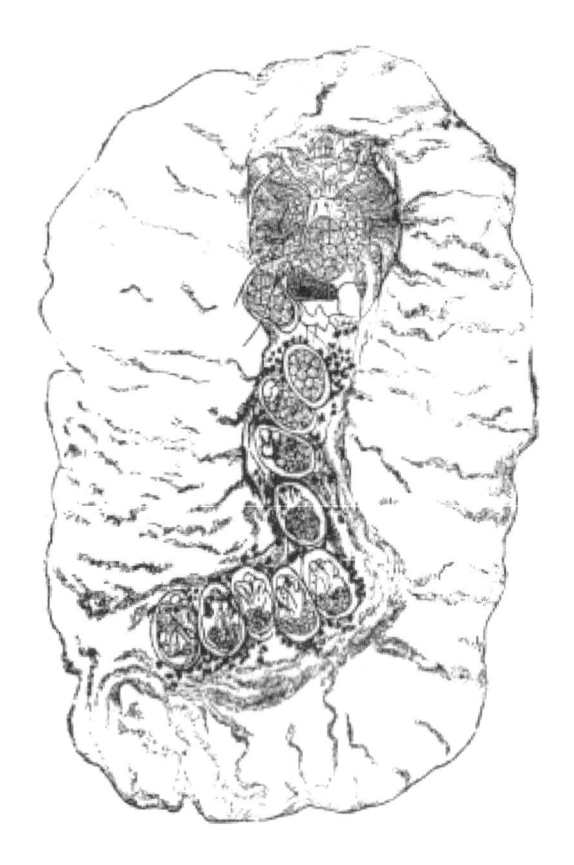

Fig. 207 – *Sulco na pele de um cão, determinado por fêmea do Sarcopte, que se observa na extremidade superior.*

Leblois diz: "a extrema juventude e a extrema decadência tornam a sarna sarcoptínica não pruriginosa".

Um outro fato digno de nota, e que convém referir, é o caso de apresentar o cão uma intensa coceira, e, entretanto, não se notarem depilações, nem crostas, nem queda do pêlo.

Outrora os clínicos denominavam este estado mórbido de prurido essencial, que teria, hipoteticamente, uma origem visceral ou humoral.

Leblois, entretanto, rotula o caso de sarna larvada ou oculta (criptosore) e faz notar que o exame da zona de Henry pode revelar o S. *scabiei* e o mais das vezes o *Notoedres*.

Supõe ainda aquele autor que com o decorrer do tempo, 5 a 12 semanas e mais, a sarna se pode revelar com as exteriorizações cutâneas comuns à sarna sarcoptínica.

O diagnóstico clínico da sarna oferece dificuldades. As zonas preferenciais de localização do parasito não chegam a fornecer uma indicação de segurança absoluta. A sarna sarcoptínica fácil se confunde com o eczema e outras dermatoses parasíticas ou não.

Assim, a prova segura desta parasitose só nos pode fornecer o microscópio.

Outrora se procuravam parasitos colhendo material nas zonas da pele depilada, trabalho este fastidioso e inseguro.

Hoje segue-se a técnica do professor Henry.

Este dermatologista verificou que no bordo póstero-externo da concha auricular se encontra uma prega longitudinal (fig. 208) e, forrando-lhe as paredes, verifica-se a existência de granulações e submetendo-as a um exame microscópico, tem-se logo a certeza da existência ou não de ácaros causadores da sarna.

Conquanto que este trabalho seja da competência de um técnico ele não oferece dificuldades.

Basta tosar o pêlo, molhar a região com ácido láctico e segurar a orelha com o polegar e o indicador da mão esquerda, curvando-a sobre o indicador. Com a mão direita

370

munida de um bisturi, convexo, pouco afiado, passa-se na superfície cutânea do bordo do pavilhão, por um movimento lento e amplo, somente num sentido, a princípio muito docemente e aos poucos com mais força, de maneira a notar o rosado do tecido, mas sem provocar sangue. A seguir passa-se o bisturi com o material colhido no bordo da lâmina de vidro destinada a recolhê-lo.

Põe-se uma gota de ácido láctico e encaminha-se o material para ser examinado.

Será sempre recomendável, antes de recolher o material, anestesiar o local, com o cloretil, pois a raspagem daquela prega da orelha, por vezes, provoca síncopes nos cães muito nervosos, como lulus e outros.

Tratamento: O tratamento da sarna sarcoptídea não é difícil.

Podem usar-se banhos ou loções sarnífugas, pomadas ou outras preparações. Rogenbogen indica:

Creolina .... 25 g
Alcoolato de sabão potássico ...... 50 g
Álcool Q.S. para .... 500 g

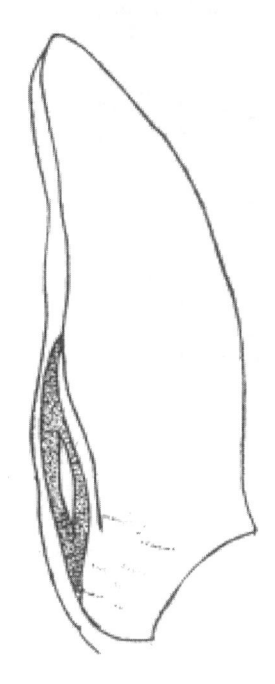

Fig. 208 – *Prega da margem da orelha do cão, denominada zona de Henry.*

Friccionar as partes atacadas.

Os banhos sulfurosos são mais indicados empregando-se a seguir a pomada de Helmerich, que oferece o inconveniente de ser lambida pelo cão.

O "Cooper-tox extra" destinado à sarna das ovelhas é excelente.

Modernamente estão sendo indicados os banhos de rotenona, princípio ativo do timbó.

Para os casos benignos, basta operar assim: Põem-se 400 grs. de pó de timbó em um litro de álcool de 95 graus e deixa-se ficar durante 3 dias. Com esse líquido fricciona-se o corpo do animal 3 vezes por semana. Não deixar que o animal se aproxime do fogo mesmo de um cigarro aceso. Tal tratamento será feito durante 4 semanas. Não dar banho no animal. Os banhos são contra-indicados nos animais sarnosos, pois servem para espalhar as ácaros da sarna por várias regiões do corpo. Nos casos mais graves usa-se pomada de timbó. Vide na parte dos medicamentos como se faz. Quando se obtém o timbó em pó bastar ferver uma colher de pó em um litro de água e após esfriar, esfregar no corpo do cão previamente umedecido.

O Mitgal dá também resultado mas o animal se vive dentro da casa suja os móveis, roupas, etc.

É muito usada na França a fórmula de Kissmeyer modificada:

    Benzoato de benzila .... 45 cc

    Álcool de 60° .... 60 cc

    Sabão líquido .... 48 cc

Fig. 209 – *Como se fabrica uma golilha:* 1°.) *Escolhem-se dois pedaços de cartão quadrados;* 2°.)
*Corta-se cada um deles em forma de ferradura de maneira que a parte cortada corresponda à largura
do pescoço do cão;* 3°.) *Unem-se os dois cartões aproximando as duas extremidades;* 4°.) *Colocação
do cartão. Este impede que o cão se coce ou lamba qualquer medicamento posto no corpo.*

Após uma lavagem com sabão, ainda o animal meio úmido aplica-se o tópico, dois dias seguidos. Não se faz fricção e põe-se um colarinho para o cachorro não se lamber.

O isolamento dos animais sarnosos ou suspeitos de tal, a desinfecção do canil com água fervendo ou solução de Creolina a 5% são medidas aconselháveis.

Quem lidar com cães sarnosos deve ter o maior cuidado, afim de não se contagiar. Se o cão tem cama com panos é preciso metê-los numa lixívia ou em água fervente.

Sarna otodética ou otocaríase: Por esta curiosa sarna é responsável o *Otodectis cynotis* – que tão atentamente foi estudado por Megnin. Ele não se espalha como os sarcoptes por todo o tegumento mas localiza-se no conduto auditivo externo dos cães, desorganizando a epiderme e produzindo abundantes escamas pardacentas.

É a origem da otite parasitária ou otocaríase. Os animais no começo da afecção experimentam comichões, coçam-se continuamente e sacodem a todo instante as orelhas. Caso não se intervenha estes ácaros se aprofundam mais no conduto auditivo, perfuram a membrana do tímpano e invadem a parte média do ouvido interno. Neste ponto, os animais sofrem verdadeiros ataques epileptiformes e não raro os donos os matam, supondo-os atacados de raiva. Esta sarna não é transmissível ao homem.

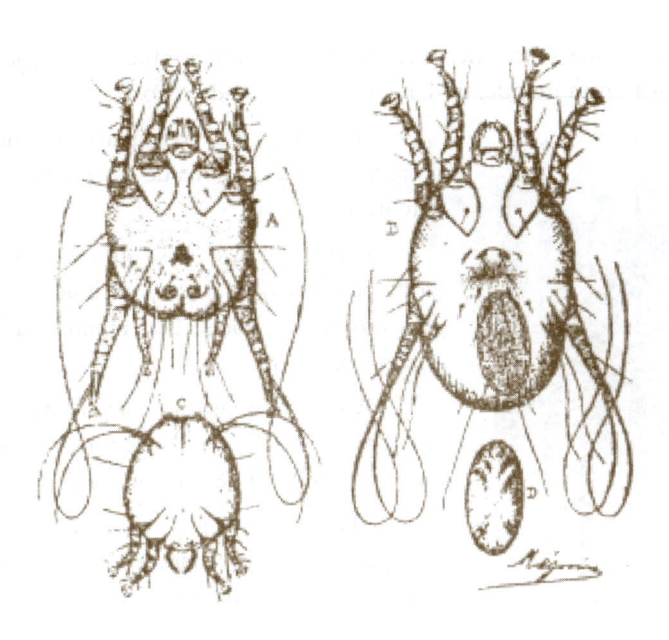

Fig. 210 – Otodectis cynotis, *ácaro da sarna auricular.*

Curam-se, entretanto, facilmente, quando se acode a tempo. Limpa-se o ouvido e fazem-se instilações repetidas de soluções oleosas de hexaclorexane a 2 ou 3%. Havendo supurações aplica-se pomada de penicilina, ou de sulfanilamida.

Pode empregar-se também a glicerina fenicada a 1%.

Vide Otite.

Acne demodécica[66], também chamada sarna demodécica ou folicular, rabugem, lepra, sarna preta. Esta dermatose parasítica é determinada por um ácaro vermiforme, o *Demodex canis* que vive nas glândulas sebáceas e folículos pilosos. Este ácaro é parente muito próximo do *Demodex follicolorum* que se encontra nas glândulas sebáceas do homem e que constitui o que vulgarmente se chama "cravo".

Apresenta-se esta afecção sob duas formas: a limitada e a difusa.

Na forma limitada surgem depilações no tipo calvescente[67] e do tipo deglabração[68] que formam placas de contornos nítidos, mumulares, isto é, em forma de discos ou moedas que oscilam entre o tamanho de uma ervilha ao de uma moeda de 20 centavos.

O número destas placas varia de 2 a 12 e, por vezes, mais.

---

66. Ch. Leblois não julga razoável denominar sarna a esta parasitose e classifica-a de *acne demodécica* ou *demodécia.* Justificando seu razoabilíssimo modo de entender, diz que as sarnas são afecções clínicas bem definidas. Eles se manifestam estrepitosa e rapidamente, são muito contagiosos e fáceis de reproduzir. Ora, a *acne demodécica* apresenta o invés de tudo isso; evolui com discrição, é silenciosa, lenta, impossível ou quase impossível de reproduzir-se, e obscuramente contagiosa.

67. Denomina-se calvescência a depilação incompleta. As partes pilosas mostram rarefação do pêlo.

68. Entende-se por deglabração a ausência do pêlo.

Em geral estas placas ficam isoladas, raramente confluem. Excepcionalmente aparece uma placa única grande, do tamanho da palma da mão.

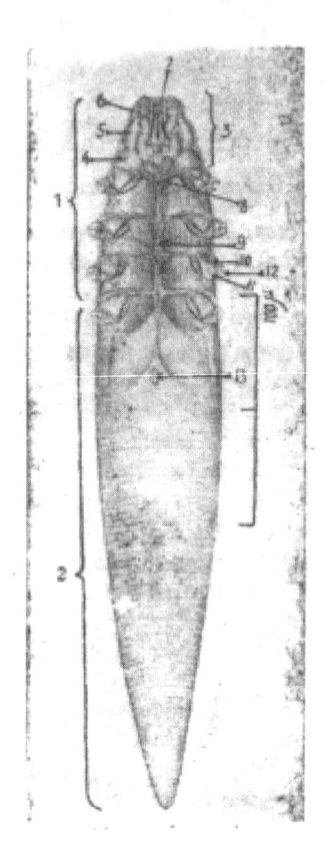

Fig. 211 – *Ácaro da acne demodécica dos cães (De modex ranis).*

As formas limitadas aparecem em qualquer parte do corpo mas a sua zona de alta predileção são a face e o antebraço.

Na face, apresenta-se quase em derredor dos olhos (zona periocular) e na zona peribucal (comissura e margem dos lábios, bochechas, mento) na fronte, vertex e antebraço.

Ao nível destas lesões a pele apresenta-se ora com eritemas, seborréia, destroços furfuráceos, quer dizer semelhantes ao farelo e ora congesta.

Quando não se pôs ainda nenhum tópico para tratar estas placas, elas se mostram sempre furfuráceas e congestas. O prurido ora se apresenta ou é nulo ou quase nulo.

As formas difusas apresentam-se em grandes placas de calvescência regular e mais raramente com deglabrações com bordos mal delimitados, que se insinuam na pelagem sã.

São quase sempre mais ou menos eritematosas e se localizam preferentemente no pescoço, focinho, peitoral, prega rádio-umeral e nos membros ganham a extremidade distal, isto é, vão até aos dedos. Podem, entretanto generalizar-se e não apresentar nenhum caráter típico e neste caso confundir-se com o eczema.

A afecção pode apresentar-se concomitantemente com a sarna sarcoptídea.

Em geral a acne demódecica atinge aos animais de 3 meses a dois anos, e muito excepcionalmente de 3 a 4 anos.

Diante deste fatos o diagnóstico nem sempre se evidencia, mas diante de um cão novo, com placas discais, glabras ou calvescentes, têm-se todas as probabilidades de julgá-lo atacado pelo *Demodex canis.*

Se no entanto estas placas se mostram difusas já o diagnóstico é muito mais difícil de se estabelecer. Neste caso recolhe-se o material ao nível das lesões e submete-se ao microscópio.

Tratamento: Leblois julga sem resultado todos os tratamentos tópicos até então empregados. P. Vaugien recomenda pomada de hexaclorexane à 3%, 4% ou 5% seguida de uma massagem para que penetre na pele.

A pomada de timbó tem dado resultado, como já anteriormente informamos. Embora não se conheça o mecanismo do contágio é necessário isolar os cães afetados dos sãos.

Tinha: Designam-se sob o nome de *tinha* as afecções do sistema piloso determinadas por parasitos vegetais (fungos) diversos.

As *tinhas* caracterizam-se por depilações arredondadas, desde o tamanho de uma ervilha ao de uma moeda de 50 centavos.

As *tinhas* são transmissíveis ao homem. Isolar, pois os cães *tinhosos,* bem como os gatos porque reciprocamente se contagiam e transmitem o parasito ao homem.

Qualquer que seja o parasito causador elas são debeladas com pinceladas diárias da seguinte mistura:

Tintura de iodo .... 40 cc

Hidrato de cloral .... 40 g

Ácido fênico cristalizado .... 10 g

Três a quatro aplicações bastam.

Nos casos rebeldes empregar:

Crisorobina .... 30 cg

Ácido salicílico .... 10 cg

Óxido de zinco .... 1 cg

Vaselina .... 5 g

Lanolina .... 5 g

A radioterapia é, no entanto, o tratamento de escolha.

Leishmaniose: Certas úlceras caninas (e o mesmo se pode dizer em relação às do homem) de difícil cicatrização são devidas a presença dum parasito animal, um protozóario flagelado, a leishmania.

Os cães atacados de leishmaniose apresentam o mais das vezes, além das úlceras, outras perturbações da saúde, como enfraquecimento, anemia, alopecia.

Segundo estudos de H. Aragão os agentes veiculadores da moléstia não são como se supunha, moscas, mosquitos, percevejos ou carrapatos, mas sim insetos psicodídeos hematófagos do gênero *Phlebotomos.*

Assim, em casos de úlceras caninas de rebelde cicatrização, devem-se isolar os cães, porque estes sendo depositários dos parasitos podem através dos flebótomos, transmitir a doença ao homem.

Para a cura da leishmaniose há o método de Gaspar Viana, que consiste em aplicar o tártaro em ético a 1 por 100 em soro fisiológico, em injeções endovenosas, até a cura completa.

Há ainda a leishmaniose visceral em que o cão se apresenta febril, anêmico, inapetente, magro e finalmente caquético.

Ocorre nesta doença manifestações cutâneas, depilações, ulcerações. Os cães assim atacados são depositários da doença que os mosquitos transmitem ao homem. *Tratamento:* Neostibosan, na dose indicada na bula para as crianças.

Pulgas: O cão é parasitado por três pulgas: a *Ctenocephalidescanis* (figura 212), a C. *Felis* e a *Pulax irritans,* mas a espécie que mais comumente se encontra nele, entre nós, não é a C. *canis* e sim a C. *Felis,* a pulga peculiar ao gato, segundo César Pinto.

Estas pulgas, que, aliás, podem ser transmissoras da peste são veículos doutras enfermidades entre elas da helmintose determinada por *Dipylidium Caninum e Dirofilaria immitis.*

As pulgas, quando em grande quantidade, mortificam o cão a ponto do animal perder o apetite, emagrecer e sucumbir em estado de caquexia.

O combate às pulgas se faz banhando cães com água abundante e sabão de potassa, saindo na água a maioria das pulgas.

Podem lavar-se os cães com sabão com base de rotenona ou com uma solução de água e creolina, Cruzol ou Creosyl a 2 por 100, carrapaticida Cooper a 1 por 150, infusão de folhas de erva Santa Maria *(Chenopodium ambrosioides).*

Fig. 212 – *Ctenocephalides canis, a pulga do cão.*

Aplicações de tintura de píretro ou píretro em pó dão bons resultados.

O emprego de timbó em pó, ou banhos com extrato aquoso das raízes de timbó, em proporções que variam segundo o teor da rotenona contida no extrato, dá bons resultados.

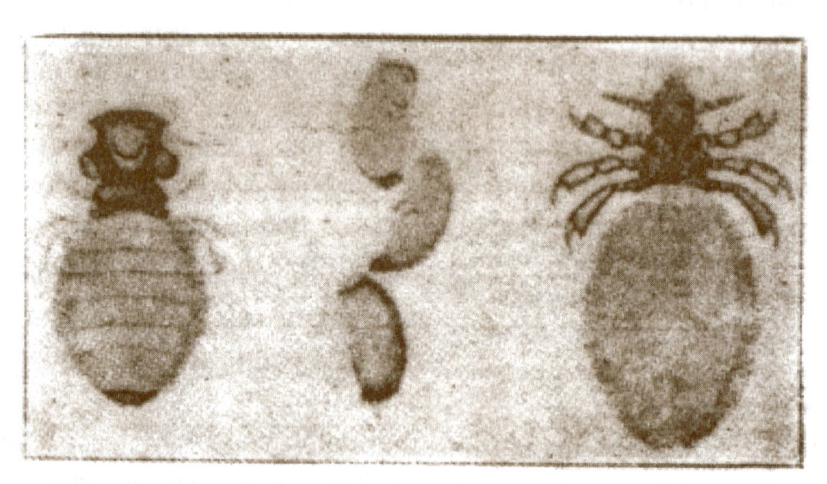

Fig. 213 – *Piolhos dos cães e seus ovos. A esquerda Trichodectes canis e à direita Lingnonathus setosus.*

Os canis devem ser desinfetados com creolina, podendo-se também passar um pouco de querosene.

As aspersões de Creosyl, Creolina ou Cruzol nos cães e nos canis matam as pulgas com grande eficácia e os banhos de Carrapaticida Cooper ou outros também dão resultados. Quando não há ferimentos no corpo do animal pode usar-se o DDT, em pulverizações.

Piolhos: O cão é parasitado entre nós, especialmente pelo piolho *Trichodectes canis*[69] (T. latus) segundo César Pinto, bem como pelo *Heterodoxus longitarsus* já observado no Brasil por F. *Werneck,* C. Proença e Lins de Almeida.

O melhor meio de combater os piolhos são os banhos de fluoreto de sódio (30 g para 4 litros de água) ou pulverizações com fluoreto em pó.

Dá bons resultados os banhos mornos nicotinados (1 por mil de sulfato de nicotina).

Fazer sempre uma segunda aplicação nove dias após a primeira.

Pode usar-se o timbó da mesma forma que recomendamos para as pulgas.

Carrapatos: No Brasil são bem numerosos os carrapatos que parasitam os cães[70] (figs. 214 e 215).

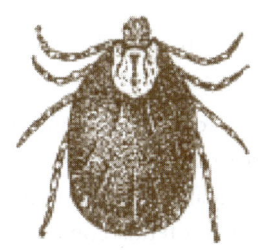  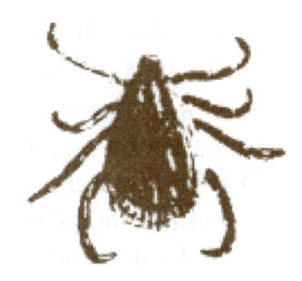

Fig. 214 – *Carrapato dos cães Dermacentor variabilis. À esquerda a fêmea repleta de sangue e à direita o macho. Esta espécie não ocorre no Brasil, mas tem aparecido em cães importados.*

Fig. 215 – *Rhipicephalus sanguineus, carrapato dos cães, de distribuição mundial.*

Além do prurido que ocasiona, o carrapato transmite uma enfermidade grave: a peste de botar sangue (Vide Rangeliose).

A extinção do carrapato nos cães não é fácil e os carrapaticidas comuns não dão os resultados que era justo esperar.

Banhos com timbó, extrato de timbó e água. Vide o que deixamos dito ao tratar das pulgas.

---

69. Não esquecer que este piolho alberga a forma larval do verme *Dpyllidium caninum.*

70. Mais freqüentemente se encontram parasitando os cães os seguintes carrapatos: "carrapato estrela" *(Amblyomma cajanense).* O povo chama micuim a larva deste carrapato e o adulto é, algumas vezes, também chamado rodoleiro ou rodeleiro; "carrapato vermelho dos cães" *(Rhipicephalus sanguineus),* verdadeira praga, transmissor da peste de botar sangue e de filárias; "carrapato amarelo dos cães" *(Amblyomma striatum)* igualmente veiculador da peste de botar sangue; "carrapato de listras brancas" *(Amblyomma maculatum),* muito comum nos cães que caçam codornas e perdizes, pois são essas aves parasitadas pelas ninfas; "carrapato castanho do cão" *(Amblyomma fossum),* bem comum nos cães de caça do Estado do Rio; "carrapato de boi" *(Boophilus microplus),* o espalhadíssimo carrapato do gado bovino.

Bernes: A mosca berneira *(Dermatobia hominis)* como hoje está perfeitamente averiguado, depõe ovos no abdome de certos artrópodes, quase sempre insetos e mais geralmente na mosca *Neivamyia lutzi,* que segundo César Pinto, em certas regiões apresentam os referidos ovos numa percentagem de 18,01%.

Pousando estas moscas no cão, as larvas, quando já evoluídas, abandonam rapidamente o ovo e passam para a pele do animal, onde penetram.

Aí alojadas as larvas passam uma fase da sua vida (35 a 41 dias) findos os quais se jogam ao solo para processar o período de pupa, donde surge a mosca adulta.

É a fase larval desta mosca, que constitui o chamado berne.

O berne denuncia-se por um tumor muito característico que obriga o cão a coçar-se, chegando por vezes a se transformar em ferida.

Para expulsar o berne da pele do animal o melhor será, com uma seringa Luer, injetar pelo orifício larval, um pouco de tintura de iodo.

Há no comércio vários bernicidas à base de BHC.

Bicheiras: As bicheiras são causadas pelas larvas de várias moscas denominadas varejeiras, sendo a mais comum entre nós a *Cochliomya hominivorax.*

Estas moscas têm um olfato apuradíssimo e assim descobrem qualquer ferida que o animal tenha e aí põem dezenas de ovos que se transformam em larvas (bichos diz o povo). A ferida com bicheira fica fervilhando e os cães, ou qualquer outro animal, sofrem imenso. O melhor meio de curar as bicheiras dos cães é lavar a ferida com um pouco de clorofórmio. Com um tampão também molhado em clorofórmio ajusta-se em cima da ferida durante alguns minutos. Os bichos morrem. Untam-se os arredores da ferida com alcatrão, óleo de peixe ou iodofórmio para afugentar as moscas evitando nova infestação.

Este é o melhor método mas pode usar-se a Creolina Cruzol a 5% ou o mercúrio em pó, que é o mais usualmente empregado.

As larvas mortas dentro da ferida determinam uma supuração, e trata-se então a princípio com anti-sépticos (líquido Dakin, ou solução de rivanol, a 1 por três mil. Mais tarde pós cicatrizantes, como uma ferida comum.

Capítulo VII
Doenças das Orelhas e Ouvidos

Catarro auricular, otorréia: A inflamação da membrana que cobre o conduto auditivo chama-se otite. Ela se traduz pela congestão da face interna do ouvido e do conduto. O tegumento apresenta-se vermelho, quente, sensível.

Após alguns dias aparece uma secreção mais ou menos fluida e com mau cheiro: é a *otorréia*.

O cão sacode freqüentemente as orelhas e traz a cabeça inclinada para o lado do ouvido afetado, coçando-se incessantemente. Algumas vezes a doença ataca os dois ouvidos.

A otite pode ser motivada por um parasita (sarna otodética).

O tratamento do catarro auricular consiste em instilar várias vezes ao dia, dentro do ouvido, algumas gotas de uma solução glicerinada de penicilina.

Ou ainda aplicar dentro do ouvido a seguinte pomada:

Sulfanilamida 5g
Pomada de Lassar .... 50 g

É doença tenaz e reincidente. Tratamento interno igual ao do eczema.

Quando apenas há comichão sem otorréia pode aplicar-se:

Mentol .... 1 g
Óxido branco de zinco .... 10 g
Vaselina branca .... 100 g

Desconfiar nestes casos da sarna auricular.

Hematoma: As moléstias das orelhas que se acompanham sempre de comichões obrigam os cães a se coçarem com violência o que ocasiona muitas vezes a ruptura de pequenos vasos formando uma bolsa sanguínea: o *hematoma*.

O tratamento consiste em se fazer uma larga abertura deste tumor sanguíneo, esgotando-se o sangue e desinfetando a cavidade com água iodada, etc. É as mais das vezes necessário aplicar um dreno sem o que se fecha a ferida antes do tempo, tornando-se a formar o hematoma ou deformando a orelha.

Cancro: Esta moléstia é constituída por feridas anfractuosas localizadas nas pontas das orelhas, bem comum nos cães de orelhas longas.

O prurido é sempre intenso, o cão coça-se, sacode as orelhas, agravando cada vez mais a ferida, que sangra e não cicatriza.

É uma lesão de caráter eczematozo quase sempre oriunda dum ferimento qualquer ou dentada de outro cão.

A primeira condição de cura é imobilizar as orelhas por meio de uma coifa em cujo interior se põe uma camada espessa de algodão.

Aplica-se pomada de penicilina ou de sulfanilamida.

Certas moscas hematófagas perseguem as orelhas dos cães, causando-lhes ferimentos donde se originam bicheira.

Lavar as orelhas com uma solução creolinada e besuntá-las diariamente com óleo de peixe para repelir as moscas, ou melhor:

Vaselina amarela	30 g
Lanolina	30 g
Óleo de cade verdadeiro	5 cc
Essência de mirbana	1,5 g
Formol (aldeído fórmico)	6 gotas

Os homeopatas, além deste tratamento tópico, costumam receitar *Hepar,* 3 gotas em 2 colheres de água duas vezes ao dia.

Surdez: A surdez, ou a diminuição do sentido auditivo, pode ser motivada por excesso de cerume no ouvido, corpos estranhos, vegetações, algumas das doenças acima referidas, ou fisiológicas ou mesmo determinadas infecções.

Quando se verifica a surdez examina-se o ouvido e remove-se o que se encontrar de estranho, cerume, etc.

Não sendo estas as causas dá-se o seguinte remédio:

Iodeto de potássio ou de soda	2 a 10 g
Xarope simples	200 cc

Dez dias sobre quinze 1 colher de café uma vez ao dia.

Não se obtendo resultado recorre-se à eletroterapia.

Capítulo VIII
Doenças dos Olhos

Conjuntivite: A conjuntivite demonstra-se pelo aumento das conjuntivas que aparecem inchadas, vermelhas, infiltradas. A dor é sempre intensa tornando-se difícil o exame, pois o animal se defende. A própria luz incomoda o doente. O cão lacrimeja e pela manhã tem as pálpebras coladas.

Quando o cão tiver os olhos vermelhos, com pus, deve-se limpar com água boricada e aplicar, de manhã e à noite, o colírio *Bióxido de Hidárgio* 2% Moura Brasil.

Motivam a conjuntivite as irritações causadas pelas poeiras, areias, ventos. As deformações dos cílios, entrópio e ectrópio, são causa freqüente de conjuntivite. A doença dos cães novos, em sua localização ocular, determina esta doença.

Muitas vezes a conjuntivite se estende à córnea e determina queratite.

Combate-se a inflamação com água boricada tépida a 2%.

Quando a inflamação é muito intensa usa-se este colírio:

> Sulfato de zinco .... 1 g
> Água destilada .... 100 cc

Após as lavagens acima, pingam-se algumas gotas nos olhos afetados. Quando a conjuntivite tem origem microbiana, causa muito constante, usa-se uma pomada de penicilina, três vezes ao dia.

Queratite: A inflamação da córnea chama-se *queratite*. Ela tem as mesmas causas que a conjuntivite, quase sempre uma acompanha a outra.

A *queratite* inicia-se por lacrimejamento acompanhado de uma viva sensibilidade, que se manifesta sob a influência da luz. Pode provocar a ulceração da córnea.

A *queratite* atalhada ao começo é facilmente curável: quando o doente não suporta a luz, encerra-se em um lugar escuro, ou se coloca um penso nos olhos.

Lavam-se os olhos com uma solução boricada a 2% e em seguida aplica-se uma pomada de óxido amarelo de mercúrio de 1 por 20 que se deve alternar com a pomada de penicilina.

Quando coincidem a conjuntivite e a queratite, o que é muito comum, aplica-se o colírio indicado acima para a conjuntivite e em seguida a pomada.

Quando a queratite torna-se crônica, o melhor é insuflar no olho um pó irritante, por exemplo: calomelanos e açúcar finamente pulverizado em partes iguais. Isto determina uma inflamação aguda que se cura da forma acima indicada.

Úlcera da córnea: Além de ser uma complicação determinada pela queratite, a úlcera da córnea aparece fora desta causa.

O tratamento consiste em lavagens, duas vezes ao dia, com água boricada a 2%, seguida duma instilação de 5 a 6 gotas de um colírio de nitrato de prata a 1 por 250.

Após alguns minutos de contato lavam-se os olhos com água salgada morna.

Corpos estranhos nos olhos. Lesões traumáticas: Para se tirar os corpos estranhos dos olhos, causa das conjuntivites, das queratites, etc., é bom fazer anestesia local instilando entre as pálpebras algumas gotas de uma solução de cocaína a 1 por 100. Em cinco minutos obtém-se a insensibilidade.

As contusões e feridas superficiais são curadas com soluções de ácido bórico. Deixamos de tratar do ectrópio, do entrópio, catarata e outras doenças por serem passíveis de operações cirúrgicas, em que só o homem da arte poderá intervir.

Capítulo IX
Doenças da Nutrição

Raquitismo: O raquitismo é uma doença que afeta os cães na sua infância. As causas únicas parecem residir na alimentação insuficiente no ponto de vista de certos princípios. O aleitamento dos cães por uma cadela esgotada ou atingida de doença crônica, nutrição insuficiente ou pobre em matérias azotadas, sais calcáreos, ou desprovida de vitaminas.

Além destas causas, que parecem essenciais, muitos autores crêem que a alimentação ácida, higiene defeituosa, estada em leitos estreitos e úmidos, diversas afecções, possam determinar a doença.

O raquitismo traduz-se primeiramente por fenômenos gerais, fraqueza, perturbações do apetite e digestão. Mas os sintomas que se podem ter como patognômicos da enfermidade, são as deformações ósseas.

As articulações deformam-se, os raios ósseos se encurvam, os membros são desviados para dentro ou para fora.

A própria coluna vertebral, embora excepcionalmente, se encurva.

Fig. 216 – *Cão atacado de raquitismo*

Tratamento: Conhecendo-se a origem do mal, depreende-se que uma alimentação conveniente, rica, variada, é o melhor meio de evitar o mal.

Vide capítulo Criação.

Quando o mal está em seu começo é possível a cura dando aos doentes uma alimentação cárnea, fosfato orgânico, notadamente a decocção de cereais e pó de osso: Pó de osso – 20 a 100 g

Para 20 papéis. Dar 1 por dia no leite. Pode dar-se também, pela manhã, uma colher das de café de xarope de fosfato tricálcico e à noite um pouco de óleo de fígado de bacalhau.

Um bom meio de ministrar este óleo é molhar nele dois ou três pedaços de carne crua e dar aos cães.

Vitaminas A e D de 10.000 U.I. a 1.200.000 U.I. segundo o caso. Renovar o tratamento cada 21 dias.

O Egirol (extrato de medula óssea, fósforo, cálcio, extrato cerebral e tônicos vegetais) do Inst. Vital Brasil, é assaz recomendável.

Em lugar da medicação acima indicada pode dar-se com vantagem uma injeção diária de 2 a 3 cc (conforme o tamanho do cão) de fosfoarrenal.

Diariamente pratica-se uma fricção estimulante, nos membros, com uma flanela embebida em aguardente ou álcool canforado.

Para evitar o mal, alimentar racionalmente as cadelas gestantes, ministrando-lhes alimentos ricos em fósforo, cálcio e vitaminas.

Osteomalácia: Esta enfermidade manifesta-se em cães velhos ou adultos.

Ela é motivada por uma descalcificação dos ossos, apresentando sintomas análogos ao raquitismo.

Sobre a etiologia desta enfermidade há várias teorias uma das quais atribuí ser o mal devido à falta de princípios cálcareos necessários à proliferação do tecido ósseo.

Mesmo tratamento do raquitismo.

N. Sanchez recomenda:

Fosfato tricálcico .... 10 g
Noz de cola .... 5 g
Extrato de genciana .... 2 cc
Infuso de quina 150

Uma colher das de chá antes de cada refeição.

Obesidade: É um estado mórbido caracterizado por uma excessiva adiposidade.

É freqüente nos cães adultos e velhos e muito especialmente nas cadelas.

Uma nutrição abundante, rica em feculentos, açúcar, pouco exercício, são causadores ou predisponentes desta engorda exagerada.

O animal apresenta-se roliço, de uma gordura disforme, o coração tem movimentos irregulares, o estômago torna-se preguiçoso, o animal dorme exageradamente. Surgem eczemas tenazes.

Tratamento: Regime alimentar suficiente para a manutenção do animal.

Banir da alimentação os feculentos e as gorduras. Carne magra, cozida ou crua, legumes cozidos na água e sal, crosta de pão. Juntar á ração um pouco de bicarbonato de sódio, 2 g. por dia, uma em cada ração.

Um purgante semanal de maná 30 a 50 grs. Exercícios ao ar livre.

Diabetes: o diabetes é mais comum nos cães que em qualquer outra espécie de animal doméstico.

As causas são um regime alimentar excessivo, abuso de guloseimas, especialmente doces, falta de exercício, lesões do fígado e do pâncreas. As alterações dos centros nervosos, especialmente do cérebro, por traumatismo, tumores e afecções agudas ou crônicas são também fatores importantes desta enfermidade. Os animais enfraquecem, fadigam-se facilmente. As micções são abundantes. Geralmente não perdem o apetite o que contrasta com o emagrecimento.

Diabéticos existem que ao contrário se mostram sempre gordos.

No decurso da doença sobrevém a catarata, por vezes dupla, determinando a cegueira.

Por outro lado há perturbações digestivas com vômitos e alternativas de constipações e diarréia. Surgem também erupções eczematosas, bronquites tenazes, acidentes gangrenosos, paralisias e ataques epileptiformes.

Tratamento: A cura do diabetes é problemática, mas a medicação conveniente reduz os males e evita as complicações.

Em primeiro lugar suster as forças do doente e ministrar-lhe uma alimentação apropriada. Injeções de cafeína. Abolir os feculentos, pão, açúcar.

Como medicação dar-lhe:

Arseniato de soda .... 5 c
Noz de cola .... 10 g
Quina em pó .... 15 g
Vinho... 200 cc

Três colheres ao dia, como estimulante da função digestiva e mais a seguinte fórmula:

Iodeto de sódio .... 5 g
Xarope de digitalis .... 150 cc

Uma acolher das de chá todas as manhãs.

Para esta doença convém pedir a intervenção do veterinário para proceder ao exame da urina e diante do diagnóstico positivo determinar o tratamento a seguir.

Às vezes trata-se de diabetes insípido (sem açúcar nas urinas) cujo prognóstico é mais favorável e a cura rápida.

Capítulo X
Doenças Infecciosas

Raiva: A raiva é uma enfermidade contagiosa, virulenta e inoculável, transmissível ao homem e a todos os animais domésticos, excepcionalmente às aves, produzida por um microorganismo, incluído no grupo dos vírus filtráveis.

A raiva jamais se apresenta espontaneamente. É ela sempre motivada pela transmissão de um a outro animal. Os casos tidos como espontâneos entre os cães são as mais das vezes motivados por mordeduras de ratos raivosos.

Nem a fome, ou a sede, nem o calor podem determinar a raiva como é crença popular. Experiências numerosas têm demonstrado a sem-razão deste modo de ver. Na Síria e no Egito, onde o calor é intenso, não se conhece a raiva: Constantinopla, Alep e outras cidades do Oriente, onde existiam numerosas matilhas de cães vagabundos, os quais morriam às dezenas, diariamente, por motivo de fome e sede, a raiva era desconhecida.

Não é somente pelas mordeduras que se transmite a raiva. O simples contato do vírus rábico com qualquer parte ferida também pode transmiti-la, daí o perigo de se deixar lamber pelos cães.

Nem todos os cães mordidos por outros raivosos contraem a raiva, porque muitas vezes não se dá a inoculação, especialmente com os cães de pêlo comprido. Nocard avalia em 50% os cães que, mordidos por outros raivosos, não contraem a doença.

A profundidade da ferida e a sua localização têm uma influência considerável na evolução da raiva, quanto mais profundas sejam as feridas e mais abundantes as terminações nervosas da região, mais rápido e seguro é o aparecimento da enfermidade.

Sintomas: Para estudar bem o quadro sintomológico da raiva, divide-se em estágios a sua evolução.

Período de incubação: É o tempo que transcorre entre a inoculação do vírus rábico (mordeduras, etc.) até a manifestação dos primeiros sintomas.

O período de incubação é muito variável.

Dá-se como média 48 dias, porém ele pode apresentar-se após 14 dias e depois 6 meses, e mesmo mais, sendo isto muito raro.

Estas variações são devidas, principalmente, à localização das feridas. Nemezio Sanchez estabeleceu este axioma: *A duração do período de incubação da raiva está na razão direta da distância entre a ferida produzida pela mordedura e os centros nervosos.*

As feridas produzidas na cabeça são, portanto, as de mais gravidade pela rápida evolução da enfermidade.

386

Período prodômico: Os primeiros sintomas da raiva são essencialmente nervosos. O cão de alegre e festeiro torna-se triste e retraído, muitas vezes no entanto o animal se apresenta mais caricioso e alegre que de ordinário. Isto representa um perigo, pois que a saliva 14 dias mais ou menos antes de se manifestar a raiva já é virulenta, podendo transmitir a doença.

À proporção que progride a doença mais característicos vão sendo os sintomas.

O animal ainda não se apresenta agressivo, procura instintivamente seu dono como a lhe solicitar alívio aos seus padecimentos, mas o seu apetite deprava-se, comendo tudo que encontra, mordendo a cama, espatifando o que está ao seu alcance.

O cão raivoso não ladra, uiva. Este uivo é, em muitos indivíduos, bem característico, terminado por uma nota aguda.

A abundância da saliva é um sintoma típico da raiva, pois durante a evolução desta enfermidade exagera-se o funcionamento das glândulas salivares, mas este sintoma é também comum a outras enfermidades e pode faltar em determinado período da raiva.

É crença popular que o cão raivoso torna-se hidrófobo, isto é, mostra horror à água. Nada menos verdadeiro. O cão, muitas vezes bebe ao começo da doença e mais tarde deseja fazê-lo mas não o consegue pela impossibilidade de engolir.

Quanto a comer, ora mostra uma enorme voracidade, ingerindo tudo que lhe apareça, ora não toca em alimento algum, embora não deixe de comer pedaços de madeira, trapos, pedras, etc., sendo este talvez um dos melhores e mais constantes sintomas da raiva.

Quase todos os cães fogem ou procuram fugir da casa de seus donos quando sentem a aproximação dos acessos de furor, ou obedecendo ao seu instinto para não morder as pessoas da casa ou porque a excitação os obriga a deambular.

Este período dura 24 a 48 horas.

Período de excitação: É o período da raiva confirmada. Neste período o animal entra em furor, lançando-se contra tudo e contra todos.

À vista de um outro cão o seu furor atinge ao paroxismo. Nota-se no animal uma verdadeira insensibilidade às pancadas. Se lhe apresentam um ferro em brasa ele o morde sem manifestar nenhuma dor, isto durante o acesso. Muitas vezes o animal morde-se a si próprio.

O seu olhar tem um brilho aterrorizador. Após estes acessos há um período de acalmia, o cão parece ter recuperado a saúde mas em breve voltam novamente os terríveis sintomas.

Se o animal se acha em liberdade foge de casa e vai para a rua atacando todos, especialmente os animais da sua espécie. O seu aspecto é característico: Cauda caída, baba abundante, caindo-lhe da boca, mantida hiante; ele caminha sempre em trote até que esgotado ou atacado de paralisia, que é sempre o desfecho deste quadro, cai exausto, apresentando fenômenos tetânicos e coréicos até que sucumbe. Este período dura de 3 a 4 dias.

Período da paralisia: Se a enfermidade segue a sua evolução normal e o animal não sucumbe num acesso de furor, a paralisia em sua marcha progressiva impossibilita-lhe a locomoção. A vítima permanece em decúbito lateral até que sobrevenha a morte.

Muitas vezes a enfermidade inicia-se pela paralisia, afetando ao começo a mandíbula ou algum dos membros inferiores.

O cão não pode morder nem uivar. Esta raiva é denominada *raiva muda* ou *raiva paralítica* (fig. 217). Não se deve julgar esta raiva um processo patológico distinto e sim uma modalidade de evolução da raiva.

Fig 217 – *Paralisia do maxilar do cão, num caso de raiva muda.*

Doenças que se podem confundir com a raiva: Há determinadas doenças que podem apresentar sintomas semelhantes aos da raiva como as formas nervosas da cinomose, meningite cérebro-espinhal, indigestão estomacal por sobrecarga alimentícia, enterites, epilepsia, intoxicação pela estricnina, otites parasitárias, vermes intestinais, etc. Só a observação atenta dum veterinário pode decidir os casos duvidosos.

Muitas vezes o homem da arte fica indeciso e nestes casos o melhor é recorrer ao diagnóstico experimental que consiste na inoculação de produtos patológicos procedentes do enfermo em outros animais (cobaias ou coelhos).

Estas inoculações somente se praticam nos Institutos anti-rábicos (Instituto Pasteur, Inst. Vital Brasil, laboratórios regionais da Divisão de Defesa Animal, Serviços Veterinários das Prefeituras Municipais), etc...

Cuidados a dispensar aos cães mordidos: Quando um cão é mordido por outro suspeito de raiva o melhor é submetê-lo à vacinação anti-rábica, que, sendo aplicada a tempo evita o aparecimento do mal. Em caso contrário é tê-lo isolado durante 4 meses, já que repugna sacrificar um animal por simples suspeita.

Caso se possa manter em observação o cão que mordeu e este não morrer dentro de 10 dias, é provável que o animal não se ache raivoso.

Imunização dos cães contra a raiva: Há tempos, vêm-se fazendo experiências de imunização contra a raiva, a qual tem dado resultados satisfatórios. Em Sofia, sobre 6.000 experiências pelo método de Hogyes, não houve senão 0,11 % de casos de raiva. Na América tem-se tentado imunizar só com 6 injeções e a experiência feita sobre 15.000 animais só em 1,5% é que não deu resultado.

No Japão dois bacteriólogos, Umenos e Doi, empreenderam a imunização com uma única injeção de uma cultura do sistema nervoso que mata em 7 dias e dos 30.000 animais experimentados só um é que mais tarde manifestou sintomas de raiva. Onde o método tem sido aplicado, a raiva diminuiu 75%.

Este mesmo processo foi ensaiado na América por Eichhorn e Lyon sobre mais de 25.000 animais, sem um só caso de raiva. Pelo processo primitivo de Hogyes eram precisas 16 injeções, duas por dia. Atualmente, pelo método Marie, de técnica relativamente fácil e prática, obtém-se a imunização por uma só injeção.

Entre nós, está sendo empregada com êxito a vacinação anti-rábica dos cães feita anualmente. Nos últimos anos desenvolveu-se uma nova técnica de imunização nos Estados Unidos, com a preparação de vacinas em embrião de pinto (vacina avianizada). Uma só injeção basta para imunizar durante 3 anos. Esta vacina não produz acidentes de paralisia.

Consultar a bula das vacinas preparadas entre nós pelos vários laboratórios de biologia para conhecer as instruções sobre seu emprego. Aplicar a vacina regularmente todos os anos. No caso do animal não vacinado ser mordido por outro raivoso, pode usar-se as mesmas vacinas, mas repetindo a vacinação durante 6 dias, sempre na mesma dose de 5 cc.

O cão pode ser também levado ao Instituto Pasteur para ser submetido ao tratamento pasteuriano. O Código Sanitário, entretanto, não permite este tratamento, exigindo o sacrifício do animal contaminado.

Cuidado a dispensar às pessoas mordidas por cães: Sempre que uma pessoa for mordida deverá ter os seguintes cuidados: comprimir a raiz do membro (se for mordida na perna ou no braço) e aplicar uma ventosa para fazer a ferida sangrar, e lavá-la depois abundantemente com água oxigenada misturada em 5 partes de água e sabão. Nada de iodo.

Se a ferida for profunda aplicar o tratamento acima citado com uma seringa, chamar um médico para aplicar um termocautério.

Este tratamento preliminar, sempre útil, não dispensa as aplicações da vacina pausteriana.

Em relação ao tratamento feito no Instituto Pasteur é preciso observar as seguintes indicações do quadro abaixo, traduzidas do "Vade-Mecum du Veterinaire" de Mollereau.

	Animal suspeito	*Pessoa mordida*

1) Morreu em menos de 14 dias após a mordedura.
2) Sacrificado antes de completar 14 dias que acometeu a pessoa.
3) Desaparecido antes de completar 14 dias que acometeu a pessoa. } Tratamento anti-rábico
4) Desconhecido.

5) Animal em observação durante 14 dias. {

a) o animal manifesta a raiva; } Tratamento anti-rábico

b) O animal morre suspeito de raiva ou sucumbe de outra afecção;

c) o animal adoece. Morre antes do 14º. dia; } Prolongar a observação e no caso de morte tratamento anti-rábico.

d) O animal apresenta-se vivo e disposto após os 14 dias. } Não precisa submeter-se ao tratamento e cessa-se, caso tenha começado

Remlinger acha que o prazo de 14 dias indicado por Koradi é insuficiente, mas antes tomar estas precauções que não tomar nenhuma.

A raiva pode ser transmitida da mãe ao feto: Lanfranchi e Lenzy[71] assinalaram um caso de transmissão de vírus rábico da mãe ao feto, observado numa cadela que havia coabitado durante algum tempo com um cão raivoso, seis meses antes da concepção.

Na autópsia descobriram-se corpúsculos de Negri ao nível do corno de Ammon, as injeções com extrato da medula provocaram a raiva em coelhos. Este fato confirma que o vírus rábico, circulando no sangue, pode atravessar o filtro placentário e infetar o feto. Remlinger[72] fez pesquisas do vírus rábico nos testículos e ovários de cobaias raivosas, com resultados negativos.

Assim este autor nega a existência da raiva concepcional e os casos de raiva hereditária provêm duma contaminação placentária.

A propósito da raiva concepcional M. Dardillat, em "Recueil de Med Vet.", Out. 1923, relata o caso de duas vacas em estado avançado de gestação, que foram mordidas por um cão raivoso, e apesar da infecção rábica evoluir normalmente nos animais mordidos, os bezerros nasceram sem serem atingidos pela moléstia.

Conclui o autor que a transmissão da raiva ao feto não é um fato constante.

Doenças dos cães novos: É um dos mais confusos capítulos da patologia canina e assim não é de admirar as inúmeras designações que possui esta enfermidade: *febris catarrhalis canum, febre catarral nervosa, funga dos cães, tifo canino, pneumonia infecciosa, mal dos seis meses, pneumoenterite, esgana,cinomose diarréia dos cães.*[73]

É esta enfermidade contagiosa, virulenta e inoculável, atacando os cães e gatos e os demais carnívoros no curso do seu primeiro ano de vida. Pode, no entanto, observar-se em animais adultos. O seu agente causador é um vírus filtrável, na opinião de Carré, Lignieres e Eiguéne.

Os sintomas variadíssimos da enfermidade, devem-se às localizações do agente causador.

Os sintomas gerais mais acentuados são febres, sede viva, diminuição ou supressão do apetite, olhos ramelosos.

Geralmente a enfermidade se inicia por manifestações intestinais, apresentando os caracteres típicos duma enterite; depois sobrevêm os sintomas pulmonares com todos os caracteres duma broncopneumonia; completa o quadro sintomológico a aparição de ataques epileptiformes. Às vezes aparece em primeiro lugar a manifestação pulmonar, surgindo após as demais.

Assim, pois, estudemos as diferentes localizações de per si.

---

71. *Comptes Rendus des Séances de la Société de Biologie*, abril de 1918.

72. Id., id.

73. Não é menos rica a sinonímia estrangeira. Na França é conhecida sob os nomes de *maladie de jeune âge, maladie de chien,* ou simplesmente *maladie, guorme des chiens,* etc. Na Espanha: *moquillo;* Inglaterra: *distemper, dogill;* Itália: *cimurro;* Alemanha; *Hundeseuche, Staupe der hund.*

Manifestação intestinal: Aos sintomas comuns a todas as formas da doença (tristeza, inapetência, sede viva, lacrimejamento, febre), junta-se nesta forma uma diarréia característica; as dejeções líquidas ou semi-líquidas são sanguinolentas e de um cheiro insuportável; as conjuntivas apresentam-se amareladas (icterícia); a região abdominal apresenta-se sensível, as emissões de urina são escassas, e estas acham-se carregadas.

Manifestação pulmonar: Além dos sintomas gerais descritos o animal apresenta febre alta (40° a 41°), dispnéia, tosse seca, dolorosa, lacrimejamento abundante, região torácica muito dolorida, e em um período mais adiantado da doença, aumenta a dispnéia, o animal expele pelas narinas um fluxo nasal obrigando-o a respirar pela boca, apreciando-se então o característico *sopro labial.* O animal pode morrer por asfixia, mas a terminação por colapso é mais freqüente.

Manifestação nervosa: Complicações tardias ou precoces das diversas formas da cinomose traduzem-se por sintomas nervosos variados; alguns cães ficam paralisados (paresia dos membros posteriores), outros apresentam-se furiosos, procurando morder, deixando escorrer da boca fios de baba.

Esta forma dura uma semana e evita assim que se confundam tais acidentes nervosos, com raiva. *Se neste estado o animal viver oito dias é certo que não se trata de um raivoso.*

Manifestação cutânea: Erupções de exantemas com pústulas localizadas nas regiões onde a pele se apresenta mais fina, ventre, face interna das coxas. Estas feridas podem supurar.

Manifestação ocular: No curso da cinomose, mesmo nas formas benignas, sobrevêm acidentes oculares que se traduzem por conjuntivite e queratite. A mucosa ocular torna-se avermelhada, há lacrimejamento abundante e corrimento muco-purulento amarelo esverdeado, que gruda as pálpebras durante o sono. O animal manifesta desagradável impressão ao receber luz intensa (fotofobia).

A inflamação da camada vítrea do olho, queratite, vem ainda agravar mais esta manifestação ocular e por vezes a ulceração conduz à cegueira.

Profilaxia: A doença não se apresenta espontânea mas sempre como conseqüência de um contágio. Este pode realizar-se por simples contato com um animal doente, por alimentos contaminados pelas secreções virulentas e até pelo ar, a pequena distância, como supõem Dunkin & Laidlau. César Pinto[74] diz que somente nos primeiros dias da doença constitui a vítima um foco de contágio pelo fato de eliminar-se o vírus nesta fase pela secreção nasal. Alguns veterinários chegam a crer que os cães recentemente curados podem contaminar os sãos porque ainda são portadores e disseminadores do agente da doença.

Diante das experiências de Ch. Nicole[75] que patenteou ser o homem sensível ao vírus da cinomose, sob forma inaparente, pode suspeitar-se da possibilidade de assim se constituir, em certos casos, um portador do vírus.

Ante tais fatos impõe-se o isolamento rigoroso dos cães doentes e suspeitos. As desinfecções dos canis e casinholas com fenol a ½ % e lisol a 1 % são recomendáveis. A

---

74. *Profilaxia das Doenças infecciosas e Parasitárias,* Rio, 1933.

75. "Arch. de l'Inst. Pasteur de Tunis", n°. 3, 1931.

higiene rigorosa, a desmama tardia, a alimentação racional, concorrem para evitar ou atenuar a doença que muitas vezes aparece sob formas frustras ou benignas.

Evitar constipações e os purgativos fortes.

Laidlau & Dunkin conseguiram ótimos resultados com uma vacina, já preparada entre nós, segundo a técnica daqueles cientistas, pelo Instituto Vital Brasil, sob o nome de vacina contra a cinomose.

Vacinam-se os cães logo após a 6ª. semana de vida, com 5 cc repetindo-se uma semana após. Os animais mais idosos podem receber 10 cc.

Atualmente o método adotado é o da vacina preparada em fusão, porém, em se tratando de vacina viva, o trabalho de imunização deve ser feito por veterinário.

Tratamento curativo: Este tratamento comporta: a) cuidados higiênicos; b) tratamento geral; c) tratamento sintomático.

a) *Cuidados higiênicos:* Manter os doentes em local quente, porém arejado. Nutrição substancial: caldo de cereais, leite, caldo de carne, extrato de carne, carne crua ligeiramente grelhada. No caso de predominarem as manifestações intestinais deve dar-se exclusivamente caldo de cereais e mais tarde leite. Nos casos de extrema fraqueza recorrer a clisteres alimentares.

b) O *tratamento geral* é feito pelos soros específicos ou inespecíficos. Atualmente recomenda-se, com vantagem, o emprego da aureomicina, por via oral, e na dose de 25 mg, por quilo, de peso vivo do animal.

Tratamento soroterápico: É grande conveniência empregar o tratamento soroterápico, mesmo quando não sejam específicos da cinomose. Neste caso estão os soros anti-estreptocócicos polivalentes e especialmente o soro contra a pneumonia canina, preparado pelo Instituto Vital Brasil e que se destina a evitar as complicações da doença ou atenuá-las. O emprego do produto Osta, de Bayer, não especifica, mas estimulante geral das defesas orgânicas, dá bons resultados uma vez que se aplique logo ao começo da infecção e segundo as prescrições da bula.

De alguns anos para cá vem-se empregando com muito êxito a iodotropina em injeções intramusculares, durante 10 dias, 2 a 3 cc., segundo o peso do animal.

c) *Tratamento sintomático:* Este tratamento visa combater as múltiplas manifestações da cinomose.

Em primeiro lugar, combate-se a febre, com:

Antipirina	1 g
Água destilada	100 cc

Trinta a cem cc por dia conforme o tamanho do animal. Talvez seja preferível por mais fácil de ministrar:

Euquinino	25 cg
Sacarina pura	5 mg
Açúcar branco	1 g

Este composto adocicado os cães engolem com facilidade.

Sustentar o organismo com injeções de cafeína ou óleo canforado. Uma infusão de café também, nos casos menos graves, dá bom resultado.

É assaz recomendável a seguinte medicação:

Arrenal .... 1 g

Água destilada.. 25 g

Xarope simples .... 25 cc

Meia colher das de chá diariamente.

Manifestação intestinal: Dá-se logo no início um purgativo ligeiro: maná 25 a 30 g ou melhor calomelanos (5 a 10 cg misturados ao leite). Pôr o animal em absoluto regime lácteo, adicionar ao leite um pouco de água de Vichy, ou bicarbonato de soda.

Como desinfetante intestinal, os fermentos lácteos, de preferência o "Tieacy" do Instituto Vital Brasil. O "Eldofórmio" de Bayer, na dose de 4 comprimidos por dia.

Esta fórmula também pode ser usada:

Ácido láctico .... 2 g

Benzonafto .... 1 2 g

Açúcar .... 5 g

Xarope de diacódio.. 40 cc

Xarope simples Q. S. para .... 150 cc

Dar uma colher das de café de 2 em 2 horas.

Nos casos de diarréia pode recorrer-se com êxito às injeções subcutâneas de hordeína (10 cg em 5 cc de água fervida) para uma injeção, ou talvez mesmo de preferência, sulfaguanidina ou qualquer outra sulfa.

Nas diarréias sanguinolentas usar soro hemostático, uma injeção de 10 cc.

Manifestação pulmonar: Aplicar um revulsivo (tintura de iodo em aplicações repetidas ou pomada estibiada) sobre os lados do peito.

As inalações anti-sépticas (mentol, fenol, guaiacol), as pulverizações das cavidades nasais com um pouco de óleo gomenolado, acalmam a coriza e mesmo a bronquite.

A tosse pode ser combatida com xarope de limão bravo ou

Xarope de éter.. 30 cc

Xarope de beladona .... 20 cc

Água de louro cereja .... 5 cc

Xarope de Desessarty Q. S. para....................... 150 cc

Uma a seis colheres das de café em 24 horas. No caso de tosse freqüente, espasmódica, pode dar-se de hora em hora até produzir efeito.

Contra a faringite que causa tosse incoercível convém aplicações externas de iodo na região da garganta.

Contra a bronco pneumonia e se a expectoração é difícil dá-se de duas em duas horas uma colher das de sobremesa do seguinte expectorante:

Hipossulfito de sodium .... 2 ½ g

Xarope de diacódio.. 30 cc

Xarope de ipeca .... 10 cc

Xarope de tolú Q.S.para .... 150 cc

O tratamento curativo entretanto só poderá ser obtido, com rapidez e segurança, com aplicações de penicilina.

Se há corrimento exagerado pelo nariz dá-se a seguinte poção:

Colesterina pura .... 10 cg

Tintura de salsaparrilha... 2 g

Essência de terebintina .... 2 g

Xarope de beladona... 20 g

Looch oleoso Q.S.para .... 150 cc

Agitar o vidro antes de usar.

Uma colher das de chá ou de sopa de duas em duas horas.

Para tonificar o coração deve recorrer-se de preferência às injeções de óleo canforado a 10 por 100, 1 a 2 c cúbicos, pela manhã e à noite.

É sempre bom desinfetar a cama e coberta dos cães doentes com algumas gotas de guaiacol misturado com eucaliptol, o que obriga o enfermo a respirar essas essências.

No nariz deve sempre depor-se algumas gotas de óleo gomenolado.

Quando o animal melhora deve recorrer-se a uma medicação iodurada: Xarope de iodeto de ferro, uma colher das de sobremesa pela manhã e à noite.

Manifestações nervosas: São sempre difíceis de curar. Logo que surgem os sintomas nervosos recorrem-se aos calmantes. Dar preferências às "luminaletas" de Bayer ou então:

Brometo de potassium .... 5 g

Brometo de sodium .... 5 g

Água destilada.. 300 cc

Três colheres das de café ou de sobremesa por dia.

Convém usar ainda o sulfona:

Sulfonal .... 50 cg a 3 g

Dividir em 10 partes. Dar uma pela manhã e outra a noite no leite.

Para a coréia é preferível usar injeções de estricnina, mas a sua aplicação nestes casos, que tem de ser usado até provocar convulsões, convém seja feita por veterinário (Vide coréia, cap. "Doenças do Sistema Nervoso").

Manifestação ocular: As manifestações oculares combatem-se com água boricada morna (borato de soda 25 g + água 1 litro) e nos casos mais graves lavam-se os olhos com água morna, e a seguir pingam-se algumas gotas de nitrato de prata em solução de 1 por 300 ou o seguinte colírio:

Sulfato de atropina .... 10 cg
Sulfato de zinco puro .... 50 cg
Água destilada de rosa .... 125 cc

Nos casos de queratite, especialmente quando se notam pequenas manchas na córnea, úlceras, será então necessário tocar as úlceras com uma solução de sulfato de zinco a 1 por 100, após ter instilado no olho algumas gotas de solução de cocaina. Neste caso convém apelar para o veterinário.

Manifestações cutâneas: As manifestações cutâneas não convém sejam tratadas com loções anti-sépticas; é preferível o tratamento a seco com ácido-bórico ou amido e subgálato de bismuto ou ainda melhor, com Tolide.

O colargol a 1 por 100, na dose de 2 cc em injeções subcutâneas dão muito bom resultado nestas manifestações epidérmicas.

Piroplasmose, Nambiuvú, Peste de botar sangue, Febre amarela dos cães: Sob todos estes nomes é conhecida uma enfermidade parasitária, bem comum entre nós e motivada por um parasito do sangue.

A transmissão da doença é feita por carrapatos, sendo provado que no Brasil *Rhipicephalus sanguineus* é o transmissor.

Eis em resumo, os sintomas da doença: Distinguem-se três formas clínicas: a *benigna,* a *hemorrágica* de *intensidade média* e a *grave.*

Na primeira os sintomas passam despercebidos há apenas uma febre intermitente.

Na forma hemorrágica, que é a mais comum, há no começo, febre que passa despercebida; o animal perde o apetite; torna-se triste e emagrece. Os gânglios linfáticos engurgitam-se, os acessos febris são mais freqüentes, elevando-se também o máximo térmico.

Há ainda raros parasitos no sangue. As mucosas tornam-se pálidas e começa a icterícia que se acentua para o fim da doença.

O animal tem dificuldade de andar, conserva-se habitualmente deitado com pêlos eriçados, olhos ternos, insensível às excitações. Apresentam-se então as hemorragias características pela boca, nariz, pele e ponta da orelha (daí a designação indígena *nambiuvú*, que significa orelha que sangra).

Há acessos febris que podem atingir a 40°. Em alguns casos os animais resistem e curam-se espontaneamente, outros caem em algidez e sucumbem em estado de coma. Nos casos de cura as forças voltam lentamente. Este primeiro ataque confere imunidade.

Na forma grave a evolução é rápida, não há tempo para se processar a hemorragia externa. Há no entanto hemorragia interna; os caçadores chamam a esta forma clínica de *nambiuvú das tripas*. Nesta forma todos os casos são fatais.

Tratamento: Os melhores resultados obtém-se com as injeções de Zothelon R. P. Acaprine Bayer. Injeções subcutâneas na dose de 10 cm^3 de uma solução a 0,25 % para cães de menos de 10 kg. e 20 cm^3 para cães de peso superior. Embora o cão cure-se em 12 horas, convém repetir a injeção 4 dias mais tarde. Quando o estado ictérico do animal identifica uma afecção antiga não se deve usar o Zothelone e sim injeções endovenosas de gonacrine em solução glicosada a 0,5 %.

Tuberculose: A tuberculose é uma doença contagiosa, inoculável que afeta todos os animais domésticos[76] inclusive o cão, embora que uma proporção pequena.

Os cães se infectam por via digestiva e pela respiratória muito mais por aquela que por esta. Os cães de rua, os que freqüentam cafés em companhia dos donos, facilmente se contaminam devido ao hábito de estes animais lamberem tudo.

A carne crua pode também veicular o bacilo da tuberculose.

Os sintomas dependem da localização da enfermidade. No cão é mais comum a tuberculose abdominal, visto se infectar geralmente por via digestiva.

É uma enfermidade de evolução lenta; o animal enfraquece progressivamente e a sua temperatura se eleva só alguns décimos acima da normal. Nas localizações intestinais há sempre diarréia persistente, nas localizações pulmonares a tosse apresenta-se sempre, o apetite é caprichoso e por vezes nulo.

À proporção que a doença progride o animal enfraquece cada vez mais, a dispnéia acentua-se, as secreções do pulmão aumentam, a caquexia precede o estado comatoso no qual o animal sucumbe, se anteriormente a asfixia, por impermeabilidade do tecido pulmonar, não o matar.

O diagnóstico é sempre difícil por ser a tuberculose uma moléstia insidiosa em sua marcha. Os sintomas clínicos são sempre vagos e obscuros. Para firmar diagnostico é necessário recolher produtos patológicos (mucosidade das vias respiratórias, fezes, etc) e submetê-las a um exame microscópico. "A tuberculina em injeções hipodérmicas, na dose de 1 a 10 centigramas, provoca em dois terços dos casos uma reação característica; a temperatura geral se eleva de 1°,5 a 3° na maior parte dos doentes, observando-se outros fenômenos habituais da febre". (Cadiot).

---

76. O cavalo e a cabra excepcionalmente contraem a tuberculose.

Os cães atingidos por lesões tuberculosas abertas são perigosos e devem ser isolados ou sacrificados. Os que não apresentam feridas, nem corrimentos nasais, nem nenhuma excreção, sendo, portadores de lesões fechadas, não oferecem perigo de contágio, mas convém sejam vigiados porque de um momento para o outro as lesões podem abrir-se.

Tratamento: A tuberculose quando chega a se observar nos cães é geralmente tarde para curá-los. Assim o que convém é nutri-los bem a fim de neutralizar os efeitos que a enfermidade determina no organismo. Alimentação cárnea (carne crua, cozida, grelhada) no caso do animal apresentar apetite.

No caso contrário, dar-lhe extrato de carne com um pouco de carne crua finamente picada, caldo de cereais, etc. evita-se a tuberculose vacinando-se os cães com a vacina B. C. G.

Broncopneumonia contagiosa (também chamada *tosse de cachorro), garrotilho:* Além da broncopneumonia sem caráter contagioso existe esta grave afecção que confunde com a doença dos cães novos e que causa muita mortalidade na Europa.

É doença essencialmente contagiosa, atacando duma só vez todo o canil.

Os seus sintomas principais são perda de apetite, tosse forte, quintosa, acompanhada de mucosidade purulentas pelo nariz. A respiração é rápida e o pulso acelerado. Nos dias seguintes os sintomas se acentuam, as mucosidades expelidas pelo nariz são mais abundantes e sanguinolentas. A respiração torna-se penosa e observa-se o sopro labial.

A morte é freqüente e dá-se por asfixia, por intoxicação ou fraqueza cardíaca. Em alguns indivíduos surgem fenômenos nervosos traduzidos por ataques epileptiformes e paralisias do trem posterior. Para evitar maior surto do mal é indispensável rigoroso isolamento e desinfecção.

Tratamento: Como tratamento recomenda-se o "soro contra a pneumonia canina", do Instituto Vital Brasil, usado conforme indica a respectiva bula que o acompanha.

Independente do soro deve ministrar-se a seguinte medicação:

Quermes mineral	50 cg
Fosfato e codeína	5 cg
Licor amoniacal anisado	5 cg
Tintura de digitais	XXV gotas
Xarope de seiva de pinheiro	220 g

Uma colher das de sopa, ou de sobremesa, cada três horas.

Recomenda-se modernamente penicilina: 200 a 400.000 U. O. por 24 horas durante 6 dias. Aplicações de revulsivos de cada lado do peito, todas as manhãs, durante uns 4 a 5 dias.

Combater outros sintomas conforme indicamos na parte sobre doenças dos cães novos.

Tétano: É uma afecção rara nos cães e devida a infecção das feridas por um micróbio. O tétano provoca convulsões que podem afetar certo grupo de músculos: os do pescoço, cabeça ou dos membros. Quando o tétano se generaliza, o cão tem a marcha perturbada, desviam-se os membros, a cabeça ou pescoço ficam endurecidos, esticados, o olhar fixo, os maxilares cerrados (trismus), a deglutição é difícil, a sensibilidade exalta-se, o ruído e a própria luz causam convulsões. Nos cães o tétano é quase benigno.

Declarada a infecção recorrem-se as injeções de soro antitetânico 1 a 10 cc. Desinfeta-se a ferida com iodo.

Acalmar a excitação com:

Cloral.. 5 a 20 g
Água fervida .... 200 a 400 cc

Uma lavagem de 20 a 100 g, três vezes ao dia ou então injeções de:

Cloridrato de morfina .... 2 a 10 cg
Água destilada fervida .... 30 cc

De três ou de quatro em quatro horas uma injeção de 1 a 5 cc. (Vide Feridas)

Capítulo XI
Intoxicações

A penetração, no organismo, de substâncias vulgarmente denominadas venenos, chama-se envenenamento ou intoxicação.

As intoxicações dos cães podem ser motivadas por causas várias: alimentação com carnes corrompidas, ingestão de carnes de animais mortos por envenenamento, ou de substâncias propositadamente envenenadas; mordeduras de cobras ou outros animais venenosos.

Intoxicações alimentares: Os cães, quando em liberdade, descobrem, não raro, carnes alteradas e por ingeri-las se intoxicam.

Os sintomas traduzem-se por vômitos, diarréia profusa e, às vezes, sanguinolenta.

O animal apresenta-se abatido, a pressão do ventre é dolorosa, a sede viva. Nos casos ainda mais graves sobrevém a paralisia do trem posterior.

Tratamento: Consiste em manter as forças do doente, dando-lhe injeções de óleo canforado a 1/10, 1 a 4 cc, de conformidade com o talhe do cão. Purgar energicamente com óleo de rícino, 15 a 30 g conforme o tamanho do animal. Lavagens intestinais freqüentes com água fervida e morna.

Se a febre, que sempre acompanha este envenenamento (40° e mais) dá lugar ao abaixamento da temperatura para 36,5 a 36, melhor será ministrar-lhe o soro fisiológico cafeinizado, a temperatura de 38°, 5, em dose de 30 a 150 cc.

Ministram-se tônicos gerais, sendo assaz recomendável o café forte, ligeiramente alcoolizado (1 colher das de café de aguardente em uma xícara de café). Injeções de vitamina B.

Passado o período crítico, 24 a 48 horas, dá-se leite frio, cortado com água de Vichy ou com um pouco de bicarbonato de soda.

Intoxicação por ingestão de substâncias venenosas: Os sintomas de envenenamento traduzem-se por fenômenos subordinados à natureza do veneno ingerido.

Geralmente verificam-se cólicas, gemidos, vômitos, primeiro alimentares, depois albuminosos (com aparência de clara de ovo) diarréia serosa ou sanguinolenta. Em certos casos, observam-se fenômenos de viva excitação, seguidos de coma, ou de sintomas rabiformes, mais raramente de paralisias. Os exames das fezes e das substâncias vomitadas, pode permitir a descoberta do veneno.

Nos casos de envenenamento agudo, desde a aparição dos primeiros sintomas, deve provocar-se o vômito ministrando de preferência a ipeca, 50 cg a 2,50 g, misturada com água morna, ou uma injeção hipodérmica de apomorfina, 2 miligramas a 1 centigrama.

Quando o animal manifesta dores vivas, dá-se-lhe colheradas (das de café ou sobreme-sa) de água cloroformada desdobrada. Aplicam-se no ventre compressas úmidas e quentes.

Se a substância tóxica já passou para os intestinos dá-se um purgativo 5 a 40 gramas de maná ou 5 a 30 gramas de óleo de rícino ou 5 a 40 gramas de sulfato de magnésia.

Combater a depressão nervosa com café, chá, ligeiramente alcoolizados, por inje-ções hipodérmicas de óleo canforado a 1/10 na dose de 1 a 5 cc.

Os fenômenos de excitação podem ser acalmados com injeções de morfina:

Cloridrato de morfina .... 2 a 10 cg

Água destilada... 30 cc

Duas a três injeções de 1 a 5 cc, por dia.

Quando a substância venenosa que o animal ingeriu é conhecida, então age-se dan-do-lhe um contraveneno.

Eis uma lista das principais substâncias mais comumentes responsabilizadas pelas intoxicações dos cães:

Arsênico: Principais sintomas: salivação, cólicas, albuminúria, sinais de grande fraque-za e paralisias.

Todos os quartos de hora dá-se uma colherada da seguinte solução:

Magnésia calcinada .... 10 g

Água albuminosa.. 200 cc

Duas horas após dá-se um purgante de óleo de rícino, de preferência.

Para fazer água albuminosa basta bater duas a três claras de ovo em um pouco de água e depois juntar água até fazer 200 cc e adicionar a magnésia.

O melhor antídoto do arsênico é o Thiomalato de sodium. Para prostração, estimulantes.

Fósforo: Os sintomas são: tumefação da mucosa bucal, sede viva, vômitos, odor aliáceo do ar expirado, grande fraqueza, tremuras. Dar um vomitivo e depois uma colher das de café ou de sopa 3 a 4 vezes ao dia, da seguinte solução:

Essência de terebintina .... 10 a 20 g

Goma arábica pulverizada .... 10 g

Água de hortelã. .... 30 cc

Xarope simples... 250 cc

Purgante salino.

Mercúrio: Muitas vezes a pomada mercurial é a causadora deste envenenamento Os principais sintomas são: salivação, hálito fétido, gengivite, úlceras nos lábios, hemorragias da mucosa, erupção cutânea, estupor, tremuras, paralisia.

Dar de duas em duas horas uma colher da seguinte preparação:

Leite .... 200 cc

Três claras de ovo.

Três vezes no dia dar uma colher desta preparação e 10 cg a 1 grama de enxofre sublimado lavado.

Estricnina: Os principais sintomas são: ansiedade, grande excitação, rigidez geral, orelhas e membros rígidos, queda, convulsões, contrações tetaniformes.

A primeira coisa a fazer para salvar o cão estricnizado, consiste em promover o vômito, injetando imediatamente, debaixo da pele da face interna de uma coxa, por exemplo, a apomorfina, na seguinte fórmula:

Cloridrato de apomorfina.................................... 3 a 5cg

(conforme o tamanho do cão)

Água destilada... 3 a 5 cc

Esta solução aquosa pode durar muito tempo, sem perder a sua ação vomitiva, embora mude de cor, tornando-se esverdeada; mas o melhor, sendo possível, é fazer a solução no momento de a injetar. Como previsão, não tendo perto uma farmácia, é bom ter empolas com a dose acima indicada. O instrumento usado é a conhecida seringa própria para injeções hipodérmica e intravenosas. Devemos, também, em certos casos, no começo do envenenamento, promover a purgação, para livrar o tubo digestivo de alguma dose de estricnina que ainda não haja passado do intestino para o sangue, por absorção. Para isso, dá-se ao doente, pela boca, óleo de rícino, na dose de 40 gramas; mas, se a intervenção for tardia, não é fácil abrir a boca ao animal já tetanizado e fazer-lhe deglutir o purgamento que, por isso, corre o grave risco de penetrar na laringe do cão, em vez de ir para o estômago e intestinos.

O hidrato de cloral também pode servir, mas em injeção intravenosa, como anti-veneno ou antídoto da estricnina; as injeções intravenosas, porém, exigem a intervenção de um médico-veterinário. Se este intervém, utilizará a fórmula seguinte, calculada para uma injeção intravenosa:

Hidrato de clora.. l 15 cg

Citrato de sódio .... 8 cg

Água destilada... 2 cc

Mais fáceis são as injeções subcutâneas de iodeto de potássio, consoante à seguinte fórmula:

Iodeto de potássio .... 10 cg

Água destilada... 25 cc

Se a respiração do animal é muito difícil, aplica-se-lhe às narinas um fole ou uma seringa de ar, para lhe fazer a respiração artificial.

Antídotos múltiplos: São estes preparados feitos de modo que podem exercer sua ação neutralizadora contra vários venenos, prestando um serviço utilíssimo, sobretudo quando a substância tóxica não é bem conhecida.

Antídoto múltiplo de hidrato férrico: Primeiro frasco:

Solução de sulfato (D. D. 1,15) .... 100 cc

Segundo frasco:

Água comum .... 800 cc

Magnésia calcinada .... 80 g

Carvão animal lavado .... 40 g

Quando é necessário seu emprego verte-se no 2º. frasco o conteúdo do 1º. e agita-se fortemente. Doses de 50 a 100 g.

Indicado, nos envenenamentos pelo arsênico, iodo, bromo, iodofórmio, alcalóides e seus sais, ácido e sais metálicos de ácidos minerais.

Contra-indicado nas intoxicações pelos cianetos, ácido cianídrico, fósforo, hipocloritos, álcalis minerais e em ético (Joanel).

Antídoto múltiplo de sulfureto férrico:

Sulfato de ferro cristalizado .... 130 g

Monossulfureto de sódio cristalizado .... 120 g

Água destilada fervida Q. S.

O sulfato de ferro dissolve-se em vinte vezes o seu peso de água. Em vasilha à parte, e em quatro vezes seu peso de água dissolve-se o monossulfureto de sódio. Mistu-ram-se ambas as soluções, formando um precipitado, que se lava com água de ácido sulfúrico e por fim se conserva em um frasco com água destilada fervida.

Dá-se em colheradas com água açucarada até que passem os sintomas agudos de intoxicação.

É indicado nas intoxicações de venenos metálicos e contra-indicado nas intoxica-ções por ácidos.

Intoxicações por picada de cobra: Os cães de caça são muitas vezes vítimas do veneno ofídico.

O tratamento eficaz consegue-se com os soros anti-ofídicos fabricados pelo Insti-tuto de Butantã, São Paulo, Instituto Vital Brasil, em Niterói e Instituto Pinheiros.

Há cinco tipos de soros: o anti-crotálico, contra picada da *cascavel:* o bortrópico monovalente, contra a picada da *jararaca (Bothrobs jararaca);* anti-botrópico polivalente con-tra as serpentes de genero *Bothrobs:* urutu, jaracuçu, etc.;anti-elapíneo, contra a picada das cobras corais, e, finalmente, o soro anti-ofídico, quando se desconhece a espécie ofensora.

O tratamento dos acidentes ofídicos nos cães está subordinado às mesmas regras do da espécie humana[77]. A quantidade de soro a injetar-se depende da quantidade da peçonha inoculada e como esta fica indeterminada nos acidentes, resta ao observador avaliar, pela rapidez e gravidade com que se apresentam os sintomas de envenenamento, a dose de veneno injetada e por esta calcular a de soro a empregar-se.

Praticamente pode aconselhar-se uma empola de soro para os casos leves, duas para os de média intensidade e três para os mais graves. Não há inconveniente algum em injetar-se maior quantidade de soro do que a necessidade para neutralizar o veneno; o mal está em ficar aquém daquela dose.

A injeção de soro poderá ser feita intramuscular ou subcutaneamente em qualquer região, não havendo vantagem alguma fazê-la junto ou nas imediações da região mordida.

Os músculos da coxa ou a face interna desta parte do corpo, no caso de preferir-se fazer a injeção subcutânea deverão ser as regiões indicadas para aplicação do soro. Nos casos de gravidade extrema, haverá vantagem em fazer-se a injeção endovenosa, podendo-se, então, utilizar-se, para tal fim, da veia jugular ou da safena.

Não sendo tóxico o soro, não há necessidade de tomar-se em consideração o tamanho do animal, quando se tenha de resolver sobre a dose de soro a empregar. Esta só deve obedecer ao critério da maior ou menor gravidade.

Um dos melhores indicadores da gravidade do envenenamento ofídico é a rapidez com que cai a temperatura. Nos casos graves ela cai tanto mais rapidamente quanto maior for a dose de veneno inoculado. Não havendo soro todos os remédios são falíveis.

No entanto quando a picada é num membro pode abrir-se largamente a ferida e lavá-la abundantemente com uma solução forte de permanganato de potassa ou diluição de água de Javel, isto na falta do soro.

77. Vide *Anfíbios e Répteis do Brasil* e *Cobras Venenosas*, de Eurico Santos – Itatiaia.

Capítulo XII
Acidentes e Moléstias Diversas

Inflamação do ânus: Nos cães idosos e até nos novos, quando acometidos de enterite, é freqüente manifestar-se uma inflamação na região do ânus.

O ânus tumefaz-se, torna-se dorido e, por vezes, mostra-se proeminente.

Ao defecar, o animal experimenta dores e chega a observar-se, algumas vezes, um ligeiro prolapso do reto.

É preciso saber-se que logo abaixo da base da cauda, na região perianal do cão, localizam-se certas glândulas, que uma vez comprimidas, deixam sair uma matéria muco-purulenta, parda sanguínea, de intolerável fétido.

Tais glândulas parece que são a causa desta inflamação[78].

O tratamento consiste em espremer as glândulas, durante alguns dias seguidos, fazer a toalete da região com água morna e sabão de glicerina; enxugar e passar, a seguir, pomada de sulfanilamida.

Entorses: Distensão violenta e rápida dos ligamentos que cercam as articulações. Elas têm por causa as quedas, as contrações musculares enérgicas.

Geralmente em 15 dias o animal acha-se curado. Entretanto, algumas vezes, sobrevém a induração periarticular. Aplicar água branca (Vide *Contusões*). No fim de alguns dias, quando estivetem moderados os fenômenos inflamatórios utilizam-se os banhos quentes. Pode usar-se com vantagem o *Linimento Geneau* ou o *Elliman,* em ligeiras massagens nas juntas, não desprezadas as compressas úmidas e quentes, de três em três horas.

Nos casos mais graves e crônicos chamar o veterinário para fazer o diagnóstico radiológico.

Luxações: A luxação é o deslocamento anormal e permanente das extremidades articulares.

Quando ela não é congênita ou sintomática, tem a mesma origem traumática que as entorses.

O tratamento consiste em repor no seu local as extremidades articulares, o que deve ser feito por veterinário, já que as mais das vezes é indispensável recorrer à anestesia geral.

Contusões: As contusões são lesões traumáticas sem solução de continuidade do tegumento, quer dizer, sem ferida.

---

78. É curioso lembrar que, em certas regiões do mundo, existe a crença de que se espremendo estas glândulas anais do cão, na idade ainda tenra, evita-se a doença dos cães novos. Trata-se de uma crendice sem fundamento.

Nas contusões aplicam-se compressas molhadas numa solução de água branca:

Subacetato de chumbo .... 20 g

Água comum .... 980 cc

Na falta deste medicamento, a água salgada com vinagre pode servir.

Uma massagem é sempre útil. No caso da contusão motivar um tumor sanguíneo, trata-se com a mesma medicação e não cedendo, mais tarde, punciona-se, esvazia-se a cavidade e injeta-se nela tintura de iodo diluída (1 gr de iodo para 20 de água fervida).

Os golpes na cabeça podem ocasionar perturbações nervosas, cujo conjunto constitui a comoção cerebral. O animal pode ter morte fulminante. Nos casos menos graves convém prevenir a meningoencefalite com aplicações freqüentes de compressas frias sobre a cabeça.

Fraturas: As fraturas são as soluções de continuidade óssea, motivadas por ações traumáticas.

As fraturas podem ser *abertas* ou *expostas* e *fechadas*.

Quer dizer, elas podem não interessar o tegumento ou abrir nele feridas comunicando com o exterior.

Nas fraturas fechadas o tratamento consiste em manter o doente em repouso, combater as tumefações e as dores locais com loções quentes de água branca (Vide Contusões), tratando-se de imobilizar a região afetada com um penso de algodão. Terminados os fenômenos agudos pratica-se a massagem.

Nos casos mais graves (fraturas completas) é necessário a redução da fratura, coaptação dos ossos e a contensão deste, trabalho que só o veterinário deve fazer.

A redução deve ser feita o mais breve possível.

Choque traumático: Nos casos de choque traumáticos, sem lesões bem determinadas (fraturas, hemorragias) ocasionando uma espécie de coma não febril, o moderno tratamento consiste em injeções de novocaina 3 a 4 cg em 100 a 200 centímetros cúbicos de soro fisiológico.

Feridas: As feridas são soluções de continuidade que podem afetar apenas a pele, os músculos, os ossos, os vasos, nervos e as próprias vísceras.

Quando se trata duma ferida superficial, recente, deve cortar-se os pêlos da região circunvizinha, limpar a ferida, extraindo os corpos estranhos que aí acaso estejam (pêlos, terra, etc.) e lavar com água fervida tépida, com um pouco de sal de cozinha ou água oxigenada misturada com água e como desinfetante preferir o permanganato de potássio em solução de 1 a 5 %, conforme a natureza da ferida.

Após passa-se um pouco de colódio simples,ou colódio iodado ou iodo-formado.

Se a ferida é extensa convém fazer uma sutura com alguns pontos, aplicando depois o cólodio e um penso de tiras.

Se após quatro a cinco dias, ao retirar o penso, a ferida se achar supurada, é preciso diariamente lavá-la com líquido Dakin e aplicar sulfanilamida em pó.

Para as feridas anfractuosas pode usar-se uma pomada:

Aristol .... 1 g

Vaselina .... 5 g

Lanolina .... 5 g

As feridas podem complicar-se determinando, a gangrena, a septicemia, a erisipela, a piemia, ou o tétano.

Nos lugares onde é comum o tétano pode recorrer-se às injeções anti-tetânicas, embora o cão seja pouco sujeito ao tétano.

Para as septicemias usa-se o soro anti-estreptocócico 1 a 5 cc em injeções diárias ou Septicecimina, 1 ampola diariamente ou melhor ainda, penicilina ou estreptomicina. Nos cães de grande talhe empregam-se duas empolas de Septecimina por dia. Desinfecção das feridas com tintura de iodo recentemente preparada ou melhor sulfanilamida em pó.

Estimula-se o organismo com infusões de café a que se adiciona um pouco de álcool ou injeções de óleo canforado (1 a 5 grs.).

Vide Tétano.

Picada de cobras: Vide *Intoxicações.*

Úlceras: São chagas supurantes de difícil cicatrização. Pode-se clinicamente distinguir: inflamatórias, fungosas, atônicas, calosas e fagedênicas.

Convém ter o animal como suspeito de tuberculose.

Contra as úlceras inflamatórias empregam-se lavagens mornas com anti-sépticos:

Sublimado .... 1 gr

Água .... 1000 cc

ou

Permanganato de potássio .... 1 gr

Água .... 1000 cc

As fungosas cedem com alúmen. As atônicas com soro-seco de cavalo.

As calosas necessitam que se cortem os bordos empregando, após, lavagens anti-sépticas.

Para as fagedênicas emprega-se:

Sublimado .... 3 g 25

Água de cal oficinal Q. S. para .... 1 litro

Agitar na ocasião de usar. Para as úlceras crônicas:

Sulfato de cobre pulverizado .... 8 g

Carvão vegetal .... 15 g

Colofônica .... 15 g

Goma arábica .... 15 g

Pulverizar as feridas após as lavagens com sulfanilamida. Pode experimentar-se o óleo de quenopódio e o tártaro emético.

Higroma: É um tumor indolente, arredondado ou ovóide, uniformemente flutuante, que se cria nos cotovelos dos cães, geralmente das raças grandes.

É necessário esvaziar a cavidade com uma punção capilar e injetar uma solução de iodo (tintura de iodo 1 parte 4 partes de álcool). De três em três dias passar uma pincelada de tintura de iodo. Se o higroma se tornar a formar, repetir a punção e o referido tratamento.

Abscessos: São coleções purulentas que se formam nos tecidos, sob a pele, ou profundamente. Eles são determinados por uma inflamação infecciosa provocada por micróbios piogênicos.

Durante a primeira fase acalmam-se a inflamação e a dor com papas de farinha de linhaça, ou com loções anti-sépticas quentes.

Quando a matéria purulenta se acha formada é necessário dar-lhe saída.

Há, no entanto, um momento mais conveniente de abrir o abscesso e assim geralmente se faz quando a flutuação é evidente em dois terços dele.

Cedo demais dificulta a cura, tarde é prejudicial por tornar o abscesso mais profundo e extenso.

A abertura pratica-se com um bisturi. É necessário conhecer o trajeto dos grossos vasos afim de não feri-los.

Pratica-se a incisão seguindo-se o trajeto das fibras musculares dos vasos e dos nervos.

Nos lugares muito vascularizados ou nervosos melhor será operar pequena incisão na pele com o bisturi e após faz-se penetrar na ferida uma tesoura de ponta romba com um movimento de rotação e pressão.

Logo que se pratica a abertura o pus escapa-se, exerce-se então uma ligeira pressão nas circunvizinhanças do abscesso a fim de esvaziá-lo bem.

Após isto lava-se cuidadosamente o interior do abscesso com uma solução anti-séptica, por exemplo: água oxigenada diluída em 3 partes de água; ácido-fênico 3 por 100; sublimado 1 por 1000; creolina 1 a 2 por 100; tintura de iodo ao terço. No caso de necessidade coloca-se uma mecha. Nos dias seguintes tira-se a mecha e fazem-se curativos que constam das soluções acima indicadas.

Queimaduras: As queimaduras podem ser motivadas por líquidos quentes ou ferventes: água, óleo, metais em ignição ou substâncias cáusticas (ácidos, etc).

Qualquer que seja o grau aplica-se uma solução de ácido pícrico a 10 por 100 em pastas de algodão hidrófilo. Quando não se tem à mão este medicamento pode, para acalmar as dores, aplicar-se nas queimaduras óleo de amêndoas doces ou óleo de oliveira ou um pouco de amido ou talco.

Logo que se acalmem os fenômenos da primeira fase aplica-se nas feridas uma pomada de vaselina fenicada ao centésimo, cobrindo-as com pasta de algodão.

Nas feridas mais graves, após a aplicação de ácido pícrico durante muitas horas, usam-se substâncias anti-sépticas e a seguir emprega-se uma mistura de talco esterilizado e subcarbonato de ferro, em partes iguais.

Inflamação dos pés. Gretas dos pés. Pisadura: A inflamação dos tubérculos elásticos que guarnecem a face inferior dos dedos é observada nos cães de caça, especialmente nos que caçam em campos pedregosos. Os nossos campos de macega chegam a cortar as patas dos cães.

A inflamação dos pés, nos casos mais simples, desaparece com o repouso e banhos tépidos, passando-se após um pouco de amido.

Nos casos mais graves envolve-se o pé em um penso com compressas embebidas em uma solução adstringente ou anti-séptica (alúmem cristalizado 3 por 100 ou sulfato de ferro 2 por 100).

Se o animal apresenta dores vivas passa-se um pouco de vaselina cocainada.

Na França usam para os cães não treinados ainda no serviço de caça fazer aplicações de uma pomada de: vaselina a 1 por 8 ou por 10 de formol, que tem por fim endurecer a sola dos pés. Usam isto uma semana antes da caça, diariamente.

As gretas e as feridas dos pés são curadas com as soluções acima referidas.

Há um eczema interdigital que se cura com aplicações de azul de metileno resorcinado, 3 vezes ao dia, durante 8 dias. Secagem cuidadosa dos pés.

Usura insuficiente das unhas: Nos cães de luxo, que vivem nos apartamentos, e que, portanto, não andam muito, as unhas deixam de ter o gasto natural e tomam assim grandes proporções, o que dificulta a marcha.

Basta cortá-la, não rente, para suprimir este incidente. As unhas dos "ergots", nos membros posteriores e as unhas do dedo 1º. dos membros anteriores, adquirem muitas vezes um tamanho exagerado, podendo assim penetrar na pele, encravando-se, como diz. Convém, pois, trazer estas unhas aparadas.

Corpos estranhos e calos dos pés: Não raro o cão mete um estrepe no pé. Muitas vezes a extração não fornece dificuldade porém outras o cão devido a dor, reage e torna-se difícil extrair o corpo aí alojado. Usa-se neste caso a anestesia local (solução de novocaína a 20% em pinceladas na parte que se vai operar).

Depois com pequenas pinças tira-se o estrepe. Passa-se depois iodo ou melhor, mete-se a pata doente numa vasilha com uma solução forte e quente de permanganato de potássio.

O cão também sofre de calos ao nível da superfície plantar. Amolecê-los com banhos quentes e extirpá-los com a ponta de um canivete. No caso de não dar resultado cauterizar-se a parte com uma agulha de fazer crochê levada ao fogo até ficar branca. Pode-se também empregar os calicidas comuns mas com pouco resultado.

408

Urticação: É um prurido especial determinado pelo látex de várias plantas urticantes, entre elas a *urtiga queimadeira,urtiga da miúda (Urtica urens L.), urtigão, urtiga grande (Urtica doica L.).*

Os cães internando-se nos matos muitas vezes são vítimas destes vegetais irritantes.

Ao sentirem esta espécie de queimadura os cães lambem-se com desespero nas patas e outras partes glabras; os pêlos urentes penetram-lhe na boca e são assim engolidos, determinando viva irritação do tubo digestivo. Se se achavam farejando na região das urtigas os pêlos penetram nas narinas e causam tal irritabilidade dos órgãos respiratórios que o animal não pode respirar pelo nariz, acontecendo assim morrer asfixiado.

O animal fica em tal estado de irritação que sobrevêm fenômenos nervosos graves, morrendo o cão dentro de 3 a 4 horas, supondo os donos que se trata de um envenenamento.

É, pois, necessário desviar os cães das plantas urticantes e no caso de um acidente deve-se lhes dar logo um punhado de sal o que obriga o animal a vomitar limpando-lhe o estômago. Pode dar-se também uma forte dose de óleo de rícino (40 a 50grs.).

Lavam-se as partes urticadas com uma solução de água avinagrada.

Tumores: Chamam-se tumores neoformações persistentes de evolução progressiva, sem tendência para a cura e de etiologia obscura. Os tumores mais freqüentes são epiteliomas, fibromas, sarcomas, lipomas e cistos.

São todos passíveis de extirpação cirúrgica e cauterização. Devido ao sítio, natureza deste, etc., somente deles podem cuidar os veterinários que devem ser chamados, o mais cedo possível.

Entre os papilomas da pele, notam-se mais comumente as verrugas, também chamadas "figueiras".

O tratamento das verrugas é fácil, basta tocá-las com ácido nítrico puro.

O formol empregado em toques diários dá resultado. Pode usar-se também:

Acido arsenioso	5 g
Pó de sabina	10 g
Goma arábica em pó	10 g
Gerato simples	36 g

Derreter e pincelar as verrugas (medicamento venenoso).

Dizem que dá excelentes resultados uma papa feita com carbureto de cálcio extinto.

Para as verrugas ou tumores bucais, vide *Doenças do aparelho digestivo.*

Reumatismo: O reumatismo encontra-se no cão sob as duas formas: articular e muscular.

Após dois dias de inapetência, estado febril, que muitas vezes passa despercebido, o cão começa a manquejar.

Uma articulação tumefaz-se doloriza-se e torna-se por isto de extrema sensibilidade. O animal ao se locomover solta gritos e bem assim quando lhe tocam ou querem examinar.

Às vezes o animal toma atitudes extravagantes, procurando assim se livrar das dores.

Tratamento: O doente deve ser mantido em lugar quente e seco. A umidade é uma das causas do reumatismo e assim os canis, casinholas ou cama dos cães devem ser localizados em lugares secos.

Dar o seguinte remédio:

Salicilato de soda .... 1 a 8 g
Xarope de cascas de laranjas amargas .... 100 a 200 cc

Uma colher das de café, ou de sopa três vezes ao dia.

O cão que não suportar bem o salicilato ou que este medicamento seja contra-indicado (lesões renais, albuminúria), pode então usar:

Salol ou salofeno .... 1 a 10 g

Dividir em 20 papéis e dar 1 papel pela manhã e outro à noite.

Dar-lhe fricções nos membros doridos com Bálsamo de Bengué ou com

Salicilato de metila .... 20 g
Mentol cristalizado .... 5 g
Lanolina anidra .... 90 g

Nos casos rebeldes há como derradeiro recurso a cauterização pontuada (pontas de fogo).

Recomendam os homeopatas alternar *Actaea racemosa* e *Sanguinária* cada 4 horas. Doses três gotas para 2 colheres de água.

Capítulo XIII
Pequenas operações

Castração: Pratica-se a castração, quer por motivo de enfermidade, quer como operação de conveniência, afim de anular as faculdades genésicas. Devemos ser sempre contrários a esta prática, já porque é um sofrimento, que podemos poupar ao animal, já porque este perde as suas qualidades.

O animal emasculado torna-se excessivamente gordo e por isto, pesado, dorminhoco.

Eis como se procede para a castração:

Deita-se o animal sobre o lado direito, o membro posterior esquerdo levantado sobre o dorso, os membros anteriores levados para a frente. Pode também manter-se o animal em decúbito dorsal.

Isto em cima de uma mesa ou tábua onde seja possível imobilizar o animal com o auxílio de um ajudante.

Os cães fortes, além de açamados, exigem que se lhes passe uma correia ou corda que os mantenha bem seguros em cima da mesa.

Desinfeta-se a região com um desinfetante, por exemplo, o líquido Dakin ou água boricada, éter, álcool, ou simplesmente água fervida com sal.

Preparada a região, incisa-se o envelope sobre o grande eixo de um dos testículos e opera-se por torção servindo-se de duas pinças hemostáticas.

A mesma manobra para a outra glande.

Irrigar com água fervida quente as feridas escrotais e as polvilhar com um pouco de ácido bórico. Em alguns casos convém fazer uma sutura na ferida. Aplica-se um penso de algodão e deixa-se o animal por alguns dias em meia dieta.

Renova-se o tratamento de dois em dois dias.

Para a operação aludida são necessários os seguintes instrumentos: navalha, bisturi, tesoura, fio de seda, algodão e tiras. No caso de fazer uma sutura é necessária uma agulha. Há ainda a apontar as pinças hemostáticas que de preferência devem ser utilizadas.

Não obstante, há um meio muito mais fácil de castração, destituído de perigo, e que não exige técnica alguma: é por meio de torquês Burdizzo. Eis como se opera. O animal fica imobilizado da forma descrita acima ou mesmo de pé.

O operador segura o cordão testicular com a mão esquerda e com a outra aplica a torquês sobre o mesmo cordão, apertando depois com as duas mãos até fechar; sobre o

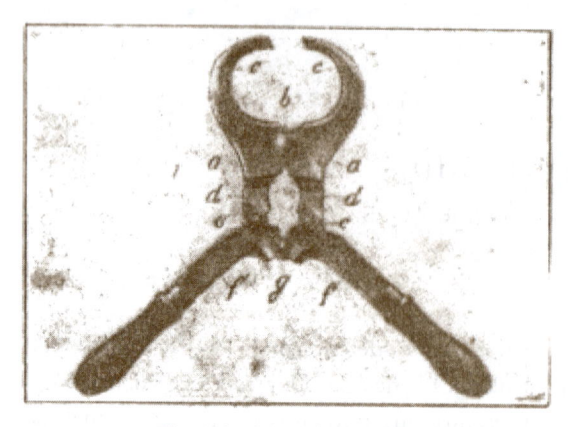

Fig. 128 – Torquês Burdizzo

mesmo cordão um pouco mais acima, repete-se o esmagamento embora só o primeiro bastasse. Repete-se a mesma operação com o outro cordão, terminando assim a operação sem se derramar sangue algum. Esmagado os cordões testiculares impede-se assim a afluência de sangue aos testículos, estes, dentro de 20 dias, se atrofiam e desaparecem, sem deixar cicatriz de espécie alguma. Não há, pois, com este processo, nem perigo das hemorragias e bicheiras, nem infecções, limitando-se os acidentes ao mínimo.

Corte da cauda: O corte da cauda dos cães pratica-se por motivos de doença ou acidentes (esmagamentos, tumor, cancro caudal, etc) ou por simples fantasia e às vezes, por necessidade nos cães de certas raças. Em algumas raças os cães nascem quase desprovidos do apêndice caudal (Épagneul bretão, Shipperke, etc.), mantendo mesmo determinados indivíduos na idade adulta apenas um rudimento de cauda. Os *Shipperkesque* nascem com um toquinho de cauda devem logo sofrer a ablação dele.

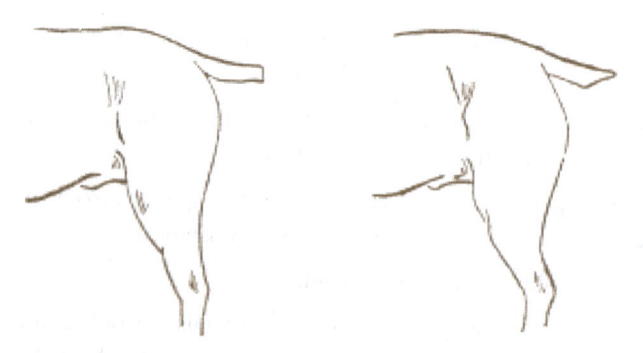

Fig. 219 – *Esquema do corte da cauda. A esquerda, forma incorreta; à direita, forma recomendável.*

Na parte relativa a descrição das raças caninas citamos as raças em que mais comumente se encurta a cauda.

Geralmente nos cães de mostra e cães de corso, que caçam em terrenos de vegetação espessa, é conveniente o encurtamento da cauda, ou a sua ablação quase completa. Nos terriers, cães de toca, é conveniente encurtar a cauda deixando no mínimo 10 centímetros.

Aplica-se a amputação sistemática da cauda do épagneul *Pont-Audemer* e no épagneul *Breton* que teimem em nascer caudatos.

Igualmente se pratica esta operação no *Braco Alemão*, no *Braco de Auvergne*, no *Borbonês* e nos *Griffons*.

Nestes todos, exceto o *Bretão* e o *Borbonês,* deixam-se dois terços da cauda. Também é hábito encurtar a cauda dos *Spaniels* e dos *Terriers,* salvo no *Bull branco* ou *Manchester* e no *Toy.*

A cauda pode ser cortada em qualquer idade do cão, mas é preferível fazê-lo do 2°. ao 3°. mês. E is um dos melhores meios de operar:

O animal é conservado de pé e a cauda é mantida reta por um ajudante, enquanto o operador precisa e fixa o ponto em que vai fazer o corte.

Este deve ser feito na soldadura entre uma e outra vértebra, quer dizer no ponto em que elas se articulam e em que não há osso, o que facilmente se descobre com os dedos. Puxa-se a pele na direção da base da cauda, prende-se com um cadarço largo ou uma borracha apropriada.

O local que vai cortar foi primeiramente tosado e desinfetado.

A secção se efetua quase sem dor e com pouca perda de sangue. O corte, num animal novo, faz-se com tesouras direitas, nos animais adultos de cauda grossa, usa-se o corta-cauda, ou bisturi.

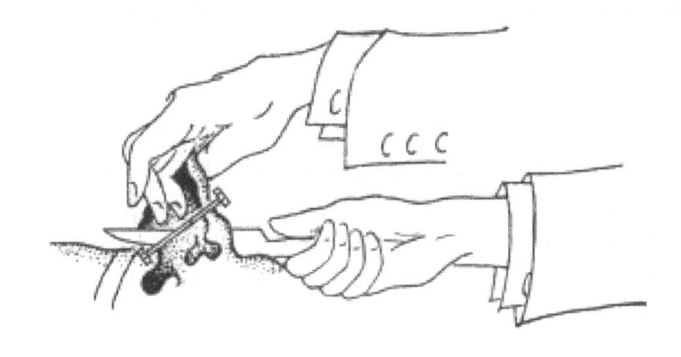

Fig. 220 – *Como se cortam as orelhas com tenaz limitativa.*

Como se teve a preocupação de esticar a pele da cauda para a base desta após o corte puxa-se novamente sobre o toco que fica e dá-se um ponto.

É mesmo dispensável este trabalho, basta aplicar iodo afim de desinfetar o ferimento e depois de 24 horas tira-se a amarra que se fez com o cadarço ou com a borracha e a pele volta ao local, criando em breve pêlos sem deixar cicatriz visível. A secção não deve ser vertical e sim oblíqua como mostra a gravura junto.

Quando os animais são adultos e de cauda grossa as hemorragias são difíceis de combater, sendo necessário queimar com cautério afim de detê-la.

Corte das orelhas: Oferece o corte das orelhas um pouco mais de dificuldade que a ablação da cauda. Pode mesmo dizer-se que é uma operação delicada que exige o homem da arte para fazê-la com perfeição, tanto mais que é uma operação do domínio da moda e não uma necessidade. A idade para o corte das orelhas é dos três aos quatro meses.

413

O método mais fácil é aplicar uma tenaz limitativa como se vê na fig. 220.

Aplica-se a tenaz no pavilhão em direção oblíqua de baixo ao alto, a qual regula o corte da orelha, guia o bisturi ou a navalha e elucida melhor o ato que qualquer descrição.

É claro que a orelha deve ser anteriormente lavada e desinfetada e que deve manter-se bem esticada afim de que o corte fique perfeito.

Terminado o corte desinfeta-se a ferida com tintura de iodo que ao mesmo tempo serve de hemostático.

Mau porte das orelhas: Alguns cães de orelhas em pé apresentam a tendência de deixá-las caídas, o que constitui um defeito para a raça. Para eliminar tal defeito usa-se colocar nas orelhas um cartão de formato adaptável a ela, preso por uma pequena sutura. Melhor no entanto é passar colódio dentro da orelha em camadas sucessivas, endurecendo assim as orelhas e mantendo-as de pé.

Com o tempo as orelhas tomam o porte desejado.

Ablação dos ergots: Segura-se o "ergot" ou unha perdida com a mão esquerda, puxa-se um pouco e aplica-se um golpe de tesoura na base do dedo. Para parar a hemorragia passa-se iodo e aplica-se uma tira de pano bem apertada e mantida por um nó. No fim de 4 horas retira-se este penso.

A melhor época para o corte dos "ergots" é o período do aleitamento.

Dentes abalados: Em cães já velhos, devem ser extraídos. O tártaro, que em geral aparece com a idade, deve ser tirado com um extrato de tártaro, pois ficando, provoca piorréia, que não só faz cair os dentes, como também dá mau hálito, o que em cães pequenos, que vivem no colo e na cama dos seus donos, torna-se desagradável.

GLOSSÁRIO DE TERMOS VERNÁCULOS E ESTRANGEIROS
USADOS EM CINOGRAFIA E CINEGÉTICA

Appleheaded (cabeça de maçã): Crânio redondo em vez de sobre o alto como no Toy Spaniel.

Apron: Pêlo cheio ou longo debaixo do pescoço dos cães felpudos.

Araçá: C. f "Bringée".

Bassê: Cães de pernas curtas empregados na caça de toca, como os paqueiros entre nós. Em português: cães rasteiros.

Bat-eared (orelhas de morcego): Orelhas eretas como as do morcego. Ex.: as do buldogue francês.

Beefy: Aplica-se ao buldogue quando os quartos traseiros são demasiado largos.

Belton: Cor azul e limão. Aplica-se em geral aos cães Laverack mosqueados.

Blaze (chama): A marca branca no alto da face como no Collie e no São Bernardo.

Blood (sangue): Puro sangue, um animal de alta estirpe.

Bringée: Pelagem do cão caracterizada pelas raias negras, estreitas, alongadas, rarefeitas, cortando um fundo acinzentado, marrom claro ou fulvo. Pode traduzir-se por araçá, como é comum designar no Brasil os bovinos que apresentam esta pelagem.

Brisket: A parte dianteira do peito, peitoral.

Broken-up-face: Aplicado em referência à cara do buldogue, do Pug, do Toy Spaniel, incluindo as rugas, nariz recuado e "stop".

Brush (escova): A cauda, geralmente aplicada ao Collie ou ao Terra-Nova Landseer.

Butterfly nose (nariz de borboleta): As narinas pontilhadas de branco.

Button Ear: Orelhas que caem sobre a fronte cobrindo a cavidade interna como no Fox-terrier.

Cat-Foot (pé de gato): Pé com os dedos juntos, redondos e curtos com os jarretes altos como nos galgos.

Chien-courant: Cães de corrida ou corso que perseguem a caça.

Chien-couchant (também chamado chien d'arret): Cães de caça que procuram esta pelo rastro, enquanto os ventores farejam alto. Em português: cão de rastro, cão de mostra.

Chien-d'arret. Vide "chien-couchant".

Cobby (em forma de bola): Quer dizer, de lados bem fornidos, de forma compacta.

Comb-fringe (franja de pente): Diz-se dos pelos pendentes da cauda dum cão setter.

Condition: De saúde perfeita, de bom pêlo, bem esperto e de boas carnes, isto é, razoavelmente gordo.

Couplings (conjunto): Com este termo se exprime a boa proporção entre a *omoplata* e a *anca (in the couplings)*.

Cow-hocked (jarrete de vaca): As junturas dos jarretes voltadas para dentro quase se tocam.

Dew-claw: O mesmo que *ergot*.

Dew-lap (papada, barbela): A pele que pende debaixo do pescoço de certas raças, como a Santo Humberto.

Dudley-nose: Nariz de cor clara.

Ergot: Dá-se este nome ao quinto dedo que aparece nos membros posteriores dos cães, onde normalmente só existem quatro. O "ergot" representa o dedo polegar das patas posteriores. Algumas raças apresentam quase sempre este dedo suplementar, como os cães de pastor e em algumas outras este *ergot* é duplo. Os ingleses chamam a este dedo de *Dew-claw*. Os nossos amadores denominam-no "unha perdida".

Faking: O mesmo que Trimming.

Feather (penacho): Os pêlos longos no peito, nas pernas e na cauda de algumas raças. De um modo geral, o pêlo longo.

Felted (feltroso): Emaranhado (diz-se do pêlo).

Fiddle-Keaded (cabeça de violão): Uma cabeça longa e magra do lobo como se observa em alguns dogues.

Flag (bandeira): Diz-se da cauda de alguns cães como o Terra Nova, etc.

Flew (bochechas): Os lábios pendentes como do cão de São Humberto.

Frill (papo): Os tufos de que é guarnecido o peitoral dos cães de pêlo comprido.

Hare-foot (pé de lebre): Pé estreito e comprido ao contrário do pé de gato *(cat-foot)*.

Haw: O lado interno da pálpebra avermelhada bem visível em algumas raças como no São Humberto e no Otterhound.

Hucke-bones: A ponta das articulações.

Leather (couro): A pele, geralmente quando se refere à da orelha.

Leggy (perna): Diz-se das pernas longas comparadas ao tamanho do corpo.

Level (nível): Diz-se quando os dentes de diante dos dois maxilares se juntam igualmente. Também se diz Level-jawed.

Lippy: Termo que se aplica aos lábios pendentes dos dogues, nas partes em que ele não deveria existir.

Lobuno: Tradução portuguesa de **louvet**.

Louvet (lobuno): Diz-se da cor da pelagem do cão cujos pêlos são claros na base e negros na extremidade e onde as mucosas são negras. Também se chama esta pelagem cinza-lobo (**gris deloup**).

Mane (crina): Tufos de pêlos nas espáduas dos Collie e do Terra Nova e diante do peito dos Blenheins.

Mastim: Além de designar uma raça, o Mastiff inglês, a palavra tomou por extensão genérica a significação de cão de elevado porte, musculoso e valente.

Overshot: Diz-se do maxilar superior dum cão, ou de qualquer outro animal, quando este passa o inferior, não se adaptando bem os dentes dum com o outro maxilar. Os franceses, para significar o mesmo fato, usam o termo "begu". Cf. *Undershot*.

Piley: Termo aplicado à pelagem do cão Dandie, no qual o pêlo duro se mistura ao macio.

Pointer: Designação dada aos cães de caça que farejam alto. Ventor em português. Nome duma raça de cães.

Puppy: Todo o cão novo abaixo de doze meses.

Retrievers: Cães de caça que buscam o animal caçado, morto ou ferido. Em português: cães de busca.

Rose-ear (orelha rosa): A orelha com esta designação tem a extremidade voltada para baixo e para trás, deixando ver a parte inferior. É muito apreciada no Buldogue, no Greyhound e no Borzoi.

Snipy-jawed: Assim se designa o focinho longo como da raposa.

Stop: É a depressão da fronte marcando a união do osso frontal com os ossos do nariz.

Sterb: A cauda, especialmente do Foxhound.

Stifle: Soldra ou rótula.

Sting-tail: Cauda que termina em ponta como a do Pointer.

Terriers: Cães de toca.

Throatiness: Termo aplicado à pele frouxa, sob a garganta, que não deve existir.

Tongue (língua): Significa voz, "música".

Trimming ou **Faking**: Ação de tingir, manchar, tosar ou qualquer outro processo que tenha por fim mudar a aparência da pelagem dum cão a fim de ocultar defeitos e enganar o juiz ou o público.

Tulip ear (orelhas em tulipa): Orelha um tanto em pé.

Undershot: Diz-se do maxilar inferior que é mais longo que o superior. Em português há a palavra *ñato*, derivada do espanhol *ñato*, que indica o mesmo fenômeno. Em francês: "grignard". Cf. *Overshot*.

Ventor: Cf. Pointer.

BIBLIOGRAFIA

(Obras consultadas)

Barroso, Sebastião – Os parasitas – Bahia, 1902.

Baron de Vaux – Notre ami le chien – Paris, 1897.

Beubyound, A. – Encyclopedie des maladies generales –3ª. ed. Paris, 1912.

Bommier, R. – El perro de raza – Barcelona, 1935.

Breton F. et Cadiot, F. P. – Medicine et cheirurgie canines –2ª. ed. Paris, 1924.

Bylandt, Conte Henri de – Les races de chiens – Bruxelas.

Cadéac, C. – Pathologie interne des animaux domestiques – Paris, 1896-1899.

Cadéac, C. – Pathologie generale des animaux domestiques – Paris, 1904.

Cadiot, P. J. – Etudes de pathologie et de cliniqueParis, 1899.

Caillard, Paul – Les chiens anglais de classe a tir –3ª. ed. Paris, 1901.

Canteleu, Cte. Le Conteux de – Manuel de venerie française – Paris, 1890.

Cornevin, Ch. – Les petites mammiferes de la basse-cour et maison – Paris, 1897.

Courmont y Panisset (L) – Manual de microbiologia de las enfermidades infecciosas de los animales. Trad. Barcelona, 1917.

Couplet, Joseph – Le chien de garde, de defense et de police –7ª. ed. Bruxelas, 1922.

Couplet, Joseph – Le chien ambulancier ou sanitaire – Bruxelas, 1911.

Dawson, Maj. – Every body'dog book – Londres, 1922.

Dechambre, Paul – Le chien – Paris, 1920.

Dechambre, P. – Traité de zootechinie, Tomo I – 3a. ed. Paris – 1914.

Domanget, R. – La dessage de Fran – 7ª. ed. Paris, 1923.

Duville, M. – Traité pratique d'elevage et des maladies des chiens – Paris, 1922.

Gayot, Eng. – Le chien – Paris, 1867.

Gersbach, Rob. – Manuel de dressage des chiens de police – 3ª. ed.

Gobert, H. J. – Aide-memoir du veterinaire – Paris, 1915.

Gonçalves, A. Diniz – Publicideos – Bahia, 1912.

Gourmont, Remy de – Physique de l'amour – 19ª. ed. Paris, s/d.

Hermanny Filho, Luis – O cão, nosso melhor amigo – F. Briguiet & C, Rio, 1957.

Huyghebaert, L. – Le chien – Psychologie – Olfaction – Mecanisme d'odorat – Paris, s/d.

Knowles, G. W. – The book of dog – Londres, s/d.

Landrin, André – Traité sur le chien – Paris, 1888.

Larbaletrier, A. – Manuel pratique d'amateur de chien – Paris, 1917.

Leblois, Ch. – Documents pour servir à l'edification d'une dermatologie animale (chien et chat) – Paris, 1926.

Leighton, Robert – The complete book of the dog – Londres, 1922.

Leighot, Robert – Our dog – Londres, 1922.

Lutz, A. – Informações sobre moléstias observadas no Brasil em animais domésticos – Imprensa Nacional, Rio, 1908.

Megnin, Paul – Les chiens de berger anglais – Paris, 1914.

Megnin, Paul – Le chien de berger d'Alsace – Paris, 1920.

Megnin, Paul – Nos chiens – 4ª. ed. 1921.

Mollereau, Porcher e Nicollas – Vade-mecum de veterinaire – 9ª. ed. – Vigot Frers, Paris, 1952.

Mossu, R. – Elevage et maladie du chien – Paris, 1924.

Neiva, Cicero – Terapêutica veterinária – S. Paulo, 1934.

Neuman, L. G. – Parasites et maladies parasitaires du chien et du chat – Paris, 1924.

Pagés, P. – Les methodes pratiques en zootecnie – Paris, 1898.

Perthus, J. – Le chien – Paris, 1917.

Pesce, Dott P. A. – Il mio cane – Milão, 1924.

Portier, Regnard et – Hygiene de la ferme – Paris, 1906.

Quaitoun, L. – L'elevage rationnel des portées – 3a. ed. Paris, 1923.

Saint-Hilaire, I. G. – Acclimatation et domestication des animaux utiles – Paris, 1861.

Sandrez, Nemesio – Tratado de las enfermedades del perro – Madrid, 1924.

Schmidt, Fritz – Contribuição para uma patologia veterinária do R. G. do Sul – in Egatea, no. 3, vol. IX.

Sewell, A. J. – The perfect bulldog – Londres, 1911.

Silva, Henrique – Caças e caçadas no Brasil – Paris, s/d.

Stoneheng, Youtt, Hamilton, Smith etc. – Le Chien – races, croisement, elevage, dressage, maladies – Paris s/d, 2a. ed. 1884.

Valdez, André – Le chien de luxe – Paris, s/d.

Valdez, José – O cão – 2ª. ed. – Lisboa.

Vaugien, Paul – Le chien et sa médicine – Liv. de Champs Elysées, 1951.

Vecchio, A. – Il cane – Milão, 1920.

Vie à la campagne – Números diversos.

Youatt, William – The Dog – N. Iorque, 1858.

Índice Alfabético

A presente edição de MANUAL DO AMADOR DE CÃES de Eurico Santos, é o volume de número 1 da Coleção "Vis mea in Labore". Capa Branca de Castro. Impresso na Líthera Maciel Editora e Gráfica Ltda., à rua Simão Antônio 1.070 - Contagem, para a Editora Itatiaia, à Rua São Geraldo, 67 - Belo Horizonte - MG. No catálogo geral leva o número 00991/1B. ISBN. 85-319-0214-2.